樊崇义教授八十华诞著作系列 3

正当法律程序研究

——以刑事诉讼程序为视角

（修订版）

樊崇义　史立梅　张　中　朱拥政　著

中国人民公安大学出版社
·北　京·

图书在版编目（CIP）数据

正当法律程序研究：以刑事诉讼程序为视角/樊崇义等著. —2 版. —北京 ：中国人民公安大学出版社，2020. 1

（樊崇义教授八十华诞著作系列；3）

ISBN 978-7-5653-3794-9

Ⅰ. ①正…　Ⅱ. ①樊…　Ⅲ. ①刑事诉讼—诉讼程序—研究—中国

Ⅳ. ①D925. 218. 04

中国版本图书馆 CIP 数据核字（2019）第 218425 号

正当法律程序研究

——以刑事诉讼程序为视角

（修订版）

樊崇义　史立梅　张　中　朱拥政　著

出版发行：中国人民公安大学出版社
地　　址：北京市西城区木樨地南里
邮政编码：100038
经　　销：新华书店
印　　刷：天津盛辉印刷有限公司

版　　次：2005 年 8 月第 1 版
　　　　　2020 年 1 月第 2 版
印　　次：2005 年 8 月第 1 次
　　　　　2020 年 1 月第 2 次
印　　张：22. 25
开　　本：787 毫米×1092 毫米　1/16
字　　数：374 千字

书　　号：ISBN 978-7-5653-3794-9
定　　价：98. 00 元

网　　址：www.cppsup.com.cn　www.porclub.com.cn
电子邮箱：zbs@ cppsup.com　zbs@ cppsu.edu.cn

营销中心电话：010-83903254
读者服务部电话（门市）：010-83903257
警官读者俱乐部电话（网购、邮购）：010-83903253
公安业务分社电话：010-83905672

总 序

樊崇义教授是我国著名法学家，是刑事诉讼法学、证据法学的领军者，在国际上享有崇高声誉和威望。在长期的法学教育和科研工作中，樊崇义教授笔耕不辍，著述鸿博，成果丰硕，他出版著作、教材近四十部，发表论文三百五十余篇，主持国家级、省部级以上科研课题十余项，有多部著作获司法部、教育部等省部级以上科研奖。他主编的《迈向理性刑事诉讼法学》一书获得第一届中国出版政府奖提名奖；主编的《刑事诉讼法学》和《证据法学》多次再版，被司法部、教育部列为法学高等教育国家级规划教材。

追求真理是樊崇义教授的学术使命。樊崇义教授拥有认知事物、辨别真理的大智慧，在长期的法学理论和实务研究中，积极主张我国刑事诉讼程序的科学化与民主化，证据法学的哲理化与现代化，开创性地提出了许多奠定我国刑事诉讼法学和证据法学学科及其理论基础的重要学术理论和研究方法，在法学界和实务界得到了广泛的认同。早在 1996 年，他在证明标准上提出了“法律真实观”；2000 年年初，提出了“诉讼认识论”和“刑事诉讼法律观的转型”；2002 年，提倡“刑事诉讼人本主义”，倡导实证研究方法；近年来，又率先提出部门法学哲理化，首倡刑事诉讼法哲理思维。这些都对我国刑事诉讼和证据理论及其应用产生了深远影响。

学以致用体现了樊崇义教授的使命担当。樊崇义教授长期投身于我国法治现代化建设，积极参与刑事诉讼法修改和司法体制改革，为国家立法建言献策，将自己的学术主张变为立法现实，为我国法治建设作出了杰出贡献。例如，樊崇义教授主持了侦查讯问中的录音、录像和律师在场等三项制度项目研究，其成果——全程录音、录像制度在 2012 年刑事诉讼法修改时被正式确立为一项诉讼制度；2018 年刑事诉讼法修正案确立的值班律师制度也是该项目研究成果——

律师在场的重要体现。2012年刑事诉讼法修改时将“证据确实、充分”的证明标准解释为“排除合理怀疑”，这是对樊崇义教授提出的“法律真实观”的接受和肯认。此外，樊崇义教授还经常走出校门，到实务部门讲学，播撒最前沿的法学知识，提升司法人员业务素质，直接推动我国法治文明的进步。

适逢樊崇义教授八十华诞之际，应学界同仁及同门弟子盛情相邀，获中国人民公安大学出版社鼎力支持，我们编辑出版了“樊崇义教授八十华诞著作系列”，该著作系列共二十部，包括四部分：

一是樊崇义教授近年来独著、合著或主编的理论价值较高、在法学界和实务界影响较大的学术著作的重新编辑出版，共十四部，包括《刑事诉讼法实施问题与对策研究》《刑事诉讼法再修改理性思考》《正当法律程序研究——以刑事诉讼程序为视角》《刑事审前程序改革实证研究——侦查讯问程序中律师在场（试验）》《迈向理性刑事诉讼法学》《侦查讯问程序改革实证研究——侦查讯问中律师在场、录音、录像制度试验》《部门法学哲理化研究》《检察制度原理》《诉讼原理》《刑事诉讼法哲理思维》《刑事证据制度发展与适用》《论检察》《刑事证据规则研究》《底线——刑事错案防范标准》。这些著作的重新出版基本上保持了书稿原貌，只是校正原书中的错字、漏字、衍字及明显有误的标点符号，订正错误的引注。这些著作出版时间跨度较大，其间刑事诉讼法经过两次大修，《宪法》《律师法》和其他法律法规、司法解释也有修改，为避免不必要的混乱，原书中涉及或者援引的法律条文序号及内容保持不变。一方面，书中有很多内容是针对原法条的不足和缺陷提出的分析和修改完善意见，保持原样可以更好地体现当时的学术讨论与争鸣的原貌；另一方面，读者可以从法条内容的前后变化和书中修改完善意见的比较中发现樊崇义教授对于我国刑事诉讼和证据立法的贡献。

二是樊崇义教授近十年来发表的主要学术论文，按照研究的内容及其内在的逻辑关系，整理编辑形成四部新的学术专著，包括《刑事诉讼法学方法论》《刑事诉讼程序的改革与发展》《证据法治与证据理论的新发展》《司法制度与司法改革》。所选论文均是樊崇义教授七十华诞后至今公开发表的论文，具有很强的思想性、时代性和创新性，反映了樊崇义教授的理论思想、创新思维和研究范式，同时也展现了樊崇义教授最近十年的学术历程。所选论文原则上保持了发表时的原貌，对于有些论题相同或者相近的论文，为避免内容重复，在充分考虑原文整体性和逻辑性的前提下，对部分论文进行了内容整合、适当删节和编辑加工；有些论文发表时有中英文“摘要”“提要”“关键词”等，收录本书时全部予以删除；部分论文是樊崇义教授与学生合作发表的成果，收录本书时均标有题注，标明了合著作者的姓名、论文发表的报刊或其他出版物的名称、时间等。

三是樊崇义教授主编的一部新作《法律援助制度研究》。该书围绕我国法律援助制度及其实施过程中的历史发展、基本理论、性质定位、功能设置、制度建设、立法建言等若干重大问题展开研究，旨在进一步推动我国当前正在进行的法律援助立法工作、法律援助制度的现代化发展及其优化实施。

四是樊崇义教授指导的学生为其八十华诞撰写的庆贺文集《刑事诉讼法哲理思考》。该文集收录七十一篇文章，内容涉及樊崇义教授学术思想、理论贡献、为人师表以及长期关注或者当前司法改革的重要理论和实践问题等方面，同门弟子以各自不同的方式表达了对樊崇义教授杰出的学术成就、高尚的品格和他对高级法学人才培养等方面所作贡献的崇高敬意！

樊崇义教授是始终走在时代前列的法学家，在学术上所取得的成就是巨大的，对于我国刑事诉讼法学和证据法学的理论贡献是有目共睹的，而谦虚谨慎的人格和锐意进取的精神更能展示出他作为一个真正学者的伟大品质。老骥伏枥，志在千里。八十高龄的樊崇义教授依然身先士卒地活跃在刑事诉讼法学研究的前沿，躬行求索在推进中国刑事诉讼法治化进程的道路上，以不倦的学术追寻引领中国法学前行！

衷心祝愿樊崇义教授学术人生不老，思想之树常青！

樊崇义教授八十华诞著作系列编辑小组

2019 年 8 月

修订说明

《正当法律程序研究——以刑事诉讼程序为视角》一书于2005年出版。本书共九章，第一章为“正当法律程序缘起”、第二章为“正当法律程序的发展”、第三章为“正当法律程序在英美的调整及其国际化”、第四章为“正当法律程序的理论基础”、第五章为“正当法律程序的价值及特征分析”、第六章为“正当法律程序与刑事诉讼”、第七章为“正当法律程序与侦查程序改革”、第八章为“正当法律程序与公诉制度改革”、第九章为“正当法律程序与审判程序改革”。

本书通过对正当法律程序的起源和发展脉络进行全面的梳理，清晰地勾勒了正当法律程序的历史进程，阐明了它的理论基础，即决定正当法律程序之正当性、程序性和法律性的正义论、程序论和法治论，认为正义论乃其正当性来源，程序论是其程序性来源，而法治论则为其合法性来源。同时，对于正当法律程序的价值，本书认为，它主要体现在促进人类司法的理性化、文明化、民主化等方面。在上述分析的基础上，本书深入论证了正当法律程序与刑事诉讼的关系：一方面，刑事诉讼是正当法律程序的主要载体；另一方面，正当法律程序是刑事诉讼的灵魂。最后，提出了正当法律程序观念下我国刑事诉讼改革的基本思路和对策建议。

本书以正当法律程序为研究对象，全面、系统地讨论了正当法律程序的理论起源、理论基础、价值构造、功能配置、诉讼机制、制度改革等方面的内容，是一本内容丰富、资料翔实、横贯中外、立足本土的重要专著。本书出版后，便获得各界的高度认同。尽管时隔十年有余，但本书对我国正在进行的刑事司法体制改革、以审判为中心的诉讼制度改革、认罪认罚从宽制度、值班律师等刑事诉讼程序正义的新探索，仍具有积极的指导意义与参考价值，故决定对本书进行修订。

樊崇义教授八十华诞著作系列编辑小组

2019年8月

目 录
CONTENTS

第一章 正当法律程序缘起

一、正当法律程序的萌芽

“正当法律程序”（due process of law）作为一个法律名词最早出现于13世纪的英国，但其思想源头则可以追溯到古希腊、罗马时期。

据英国学者的考证，“希腊语中没有与我们的‘正当法律程序’观念相对应的术语”，因而可知当时并没有正当法律程序的概念，但他们认为“若一个人未经审判或定罪（akriton kteinein）而被处死是一种暴行……是不经判决的暴力”，这表明在当时“至少存在着一种强烈的，即使并不专业性的支持有序的、无偏的司法程序的情感”。① 罗马人同样认为，在任何情况下“像野蛮人或无所顾忌的暴君那样，不经审理而处罚某人的做法都不应在和平时期采纳，这将会成为可怕的先例”。② 11世纪的神圣罗马帝国皇帝康德拉二世（1024—1039）曾颁布诏令：“不依帝国法律以及同等地位贵族的审判，不得剥夺任何人的封邑。”③ 简短的诏令中包含了对剥夺封邑的三项基本法律规定：依照帝国法律，由同等地位贵族组成法庭进行审判，审判是剥夺封邑的必经程序。上述观念和法律规定都体现了未经审判程序而剥夺一个人的生命或财产是非法的、不正当的，这恰恰触及了正当法律程序最核心的内容。

但是，古希腊、罗马的程序观念与正当法律程序仍然相差颇远。当时，人类认知水平的有限性决定了神意在审判中的决定性作用，因此，审判程序在多数情

---

① ［爱尔兰］J. M. 凯利著：《西方法律思想简史》，王笑红译，法律出版社2002年版，第29-30页。
② ［爱尔兰］J. M. 凯利著：《西方法律思想简史》，王笑红译，法律出版社2002年版，第73页。
③ 焦洪昌、李树忠主编：《宪法教学案例》，中国政法大学出版社1999年版，第62页。

况下只是作为获取神意的手段而存在，如果审判程序不能按传统或惯例进行，就不能正确地获取神意。例如，德国学者马克斯·韦伯认为，原始的法律程序具有严格形式主义的特征，“特殊的法的形式主义会使法的机构像一台技术上合理的机器那样运作，它为有关法的利益者提供了相对而言最大的活动自由的回旋空间，特别是合理预计他的目的行为的法律后果和机会的最大的回旋空间。它把法律过程看作是和平解决利益斗争的一种特殊形式，它让利益斗争受固定的、信守不渝的‘游戏规则’的约束。氏族之间原始的赔罪程序也好，日耳曼人审判大会的合作社式的司法也好，都有一种严格受形式约束的取证权。如同我们已经看到的那种，按其渊源，这是受魔法观念所制约的：证明的问题必须正确地提出，而且由正确的一方提出来”。[①] “因为，如果相关的问题不能以正确的方式提出，魔法技术便不能提供正确的答案。”[②] 古希腊、罗马时期的程序观念固然强调程序在纠纷解决或处分人的生命、财产权利中的重要作用，但其所强调的是程序的形式化特征，而非程序本身的正当性特征，因此，“没有正当程序的明确评价和要求”。[③]

二、正当法律程序的确立及其早期发展

正当法律程序最早出现在英国，一方面与普通法对程序极为重视的传统有关，另一方面也是国王权力扩张与限制国王权力的需求之间斗争的结果。

（一）普通法“程序先于实体”传统的形成

英国的普通法是在1066年诺曼征服之后逐步形成的。根据法国学者勒内·达维德的解释，“Common law 或称普通法，同地方习惯相反，是整个英国普遍适用的法，这种法在1066年是不存在的”。[④] 那么，普通法是如何形成的，又因何以程序为特征呢？其实这两个问题的答案是同一的，因为普通法的形成过程本身就足以说明程序何以在普通法中先于实体或者说先于权利而存在。

---

① ［德］马克斯·韦伯著：《经济与社会》（下卷），林荣远译，商务印书馆1997年版，第140页。

② 转引自郑戈：《韦伯论西方法律的独特性》，载李猛编：《韦伯：法律与价值》，上海人民出版社2001年版，第77页。

③ 郑成良、杨云彪：《关于正当程序的合法性与合理性思考——兼及中国宪政制度的反思》，载《法制与社会发展》1999年第3期。

④ ［法］勒内·达维德著：《当代主要法律体系》，漆竹生译，上海译文出版社1984年版，第295页。

“普通法是在英格兰被诺曼人征服后的几个世纪里，英格兰政府逐步走向中央集权和特殊化的进程中，行政权力全面胜利的一种副产品”,① 但是，英格兰国王行政权力的胜利并不是通过彻底否定之前盎格鲁—萨克逊人的习俗或惯例来武断地实现其对英格兰的集权统治，相反，“征服者威廉（这种称呼是不恰当的）想作为受信赖者爱德华王国的继承人而不凭借征服权统治英国”。② 因此，威廉国王在征服英格兰之后，明确宣布盎格鲁—萨克逊法继续有效。其后的历史表明，英国法律的统一或者说普通法的形成实际上是通过司法审判的中央集权化获得实现的。在这个过程中，令状制度起到了决定性作用。

诺曼征服之后，英国的司法管辖权掌握在四类法院手中：郡法院、领主法院、教会法院以及皇家法院。“被称为郡法院（County Court）或郡分区法院（Hundred Court）的自由人大会适用地方习惯，即限于依照习惯决定当事人中哪一方应按照举证方式提出自己陈述的依据，而这种举证方式并不符合情理。诺曼征服后，郡分区法院或郡法院原则上仍是有管辖权的法院，但逐渐被新兴的各种领主法院（男爵法院、民事法院、采邑法院）所取代，但后者也按照纯属地方性的习惯法作出判决。征服后建立起来的教会法院实施全体基督教徒普遍适用的教会法。建立整个英国普遍适用的英国法，将是专属于皇家法院的任务，这些法院通常被称为威斯敏斯特法院，以13世纪以来法院所在地的地名而得名。”③ 通过以上历史资料，很容易看出促成普通法形成的“司法审判的中央集权化”其实就是皇家法院（或称王室法院）的管辖权逐步扩大直至包揽审判权的过程。这一过程在很多学者的著作中得以详细描述，如英国学者密尔松的《普通法的历史基础》以及法国学者勒内·达维德的《当代主要法律体系》。笔者在此处所关注的问题并不在于皇家法院如何形成以及其管辖权如何不断扩大的历史过程，而在于这种管辖权的扩大是以何种方式得以实现的，因为对这一问题的回答直接关系到普通法之“程序先于实体”传统的由来，也关系到正当法律程序最初确立之时所关注的真正焦点及其具体的含义和要求。

皇家法院统揽英国的司法审判权是通过令状制度得以实现的。令状最早是由

① ［英］S. F. C. 密尔松著：《普通法的历史基础》，李显冬等译，中国大百科全书出版社1999年版，第3页。

② ［法］勒内·达维德著：《当代主要法律体系》，漆竹生译，上海译文出版社1984年版，第294页。

③ ［法］勒内·达维德著：《当代主要法律体系》，漆竹生译，上海译文出版社1984年版，第294-295页。

国王签发的，用以授权郡长来审理不属于郡法院管辖范围的案件，① 但我们此处所要考察的令状是皇家法院本身的令状。由于早期的皇家法院只受理一些特殊的案件，如有关皇家财政的案件、有关土地动产和不动产占有的案件、有关王国治安的重大刑事案件。② 只是随着司法权的中央集权化，皇家法院受理的案件范围才不断扩大，但是对于私人来说，“把诉讼提请皇家法院审理并非一项权利，而是一项特权，必须请求赐给，皇家当局只是在慎重研究后才予以同意。原则上，请求赐给这项特权应向朝廷一位大臣即大法官申请发给命令状（breve），根据命令状并向大法官公署缴纳费用，皇家法院即可受理”。③

皇家法院的司法管辖权的扩大是随着增加发给令状的典型案件的数量而实现的，1285 年的威斯敏斯特第二项法律准许大法官对类似案件发给命令状。但这也不是皇家法院扩大管辖权的唯一方式，允许提出特种案件（super case）之诉（actions on the case）就是其中一个非常重要的办法。特种案件之诉是指“原告在申诉书（declaration）中详述本案（case）事实，并要求皇家法官考虑这些事实而同意受理”，“随着时间的推移，这类案件逐步变得种类繁多，按其请求受理的事实性质，各有各的专有名称，如违约的损害赔偿之诉、诈欺之诉、非法占用财物的补偿之诉、过失之诉，等等”。④

然而，无论是基于令状提起的诉讼还是特种案件之诉，都导致了皇家法院对诉讼程序的极端重视。由于每种命令状都有相适应的既定程序，如“确定应采取的一系列步骤，处理某些附带民事诉讼的方式，当事人委托代理人的各种可能性，证据的接受条件以及提出方法，判决执行的方法。在某种程序中应用某些词来称呼原告和被告。同样，这些词用在另一种程序中可能要导致败诉……这种制度也适用于特种案件之诉，它们的审判根据某某命令状所规定的被认为是最合适的程序进行”⑤，因此，皇家法院的诉讼程序会随着诉讼进行的方式而改变，不同的案件，其诉讼程序也各不相同，而不同的诉讼程序所导致的判决结果也可能

---

① ［英］S. F. C. 密尔松著：《普通法的历史基础》，李显冬等译，中国大百科全书出版社 1999 年版，第 24 页。

② ［法］勒内·达维德著：《当代主要法律体系》，漆竹生译，上海译文出版社 1984 年版，第 296 页。

③ ［法］勒内·达维德著：《当代主要法律体系》，漆竹生译，上海译文出版社 1984 年版，第 298 页。

④ ［法］勒内·达维德著：《当代主要法律体系》，漆竹生译，上海译文出版社 1984 年版，第 298-299 页。

⑤ ［法］勒内·达维德著：《当代主要法律体系》，漆竹生译，上海译文出版社 1984 年版，第 299 页。

不同，这就是“程序先于实体”传统的成因。“最初普通法的内容只是一定数目的程序（forms of action），通过这些程序后，可以作出判决，但实质上将如何判决是说不定的。首要的问题是使皇家法院同意受理，并在同意受理之后，把充满形式主义的程序进行到底。至于最后将作出什么样的判决，没有任何确实的答案。”①

上述普通法的形成过程充分说明：诉讼程序在普通法的形成过程中起到了不可忽视的作用，甚至可以说早期的普通法（即普遍适用于英国的法律）基本上就是一些有关诉讼程序的法律。因此，当1215年英国《大宪章》规定“除经同类人的合法判决或者根据国家的法律（the law of the land），不能对任何自由民予以扣留、监禁、没收其财产……”等内容时，“国家的法律”（the law of the land）即被视为“正当法律程序”（due process of law）的最早规定。

当然，令状并非英国普通法诉讼程序的唯一特征，与令状制度同样古老且构成正当法律程序必要内容的还有陪审制度、对抗制、辩护制度、保释权利等。英国的陪审制度来源于法兰克，诺曼征服之后这种制度被带到英国。1164年，亨利二世在其领导的司法改革中颁布了具有重要历史意义的《克拉灵顿诏令》。按照该诏令的规定，巡回法官在审理土地纠纷案件和重大刑事案件的时候应该找12名了解案情的当地居民担任陪审员。陪审员有义务就案情及被告人是否有罪宣誓作证。1166年，亨利二世再次颁布《克拉灵顿诏令》，规定在凶杀、抢劫、伪造货币、窝藏罪犯、纵火等刑事案件的审判中，对被告人的指控必须由陪审团提出。10年之后的《北汉普顿诏令》又增加了一些必须由陪审团提出指控的罪名。这些法令明确规定陪审团的职能包括提出指控和参与审判，因此当时的陪审团具有双重身份，既是起诉陪审团又是审判陪审团。1275年，爱德华一世颁布《威斯敏斯特诏令》，规定所有刑事案件都应该通过陪审团提出起诉。1352年，爱德华三世又颁布诏令设立另一种陪审团。它由12名当地居民组成，其职能是参加审判，协助法官认定案情和作出裁决。与此同时，法令还规定原来设立的那种陪审团不能再参与审判，只负责案件的调查起诉。这个法令确立了起诉陪审团和审判陪审团相分离的制度。由于起诉陪审团的人数可以是12人至23人，而审判陪审团人数固定为12人，所以前者又称为大陪审团，后者又称为小陪审团。在刑事诉讼过程中，二

① ［法］勒内·达维德著：《当代主要法律体系》，漆竹生译，上海译文出版社1984年版，第299页。

者的职能有明确的划分。大陪审团的职责是决定应否起诉，小陪审团的职责是在审判过程中协助法官认定案件事实并在此基础上作出被告人是否有罪的判决。① 至于对抗制与辩护制度，则是古老的弹劾式诉讼的必然要求，早在12世纪，被指控的人有获得有经验的律师帮助的权利就已经得到了认可。1444年法律则规定除非是特别严重的罪行，治安法官必须对拘禁人适用保释。②

最早将《大宪章》中的“国家的法律”阐发为“正当法律程序”的英国大法官柯克，在其著作《英国法律机构》中提出，“国家的法律”（by law of the land）与“正当法律程序”（due process of law）相同，“正当法律程序”即为“根据普通法的正当程序”，也就是“通过由良好、守法的人组成的陪审团起诉或审判……或者通过起源于普通法的令状”。③ 由此可见，正当法律程序原则产生之初就已经内在地包含了对令状、陪审、对抗制等审判程序的要求。

当然，作为一个历时数百年之久的法律原则而言，其内容也是随社会的变迁而不断发生变化的，在不同的国家、不同的历史时期，正当法律程序的要求不尽相同④，但是这只是发生在时间序列中的表象，在其背后，有一根贯穿始终的价值主线决定着这些历史表象是否发生、向什么方向发生。这根主线即权力与权利的斗争，或者说权力制约与权利保护之间的矛盾。可以说，正当法律程序原则的产生就是权利对权力进行制约的结果，而正当法律程序的发展方向则是由权力与权利之间的力量对比关系决定的：权力占上风时，正当法律程序的价值和内涵会受到贬损和谦抑；相反，正当法律程序的价值和内涵会得到重视和扩充。英美正当法律程序原则发生和发展的历史充分证明了这一点。

（二）正当法律程序的出现——贵族与王权进行斗争的结果

正当法律程序原则的产生虽然是以普通法对程序的重视为背景的，但其产生的直接原因则在于英国王权的扩大与滥用以及由此所导致的对王权的反对与限制。

导致最早规定正当法律程序的《大宪章》产生的，是一场发生于1215年的

---

① 何家弘编著：《外国犯罪侦查制度》，中国人民大学出版社1995年版，第46页。

② Ronald Banaszak, Ed. Fair Trial Rights of The Accused: A Documentary History, Greenwood Press 2002, Introduction xv.

③ Carl J. Franklin, Constitutional law for the criminal justice professional, p.205, 1999 by CPC Press LL..

④ 令状制度在正当法律程序产生之初举足轻重，但1875年在英国就被废除了，其废除并不影响正当法律程序原则的继续存在和发挥作用。

贵族与约翰国王之间的冲突。约翰国王是一个残暴且独断专行的国王，为赢回其在法国的土地，他发动了一系列战争，同时在国内苛以重税以资助这些战争。1214 年，约翰国王被法国打败，但他立即着手进行另一场战争，同时以征收新税来支持这场战争。其结果是引起贵族们针对国王进行的叛乱。他们有足够的力量支持法国菲利普国王的儿子登上王位，而他必然会结束与法国的战争。于是，效忠于国王的人与叛乱者在泰晤士河畔的兰尼米德草地相遇，所有的人都全副武装，战争一触即发。而事实上，约翰国王除了接受贵族们的要求几乎没有其他选择，因为叛乱伊始他很快就失去了公众的支持，而且他在兰尼米德草地的军队在数量上根本无法和对方抗衡，甚至连伦敦市民以及教会都站在贵族那一方。最终约翰国王签署了《大宪章》，该法律文件对国王的行为进行了约束，其中第 39 条规定："除经同类人的合法判决或者根据国家的法律，不能对任何自由民加以拘捕或监禁，剥夺其权利或财产，放逐（outlaw）或流放（exile），以任何方法剥夺其身份，也不能对其诉诸武力，或者指使别人这样做。"《大宪章》所保护的权利主体虽然有限，即它只适用于自由民，而不适用于平民和奴隶，但它代表着国王第一次被迫同意其行为受法律约束，由于是一份书面文件，国王很难否认自己作出过的承诺。在该文件签署之后不久，国王试图推翻它，但没有成功，1217 年不得不重新发布该宪章并且于 1225 年又保证继续遵守宪章所规定的义务。如今《大宪章》被视为英国公民寻求权利保护的努力的象征，虽然其适用范围有限，但却导致了日后权利保护范围持续扩大到其他阶级和个人的趋势。

（三）正当法律程序的早期发展——权利主体的扩大及对王权的进一步制约

《大宪章》中对正当法律程序的确立是对王权进行斗争的结果，体现了正当法律程序在限制权力方面的重要作用。但是，《大宪章》所适用的范围是有限的，因此，这场对国王权力的斗争必然以此为开端持续发展下去。

1. 1354 年《伦敦威斯敏斯特自由法》（Statute of Westminister of the Liberties of London，1354）

1354 年，英王爱德华三世颁布了《伦敦威斯敏斯特自由法》（以下简称《自由法》）把正当法律程序保护的权利范围大大扩大。《自由法》第三章第 28 条规定："任何人非经正当法律程序之审判，不问该人阶层与社会地位如何，皆不得将其驱逐出国，或强迫其离开所居住之采邑，亦不得予以逮捕、拘禁，或取消其继承权，或剥夺其生命。”[①] 从本条规定来看，《自由法》所保护的权利主体已经从“自由民（或贵族）”扩大到“不问阶层与社会地位”的任何人。

成文法的规定之所以会出现如此大的变化，是由爱德华三世时期的英国经济发展状况决定的。当时的英国羊毛出口贸易极大地增加了社会财富，封建制度逐渐式微，而商业主义开始出现，掌握了大量土地和财富的少量商人逐渐取代大批只占有少量财富的旧贵族而成为新贵，出口货物和贸易的税收取代了国内税收而成为政府（或战争）财政收入的主要来源。经济地位的提高导致了政治地位的提高：商人和其他中间阶级（middle class）逐步占据了在“国会”[②] 的席位。1343 年国会正式分为两部分：由贵族和神职人员组成的上议院以及由中间阶级组成的下议院。[③] 由如此成分组成的国会制定出来的 1354 年《自由法》自然不可能只体现上议院的利益，而由以商人为代表的中间阶级所组成的下议院当然会否定“阶层与社会地位”这种带有血统特征的歧视。由于 1354 年的《自由法》明确规定了“正当法律程序”原则，同时该原则所适用的范围包括任何人，而不问出身和社会地位，体现了“平等”的法律精神，因此，也有学者将其视为“正当法律程序”的最早起源。

2. 1628 年《权利请愿书》（Petition of Right，1628）

在《大宪章》和《自由法》之后，英王依旧统治着英国并享有极大的权力。英王要保持其权力，而英国人却要限制英王的权力，二者之间的斗争维持了几个世纪。虽然国会成为阻止英王滥用职权的最重要的权利保护手段，但最初国会还是基本上听命于英王。虽然《大宪章》规定国王征税时必须要经过“大会议”批准，但国王的决定一般都会得到国会的批准，这种状况维持了几个世纪之久。到 16 世纪时期，国会与查理一世国王之间发生了激烈的冲突，面对增加财政以支持战争的需要与国会反对增加赋税的状况，查理国王坚持其有权力未经国会批准增加收入。他以强迫的手段向臣民借贷，为节省军费开支，还要求士兵进驻臣民家中，由臣民供给食宿。违反要求的人将会被监禁，拒绝执行国王命令的法官

---

① 28 Edw. Ⅲ ch.3(1354).

② 1215 年《大宪章》规定，国王征税时必须召开由大贵族参加的“大会议”，并征得贵族同意。“大会议”即国会的雏形。1295 年，英王爱德华一世为筹措军费召开国会，此后英国统治者常以 1295 年国会为榜样召开国会，故 1295 年国会被称为“模范国会”。1297 年，国会获得批准赋税的权力，14 世纪时，国会又获得颁布法律的权力。参见何勤华主编：《外国法制史》，法律出版社 2003 年版，第 140-141 页。

③ http://www.britannia.com/history/monarchs/mon32.html.

将被罢免。国家实施战争法，规定任何反对国王命令的人都无须经过起诉而直接被监禁，他们没有机会获得普通法意义上的审判，也没有保释的机会。查理国王利用他的特殊法院来关押他的对抗者，这些法院是实现国王意志的机器，最早源于 14 世纪，它们可以直接越过普通法院而执行国王们的权力，其中最著名的是星座法院（Star Chamber）。星座法院负责处理违反公共秩序的案件，它适用的程序远不如普通法院那么严格：没有陪审团负责起诉和审判，普通法所保护的被告人权利在这里完全被剥夺，诉讼依国王或其他的指控而开始，证人秘密作证，被告人在完全不知道证人如何作证，甚至不知道被指控所犯罪行的情况下就被强迫宣誓。星座法院依照这样的诉讼程序可以判处被告人罚金、监禁、鞭笞、烙印、断肢以及颈首枷等刑罚。但查理国王即便采取了以上措施，也无法满足财政的需要。1628 年，查理国王召集国会以支持他增加税收。在爱德华 · 柯克的倡导下，国会利用这个机会迫使其接受新的权利保障条款，即《权利请愿书》，有 27 名议员因为反对国王而遭到监禁，但最终查理国王还是接受了这些条款。

《权利请愿书》全文共 8 条，主要内容是重申《大宪章》《自由法》对王权的限制及对臣民权利的允诺。它列举了国王滥用权力的种种行为，包括任意监禁违抗命令的人、未经国会批准擅自征税以及在臣民家中驻军等，宣布：非经国会同意，国王不得强迫征收任何赋税；非经合法判决，不得逮捕、拘禁、驱逐任何人或剥夺其继承权和生命等等。《权利请愿书》第 3 条对正当法律程序原则进行了再次重申：“《大宪章》宣布并且规定了非经同类人的合法判决或者根据国家的法律，不能对任何自由民加以拘捕或监禁，剥夺其权利或财产，放逐（outlaw）或流放（exile），以任何方法剥夺其身份，也不能对其诉诸武力，或者指使别人这样做。在国王爱德华三世时期，在尊重国会的权威下还宣布并且规定了任何人未经正当法律程序不得将其驱逐出国，或强迫其离开所居住之采邑，亦不得予以逮捕、拘禁，或取消其继承权，或剥夺其生命，不论其阶层和社会地位如何。”① 但是，国王却不说明任何理由地任意监禁他人，而且不给他们任何依法予以反驳的机会，这种做法已经严重违反了先前的制定法。

① Ronald Banaszak, Ed. Fair Trial Rights of The Accused: A Documentary History, Greenwood Press 2002, pp. 4-5.

3. 1679年《人身保护法》(Habeas Corpus Act, 1679)

1679年《人身保护法》则更体现了英国对王权进行制约、对公民的权利和自由进行保障的传统。《人身保护法》全文共20条，主要内容是对被拘禁者申请“人身保护令”有关事宜的规定。“人身保护令”是一种古老的王室特权令，旨在提供有效手段保证释放在监狱、医院或私人羁押处所中被非法拘禁者。由于普通法对于申请和颁发“人身保护令”的有关程序规定并不明确，资产阶级颇感自己的生命、自由和财产受到威胁，有必要加以特别规定。该法规定，任何被逮捕者及其代理人，均有权向大法官或王座法院、高等民事法院或理财法院申请“人身保护令”，要求拘禁机关在20日内将在押人移送法院；法院在审查逮捕理由后，立即作出释放、交保释放或从速审判的决定；对被释放者不得再以同样的罪行加以拘捕；任何人都不得被送至海外领地或英格兰以外的外地进行监禁。之后，国会又颁布了若干法律对其进行修正和补充。①

从内容上来看，《人身保护法》并没有在《大宪章》《自由法》《权利请愿书》等早期宪法性文件的基础上，扩大英国公民的基本权利和自由，而是从程序的角度进一步完善羁押的司法审查和司法救济制度，从而有效制约了非法逮捕和拘禁的发生，因此，尽管《人身保护法》没有规定任何实体性权利，但仍然被英国人视为人权保障的基石。同时，《人身保护法》中所规定的对逮捕和羁押的司法审查与司法救济程序更加丰富了“正当法律程序”的内涵，并使“人身保护令”成为英国正当法律程序中一个不可或缺的重要内容。

4. 1689年《权利法案》(Bill of Rights, 1689)

1689年《权利法案》是1688年英国“光荣革命”的一个直接成果。1685年，英王查理二世去世，他的弟弟詹姆士二世继承了王位。詹姆士二世是个坚定的天主教教徒，当时天主教在英国属于宗教中的少数派。为结束对天主教的歧视，詹姆士二世以天主教徒大批撤换了军队以及地方政权中的新教派教徒，国会对此坚决予以反对，结果却是国王解散了国会。在此基础上，詹姆士二世还签发了一个释放宣言（Declaration of Indulgence），宣布所有的基督徒完全平等，并且要求所有教堂的讲坛对此宣讲两周。但是，詹姆士二世的命令遭到了反对：来自英格兰教堂的一名大主教和6名主教要求国王废除他的命令，因为他们认为国王

① 何勤华主编:《外国法制史》，法律出版社2003年版，第156页。

的命令是非法的。最终，这几名主教被詹姆士二世以煽动骚乱的罪名予以逮捕，并且受到审判。这一次，法院再次体现了其不受制于国王的独立性，经过审判，几名主教被宣告无罪。与此同时，英国国会邀请詹姆士二世的女婿、荷兰国王威廉对英国进行武装干涉，以保护英国“新教、自由、财产及自由的国会”。1688年11月5日，威廉率军抵达英国，并且受到了贵族和乡绅们的支持，詹姆士二世逃往法国。詹姆士二世逃跑之际企图破坏英国的政府，他将英王的大印章扔进泰晤士河而且没有放弃自己的王位。随着詹姆士二世的逃亡和国王印章的丢失，英国没有了合法政府的存在。为解决这个难题，威廉重新召集国会起草一份《权利宣言》，并表示他和玛丽（即詹姆士二世的女儿）即将遵守这份宣言。1689年2月，国会宣布威廉为英国国王，詹姆士二世的女儿玛丽为女王，在遵守《权利宣言》的基础上对英国实行双王统治。随后，国会将《权利宣言》制定为一项法律，即《权利法案》。

1689年《权利法案》为保护英国人民的权利和自由对王权进行了系统而完善的制约，并因此而被视为在英国奠定君主立宪政体的宪法性文件之一。《权利法案》不仅规定了未经国会批准，国王不得实施或中止法律，不得征收和支配税款，不得征集和维持常备军，不得设立宗教法院和特别法院；还规定了有关正当法律程序的一系列内容，如废除过重的保释金和罚金、废除残忍的和特殊的刑罚、公正地确定陪审团名单以及在定罪之前不得处以任何人罚金或者没收任何人的财产等。

从1215年的《大宪章》到1689年的《权利法案》，正当法律程序原则既是英国人民对王权进行斗争的成果，又是英国人民反对王权的重要武器：王权的每一次滥用都以违背正当法律程序原则为开端，而英国人民每一次对王权进行制约的成功，都以重申并丰富正当法律程序原则为标志。可以说，作为保障公民基本权利和自由的最重要的武器，正当法律程序原则奠定了英国宪政的根基。而与此同时，正当法律程序原则已经漂洋过海，在北美大陆生根发芽，并且在这里得到了前所未有的丰富和发展。

第二章　正当法律程序的发展

正当法律程序虽然发源于英国，但对于其最终能够跨越社会、民族、文化、政治、经济差异而被其他非英美法系国家所接受、借鉴甚至成为一项国际性的刑事司法准则起决定作用的，却是其在美国的发展历程。正是在美国的发展，使正当法律程序原则具备了现代刑事司法所要求的最为具体而丰富的内涵，从而从一项抽象的法律原则细化为一整套以保障犯罪嫌疑人、被告人合法权益为核心的极具可操作性的精致的程序规则和证据规则。当然，这一发展并非轻而易举就得到实现的，而是经过了一个漫长并且充满争议的曲折过程。

一、殖民地时期的正当法律程序

1607 年，英国在北美建立了第一个殖民据点——詹姆士城，此后在大西洋沿岸陆续建立了 13 个殖民地。到达殖民地的以英国人、爱尔兰人、德意志人和荷兰人居多，而且大多数属于贫苦的劳动人民，也有贵族、地主和资产阶级。由于到北美大陆的西欧人多是为了躲避战祸和宗教迫害，因此也就决定了这些移民崇尚个人自由，追求人身、财产安全的天然倾向。

殖民地时期的法律继承了英国的普通法传统，同时对英国法律的不足之处也进行了相应的改革，如针对英国法律中的血腥与残忍的刑罚，殖民地法律赋予法官采取其他刑法措施予以替代的权利，同时针对财产犯罪废除了死刑刑罚。这种变革一方面是基于道德上的考虑，如新教包括清教徒认为所有的生命都是神圣的，不应该以不人道的方法剥夺它；另一方面也是基于殖民地的经济现状：劳动力严重缺乏，这种资源无论如何不能削减。① 在刑事诉讼领域，被告人的权利成

① David J.Bodenhamer, Fair Trial: Rights of the Accused in American History, Oxford University Press, 1992, p.15.

为殖民地法律中的重要组成部分，对其重视程度甚至超过了英国普通法。各殖民地都制定了旨在保障人民权利和自由的基本法律，未经正当法律程序不得剥夺任何人的自由、财产和生命等类似规定先后出现在这些法律之中，如 1641 年的《马萨诸塞自由宪章》、1677 年的《西新泽西协定》、1682 年的《宾夕法尼亚政府框架》、1683 年的《纽约自由与权利宪章》、1701 年的《宾夕法尼亚权利宪章》等。在这些地方性的宪法性文件中，正当法律程序发展成为一系列具体的程序性要求，其内容非常广泛，几乎涵盖了后来被称为“权利法案”的美国宪法前十条修正案规定的所有程序。当然，这些内容是殖民地法律的集合，并非每一部殖民地的法律都将其完整地加以规定。

1641 年的《马萨诸塞自由宪章》是殖民地人民最早制定的一部权利保障法，它为后来其他殖民地的法律以及《权利法案》的制定奠定了基础。1630 年，随着大规模的移民涌入北美，殖民地人民推选出了更具有代表性的政府，这些政府虽然最初受到抵制，但后来成为自由的呼吁者。例如，马萨诸塞的政府首脑 John Winthrop 就提出在殖民地有必要形成一个“类似于《大宪章》的旨在保障自由的法律体系”，在这种观念下，1641 年《马萨诸塞自由宪章》应运而生。这部法律文件的开篇表述了制定本法律的基本宗旨，即作为人类文明以及神所要求的权利与自由应当公正地属于每一个人，而不受政府和教会的侵犯，任何对它的否定和剥夺都会导致对政府和教会的反对甚至毁灭。根据《马萨诸塞自由宪章》的规定，这些神圣的权利和自由与刑事诉讼有关的包括：除非根据已经明确规定并且公布的法律，不能剥夺任何人的生命、荣誉，不能逮捕、流放、肢解或者以其他方法惩罚任何人，不能剥夺任何人的妻子儿女，不能剥夺任何人的动产和不动产等；在对一个人定罪并处以刑罚以前，任何机构不能对任何人采取限制人身自由或者监禁措施，如果一个人能够确保出庭并且同时品行良好，应当对其适用保释，除非经过法庭判决处以刑罚，或者在公开的法庭上犯藐视罪，或者在先例中有法院明确规定允许不适用保释；法院的任何诉讼程序都不能被简化或者推翻；在任何法院的任何人，如果认为自己不能胜任自己的诉讼，都有权利聘请他人帮助自己，对此法院不能加以反对；对于任何人的起诉，被告人都有权利和时间准备答辩；任何被指控犯罪的人，无论其被监禁还是被保释，都有权利由另一个法院公正无偏私地审理他的案件；任何人不因同一犯罪而被两次进行处罚；任何人在任何案件中都不受强迫进行供述，除非在某些死刑案件中已经有清楚、充足的证据证明其有罪并且明显存在其他同谋；在任一法院的所有诉讼中，原告有权提出诉讼请求，而被告也有权对所有问题进行答辩，法院的判决应当建立在所有证据的基础之上；一旦发生非正常死亡的情况，应当由助理法官或治安法官召集由12名自由人组成的陪审团对死亡原因和方式进行调查，并向就近的助理法官或者另一法院提出指控；任何当事人之间的诉讼，或者针对未成年人进行的刑事诉讼程序，都应当简洁而清楚地记录在法院的案卷之中，这样的诉讼其后不得再提起……①从《马萨诸塞自由宪章》所规定的上述内容来看，正当法律程序原则的精神不仅得到了肯定，而且有关被告人有权获得保释、有权利聘请律师、不受强迫自证其罪、禁止任意羁押、控辩平等对抗、禁止双重追诉等构成现代刑事正当法律程序基本内容的重要权利都可以在其中找到自己的影子，正因为此，该宪章成为对后来法律影响深远的卓越的法律文献。然而，尽管如此，《马萨诸塞自由宪章》仍然有它的局限性，如这些权利保障仅仅局限于对基督徒，甚至还不包括所有的基督徒，包括教友会在内的新教教徒就被排除在这一保护范围之外。②

与在马萨诸塞受到排挤的状况不同，教友会信徒在西新泽西占据着统治地位，为吸引居住分散的居民，1677年他们制定了《西新泽西协定》。《西新泽西协定》的显著之处在于它禁止任何其他法律与之相抵触，因而在西新泽西领域内起到了基本法的作用，非常接近于现代的成文宪法的概念。《西新泽西协定》明确规定了“未经公正审判以及由12个品行良好且守法的邻里陪审团判决，不能剥夺西新泽西省的任何财产所有者、经营者以及居民的生命、肢体、自由、动产、不动产或以任何方法侵犯他们的权利、自由和特权”，同时还规定了“在任何案件中，当事人都有权无须提出任何理由的要求每一个被提名的陪审员回避”；“非经传票传唤出席法庭并且被告知传唤的理由以及对方当人的姓名和法院的名称，并给予14天（离法院40英里以内）或16天（40英里以外）的准备答辩时间，任何有权的机构都不能以债务、义务或其他理由对西新泽西省的任何财产所有者、经营者以及居民进行拘留、逮捕或者监禁”；“每个法院都应当由3名法官以及由12人组成的邻里陪审团对每一案件进行听审，法官就法律问题指导陪审

① Ronald Banaszak, Ed. Fair Trial Rights of The Accused: A Documentary History, Greenwood Press 2002, pp. 12-14.

② Ronald Banaszak, Ed. Fair Trial Rights of The Accused: A Documentary History, Greenwood Press 2002, Introduction xv.

团，并且宣读陪审团作出的裁决。如果法官拒绝这样做，陪审团的一名代表经其他陪审员同意自己宣读陪审团的裁决。无论是对民事案件还是刑事案件，如果陪审团之外的其他人作出裁决，根据本协定，该裁决应当无效，同时作出此裁决的人应当受到居民大会的谴责并由它宣布此人以后不能担任西新泽西省的任何职务"；"在任何民事、刑事案件中，证明都应当以严格且清楚明白的格式提出，并且应当有两名诚实且品行良好的证人"；"所有因伤害、轻微刑事案件以及除叛国、谋杀等重罪之外的所有刑事案件而提出起诉或指控的人都应当支持自己的程序，并且有完全的权利谅解或宽恕仅仅侵犯他自己权利的行为人，这种谅解或宽恕可以在判决前也可以在判决后，可以免除刑罚，也可以免除罚金或其他惩罚"；"任何人不受强迫聘请律师为其提供辩护，但任何人都有权利为自己辩护"；"所有在公众法庭上审理的民、刑案件，本区域内的任何居民都可以自由参加或旁听，审判不得以隐蔽方式进行"。① 综上所述，《西新泽西协定》规定了陪审团审判、自行辩护、审判公开等有关刑事正当程序的重要内容，特别是赋予诉讼当事人对陪审团成员享有无因回避权在当时是独一无二的。但《西新泽西协定》仍有其不足之处，如刑事案件必须要求两名证人作证才能定罪就带有明显的法定证据制度的痕迹，而对大部分刑事案件实行私诉、邻里陪审团等内容在当时的历史时期则属于比较陈旧的诉讼程序。

1682年《宾夕法尼亚政府框架》的起草者是宾夕法尼亚政府首脑威廉姆·潘，作为一名教友会信徒，他曾经因为宣传被禁止的言论而在英国受到审判。威廉姆·潘起草《宾夕法尼亚政府框架》的目的旨在限制他自己以及其他后来的当权者的权力，他提出"一个人的意志不能代替整个国家的利益"。《宾夕法尼亚政府框架》的第二部分是本法的核心内容，该部分提出"英国的法律在本质上"是一部权利法案，它不仅保证宗教信仰自由，而且提供了重要的司法程序保障。根据本部分的规定，这些保障包括陪审团审理、公开审判、除死刑案件之外的所有被监禁者有权获得保释、被告人有权出席法庭自行答辩或由亲友代为答辩；诉讼程序应当简洁、明了，让人理解，司法应当迅速；罚金应当轻缓不能影响被告人的正常生活；被监禁者有权免费获得食宿；法庭的诉讼程序和记录应当

① Ronald Banaszak, Ed. Fair Trial Rights of The Accused: A Documentary History, Greenwood Press 2002, pp. 16-18.

以英语记载等。《宾夕法尼亚政府框架》并没有存续多长时间，1701 年即被《宾夕法尼亚权利宪章》所取代。1701 年《宾夕法尼亚权利宪章》同样由威廉姆·潘所起草，它的首要目的是保障在宾夕法尼亚的宗教信仰自由。虽然没有像《宾夕法尼亚政府框架》那样对诸多权利进行一一列举，但该法律第 5 条规定了一项极为重要的权利：所有的刑事被告人都有与控诉方同等的获得证人和律师的权利。在殖民地时期的诸多法律中，这是第一次对此项权利进行规定，其直接构成了美国宪法修正案第 6 条的基础。

与其他殖民地不同，纽约是属于约克公爵（即后来的英王詹姆士二世）的皇家属地，国王要求对殖民地进行控制以及殖民地人民要求自治之间的矛盾导致了 1683 年《纽约自由与权利宪章》的产生。《纽约自由与权利宪章》对正当法律程序也进行了明确规定："非经同类人的合法审判并且依据本省的法律，不得对任何自由人予以监禁、剥夺财产或自由、流放或者对其进行判决或判刑。"此外，本宪章也赋予了刑事被告人一系列程序方面的保障，如陪审团审判、大陪审团起诉以及对除叛国罪或重罪之外的被告人适用保释等。

总结上述殖民地时期的诸多法律文件，可以看出在独立战争爆发之前，被告人的权利保障是殖民地人民关注的一个核心，而且殖民地时期有关正当法律程序概念的内涵其丰富性也远远超过了同时期的英国，如 1701 年《宾夕法尼亚权利宪章》所规定的刑事被告人有获得律师辩护的权利在英国直到 1836 年才被国会加以规定。[①] 与英国的法律规定相比，殖民地法律对被告人权利的诸多规定更接近于现代语言，根据美国学者的统计，殖民地法律为刑事被告人所提供的程序保障清单惊人的长，这包括：禁止无令状的搜查和扣押、合理保释权利、法庭外的自白无效、以合理速度结束案件、死刑案件大陪审团起诉、知悉指控理由权利、禁止双重归罪权利、要求陪审员回避的权利、强制有利于被告的证人出庭程序、对抗指控的权利、陪审团审判权、对被定罪者施与刑罚的限制；不能滥施血腥或没收财产、禁止残忍的特别的刑罚、法律的平等保护；妇女、儿童、奴隶有权出席法庭、法律平等执行；禁止反复无常的缓刑或使用罚金作替代刑、有限上诉权，等等。[②] 这些权利清单毋庸置疑是构成美国 1791 年权利法案的基础。但是正

---

① Ronald Banaszak, Ed. Fair Trial Rights of The Accused: A Documentary History, Greenwood Press 2002, Introduction xvii.

② David J. Bodenhamer, Fair Trial: Rights of the Accused in American History, Oxford University Press, 1992, p.19.

如有学者所言：殖民地法律对被告人权利的规定试图在殖民地时期与现代美国之间画一道直接血缘关系的连线，但这仅仅是语言的相似性，而在本质上则是不同的。① 17、18 世纪的正当法律程序与 20 世纪的正当法律程序有着重大区别，毫无疑问，程序公正是极为重要的，否则也不可能出现在殖民地时期的法律规定之中，但是殖民地时期对良好社会秩序的要求远远超过了个人的自由，因此，各殖民地之间的立法与司法参差不齐，司法实践与法律规定之间也并不完全一致。例如，陪审团审判虽然在英国受到成文法典的保障并且是普通法的惯有传统，但在 17 世纪的殖民地法院，实际上对刑事案件较少使用陪审团审理：马萨诸塞法院成立的前 10 年里，只在审理死刑案件时才使用陪审团，而纽黑文的法律则干脆废除了陪审制，所有的刑事案件，甚至是重罪案件，一概由治安法官审理。② 这种对陪审制的削减主要是由于人们的居住地较为分散，难以组成陪审团，但从民事陪审团不减反增的现实来看，其更重要的原因则是为了巩固殖民统治，需要迅速发现犯罪、纠正犯罪。

通过上述分析，基于对英王专制统治的不满及英国法律之不足，殖民地时期对正当法律程序一方面大加弘扬，在刑事被告人的程序保障方面取得了显著的发展；但同时基于维护社会秩序的需要，这些程序保障在实践中又受到较大的限制。但瑕不掩瑜，我们仍然可以说没有殖民地时期正当法律程序的发展，就没有美国权利法案的产生，也没有其后正当法律程序丰富多彩、让人目不暇接的发展历程，更不会有为其他法系乃至国际社会所赞赏和接受的正当法律程序概念。

二、独立战争时期的正当法律程序

与殖民地人民追求生命、自由和财产安全的愿望相背离，英国在北美的殖民统治完全违背了《大宪章》等一系列法律所强调的保障权利和自由原则，这不仅表现在英国统治者在北美殖民地滥征赋税，也表现为不经正当审判的监禁、任意的搜查和扣押以及拒绝保释甚至滥用军队。为反对这种殖民统治，争取自己的权利和自由，北美人民进行了长达 8 年的独立战争。在这场战争中，正当法律程

① David J. Bodenhamer, Fair Trial: Rights of the Accused in American History, Oxford University Press, 1992, p.28.

② David J. Bodenhamer, Fair Trial: Rights of the Accused in American History, Oxford University Press, 1992, p.23.

序精神和原则不仅没有被破坏，相反却成为殖民地人民争取独立和自由的法律武器，正因为此，正当法律程序在北美的发展并没有因为战争的出现而断裂。但是，战争时期的正当法律程序与其他时期相比仍具有自身的特殊性，即这一时期的正当法律程序在很大程度上成为表现殖民地人民追求权利、自由的一面旗帜，而不是一种单纯的立法与司法活动。这一特点导致了战争时期的正当法律程序原则更多地具有宣言和口号的作用，但尽管如此，正当法律程序的内涵在这一时期依然得到了丰富和发展。

1774 年 9 月 5 日，为反对英国殖民统治，除佐治亚外的北美殖民地代表在费城召开第一次大陆会议，通过了和英国断绝一切贸易关系的决议，继而通过了独立宣言，向英王呈递请愿书。宣言中所提到的权利内容以法律形式记录于《魁北克居民声明》之中，该声明所列举的殖民地人民不可被剥夺的 4 项基本权利中，有两项是关于刑事正当程序的：一是获得陪审团审判的权利，具体而言即“未经 12 名熟知被告人及证人品行的人所组成的陪审团进行公正审理、未经在公开的法庭上面对面地进行充分的辩论和调查，不能剥夺任何人的生命、自由和财产，不能仅仅根据不利于被告人的口供而对其判处刑罚”；二是获得人身保护令的权利，即“任何基于政府的命令而被逮捕和羁押的人，都有权从法官那里获得一张人身保护令，签发该令状的法官应确保任何非法拘禁尽快受到审查和救济”。这些程序性权利表现出殖民地人民已经充分认识到正当程序在保护人身、财产安全和自由方面所具有的决定性作用，其中被羁押人有权获得人身保护令的权利是殖民地时期的诸多法律中所没有规定的。《魁北克居民声明》虽然没有得到魁北克人的支持，但其强调了公正审判权利，扩展了正当程序的内容，在正当法律程序的发展史上仍然占据着一席之地。

在反对英国殖民统治的战争中，弗吉尼亚作为最大也是最古老的殖民地，第一个产生了由民选代表所通过的权利宣言，该宣言的起草者是乔治·麦森和詹姆士·麦迪逊，后者也是联邦权利法案的起草者。《弗吉尼亚权利宣言》将公民的权利和自由扩展到其他法律所无法企及的范围，其中涉及刑事正当程序权利的有：死刑和其他刑事案件的被指控人有权获悉指控理由和性质的权利；被告人有与控诉方和证人对质的权利，有获得对其有利证据的权利，有获得公正陪审团快速审判的权利；未经陪审团一致裁决不能认定被告人有罪；不能强迫被告人作不利于自己的证言；除非根据法律或经同类人审判，不能剥夺任何人的自由；禁止过度的保释金、罚金；禁止残忍的、不人道的刑罚；禁止签发没有事实根据、没有被搜查者名称、没有证据支持的一般令状，等等。上述内容构成了美国宪法修正案第四、五、六、八条的基础。

与《弗吉尼亚权利宣言》同时期制定并颁布的是《新泽西宪法》。《新泽西宪法》将公民权利纳入到宪法之中，而没有将其独立出来，表明了公民的基本权利在宪法中的基础地位。《新泽西宪法》重申了 1701 年《宾夕法尼亚权利宪章》中的被告人与控诉方有同等的获得证人和律师的权利，同时还强调陪审团审判权利永远不能被废除。

马萨诸塞是北美所有殖民地中最后一个制定宪法的地区，1780 年《马萨诸塞权利宣言》诞生。《马萨诸塞权利宣言》是建立在《弗吉尼亚权利宣言》的基础上的，在该宣言中，未经同类人判决或者根据国家的法律，不能剥夺任何人的自由、财产和生命这一正当法律程序原则再次被重申，同时，诸如被告人有权获悉指控、不受强迫自证有罪、与证人对质、获得律师辩护、陪审团审理、反对不合理的搜查和扣押等权利也被明确加以规定。从权项内容来看，《马萨诸塞权利宣言》并没有增加新的权利，这说明北美殖民地在刑事被告人应得到的程序保障问题上已经基本取得了一致。① 这一背景为联邦权利法案的制定提供了有利条件。

三、权利法案时期的正当法律程序

1783 年 9 月 3 日，英国正式承认美国独立，历时 8 年之久的独立战争就此宣告结束。虽然根据 1781 年的《联邦条例》，摆脱了英国殖民统治的北美 13 州保留其主权、自由和独立，但是由于缺乏统一的、强有力的中央政权，整个国家在对外关系、国防以及贸易方面都面临困境。于是，1787 年夏季，各州代表在费城的独立厅内举行历时数月的制宪会议，起草了美国宪法草案。美国宪法草案主要对联邦与州之间的权力划分进行了分配，确立了立法、行政、司法三权分立和制衡的政府结构，但是对公民权利却没有提及。美国宪法草案的支持者认为，这主要基于两方面的考虑：其一，与美国当时面临的主要问题以及解决这一问题的基本理论有关，具体而言，当时的美国基于外交、国防、对外贸易的需要，迫切

① Ronald Banaszak, Ed. Fair Trial Rights of The Accused: A Documentary History, Greenwood Press 2002, p.37.

需要建立一个强有力的中央政权，但同时为防止过度集中的权力对人们造成侵害，权力本身必须进行合理配置，即将立法、行政与司法权分别由不同的主体来行使，并使他们之间互相制约，只有这样才能保证人们的权利不受威胁；其二，在联邦体制之下，对公民权利负有保护责任的应当是各州政府，而国家的宪法只应规定与国家有关的问题。① 对于这种属于联邦主义（federalism）的观点，反联邦主义者（antifederalist）进行了批评，他们认为宪法草案的最大缺陷就是缺少一个“宣告并且从根本上确保那些不可剥夺的、属于每个人的权利”的清单，“没有对这些权利进行充分、自由并且有保障的享有，就没有任何自由可言，更没有政府的良好统治”②。两种立场争执的结果则是1789年第一届国会通过联邦宪法时，又补充了宪法第一条到第十条修正案。1791年生效的这些修正案通常被称为《权利法案》（Bill of Rights）。

《权利法案》共有10条，其中有关刑事被告人权利的条款有第四、五、六、八条。根据第四修正案的规定，人民的人身、住宅、文件和财产不受无理搜查和扣押的权利，不得侵犯。除依据可能成立的理由，以宣誓或代誓宣言保证，并详细说明搜查地点和扣押的人或物，不得发出搜查和扣押状。根据第五修正案的规定，除非根据大陪审团的报告或起诉书，任何人不受死罪或其他重罪的审判，但发生在陆、海军中或发生在战时或出现公共危险时服役的民兵中的案件除外；任何人不得因同一犯罪行为而两次遭受生命或身体的危害；不得在任何刑事案件中被迫自证其罪；不经正当法律程序，不得被剥夺生命、自由或财产。不给予公平赔偿，私有财产不得充作公用。根据第六修正案的规定，在一切刑事诉讼中，被告有权由犯罪行为发生地的州和地区的公正陪审团予以迅速和公开的审判，该地区应事先已由法律确定；得知控告的性质和理由；同原告证人对质；以强制程序取得对其有利的证人；并取得律师帮助为其辩护。根据第八修正案的规定，不得要求过多的保释金，不得处以过重的罚金，不得施加残酷和非常的惩罚。上述修正案规定了属于刑事被告人的12项基本权利，从内容上来看，这些权利在殖民地时期和独立战争时期的法律中都能找到它们的影子和原型，因此可以说被称为

---

① David J.Bodenhamer, Fair Trial: Rights of the Accused in American History, Oxford University Press, 1992, p.44.

② David J.Bodenhamer, Fair Trial: Rights of the Accused in American History, Oxford University Press, 1992, p.45.

美国权利法案的宪法修正案实际上是由此前将近两百年的宪政史和刑事司法历史孕育而来的。

由于权利法案是属于联邦的宪法修正案，因此，在 1868 年第十四修正案产生之前，权利法案所规定的公民基本权利和自由只能在联邦范围内适用，而不适用于各州，被告人的上述权利保障也只能在联邦司法系统中适用，而在各州的宪法和刑事司法中，权利法案所规定的这些权利不一定都能够得到保障，因为各州的宪法虽然也对个人的自由和权利进行了保障，但所列举的权利清单并不完全相同。关于权利法案是否对各州有约束力，美国联邦及各州法院也曾经发生过争议，对于这些争议，首席大法官马歇尔于 1833 年的“Barron V. Mayor & City Council of Baltimore”一案做出了回答。在此案中，巴尔迪摩市因为铺路而使一些河流改变了自然航道，其结果是导致了 Barron 的码头附近沙土与砾石的堆积，从而使河水变浅船不能航行，码头也因此而变得无用了。Barron 认为，市政府剥夺了他的财产且没有给予补偿的做法违反了宪法第五修正案的规定。这一诉讼请求得到了巴尔迪摩地方县法院的支持，法院判决 Barron 应得到 4500 美元的补偿。市政府对这一判决提起上诉，结果该判决被推翻。Barron 随即向联邦最高法院提出了上诉。在法院的判决意见中，马歇尔宣布第五修正案只适用于联邦政府而不适用于各州，因为宪法是针对联邦政府而不是各州制定的。这一判决同时也表明了权利法案的任何内容都不适用于各州，每一个州都有建立自己的权利保障体系的自由。

马歇尔的判决导致了权利法案时期各州对正当法律程序以及刑事被告人权利的不同理解和不同实践。例如，1859 年 1 月，印第安纳州 Mrion 县的一名警察在得克萨斯州的圣安东尼奥城逮捕了詹姆斯·A. 麦克，并指控其在印第安纳偷了雇主的钱将引渡回印第安纳。在对麦克进行的第一次审判中，经过两天的考虑，陪审团陷入僵局，法官宣布为无效审判。后来，麦克又一次面对新组成的陪审团，他提出这次新的审判侵犯了宪法赋予他的反对双重归罪的权利。第二次审判本来预计在星期三举行，但负责此次审判的新法官——州最高法院法官 Samuel Perkins 推迟了审判。当晚，麦克逃跑。星期四早上开庭时，被告的辩护人 Jacob 和乔治·W. 朱利安要求 Perkins 解散陪审团并终止诉讼。法官对这一要求予以拒绝，辩护人退出法庭以抗议“这种在被告人缺席的情况下决定一个人的自由或生命的奇怪的程序”。但是法庭指派了新的律师，审判继续进行就如同被告在场一样。星期五下午，被告人归案，两个小时之后陪审团作出有罪判决，被告人被判4年监禁。被告人对此判决虽提出了上诉，但结果没能得到州最高法院的支持。在Perkins书写的法院意见中，他承认州宪法及成文法都规定了在被告人缺席的情况下不能进行审判，但是在本案中，法院认为被告人放弃了他的在场权。本案的判决在一定程度上说明印第安纳州最高法院在社会安全与被告人正当程序权利之间明显侧重于前者。正是由于马歇尔判决所确立的“权利法案不适用于各州”的原则使各州在刑事司法目的上进行各自的调整和倾斜成为可能。而战后对秩序与安全的追求也使得各州在刑事司法领域出现一些新的变化，如很多州都以检察官的起诉书(information)取代了大陪审团的控告书（indictment）。

据美国学者的分析，联邦最高法院之所以不愿意把权利法案扩展到各州，并非没有机会，也不是缺乏对传统的正当程序保障的关注，而是由于战后经济的飞速发展大大扩展了联邦刑法调整的犯罪范围，特别是在税收、州际间的经济往来领域，加之对黑人权利保障的重视也要求联邦政府参与到刑事司法中来。这些因素不可避免地导致了联邦的追诉机构逾越被告人宪法保障的界限。① 其中最典型的事件当属南北战争期间在总统林肯与最高法院之间产生的有关人身保护令的争议，这场争议直接导致了1863年《人身保护法案》的产生。

人身保护令是起源于英国的一项古老的法律制度，是正当法律程序的一个重要组成部分。根据该制度，被监禁者有权向法院申请人身保护令已获得释放或者获得审判。殖民地时期，人身保护令制度被带到北美大陆。1787年《美国宪法》第1条第9款规定“不得中止人身保护状的特权，除非发生叛乱或入侵时公共安全要求中止这项特权”。1861年4月12日，美国南北战争爆发，很快南部各州包括弗吉尼亚、阿肯色、北卡罗来纳等州加入了南方联盟，并宣布脱离联邦。国家面临被分裂的危险，这使1860年当选的美国总统林肯陷入了前所未有的挑战之中。为防止国家继续分裂，林肯命令军队逮捕那些企图激起分裂的分子，并赋予军队中止（suspend）法院的人身保护令的权力，这样一来，那些支持南部同盟的嫌疑人可以被逮捕或者未经起诉而被拘禁，嫌疑人由此失去了获得审判的权利，而且可以被不定期地予以监禁。对于林肯中止人身保护令的决定，联邦最高

① David J.Bodenhamer, Fair Trial: Rights of the Accused in American History, Oxford University Press, 1992, p.70.

法院首席大法官 Taney 提出异议，认为根据宪法的规定，只有国会才有为了公共安全中止人身保护令的权力，总统则没有这项权力，而且全副武装的士兵半夜闯入公民家里随便逮捕他们会威胁更多公民的权利和自由。最终，林肯还是命令在全国范围内中止人身保护令，这成为他在任期间最受争议的政策之一。

1863 年 3 月，国会通过了《人身保护法案》，该法案赋予总统中止人身保护令的权力，但同时对此增加了程序限制。根据该法案，被逮捕的人在几周之内有权获得大陪审团的审查起诉，如果大陪审团未能发现指控他的理由和根据，则必须释放该嫌疑人，只要他们能够宣誓效忠联邦政府、支持宪法。根据《人身保护法案》的规定，即便是在战争时期，嫌疑人的正当权利也能够得到司法程序的有效保护。更为重要的是，《人身保护法案》还标志着联邦法院在刑事司法中的角色扩大到了以前属于州司法管辖的领域。南北战争之前，刑事司法无论在理论上还是在实践上，基本上是地方性的，即便被告人认为州法院侵犯了他们的宪法权利，也只能以令状错误为由请求联邦最高法院进行审查，联邦法院根本无法介入审前程序，更不能把案件的审判权从州法院转移到联邦法院。但是《人身保护法案》的制定改变了这种状况，这使得存在一个全国统一适用的司法标准成为可能。① 在此基础上，南北战争结束之后，正当法律程序以及联邦法院在刑事司法中的角色成为战后宪法发展的一个重要内容，随着 1868 年联邦宪法第十四修正案的出台，正当法律程序以及联邦法院的司法管辖权最终正式扩展到各州。

四、第十四修正案时期的正当法律程序

（一）第十四修正案的产生

南北战争中，联邦政府对南方同盟的胜利意味着奴隶制在美国的终结。为了保护被解放的奴隶的合法权利，1866 年国会通过了《公民权利法案》，宣布所有出生在美国且不属于其他国家的人，除了不纳税的印第安人之外，都是美国公民，所有美国公民不论种族或肤色，也不论其以前是否是奴隶，在人身和财产安全方面都享有和白人同等的受法律和程序保护的权利。但是，该法案却遭到了时任总统安德鲁·约翰逊的否决，他认为这一法案要求各州法院适用联邦标准从而

① David J.Bodenhamer, Fair Trial: Rights of the Accused in American History, Oxford University Press, 1992, p.72.

侵犯了各州的利益。最终国会还是很快通过了这一法案，但却面临着解决这一法案的合宪性问题。为解决《公民权利法案》的合宪性，国会在两周之内提出了宪法第十四修正案。由于当时南方各州加入联邦的其中一个条件就是有权修改第十四修正案，1868 年第十四修正案经过修改后才获得批准并生效，因此，现在人们所看到的美国宪法第十四修正案实际上是 1868 年修改后的修正案。

第十四修正案一共有 5 款，与正当法律程序有关的是第一款，其规定："所有在合众国出生或划归合众国并受其管辖的人，都是合众国的和他们居住州的公民。任何一州，都不得制定或实施限制合众国公民的特权或豁免权的任何法律；不经正当法律程序，不得剥夺任何人的生命、自由或财产；在州管辖范围内，也不得拒绝给予任何人以平等法律保护。"

第十四修正案明确规定了正当法律程序在各州的适用，并成为联邦最高法院审查各州立法的一项实体标准，但由于在第五修正案之中，正当法律程序与被告人享有的其他诉讼权利并列，这就产生了正当法律程序条款与第四、五、六、八修正案所规定的其他条款之间的关系问题，这一问题在联邦的刑事诉讼中不甚明显，因为无论是根据正当程序条款还是其他条款，权利法案所规定的刑事被告人的基本权利必须得到保障，但是第十四修正案第一款所规定的各州必须遵循的正当法律程序究竟包含哪些内容却并非是一个不证自明的问题。由于第十四修正案的正当法律程序条款直接关系到联邦最高法院对各州的立法进行审查的范围，进而关系到联邦与各州之间的权力分配界限，所以在第十四修正案产生至今的一百多年间，联邦最高法院内部基于第十四修正案的正当法律程序条款所包含的权利内容而产生的争议一直没有停止。

（二）正当法律程序的联邦化

1. 实质性正当法律程序的确立

在英国，正当法律程序仅指国家的法律为公民的生命、自由和财产所提供的程序保障，而不包括对法律本身的正当性的审查，因此英国的正当法律程序只具有程序意义，即程序性正当法律程序。在美国，正当法律程序不仅是保障公民自由、财产和生命免受非法剥夺或限制的程序机制，也是联邦最高司法机构对立法机关所制定的法律进行审查的重要实体标准，因此美国的正当法律程序具有两个层面的内容，即实质性正当法律程序与程序性正当法律程序。

实质性正当法律程序的内涵首先是由美国的州法院的判决提出的。在 1856

年的“怀尼哈默诉人民”一案中，纽约州法院判决纽约州的禁酒法案是“不依正当法律程序而剥夺公民财产”，这样，正当法律程序在历史上首次被用作实体法条款，而且是在保护财产的民事案件中加以运用。纽约州法院认为：“该法的实施，消灭和破坏了这个州的公民拥有烈性酒的财产权，即使在形式上符合正当法律程序，也超出了政府权限的范围，这种以实质性正当程序代替以前诉诸自然法的方法，成为美国式宪法国家最高法院的普遍推理。”①

联邦范围内的实质性正当法律程序的产生得益于构成美国法治基石的司法审查原则。早在 1787 年的美国宪法中，根据第 3 条第 2 款的规定，联邦法院就拥有了对“由于本宪法、合众国法律和根据合众国权力已缔结或将缔结的条约而产生的一切普通法的和衡平法的案件”的管辖权，但是在美国明确确立司法审查原则的则是著名的 1803 年马伯里诉麦迪逊一案，根据大法官马歇尔对该案的判词，法院有权对法律是否违反宪法进行“司法审查”。因此，宪法（包括修正案在内）的所有条文都有可能成为联邦最高法院进行司法审查的实体性标准，而规定于第五修正案之中的正当法律程序原则毫无疑问也是其中之一。但在第十四修正案产生之前，在刑事诉讼中正当法律程序原则很少被最高法院法官援引作为司法审查的依据，因为第五修正案的其他条款以及第四、六、八修正案所规定的刑事被告人所享有的一系列权利比正当法律程序原则更明确，因而更容易受到法官们的青睐。只有在第十四修正案产生之后，正当法律程序条款才经常被各州诉讼案件的当事人及其律师援引作为向联邦最高法院提起上诉的理由，从而迫使联邦最高法院不得不以此标准来审查各州的法律，正当法律程序才真正具有了实质性意义。

第十四修正案产生之初，美国联邦最高法院在审查各州立法时接受了实质性正当法律程序标准，但由于该标准的具体内容以及其与权利法案之间的关系不甚明了，联邦最高法院在适用这一标准时拥有很大的自由裁量权，以至于最初许多基于州法律违背正当法律程序要求所提出的上诉均遭到拒绝。例如，在 1884 年的“Hurtado 诉加利福尼亚州”案件中，原审被告人 Hurtado 被加利福尼亚州法院判处谋杀罪并决定执行死刑，被告人以剥夺其正当法律程序权利上诉至联邦最高法院，被告人的律师提出第十四修正案的正当法律程序要求意味着各州受权利

① ［美］伯纳德·施瓦茨著：《美国宪法史》，王军等译，中国政法大学出版社 1990 年版，第 56 页。

法案所规定的正当程序的约束，因此其当事人没有获得大陪审团审查起诉就被定为重罪是违反了正当法律程序条款的。但联邦最高法院否决了这一要求，认为宪法所规定的只是正当法律程序的一种形式，其所规定的形式与各州可以有不同，而第十四修正案并没有要求各州遵守权利法案的各项规定。而在 1908 年的“Twining 诉新泽西州”一案中，原审被告人 Twining 和他的同伴被以伪证罪（misrepresentation）起诉与定罪，在法庭审理的过程中，他们均没有进行陈述，法官就此提醒陪审团他们拒绝作证的行为不应当被作为对他们不利的证据，但是陪审团可以对被告人面临指控而没有站到证人席上这一事实加以考虑。新泽西州是美国仅有的没有在宪法中规定反对强迫自我归罪原则的两个州之一，因此，在上诉中，Twining 的律师提出被告人拒绝作证的行为被作为对他不利的证据是违反联邦宪法第五修正案的，该条款通过第十四修正案之正当法律程序条款应当适用于各州。由于类似的理由在许多案件中都遭到拒绝，因此，Twining 的律师又提出反对自我归罪原则所具有的根本性意义决定了任何对该权利的拒绝都构成对十四修正案之正当法律程序的违反。同样，最高法院拒绝了 Twining 的上诉，但在该案的判决中，Moody 大法官也提出：“第十四修正案也会在各州的诉讼中保护被告人所享有的被规定在权利法案之中的某些权利，但并不是因为这些权利被包含在权利法案之中，而是因为对它们的否定将会构成对正当法律程序的否定。”

通过上述案件，我们可以看到联邦最高法院在对待第十四修正案之正当法律程序条款的内容上，起初基本上持一种保守主义的立场，这与我们今天所了解到的实质性正当法律程序标准相差很大。实际上，实质性正当法律程序从当初受到严格限制到今天具有诸多丰富的内涵，是经过了一个充满争议的漫长过程的，在这一过程中，美国联邦法院内部先后出现过三种主要观点，即完全合并理论、基本公正理论以及选择性合并理论。

2. 完全合并理论

在美国联邦最高法院内部持完全合并理论的法官有哈兰、布莱克、威廉姆·O. 道格拉斯等人，他们认为权利法案所规定的所有自由与权利都应当属于第十四修正案所规定的正当法律程序的内容，因此应当全部适用于各州。但是由于持完全合并理论的法官在联邦最高法院始终居于少数派，因此，一百多年来完全合并理论并没有为联邦最高法院所接受成为正当法律程序的权威性解释。

哈兰法官是美国联邦最高法院内部较早提出并且一直坚持完全合并理论的法

官。早在 1884 年的“Hurtado 诉加利福尼亚州”一案中，哈兰法官就提出了与马修法官所代表的多数派不同的意见，他认为联邦宪法所规定的“正当法律程序”并没有对州和联邦的权力进行区别对待，如果根据宪法第五修正案的正当法律程序要求禁止联邦政府采取某种限制公民自由的程序，那么根据第十四修正案的正当法律程序，由州政府所实施的类似程序同样也是非法的。在 1908 年的“Twining 诉新泽西州”一案中，哈兰法官也发表了不同于多数派的意见，认为：“宪法第五修正案规定的反对强迫自我归罪特权不能被任何机构所侵犯，同样，这也是第十四修正案所规定的公民特权，不允许任何州加以侵犯。另外，包括第一修正案的言论自由权，第八修正案的不受残忍、不人道的惩罚特权，第五修正案的禁止双重危险特权以及任何人的人身、住宅、文件等财产不受无理的搜查和扣押特权均如此……所有这些被权利法案所规定的公民特权都属于美国公民的权利，在第十四修正案通过之后，任何州都不能加以侵犯或者破坏。”①

布莱克法官与威廉姆·O. 道格拉斯法官也一直持完全合并理论，在 1947 年的“Admamson 诉加利福尼亚州”一案中，布莱克法官代表少数派系统地阐发了完全合并理论，虽然以 Reed 法官和富兰克福特法官为代表的多数派最终以 5∶4 的微弱优势取胜，但布莱克法官发表的不同意见在最高法院内部产生了较大影响。

Admamson 在加利福尼亚州被指控犯一级谋杀罪。在审判中，Admamson 拒绝作证，这一行为被法官用来建议陪审团推定他有罪，最终 Admamson 被判有罪。他的律师向联邦最高法院提出上诉，认为州法院运用被告人拒绝作证的行为作为对其不利的证据违反了宪法的反对自我归罪条款。Reed 法官代表多数派阐发了最高法院的判决，提出加州的法律没有违反正当法律程序，上诉人所受到的待遇也没有违反第十四修正案所提供的正当法律程序保障，第五修正案所规定的反对强迫自我归罪条款并没有通过第十四修正案适用于各州，因此加州的法律和判决并无错误，原判决予以维持。

在发表的不同意见中，布莱克法官对多数派所持的观点进行了激烈的反击：“这一判决重申了 Twining 案判决中的宪法理论即认为最高法院根据宪法赋予的权

---

① Ronald Banaszak, Ed. Fair Trial Rights of The Accused: A Documentary History, Greenwood Press 2002, pp.81-82.

力可以不受限制地扩大或缩小宪法所保障的权利。在本案中，最高法院仍然坚持Twining案的路线，认为联邦法院对被告人拒绝作证做不利于被告人的推断是违反第五修正案的，但州法院的同等行为却不违反公民的基本尊严和保障，因此也不违反联邦宪法。我认为这一判决及其理论是对权利法案的宪法保障的侵犯，同时也超越了宪法所赋予最高法院的权力。”随后，布莱克法官运用历史的方法对权利法案以及第十四修正案的立法者原意进行了探索，以此来证明自己的完全合并理论。他提出：“宪法前十条修正案之所以被提出并且被通过主要是为了防止政府对公民的宪法权利可能造成的不公正的侵犯。权利法案的诸项条款旨在在修正案所涉及的领域内制约防止联邦政府的任何分支——包括立法、行政与司法。但这些约束并没有明确表示适用于各州的行为。1833年‘Barron诉巴尔迪摩’一案的最高法院判决中声称第五修正案的内容不适用于各州，而且也不能认为前八条修正案适用于各州。在1866年第十四修正案提出之时，这种观点被视为绝对性的宪法原则。但通过对第十四修正案的产生历史以及那些提出、支持本条修正案和反对本条修正案的观点进行研究，我认为本条修正案的第一款内容的目的就在于将权利法案的内容适用于各州……”①

布莱克法官试图通过追寻立法者原意的方法来论证自己的完全合并理论，但是这种论证方法存在很明显的漏洞，因为在第十四修正案的立法者中，明确提出第十四修正案第一款将权利法案适用于各州的只有参议员Jacob Howard，大部分人则认为第十四修正案的立法目的一方面在于防止南方各州政府制定歧视黑人的法律，另一方面则在于为1866年的公民权利法案提供更为明确的宪法根据。② 这种论证方法的局限性导致了完全合并理论一直没有得到广泛认可和支持。

另外，在Admamson案件中，Murphy法官和Rutledge法官也不同意多数派所作出的裁决，但他们的观点与布莱克法官的完全合并理论有所区别，即“完全合并附加理论”，他们认为，正当法律程序条款不仅应当包括第一到第八修正案的所有内容，还应扩展到这些条款所没有包含的其他基本权利。“完全合并附加理论”较之完全合并理论更大地扩展了正当法律程序的外延，在这种观点之下，正

① Ronald Banaszak, Ed. Fair Trial Rights of The Accused: A Documentary History, Greenwood Press 2002, pp.104-105.

② Roald Y. Mykkeltvedt, The Nationalization of the Bill of Rights: Fourteenth Amendment Due Process And the Procedural Rights, National University Publications Associated Faculty Press, INC. Port Washington, N.Y., 1983, p.10.

当法律程序是一个开放的体系，只要属于公民基本权利的内容都可以包含到正当法律程序中来，即便宪法没有相关规定。因此，权利法案的内容只是正当法律程序的底限要求。与完全合并理论相比，这种观点更为激进、更具有革命性，但在当时联邦最高法院保守势力占上风的背景之下，这种理论的声音较之完全合并理论更为微弱，更不容易为他人所接受或支持。

3. 基本公正理论（有序自由理论）

19 世纪末至 20 世纪 50 年代，在美国联邦最高法院为多数派所持的观点是基本公正理论。其萌芽产生于 1908 年的 Twining 案。如前所述，在 Twining 案件中，联邦最高法院的多数派虽然拒绝了 Twining 的上诉，但裁决的执笔人 Moody 法官也明确提出了基于第十四修正案的正当程序条款的要求，不排除接受那些旨在反对州政府的侵犯、对公民形成最基本保护的权利内容。这一思想明显改进了最高法院在 1884 年的 Hurtado 案件中所持的立场，即绝对排除权利法案的内容在各州的适用。基于这一思想，到 20 世纪 30 年代初期，联邦最高法院已经逐步将权利法案的一些内容并入第十四修正案。

在 1932 年的“Powell 诉阿拉巴马州”一案中，基本公正理论得以系统阐发。在本案中，Powell 与其他 6 名非洲裔黑人被指控在 1931 年于阿拉巴马州的 Scottsboro 强奸了两名在阿拉巴马州旅行的来自其他州的白人姑娘。这一案件激怒了白人社会，在几名被告人被逮捕的 6 天后法院就进行了审判。审判只进行了一天，这几名黑人即被判处死刑。审判进行得如此迅速以至这几名被告人没有机会联系他们的家属，因为贫穷他们也无力聘请律师为其辩护。法院只是含糊其辞地指派阿拉巴马律师协会的全体律师为他们提供帮助。后来，这一定罪被上诉至阿拉巴马州高等法院，但法院维持了死刑判决。Powell 的律师认为他们的委托人被剥夺了获得公正审判的权利，这一权利基于第十四修正案的正当程序条款应当被每一个州所保障，据此，辩护方向联邦最高法院提出上诉。最高法院支持了辩方的上诉，认为这几名黑人青年的确没有得到公正审判，并提出此案的争议涉及有关公正审判的三个问题：一是这几名被告人没有得到公正、无偏、审慎的审判；二是他们获得律师帮助的权利受到侵犯，尤其是会见律师与准备审判的机会被剥夺；三是与被告人同种族的人被排除在陪审团之外。但是，联邦最高法院只把关注的焦点集中在第二项内容上，即获得律师有效辩护的权利。在法官 Sutherland 撰写的判决书阐发了联邦最高法院在这项权利是否构成公正审判基础这一问题上的态度："即便是有智慧、受过教育的人对于法律知识也是缺乏技巧的，如果面临刑事指控，一般来说他不能自己决定起诉书的好坏，因为他不熟悉证据规则，如果没有律师的帮助，他很可能面临不适当的指控，并且被法院基于不充分或不具有关联性、可采性的证据而定罪。他缺乏足够的技巧与知识准备自己的辩护。他需要律师在诉讼的每一个阶段对他进行指引。否则，即便他本来是无罪的，他也会面临被定罪的危险，因为他不知道如何来为自己的无罪进行辩解。如果这对有智慧的人而言是事实，那么对于那些无知的或者智力较低的人而言则更是事实。在任何案件中，无论是刑事的还是民事的，无论是州法院还是联邦法院，对当事人获得律师帮助权利的拒绝毫无疑问都是对宪法所规定的正当程序的否定……因此，在本案中，审判法院没有给几名被告人合理的时间和机会获得律师帮助很明显地构成了对正当程序的违反。"但同时，在此判决书中，联邦最高法院也强调："在本案中，获得律师帮助如此重要以至于审判法院没有给几名被告人有效地指定律师构成了对第十四修正案的正当程序权利的侵犯。但在其他刑事案件中，或者在其他情况下是否也如此，我们没有确定。现在我们只有必要明确一点，即在死刑案件中，被告人如果没有聘请律师或者由于他无知、智力较低等情况而不能为自己进行充分辩护，无论他是否提出，作为正当程序的必然要求，法院都有义务为他指定律师，并且这种帮助必须是有效的且贯穿审前的准备及整个审判过程。"

通过 Powell 案，联邦最高法院认可了当事人获得律师帮助权属于第十四修正案所规定的正当程序的必要内容，但其依据不在于该权利是由权利法案所规定的，而在于其对公正审判所具有的基础性意义。基于这种"基本公正"的判断标准，联邦最高法院在 1935 年的"Norris 诉阿拉巴马州"一案中，认为阿拉巴马州法院在对 Norris 的审判中排除与 Norris 同种族的非洲黑人做陪审员违反了公正审判的要求，在 1936 年的"布朗诉密西西比州"一案中，最高法院则提出以强制方法取得被告人供述构成了对被告人基本权利的侵犯并导致基于这种供述所做的定罪和量刑均无效。

Powell 案以及此后的 Norris 案和布朗案判决体现出联邦最高法院的大多数法官似乎倾向于将权利法案的所有内容都视为"自由与公正的基本原则"并入正当程序之中以防止政府对公民权利的侵犯，但实际上，1937 年的"Palko 诉康涅狄格州"一案证明这种猜想是错误的。在此案中，Palko 以一级谋杀罪被起诉，陪审团认定他构成二级谋杀并且判处他终身监禁。康涅狄格州对此判决提起了上诉，并导致对此案的重新审理，结果 Palko 被判一级谋杀罪并处死刑。他的律师认为，对 Palko 以同一行为进行两次审判违反了第五修正案，并以此向联邦法院提出上诉。最终联邦最高法院裁决康涅狄格州不受权利法案之禁止双重归罪原则的约束，第二次审判是为了纠正第一次审判中的错误，而非一个独立的审判，州法院的判决予以维持。在卡多佐法官执笔的最高法院裁决中，他提出诸如陪审团审判、大陪审团审查起诉、禁止双重归罪等权利虽然重要，但它们并非“有序自由”（ordered liberty）或“自由与公正”（order and justice）的本质的、基础性的、必要的组成部分，虽然 Powell 案赋予死刑案件的贫困被告人获得律师帮助的权利，但这也不能说是因为第六修正案对此进行了规定，而是说明了在有证据证明的某些情况下，获得律师帮助对于公正审判是不可或缺的。通过 Palko 案，联邦最高法院重申了其在 Hurtado 案和 Twinning 案中一贯坚持的立场，即权利法案只能用来约束联邦政府，虽然第十四修正案要求各州必须遵守正当法律程序。针对某一个案而言，至于权利法案的某些内容对于正当法律程序是否必要并因此通过第十四修正案适用于各州，应当由最高法院根据“基本公正”的标准来判断。

Polko 案之后直到 20 世纪 50 年代，联邦最高法院基本上遵循了卡多佐法官的理论，如在 1942 年的“Betts 诉 Brady”一案中，Betts 因涉嫌抢劫在马里兰州被逮捕和审判，他因贫困无力聘请律师，于是要求法庭为其提供一名律师，法院拒绝了他的要求，并判处 Betts 有罪以及 8 年监禁的刑罚。Bettts 上诉至联邦最高法院，提出法院拒绝为其提供律师违反了第十四修正案的正当程序保障。但联邦最高法院最终认为 Betts 的正当程序权利并没有受到侵犯，因为正当程序条款并没有通过第六修正案来约束各州，只有当州法院的程序对“基本公正”构成侵犯时才是违反了正当程序条款，而这只有通过考察个案的具体情况才能确定。同样，在 1947 年的“Admson 诉加利福尼亚州”一案中，联邦最高法院多数法官依然坚持了“基本公正”标准，认为 Admson 拒绝供述被法官用来建议陪审团做不利推断并不构成对正当程序的违反。在 1948 年的“Cole 诉阿肯萨斯州”一案中，联邦最高法院则认为被告人在审前知悉指控罪名的权利是第十四修正案的正当法律程序的基本权利，在同年的 Oliver 一案中，联邦最高法院又裁决密歇根州一人大陪审团进行的秘密审判以及在未保证被告人辩护权的情况下对被告人定罪量刑是违反正当法律程序条款的，而在同样发生在同年的“Bute 诉伊利诺伊州”一案中，联邦最高法院则认为各州没有为被告人指定律师的义务，正当程序在各州可以有各自的程序内容，仅与联邦的诉讼程序不同并不能成为各州违反正当程序的证明。

以上一系列案例体现出“基本公正”理论的两个核心观点：一是权利法案的全部内容并没有通过第十四修正案对各州产生约束力；二是判断各州的司法程序是否符合第十四修正案的正当程序要求应当基于“基本公正”或“有序的自由”标准，并且应该根据个案的不同情况作出判断。基于这两个观点，虽然从19世纪末到20世纪50年代，联邦最高法院将权利法案的一些要求适用到各州，但这并非因为这些要求是权利法案规定的内容，而是审判本身的公正性所要求的。

通过对这一时期联邦最高法院一系列判例的考察，“基本公正”理论的最大优点就是其“灵活性”，由于没有一个明确的适用标准，联邦最高法院的法官们可以充分发挥其自由裁量权，根据各州的具体情况以及不同时期的社会发展要求对案件作出裁决，但这样的优点同时也成为其他理论派别抨击的对象，即这种对正当程序的判断方法太具有主观性，并使得最高法院法官的主管好恶成为实质上的判断根据。为回答这样的抨击，“基本公正”理论也阐发了自己在此问题上的一些原则，如在审查某项程序权利是否构成正当程序的必要内容时，法官们应当首先采用历史的方法，考察：（1）这项权利是怎样产生的？（2）立法者对此项权利的观点如何？（3）在此项权利于美国产生之前，英国是否认可这项权利？（4）在原来的北美13州，这项权利是否普遍赋予被告人？（5）其他法院，无论是州还是联邦，对这项权利的重要性如何看待？其次，法官们还应该参考各州以前的司法实践，如果这项权利被普遍接受，那么说明它是“基本”的权利。[①] 尽管如此，“基本公正”理论依然导致了正当程序成为“可变的正当程序”（这一点在上述一系列案例中体现得很明显），这种不确定性一方面导致联邦最高法院的裁决随着法官的更替而左右摇摆，另一方面也很难为各州提供明确的司法指南，并容易导致州法院法官的进退两难，正如得克萨斯州的一名法官所言：“我们的困难处境在于我们必须从两个角度去决定程序本身的公正性问题，一个是本

① Roald Y. Mykkeltvedt, The Nationalization of the Bill of Rights: Fourteenth Amendment Due Process And the Procedural Rights, National University Publications Associated Faculty Press, INC. Port Washington, N.Y., 1983, p.53.

州的法律和判例，另一个则是联邦最高法院的裁决，而后者是通过具体的个案得出的结论，只能为同样情况的案件提供先例或指引。如果联邦最高法院能够制定出一些具体的指引规则，我们的任务就会容易得多……”①

4. 选择性合并理论

“基本公正”理论虽然导致联邦最高法院将权利法案的某些内容并入第十四修正案的正当程序条款之中，但这些内容是非常有限的，直到 20 世纪 50 年代，诸如贫困被告人必须获得律师帮助权利、禁止双重归罪权利、陪审团审判权利以及反对强迫自我归罪等一系列重要权利均没有被联邦最高法院视为“基本”权利而强制适用于各州。这种保守主义立场受到了来自完全合并理论的抨击，尤其是在 20 世纪 40 年代末，以布莱克、道格拉斯法官为代表的完全合并理论逐渐扩展了其在联邦最高法院的影响力，其中富兰克福特法官就受到了这种影响，在 1949 年的“Wolf 诉科罗拉多州”一案中，他虽然一方面通过考察历史的方法排除了 1914 年 Weeks 案所确立的非法证据排除规则不适用于各州，但另一方面他也提出“保护公民的隐私权不受警察的任意侵犯作为第四修正案的核心对于一个自由社会而言是最基本的，因此，毫无疑问，各州对警察这种侵犯公民隐私权的行为进行惩罚是符合第十四修正案的正当程序要求的”。富兰克福特法官的上述判断透露出作为第四修正案核心内容的禁止不合理的搜查和扣押权利应当并入第十四修正案的正当程序条款之中。

Wolf 案之后，联邦最高法院的多数法官虽然仍持基本公正理论，但却树立了一种有关正当程序的最低限度标准的观念，而且这种最低限度标准在不断提高，这主要表现在 20 世纪 50 年代到 60 年代初，联邦最高法院在收集证据、强制获取自白以及获得律师帮助权等问题上取得了很大进展。

在收集证据的最低限度公正问题上，联邦最高法院通过 1952 年的“Rochin 诉加利福尼亚州”案裁决确立了通过暴力方法取得的非法证据应当被排除在州司法程序之外，在本案中加利福尼亚州警察强行从被告人 Rochin 的胃中提取装有毒品的胶囊，联邦最高法院认为这种野蛮残忍的方法“震惊”人的良知。虽然这种排除证据的标准远远低于联邦司法的标准（即 Weeks 规则），而且在 1954 年

① Roald Y. Mykkeltvedt, The Nationalization of the Bill of Rights: Fourteenth Amendment Due Process And the Procedural Rights, National University Publications Associated Faculty Press, INC. Port Washington, N.Y., 1983, p.58.

的“Irvine诉加利福尼亚州”一案中联邦最高法院的5名法官认为本案中的非法搜查不涉及对人身的侵犯因而由此取得的证据可以不予排除，但与Wolf案绝对排除非法证据规则在州的适用相比，这无疑是一种进步。

在强制性自白的可采性问题上，联邦最高法院对“强制性”的界定逐步予以严格。在1959年的“Spano诉纽约州”一案中，最高法院裁决以引诱方法取得的被告人自白不具有任意性而应当排除①；在1961年的“Rogers诉Richmond”一案中，联邦最高法院裁决通过威胁方法取得的被告人自白应当排除②；在1963年的“Haynes诉华盛顿特区”一案中，联邦最高法院裁决警察通过拒绝被告人打电话给他的妻子除非他同意在一份自我归罪的陈述上签字的方法获取的被告人自白应当排除。

在被告人获得律师帮助权问题上，联邦最高法院突破了Powell案所确立的“只有死刑案件被告人才有权利获得指定律师帮助”的界限，在1960年的“Hudson诉北卡罗来纳州”一案中，最高法院裁决州法院拒绝为一名“有智慧、有知识并熟知法院程序和刑事审判”的被告人提供免费律师的行为是违反正当法律程序条款的；在1962年的“Chewning诉Cunningham”一案中，最高法院裁决各州对于被指控犯重罪的贫困被告人必须保证其免费获得律师帮助。

在被告人享有的其他权利上，联邦最高法院表现出了进步的趋势。在1956年的“Griffin诉伊利诺伊州”一案中，伊利诺伊州的一项制定法被最高法院宣布为违反宪法。根据这项制定法，在伊利诺伊州，只有在为上诉法院提供完整的有关原审法庭审判的书面笔录的情况下，案件才能为上诉法院所审查。但是这些文件准备起来花费昂贵，而且在伊利诺伊州只有死刑案件被告人才能获得免费提供。本案被告人Griffin经济贫困，但由于他只被认定为持械抢劫，因而被拒绝免费提供庭审笔录。Griffin向联邦最高法院提出了伊利诺伊州该项制定法违反宪法，要求最高法院就此进行审查。联邦最高法院认为“如果对一个人的审判取决于他有多少钱，那就毫无平等司法可言了”，因此伊利诺伊州的这项法律是对平等司法的否定，庭审笔录应当免费向被告人提供。

通过上述一系列判例，联邦最高法院逐步放弃了其保守主义立场，“基本公

① 在本案中，一名警察作为被告人的朋友，告诉被告人如果自己得不到被告人的有罪供述则将失去工作。

② 在本案中，一名警察通过威胁被告人要对他的妻子进行讯问而获得被告人的自白。

正”理论也逐渐发生了变化，其中的主要原因是联邦最高法院内部法官席位出现了新的变化，在 Griffin 案中持反对意见的保守派 Burton、Minton 和 Reed 先后退出联邦最高法院，较为激进的布伦南和沃伦加入了联邦最高法院法官的行列，他们和持完全合并理论的布莱克、道格拉斯一起推动了联邦最高法院放弃“基本公正”理论，并使联邦最高法院进入“选择性合并”理论时代。

为布伦南和沃伦所坚持的选择性合并理论区别于完全合并理论、基本公正理论之处在于：既不简单肯定权利法案的所有内容全部适于各州，也不一概否定权利法案的内容不能适用于各州。更为准确的说法是：选择性合并的实践多于理论，它是通过一系列判例将权利法案的绝大多数内容逐步并入第十四修正案的正当程序条款来展现自身的理论观点，这一过程基本上发生于 20 世纪 60 年代。由于这个过程是对先前判例的逐步否定，因此具有很强的革命性，在美国正当程序的发展历史上，这一时期通常被称为“正当程序革命”时期。通过正当法律程序革命，权利法案成为调整刑事司法活动的全国性法律，正当法律程序的联邦化基本上得以完成。

五、正当法律程序革命

发生在 20 世纪 60 年代的美国正当法律程序革命与大法官沃伦是分不开的。1953 年，沃伦被艾森豪威尔任命为联邦最高法院首席大法官，沃伦的就职标志着联邦最高法院的司法风格从保守走向激进。与富兰克福特等保守派观点（即认为法院的作用在于保护民主程序的纯洁性，同时应当相信民众代表在保护公民自由方面的能力）不同，沃论认为立法者经常容易为特殊利益所左右，法院的作用就在于保卫个人，特别是那些不能有效参与政治的公民。① 通过一段时间力量的蓄积以及最高法院席位的更替，到 60 年代初期，沃伦在布莱克、道格拉斯和布伦南的支持和参与下形成了在全国范围内推行权利法案的中坚力量，而偶尔加入到激进派中的克拉克、斯图尔特、Goldberg 和 Fortas 与沃伦等五人一起形成了联邦最高法院的大多数意见并引发了一场声势浩大的正当法律程序革命。

（一）第四修正案的联邦化

正当法律程序革命的开启是第四修正案的完全联邦化。在 1914 年的“Weeks

① David J.Bodenhamer, Fair Trial: Rights of the Accused in American History, Oxford University Press, 1992, pp.110-111.

诉合众国”一案中，联邦最高法院在联邦司法系统中确立了非法证据排除规则，即警察违反第四修正案“合理的搜查和扣押”之规定而收集的证据一律予以排除。在1949年的“沃尔夫诉科罗拉多州”一案中，最高法院虽然认可了“禁止不合理的搜查”作为第四修正案的核心同样适用于联邦和各州，但却拒绝了在各州强制适用非法证据排除规则，这在美国司法史上被称为“银盘理论”。与此同时，根据所谓的“银盘理论”，在一些联邦法院依然在使用州司法警察通过非法搜查取得的证据。20世纪60年代初期，沃伦法院通过Elkins诉合众国案和马普诉俄亥俄州案彻底推翻了“银盘理论”。

在1960年的“Elkins诉合众国一案”中，Elkins被指控实施截取并泄露他人电话信息行为，受到俄勒冈联邦地方法院的审判。在审前被告人提出动议要求排除由州警察通过非法搜查获取的几卷录音带、电报记录和一个录音机。但法官以该非法搜查行为是州警察实施的而拒绝排除这些证据，最终被告人被定罪。地方法院的判决被上诉法院——联邦第九巡回区法院予以支持。该案上诉至联邦最高法院，斯图尔特法官代表联邦最高法院多数法官书写了本案判词，指出联邦法院接受州警察非法搜查获得的证据作为定罪根据的做法威胁到了司法本身的纯洁性，不仅违背宪法，而且会挫败各州服从联邦宪法的积极性，因为当时已经有超过半数的州接受了非法证据排除规则。最终地方法院的有罪判决被撤销，该案被发回重审。通过“Elkins诉合众国”一案，最高法院明确要求联邦法官遵循第四修正案包括非法证据排除规则的标准来审查州司法警察收集的证据的可采性。①

在Elkins案的基础上，联邦最高法院通过1961年的“马普诉俄亥俄州”一案，将非法证据排除规则明确适用于各州，从而完成了第四修正案的彻底联邦化。在本案中，俄亥俄州警察在没有搜查令的情况下搜查了马普的住宅并获得了马普涉嫌实施犯罪的证据。法院根据这些证据判决马普有罪，俄亥俄州高等法院维持了该有罪判决，因为根据俄亥俄州的法律非法取得的证据是可以采用的。马普上诉至联邦最高法院，最终最高法院以5∶4的比例推翻了州法院的判决。克拉克法官代表多数派书写了本案判词，他提出适用共同的非法证据排除规则会使联邦和州的司法力量认识到他们在尊重公民的基本权利方面共同的责任，从而加强二者之间的司法合作；相反，如果各州不适用非法证据排除规则，则会鼓励对

① ELKINS V.UNITED STATES,364 U.S.206 (1960).

宪法的违背，因为联邦的警察很容易就可以越过马路将非法证据交给地方警察和检察官。最后，克拉克法官提出“没有什么力量比眼睁睁看着自己的法律或者自己赖以存在的宪章被否定更能摧毁一个政府”。[①]

（二）第五修正案的联邦化

20 世纪 60 年代以前，权利法案之第五修正案的反对强迫自我归罪原则与禁止双重归罪原则一直没有被联邦最高法院适用于各州；60 年代沃伦法院将这两项属于刑事被告人的基本权利并入第十四修正案之正当程序条款之中使之适用于各州，是正当法律程序革命的两个重要进程。

1. 反对强迫自我归罪特权

在 1908 年的“Twining 诉新泽西州”案以及 1947 年的“Admson 诉加利福尼亚州”案中，联邦最高法院曾经裁决第五修正案所规定的反对强迫自我归罪特权不适用于各州，而 1964 年的“Malloy 诉 Hogan”一案则标志着联邦最高法院推翻了 Twinning 案和 Admson 案的裁决，将反对强迫自证其罪特权明确适用于各州；同样发生在 1964 年的“Murphy 诉 Waterfront Commission”一案则将反对强迫自我归罪特权的保护范围扩展到跨司法管辖区案件范围。

1959 年，在康涅狄格州哈特福德的一次赌博搜捕中，Malloy 被警察逮捕，他承认自己出售赌具，被判处一年监禁及 500 美元罚金。判决暂缓了 90 天后，Malloy 被判处缓刑两年。在作出有罪答辩的 16 个月后，Malloy 被命令在哈特福德的高等法院委派的法官面前作证，接受关于本地赌博和其他犯罪活动的调查。Malloy 被问及了与其被逮捕和定罪有关的一些问题，他拒绝回答，认为那样会导致其负罪。哈特福德的高等法院因此判处 Malloy 犯藐视法庭罪，将其投入监狱直到他愿意回答这些问题。Malloy 申请人身保护令但被高等法院驳回。在上诉中，康涅狄格州最高法院认为第五修正案之反对强迫自我归罪特权不适用于各州，因此维持了原法院判决。最终，Malloy 上诉至联邦最高法院。联邦最高法院以 5∶4 的多数票撤销了康涅狄格州法院的判决，并且宣布第五修正案保护的公民权利属于第十四修正案的正当程序条款之列，联邦不能迫使一个公民自证有罪和作出有毁于自己声誉的证词，同样各州也不能这样做，因为这项权利是刑事司法中的一

---

① MAPP V.OHIO,367 U.S.643(1961).

项基本权利。①

Malloy 案之后，反对强迫自我归罪特权在联邦和各州同等适用。但如果一名被告人在州司法程序中获得豁免，那么是否可以强制他提供有可能导致其被定为联邦犯罪的供述？在“Feldman 诉合众国”一案中，联邦最高法院曾经裁决反对强迫自我归罪特权的行使不能跨司法管辖区，即便某个人的证词可能导致其在其他司法管辖区被追诉，也可以强制其提供证词。1964 年的“Murphy 诉 Waterfront Commission”一案推翻了这一裁决。在此案中，Murphy 在由位于新泽西州霍博肯的 Waterfront Commission 发起的一次听证会中被传唤作证，尽管此前 Murphy 已经得到新泽西州法院的豁免，但他还是拒绝提供证词，理由是他的证词有可能导致自己基于联邦的法律被定罪，而新泽西州的豁免是不能扩展到联邦法律所规定的犯罪的。在此种情况下，州法院是否有权强制 Murphy 提供证据？对此，联邦最高法院最终裁决：反对强迫自我归罪特权既保护州司法程序中的证人不受联邦法律和州法律的追究，也保护联邦司法程序中的证人不受州法律和联邦法律的追究。由此，联邦最高法院将反对强迫自我归罪特权的适用范围从联邦与州分别适用扩展到在不同的司法管辖区同时适用。②

反对强迫自我归罪特权必然包含的一个内容是对于被告人拒绝供述的行为，法官或陪审团不能就此做不利于被告人的推断。但是，Twining 案和 Admson 案的裁决对这种不利推断均加以了认可。随着反对强迫自我归罪特权在全国范围内的普遍适用，对这一问题，联邦最高法院必须给予明确回答。1965 年的“Grffin 诉加利福尼亚州”一案完成了这一任务。在此案中，Grffin 被加利福尼亚州某一法院以一级谋杀被判罪。在陪审团认定其是否有罪的程序中，Grffin 拒绝进行陈述，但在量刑程序中，他进行了陈述。针对其拒绝陈述的行为，审判法官提示陪审团可以将其视为不利于被告人的证据，根据加州的法律，法官的这种提示是适当的。Grffin 及其律师将此案上诉至联邦最高法院，结果获得了最高法院的支持。联邦最高法院认为无论是在联邦法院还是在各州法院，任何将被告人保持沉默的行为视为有罪证据的暗示都是对第五修正案权利的侵犯。③

---

① MALLOY V.HOGAN,378 U.S.1(1964).

② MURPHY V.WATERFRONT COMMISSION,378 U.S.52(1964).

③ GRIFFIN V.CALIFRNIA,380 U.S.609(1965).

2. 禁止双重归罪原则

1937 年，联邦最高法院通过“Palko 诉康涅狄格州”一案排除了第五修正案之禁止双重归罪原则在州的适用。1969 年，沃伦法院通过“Benton 诉马里兰州”一案推翻了这一裁决，将禁止双重归罪原则强制适用于各州。

Benton 被指控犯有入室盗窃罪和盗窃罪并接受审判，法院以入室盗窃罪判处其 10 年监禁。但后来参与此案的大、小陪审团的选任程序被认为违反了马里兰州宪法，Benton 获得了重审此案的机会。Benton 再次以入室盗窃罪和盗窃罪被起诉。他的律师提出 Benton 的盗窃罪指控已经被宣告无罪，所以对此再次审判违反了禁止双重归罪原则。但州法院还是以其涉嫌的两个罪名进行了审判，并且均予以定罪，Benton 因实施入室盗窃罪被判处 15 年监禁，因实施盗窃罪被判处 5 年监禁，二罪合并处罚。在上诉审查中，马里兰州高等法院认为是 Benton 要求对案件进行重审的，并且即便盗窃罪的指控属于双重归罪，但两个罪名的刑罚合并处罚，因此对盗窃罪的量刑并没有从实质上改变监禁刑刑期。此案上诉至联邦最高法院，马歇尔法官代表多数派发表了法院的意见，认为第五修正案的禁止双重归罪原则通过第十四修正案适用于各州，此案中虽然两个罪名被合并处罚但并没有改变州法院对 Benton 进行双重归罪的现实，因此，裁决撤销州法院的判决，案件发回重审。[①]

（三）第六修正案的联邦化

正当程序革命时期，第六修正案所规定的被告人有权获得公正、无偏私的陪审团迅速及时、公开审判，与控方证人对质，获得有利于己方的证人出庭作证以及取得律师帮助和辩护等权利内容均通过沃伦法院被适用到各州。

1. 获得公正无偏私的陪审团审判权

20 世纪 60 年代，沃伦法院通过 Sheppard 诉 Maxwell 案、Parker 诉 Gladden 案和 Duncan 诉路易斯安那州案对被告人有权获得无偏私的陪审团公正审理以及适用陪审团审理的案件范围进行了明确规定。

第六修正案要求陪审团必须公正、无偏私，但第一修正案规定媒体有言论自由，同时第六修正案也要求审判必须公开进行，那么如何在言论自由、审判公开的前提下保证陪审团的公正无偏私？联邦最高法院通过 1966 年的“Sheppard 诉

① BENTON V.MARYMAND，395 U.S.784（1969）.

Maxwell”一案为这一问题提供了指引。

Sheppard 是一名成功的医生，他怀孕的妻子被人用木棒袭击而死，当时 Sheppard 在另一个房间睡觉。Sheppard 声称有另外一个人实施了这起谋杀，但没有任何证据可以证明这一点。很快，Sheppard 被认为实施了这起犯罪行为，检察官对其提出了指控。这起谋杀案受到了媒体的关注，起初是在本州，然后蔓延到全国。在 Sheppard 被逮捕之前，报纸上就连篇累牍地报道了他为什么实施犯罪并要求逮捕凶手。在审判过程中，法官没有注意控制媒体，并保留了听审席的大多数座位给媒体，整个房间内坐满了记者，庭审过程十分混乱以至于陪审团根本听不清楚证人的证言，每一个离开法庭的诉讼参与人都会受到一群记者的围攻。陪审团评议室隔壁的一个房间变成了电视摄影棚。对于辩方不断提出的抗议，法官表示对媒体无计可施。新闻对准了每一个不利于 Sheppard 的细节，甚至经常报道审判中根本没有提出的“证据”。在这种氛围之下，Sheppard 被认定有罪。Sheppard 的律师上诉至联邦最高法院，联邦最高法院最终裁决 Sheppard 没有受到公正、无偏私的审判，并提出为保证被告人受到公正审判，审判法官应当履行如下职责：第一，控制记者在法庭上的数量，同时要求记者在庭审过程中不得对律师面前的资料进行摄影和拍照；第二，法庭应当注意隔离证人，不能允许报纸或电台记者任意对证人进行采访，并披露证人作证的内容；第三，法庭应当控制警察、证人、双方律师向媒体提供信息或发表言论；第四，法院还应当要求市、县的官员加强对新闻报道的管理，对于那些撰写有偏见报道的记者，应当警告他们不能发表那些在诉讼中根本没有出现过的不适当的资料等。而审理此案的法官根本没有履行上述职责以保护 Sheppard 的正当权利，因此，原判决予以撤销。①

通过 Sheppard 案，联邦最高法院不仅强调第六修正案规定的刑事被告人获得公正、无偏私的陪审团进行审判的权利应当适用于各州，而且对于如何防止新闻媒体影响司法公正对州法院进行了指导，这对于在联邦及各州贯彻公正审判原则具有极为重要的意义。

而在 1966 年的“Parker 诉 Gladden”一案中，Parker 以二级谋杀被定罪并被判处终身监禁。但在定罪之后，审判法院发现负责监督被封闭 8 天的陪审团的一名法警曾经对几名陪审员说过可能导致其产生偏见的话，如“那个家伙是有罪

---

① SHEPPARD V.MAXWELL,384 U.S.333(1996).

的”“即使错误地定那个家伙无罪，最高法院也会予以纠正的”等，审判法院认为“这种未经授权的言论是具有偏见性的，会导致对被告人权利的实质性侵犯”，但是俄勒冈州最高法院不同意这一意见，认为这名法警的错误行为并没有剥夺被告人的宪法权利，因为12名陪审员中有10人被证明他们没有听到法警的言论，而俄勒冈州的法律允许有罪判决在10人同意的情况下作出。案件上诉至联邦最高法院，联邦最高法院认为：第六修正案的要求通过第十四修正案的正当程序条款适用于各州，它规定“被告人有获得公正无偏私的陪审团审判的权利”，该名法警未经授权的言论会导致违反正当程序的偏见的产生，虽然俄勒冈州提出有10名陪审员未受其影响，但第六修正案赋予被告人的权利是12个人的陪审团没有偏见，而非其中的10人或9人没有偏见。因此，州高等法院的裁决应当被推翻。①

Sheppard案、Parker案将第六修正案规定的被告人有获得公正、无偏私的陪审团审判的权利从联邦扩展到各州，但是是否所有的刑事案件被告人都享有这项权利？对此，不同的州有不同的规定。在联邦法院，所有可能被判处超过六个月监禁刑罚的被告人都有权获得陪审团审判，这一标准是否适用于各州？在1968年的Duncan诉路易斯安那州案之前，这一问题是没有答案的。

Duncan在路易斯安那州涉嫌实施殴打行为被指控，他提出陪审团审判的要求，但路易斯安那州的宪法规定只有在死刑案件和判处强迫劳役监禁的案件中被告人才有权获得陪审团审判，Duncan涉嫌实施的殴打行为在路易斯安那州则属于轻罪，最多判处两年监禁和300美元罚金，因此，Duncan的要求被拒绝。结果Duncan被判有罪并判处60天监禁和150美元罚金。Duncan向联邦最高法院提起上诉。联邦最高法院认为获得陪审团审判的权利通过第十四修正案同样适用于各州，各州应当为被告人提供与联邦法院同样的待遇，在联邦法院超过6个月的监禁被告人就有权获得陪审团审判，各州也应当遵守这个规定，本案被告人Duncan涉嫌实施的犯罪行为最高可能判处两年监禁，完全符合这一案件范围的要求，因此其有权获得陪审团审判，裁决撤销州法院的判决，此案发回重新审理。②

① PARKER V.CLADDEN, 385 U.S.363(1966).

② DUNCAN V.LOUISIANA, 391 U.S.145(1968).

Duncan 案统一了联邦法院与州法院适用陪审团审理的案件范围，进一步促进了第六修正案的联邦化，推动了正当程序革命的进行。

2. 迅速、及时审判

第六修正案规定被告人有获得迅速及时审判的权利，但何为迅速、及时，该原则是否适用于各州，对这一问题沃伦法院通过 1967 年的“Klopfer 诉北卡罗来纳州”一案做出了回答。

在本案中，Klopfer 在北卡罗来纳州被指控犯有非法侵入罪并很快受到了审判，但是由于陪审团无法作出一致裁决，法官宣布其为无效审判。检察官表示要求重新审理此案，但 18 个月之后此案仍未开庭审理。Klopfer 向法官提出动议要求确定此案的审理日期。根据北卡罗来纳州一项独一无二的法律，检察官提出动议要求法官作出给被告人自由但保留可以随时对其提起指控的权力（nolle prosequi with leave）的裁决，这一要求得到州法院的支持。Klopfer 的律师认为这侵犯了被告人获得迅速及时审判的权利。此案上诉至联邦最高法院之后，首席大法官沃伦代表多数派发表了法院的意见，认为获得迅速及时审判权利深深根植于英国的法律传统之中，它的发展历史及其被美国宪法所接纳的现实都说明这是一项由宪法所保障的被告人最基本的权利之一，因此应当属于第十四修正案的正当法律程序范围之内，并应被各州所遵守。州法院的裁决显然违背了这一原则，因此应当予以撤销。①

通过 Klopfer 案，沃伦法院明确将第六修正案的迅速及时审判原则适用于各州。

3. 与控方证人对质权

第六修正案规定刑事被告人有与控方对质的权利，但该项权利直到 1965 年才被沃伦法院通过“Pointer 诉得克萨斯州”一案并入第十四修正案的正当法律程序之中强制适用于各州。

Pointer 在得克萨斯州因涉嫌实施抢劫被逮捕。在州法官主持进行的预审程序中，只有一名控方证人出庭作证。Pointer 没有律师也没有对该证人进行反询问。后来，Pointer 被起诉并且受到审判，但那名控方证人当时已迁至其他州并且拒绝回来作证。州检察官提出此证人在预审程序中提供的证言作为指控证据，但

① KLOPFER V.NORTH CAROLINA, 386 U.S.213(1967).

Pointer 的辩护律师反对，认为这剥夺了被告人对该名证人的对质权。法院采纳了这一证据，Pointer 被认定有罪。得克萨斯州刑事上诉法院维持了这一有罪判决。此案最终上诉到联邦最高法院。布莱克法官代表多数派发表了法院的意见，提出此案所要集中解决的问题就是第六修正案与控方证人对质的权利是否通过第十四修正案适用于各州，由于与控方证人对质权是构成公正审判的一项必要、基本的权利，因此任何对被告人对质权的剥夺都是对第十四修正案之正当法律程序原则的违反，本案审判法院允许使用书面证人证言从而否定了被告人的宪法权利，因此对被告人的定罪应当被撤销，此案发回重新审理。①

4. 以强制程序获得有利于己方的证人出庭作证权

第六修正案不仅赋予刑事被告人与控方证人对质的权利，同时也赋予被告人以强制程序获得有利于己方的证人出庭作证的权利，在 Pointer 案中，前者已经被联邦最高法院明确适用于各州，那么后者是否也是被告人的一项基本权利，也应当适用于各州呢？联邦最高法院通过 1967 年的华盛顿诉得克萨斯州案对此做出了肯定性回答。

1964 年 8 月 29 日，在得克萨斯州的达拉斯城，杰克·华盛顿因为其前女友简·卡特听从她母亲的意见断绝了和他的交往并与他人约会，由此心生嫉恨，并约了一些年轻人在城里到处找枪，后来查里斯·富勒携带他的猎枪加入了这一队伍之中，在找到一些子弹之后，这支队伍来到华盛顿的前女友简家，一些男孩向屋子里扔砖头之后跑回开来的车中，只剩下华盛顿和富勒站在门前。简和她的母亲出来看发生了什么事，这时枪响了，简中枪身亡。华盛顿与富勒跑到等待他们的车边，此时富勒手中拿着那支猎枪。华盛顿声称是富勒开枪射击的，在枪响起的时候，他已经在往回跑了。显然，富勒的证词在此案中极为关键。在华盛顿案审理之前，法院已经对富勒进行了另案审理，富勒被认定犯了谋杀罪并判处 50 年监禁，富勒也对华盛顿的说法予以了证实。但是，根据得克萨斯州的法律，同案犯不能互相作证，最终华盛顿被认定谋杀罪名成立，判处 50 年监禁。这一判决被得克萨斯州刑事上诉法院予以维持。

案件上诉至联邦最高法院，首席大法官沃伦代表多数派发表了法院的意见，首先，他明确了第六修正案规定的以强制程序取得有利于己方的证人出庭作证的

① POINTER V.TEXAS，380 U.S.400（1965）.

权利对于公正审判是必要的，应当属于第十四修正案的正当法律程序范围，并且适用于州审判程序；其次，本案中富勒被拒绝作为控方证人不是州法院拒绝强制其出庭，而是无论他是否出庭得克萨斯州的法律均使其证言不具有可采性，而宪法制定者的本意绝非仅仅在于强制证人出庭作证而不管他的证言是否能够使用，因此，得克萨斯州的法律剥夺了华盛顿的宪法权利，由此所导致的有罪判决应当被推翻。①

联邦最高法院不仅通过“华盛顿诉得克萨斯州”一案将第六修正案之强制有利于己方的证人出庭作证的权利并入各州必须遵守的正当法律程序之中，而且以此为标准对得克萨斯州的法律进行了合宪性审查，因此，本案既扩展了各州程序性正当法律程序的内容，又增加了联邦最高法院对各州成文法进行司法审查的实质性正当程序的内涵。

5. 获得律师帮助和辩护权

正当程序革命时期，第六修正案所规定的刑事案件被告人有获得律师帮助和辩护的权利得以在各州适用，这一扩展体现在两个方面：一是各州为贫困被告人免费提供律师的案件范围从死刑案件扩大到所有刑事案件，这一进步是通过1963年的“Gideon 诉 Wainwright”案完成的；二是被告人获得律师帮助的权利从审判阶段扩展到审前讯问阶段，这一进步是通过1964年的“Escobedo 诉伊利诺伊州”案完成的。

（1）Gideon 诉 Wainwright 案。第六修正案规定了刑事案件的被告人有获得律师帮助权和辩护权，那么对于因贫困无力聘请律师的被告人而言，这一权利如何才能得到保障呢？在各州的司法程序中，国家是否有义务为其免费提供律师？对于此问题，联邦最高法院经过了一个从否定到部分肯定再到扩大权利保护范围又到完全肯定这样一个漫长的历程。在1932年的“Powell 诉阿拉巴马州”一案中，联邦最高法院裁决各州必须保障死刑案件的贫困被告人有免费获得律师帮助的权利；沃伦法院时期，在1962年的“Chewning 诉 Cunningham”一案中，各州保障被告人免费获得律师帮助的案件范围扩大到被指控犯重罪的贫困被告人。然而，这与第六修正案的规定仍存在一定的差距，这一差距很快就在1963年的“Gideon 诉 Wainwright”一案中得以消除。

---

① WASHINGTON V.TEXAS,388 U.S.14(1967).

Gideon 是佛罗里达州的一名穷汉。1961 年，他因涉嫌砸碎玻璃闯入一家赌场并从自动售货机内盗窃钱币而被起诉。在审判中，Gideon 因为自己根本雇不起律师因而要求法庭为其提供一名律师，法庭拒绝了他的请求，认为只有死刑案件或者有特殊情况存在才有此义务。由于没有律师帮助，Gideon 的自我辩护极其糟糕，他既没有在审前做任何准备，也不懂得如何选择证人为其作证，更不知道如何对证人进行交叉询问以指摘其可靠性。最后，Gideon 被判有罪并处以 5 年监禁。后来，Gideon 向佛罗里达州最高法院提出上诉，认为根据第六修正案他有权利获得律师为其提供辩护，但此项请求被州最高法院驳回。Gideon 遂上诉至联邦最高法院，要求对此案件进行审查。

联邦最高法院的 9 名大法官对此案作出了一致的裁决，撤销对 Gideon 的有罪判决，此案发回州法院重审。布莱克法官代表法院发表了意见，认为第六修正案规定“所有刑事案件的被告人都有权获得律师为其提供辩护”，律师权是公正审判的最基本内容，因此，无论是死刑案件还是非死刑案件，都应当保证被告人获得律师的辩护，这是第十四修正案的正当法律程序应当保障的内容。布莱克还提出“理智和思维要求我们认识到，在我们对抗制的行使审判体系下，任何一个被指控的人，如果因贫困请不起律师，就不会受到公正审判，除非法院为其指派一名律师。对我们而言，这是显而易见的真理”。[①] 后来此案经过重审，被告人 Gideon 被宣告无罪。

Gideon 案的审理是权利法案联邦化进程中的重要一步，此后，在州法院受审的每一名刑事被告人都有获得律师的权利，无论是死刑案件还是非死刑案件。

（2）Escobedo 诉伊利诺伊州案。宪法第六修正案规定刑事被告人有获得律师的权利。但是，在 1964 年的“Escobedo 诉伊利诺伊州”案以前，无论是在联邦还是在各州，被告人获得律师的权利基本上被限制在审判阶段，那么这项权利在审前是否为第六和第十四修正案所保障？这一问题在“Escobedo 诉伊利诺伊州”案中得到了肯定性回答。

Escobedo 因涉嫌谋杀他的妻弟而受到警察的广泛讯问。在讯问期间，他要求与律师谈话，但这一要求被拒绝。Escobedo 的律师在得知其被讯问后赶到警察局要求会见他的委托人，但这一要求又被拒绝。律师向法官提出申诉，但仍未被允

---

① GIDEON V.WAINWRIGHT，372 U.S.335（1963）.

许会见 Escobedo。结果，在讯问中，Escobedo 作出了自我归罪的陈述，这一陈述在审判中作为对其不利的证据被提出，他被认定犯了谋杀罪。此案最终上诉至联邦最高法院，Goldberg 法官代表多数派发表了法院的裁决，认为拒绝被告人在讯问中与律师接触是违反第六修正案的“获得律师帮助”这一保障性权利的，以前这一保障只存在于审判阶段，但是，由于审前讯问集中于被告人涉嫌实施的犯罪行为，因此同样需要律师的帮助，而在否定律师帮助的前提下所得的自我归罪性陈述会削弱审判中律师作用的有效性。进而，所有在没有律师在场的情况下所得的有罪供述均排除其在审判程序中的可采性。基于此，联邦最高法院裁决撤销伊利诺伊州最高法院的判决，此案发回重新审理。①

Escobedo 案的裁决不仅肯定了联邦与州的刑事被告人在审前讯问程序中也有获得律师帮助的权利，还确立了律师不在场情况下的自白排除规则，从而推动了第五修正案之反对强迫自我归罪原则的发展，为 1966 年米兰达规则的确立奠定了基础。

（四）米兰达规则的确立

20 世纪 60 年代的正当法律程序革命不仅体现为正当法律程序在适用范围上的联邦化（即从联邦扩展到各州），而且体现为正当法律程序的内涵向纵深方向发展，其最集中的表现莫过于米兰达规则的确立。

1963 年 3 月 13 日，米兰达因涉嫌强奸和绑架妇女在亚利桑那州被捕，警察随即对他进行了讯问。经过两个多小时的审讯，米兰达招供，并在供词上签了字。在法庭上，控方向陪审团出示了米兰达签字的供词，作为指控的重要证据，但米兰达的律师强调这一供词属于被迫自证其罪，根据第五修正案，应当无效。但庭审法官裁决米兰达的供词是合法的证据，予以采纳。最后米兰达被认定有罪，被处以 20 年至 30 年的监禁。米兰达上诉到亚利桑那州最高法院，该法院认为米兰达在讯问时并没有特别要求辩护律师在场，因此其宪法权利未受到侵犯，原有罪判决予以维持。

米兰达后来上诉到联邦最高法院，首席大法官沃伦代表多数派发表了法院的裁决，认为此案涉及的构成美国刑事司法观念根基的问题是：国家在因追究犯罪而对某一个人进行追诉时必须遵守联邦宪法的要求，明确地说，本案涉及的关键

① ESCOBEDO V.ILLINIOUS,378 U.S.478(1964).

问题是通过警察的羁押讯问而得到的被告人陈述是否可采以及旨在为确保公民的第五修正案之反对强迫自我归罪权利提供程序保障必要性。在此问题上，最高法院的观点是：除非有证据表明已经为嫌疑人行使反对自我归罪特权提供了程序保障，否则，检控方不能使用来自于被羁押讯问的嫌疑人的自白。这些程序保障包括：在讯问之前，必须告知嫌疑人有保持沉默的权利，他所做的陈述有可能用作对他不利的证据；告知嫌疑人有要求讯问时律师在场的权利；如果嫌疑人没有钱请律师，可以免费获得指定律师的帮助。如果嫌疑人放弃这些权利，必须确保这种放弃是自愿的、明知的、理智的。如果嫌疑人在讯问的任何阶段、以任何方式表达出会见律师的愿望，讯问必须停止，同样，如果嫌疑人以任何方式表明他不愿意接受讯问，警察不能再进行讯问。嫌疑人仅仅回答某些问题或者愿意进行某些陈述这一事实并不能剥夺其在随后的讯问程序中享有在律师到来之后愿意接受讯问的权利。上述内容是对嫌疑人的最低限度、最必要的程序保障，任何违反这一规则所取得的证据均不具有可采性。①

联邦最高法院关于米兰达案件的裁决形成了美国司法史上著名的“米兰达规则”，因为它具有前所未有的革命性：将第五、第六修正案扩展到审前讯问程序并普遍适用于各州，更为重要的是它确立了有关自白可采性的程序合法性判断标准，使自白可采性规则更明确、更具有可操作性。米兰达规则所具有的革命性使其自产生之日起就一直处于不同意见的争论之中，并成为正当法律程序革命时期乃至整个美国刑事司法史上最引人注目的一章。

（五）小结

1969 年 7 月，沃伦从联邦最高法院首席大法官席位上退出，他的离职标志着正当法律程序革命的结束。在沃伦任首席大法官的 10 年间，正当法律程序无论在实质层面还是在程序层面都得到前所未有的发展：在实质层面，从 1961 年的“马普诉俄亥俄州”一案到 1969 年的“Benton 诉马里兰州”一案的 8 年间，沃伦法院通过十几个判例将权利法案为刑事被告人提供的所有程序保障（除大陪审团审查起诉以及禁止苛以过重的保释金之外）全部推行适用于各州，从而基本上完成了权利法案联邦化的任务；在程序层面，正当法律程序的内容也突破了联邦司法原有的水平，得到了极大的提升和扩展，如反对强迫自证其罪特权以及律师

---

① MIRANDA V.ARIZONA,384 U.S.436(1966).

帮助权利从审判程序延伸至审前讯问程序、自白可采性规则从自愿性标准过渡到程序合法性标准等。因此，通过正当法律程序革命，一方面权利法案成为联邦及各州普遍遵行的刑事司法准则，另一方面正当法律程序不再是仅仅停留在宪法层面的空洞的、抽象的原则体系，而是一套有关刑事司法程序规则与证据规则并且具有可操作性的制度体系。正是这种健全、完善的制度体系使得正当法律程序具有了前所未有的魅力，推动了正当法律程序从英美走向世界。

第三章　正当法律程序在英美的调整及其国际化

第二次世界大战以后，正当法律程序的发展呈现出两种完全不同的趋势：一方面，在其原产地英美国家，正当法律程序受到了较大程度的抑制与挑战；另一方面，正当法律程序在世界范围内受到前所未有的欢迎，不仅一些区域性国际组织以及联合国的一系列人权文件所规定的刑事司法准则秉承了正当法律程序原则的基本精神，而且包括日、意、法、德、俄等在内的大陆法系国家也都在自己的刑事司法体系内逐步接纳了正当法律程序观念，甚至将其作为指导刑事立法与司法的一项重要原则。

一、正当法律程序在英美的调整

（一）英国

英国虽然是正当法律程序的发源地，但其在正当法律程序发展方面的建树和贡献远不及与其隔海相望的美国。但是，第二次世界大战以后，英国刑事司法改革对正当法律程序的抑制又将其推到受人瞩目的前台。

20 世纪 50 年代，随着英国国内犯罪率的攀升，以“刑事法律改革委员会”为代表的“法律与秩序”派①极力推动英国的刑事司法改革向抑制正当法律程序的方向发展。例如，刑事法律改革委员会在 1972 年提出的报告中强调：“由于刑事审判的目标是查明被告人是否有罪，那么理想的状态应当是所有的相关证据都是可采的，只要能够证明有罪无罪的问题的任何事实的存在或不存

① 刑事法律改革委员会由保守党内政大臣于 1959 年成立，下文的刑事程序皇家委员会则由工党政府于 1979 年成立，在国家与个人利益关系问题上，前者持较为保守的观点，强调法律与秩序以及对犯罪的控制；后者则主张二者之间的协调。参见陈光中、郑旭：《追求刑事诉讼价值的平衡——英俄近年刑事司法改革述评》，载《中国刑事法杂志》2003 年第 1 期。

在。”在刑事法律改革委员会的推动下，1984 年英国制定的《警察与刑事证据法》以及 1994 年的《刑事司法和公共秩序法》对正当法律程序都进行了不同程度的削弱。

1984 年，英国制定《警察与刑事证据法》，扩展了警察临时扣留、进入房屋、搜查、扣押和逮捕的权力。例如，警察根据“合理怀疑”可以搜查“任何人身或者车辆”、“车辆中或者车辆上的任何东西”来搜查“被盗或者违禁物品”，包括武器和违禁毒品。关于逮捕，警察可以在没有正式起诉的情况下监禁嫌疑人 24 小时，警监以上的警官可以延长到 36 个小时。由于“刑事程序皇家委员会”的努力，1984 年的《警察与刑事证据法》在扩大警察权力的同时，也加强了对被追诉人的权利保障，如作为《警察与刑事证据法》实施性规则的《讯问守则》设立了律师值班制度、第一次讯问的录音录像制度等。

如果说 1984 年的《警察与刑事证据法》是英国为加强对犯罪的控制所进行的较为和缓的改革的话，那么 1994 年的《刑事司法和公共秩序法》则在构成正当法律程序核心内容的沉默权问题上采取了较为极端的态度。沉默权制度源于 1641 年英国的李尔本案件，由于其在防止警察暴力、增加刑事被告人防御权以及实现控辩双方平等对抗方面所具有的重要作用，英美国家均将其视为刑事正当法律程序的核心内容。但是在 20 世纪 90 年代的英国，沉默权制度却面临了前所未有的严峻考验，以刑事法律改革委员会为代表的反对者甚至提出废除沉默权的要求。在这一背景下，1994 年英国议会通过的《刑事司法与公共秩序法》对沉默权进行了极大的限制。首先，在沉默权的告知内容上，《刑事司法与公共秩序法》将以前的“除非你愿意，你没有必要说任何话，但是你所说的可能被作为证据使用”修改为“你没有必要说任何话。但是，如果有些情况你在讯问的时候不说而在审判时作为辩护理由，这可能会损害你的辩护。你说的话可能被作为证据使用”。其次，在被告人保持沉默的不利后果上，《刑事司法与公共秩序法》规定：第一，起诉方和法官可以对被告人在警察讯问的过程中保持沉默或者未能提到某一相关事实作不利的评价；第二，法庭和控方可以对被告人未能在法庭上提供证言或证据进行不利的评价；第三，如果被告人在警察讯问的时候未能对一些在身上或者住所发现的痕迹或者物证作出合理的解释，法庭和控方可以要求陪审团作出相反的推论；第四，如果一个嫌疑人未能对警察关于他在犯罪现场的问题作出合理的解释，法庭或者控方可以要求陪审团作出相反的推论。[①] 由于“不得因被告人沉默而得出对他不利的推论”是属于沉默权的保障性权利，因此1994年《刑事司法与公共秩序法》虽然没有明确废除沉默权，但却规定允许法官或陪审团在被告人保持沉默的情况下对被告人作不利推论，这实质上是对被告人沉默权在很大程度上的否定。

（二）美国

20世纪60年代末，沃伦离职之后，对于其首席大法官席位的继承者而言，正当法律程序的发展轨迹无非有两种选择：一是保持沃伦时期的正当法律程序革命成果并在此基础上将革命继续进行下去；二是对正当法律程序采取较为保守的立场，或者是废除沃伦时期的改革成果，或者对其进行限制。在一定程度上，对上述两条道路的选择取决于沃伦的继任者是持激进还是保守的立场。

1. 伯格法院时期（1969—1986年）

1969年7月，沃伦·伯格受当时的美国总统尼克松的指定取代沃伦成为联邦最高法院首席大法官。沃伦·伯格原任哥伦比亚特区上诉法院法官，在此期间，对于沃伦法院的正当程序革命，伯格基本上持否定意见，体现出其保守主义的立场。随着沃伦法官离开联邦最高法院，从1971年到1975年间，与他共同组成正当法律程序革命中坚力量的布莱克、布伦南、道格拉斯法官也因为身体健康状况或其他原因先后离开最高法院，取代他们的是Lewis Powell、威廉姆·H. 伦奎斯特以及约翰·P. 史蒂文斯。上述席位的更替标志着沃伦法院的彻底终结、伯格法院时期的来临，这一时期从1969年一直延续到1986年伦奎斯特出任最高法院首席大法官。

伯格在正当法律程序问题上所持的保守主义立场决定了沃伦时代的正当程序革命在20世纪70年代不可能继续进行下去，但伯格法院也没有否定正当程序革命的成果，而是采取了一种较为缓和的手法，即通过一系列案例对沃伦法院确定的有关正当程序的程序规则和证据规则在适用范围上进行限制，或者说设置例外，从而使这些正当程序规则从原来所具有的原则性、强制性转而变为具有可变性、开放性。

---

① 陈光中、郑旭：《追求刑事诉讼价值的平衡——英俄近年刑事司法改革述评》，载《中国刑事法杂志》2003年第1期。

（1）非法证据排除规则的例外。在 1914 年的“Weeks 诉合众国”一案中，联邦最高法院在联邦司法系统中确立了非法证据排除规则，1961 年沃伦法院通过“马普诉俄亥俄州”一案，将非法证据排除规则明确适用于各州。伯格法院时期强调刑事司法系统的犯罪控制目标，因此，对非法证据排除规则设置了许多例外，大大限制了非法证据排除规则的适用范围。

①大陪审团讯问的例外。1970 年 12 月 11 日，因犯罪嫌疑人 John Calandra 涉嫌非法赌博，联邦警察获得了对其所拥有的位于俄亥俄州的公司进行搜查的令状。在搜查过程中，警察没有发现 John Calandra 赌博的证据，但却发现了一张记载 Walter Loveland 先生定期向 Calandra 付款的凭证，警察认为这张凭证可以成为指控 Calandra 实施高利贷敲诈犯罪行为的证据，并继续搜查了这所公司的账簿、股票和通讯录。1971 年 3 月 1 日，调查该起高利贷敲诈案件的大陪审团基于上述搜查到的证据传唤了犯罪嫌疑人 Calandra，但 Calandra 拒绝陈述，并提出警察的搜查超出了搜查令记载的内容，因此获取的证据是非法的，建立在该证据基础上的指控（Affidavit）应当无效。联邦地区法院和上诉法院都支持了 Calandra 的请求，认为搜查令缺乏合理根据，且警察的搜查超出了搜查令记载的内容，Calandra 不必回答建立在这些非法证据基础之上的大陪审团的讯问。最终，检察官请求将此案移送至联邦最高法院进行审查。

1974 年 1 月 8 日，联邦最高法院推翻了地区法院和上诉法院的裁决，认为非法证据排除规则的目的不是为了给非法搜查行为受害人受到侵害的隐私权予以救济，而是为了预防将来可能出现的警察非法搜查行为，因此，不能认为非法证据排除规则在所有的诉讼程序中对所有的人都适用。第四修正案旨在防止政府对公民人身、住宅、文件、物品的不合理侵犯，应受谴责的应当是政府对公民个人领域的不正当干预，而在本案中，最初的搜查是没有合理根据的，但大陪审团建立在这些证据基础上的讯问并没有构成新的对公民人身、住宅、文件、物品的侵犯，只是这种非法搜查的派生，这种派生是否应当被禁止不是权利问题，而是救济问题。在普通的诉讼中，被告人不但有要求排除非法搜查或扣押证据的权利，也有要求排除其派生物的权利，但应限于对警察的非法行为有预防作用。在大陪审团审查程序中，排除非法证据的损失将会超出排除规则的威慑作用，因此，不应当将排除规则适用于该程序。[①]

联邦最高法院对“美国诉 Calandra”一案的裁决为非法证据排除规则的适用打开了一个缺口，自此，包括量刑程序、撤销缓刑程序、撤销假释程序以及撤销监督程序等在内的非审判程序都先后被允许使用非法获取的证据。[②]

②反驳被告人陈述的例外。伯格法院时期，对非法证据排除规则予以削弱的另一个举措是承认用以对被告人在审判时的陈述进行反驳的非法证据的可采性。

在联邦最高法院以前的判例中，非法取得的证据可以用来反驳被告人的陈述，但仅限于被告人在直接讯问中做出的与指控犯罪有关的特定陈述。伯格法院通过 1980 年的美国诉海文斯案大大突破了这一限制。

在 1980 年的“美国诉海文斯”一案中，海文斯因涉嫌实施运送毒品犯罪而受到指控，在审判时，海文斯在直接讯问中对涉嫌的犯罪行为作出了否定的陈述。在对他进行的交叉讯问中，他对于在同伙的衬衫上缝了一块隐蔽的布的事实予以否认，警察正是在这一隐蔽之处寻找到毒品的。检察官通过在海文斯的手提箱里发现的被剪掉一块布的衬衫对他的否认进行了反驳，但这件缺了一块布的衬衫是警察通过非法手段取得的。被告人的可信性受到了质疑，陪审团最后判决被告人有罪。上诉法院推翻了这一有罪判决，因为本案中非法取得的证据是在交叉讯问过程中被用以对被告人进行反驳的。但是，联邦最高法院推翻了上诉法院的裁决，认为只要被告人在交叉讯问中的陈述包含在直接讯问时的陈述范围之内，就可以受到非法证据的反驳，如果允许被告人在交叉讯问中所作的虚假证言不受反驳，那么刑事审判发现犯罪事实的目标将会受到损害。[③]

③“善意”例外。1981 年 8 月，基于一个告密者提供的线索，美国伯克班的警察开始对一起毒品买卖进行调查，包括对嫌疑人里昂的活动进行监视。基于一份总结侦查结果的宣誓书（affidavit），警察提出对三处住宅以及里昂的汽车进行搜查的申请，在经过几名地方检察官的审查之后，法官签发了一份表面上成立的搜查令。警察在此基础上搜查到了大量的毒品和其他证据，里昂因此被指控涉嫌实施毒品犯罪。在对证据进行听审的过程中，里昂提出搜查令是非法的，要求地方法院禁止使用根据该搜查令获取的证据。地方法院认为警察的宣誓书缺乏合

---

① UNITED STATES V.CALANDRA,414 U.S.338(1974).

② John F.Decker,Revolution To The Right,Garland Publishing,Inc.New York & London,1992,p.18.

③ UNITED STATES V.HAVENS,446 U.S.620(1980).

理根据，因此，尽管警察“善意”地实施搜查行为（即相信搜查令是合法的），但不能因此认为第四修正案的排除规则不应适用于这种情况，联邦上诉法院支持地方法院的这一裁决。

但是，伯格法院推翻了地方法院和上诉法院的裁决，认为排除规则不应适用于警察基于对由独立、公正的法官签发的搜查令的信赖而实施的搜查行为，尽管这一搜查令最终被发现是不合理的。首先，排除规则是为威慑警察的非法取证行为而设的，而非为了惩罚法官的错误；其次，即便排除规则能够有效地约束一些非法警察行为从而推动执法部门统一遵循第四修正案，但却不能期望用排除规则来约束那些客观、合理的执法行为，对于法官签发的令状，警察只能去遵行，此外别无选择，因此，不能因法官的错误去惩罚警察；最后，警察基于对治安法官签发的表面上成立的令状进行的搜查应当认为是客观、合理的。[①] 通过对里昂案的裁决，伯格法院确立了非法证据排除规则的“善意”例外，即如果警察所实施的搜查行为是基于对搜查令的信赖，即便这一搜查是违法的，所获得的证据也可以被用来作为对被告人定罪的根据。

④独立来源的例外。非法证据排除规则之独立来源的例外是伯格法院通过1984年的“Segura与Colon诉美国”一案确立的。在本案中，被告人涉嫌从他们的公寓往外运送可卡因，纽约毒品犯罪调查局对其进行了监视，发现嫌疑人Colon在某一旅馆的停车场将一只大旅行包交给另一嫌疑人Parra，然后Parra和另两名嫌疑人Segura和Rivudalla-Vidal走进旅馆，警察尾随Parra和Rivudalla-Vidal走进房间并拦住他们。结果，在嫌疑人Parra的身上搜出了可卡因，警察逮捕了他们。在被告知其所享有的宪法权利后，嫌疑人Rivudalla-Vidal进行了供述，交代他曾经从Parra那里买过毒品，而且这些毒品是由Colon负责运送到旅馆的。检察官批准了警察的逮捕并且建议他们向法官请求搜查Colon家的令状，但指出令状很可能第二天才能够得到，警察必须确保防止嫌疑人毁灭证据。当晚，警察在Segura的家里逮捕了他，并且押着他来到Colon的住宅，让他敲Colon的门。Colon打开房门，警察未经其许可就闯进Colon的家。其后，警察对Colon的住宅进行了有限的安全检查，并且在并不隐蔽的地方找到了毒品用具。随后，警察逮捕了Colon和Segura。有两名警察留在Colon的住宅，等待法官的

① UNITED STATES V.LEON,468 U.S.897(1984).

搜查令。但由于延误，19 个小时之后警察才拿到搜查令，在根据搜查令进行的搜查中，警察又发现了可卡因和毒品买卖的记录。先后两次搜查到的证据被作为控方的证据在法庭上提出来。被告人提出搜查是非法的，所有搜查到的证据均应当排除，地区法院支持了被告人的动议。但联邦上诉法院认为第一次搜查的证据应当被排除，而第二次搜查的证据则应当采纳，结果，被告人被宣告有罪。

此案最终被上诉至联邦最高法院，伯格法院支持了上诉法院的裁决。首席大法官伯格代表多数派阐发了法院的意见，认为警察进行的第二次合法搜查是独立于第一次非法搜查的，第二次搜查所获得的证据并非“毒树之果”①，因此是可以采纳的。同时，伯格也强调非法证据排除规则的适用要求社会和司法系统付出巨大代价，但不能就此被延伸到对刑事犯罪的保护上。②

⑤必然发现的例外。必然发现的例外是伯格法院通过 1984 年的“Nix 诉 Willianms”一案确立的。1968 年 12 月 24 日，一个 10 岁的小女孩 Powers 在爱荷华州得梅因的一座建筑中被发现失踪，她是在和父母看体育比赛时失踪的。小女孩失踪不久，有人发现威廉姆斯提着一个毯子裹成的大包裹离开，一个 14 岁的男孩作证说他在帮威廉姆斯开车门时发现毯子里有两条白人的腿。威廉姆斯的汽车第二天在距离得梅因市 160 英里的达文波被发现。警察在对威廉姆斯的汽车进行拦截搜查时，发现了失踪女孩衣服上的一些碎布、威廉姆斯自己衣服的一些碎布以及一张与威廉姆斯带离失踪现场相似的军用毛毯。法官签发了对威廉姆斯的逮捕令。警察认为，女孩的尸体肯定被埋藏在位于得梅因和威廉姆斯被截获的地点之间的区域，12 月 26 日爱荷华州警察局组织了一次大规模的搜查，200 个志愿者参加了这次搜查活动，所有的道路、废弃的建筑物、壕沟以及所有有可能掩埋女孩尸体的地方都被列入了搜查的范围之中。与此同时，威廉姆斯也在达文波受到警方传讯，威廉姆斯联系了一名得梅因律师，该律师准备从得梅因赶到达文波为威廉姆斯提供辩护，但爱荷华州警察通知律师他们会带威廉姆斯回得梅因，而且在路上将不对其进行讯问。两名警察开车带威廉姆斯回得梅因的途中，一名警察 Leaming 对威廉姆斯说：“你看我们走的这条路今晚将被几英尺深的大雪覆盖，那女孩的尸体埋在哪儿只有你自己知道，但是如果被雪盖住了，估计你自己也找

① “毒树之果”原则是美国联邦最高法院于 1920 年的“Sliverthorne Lumber 公司诉美国”一案确立的，其内容为要求排除由非法证据所衍生的第二手证据。

② SEGURA V.UNITED STATES, 468 U.S.796 (1984).

不到了。我们现在正在这条路上走，我觉得我们可以停下来找找女孩的尸体，这样女孩的父母就可以在圣诞节给他们在圣诞前夕被绑架和谋杀的女儿举行一个葬礼，否则暴风雪过后，我们就根本找不到了。”然后，警察又补充了一句：“我并不想让你回答我，你只是考虑一下。”威廉姆斯问警察 Leaming 是否已经找到了女孩的鞋，Leaming 说他不太确定，威廉姆斯将 Leaming 带到一个加油站附近说他把女孩的鞋扔在了这里，但他们没有任何发现。在继续回得梅因的路上，威廉姆斯又问警察是否已经找到那条毯子，并把 Leaming 以及负责搜查的两名警察带到他处理毯子的地方，但依然没有找到毯子。当车行进到 Mitchellville 时，在没有任何进一步谈话的情况下，威廉姆斯同意将警察带到藏尸的地方。其他地区的搜查停止了，搜查队集中到这一区域进行搜查，在距离威廉姆斯为 Leaming 等警察所指的地方 2.5 英里远的地方（这一地区属于原来锁定的搜查范围），一支搜查队在一条碎石路边上的沟里发现了女孩的尸体。

1969 年 2 月，威廉姆斯因涉嫌一级谋杀被起诉，在爱荷华州法院进行正式审判之前，威廉姆斯的律师提出排除女孩的尸体以及尸体检验情况的动议，认为这些都是由威廉姆斯的供述得来的，而这种供述是违法的。这一动议被否决，陪审团判决威廉姆斯有罪，这一裁决被爱荷华州最高法院维持。其后，威廉姆斯向联邦地区法院申请了人身保护令，地区法院认为州法院错误地认可了争议证据的可采性，这一裁决得到上诉法院的支持。联邦最高法院对此案发出了调卷令，认为虽然威廉姆斯的归罪性陈述不能用于对其进行的第二次审判，但尸体的地点和情况应当是可采的，因为理论上尸体无论如何都会被发现，无论威廉姆斯是否进行陈述。

1977 年“威廉姆斯案”在爱荷华州进行第二次审判。检察官没有提出威廉姆斯的供述作为指控根据，也没有提他曾经指引警察去寻找尸体。但女孩的尸体、他所穿的衣服以及针对尸体进行的医学和化学鉴定结论都被提出来作为控方的证据。法院认为，检察官已经以优势证据证明了如果搜查没有停止，威廉姆斯也没有领警察去寻找尸体，被害人的尸体也能在短时间内被找到，而且由于气温很低，尸体并不容易变质。在此基础上，法院采纳了这些证据，威廉姆斯第二次被陪审团认定犯一级谋杀罪，被判处终身监禁。爱荷华最高法院在上诉审中再一次维持了这一裁决，并且提出这应当属于排除规则的“独立来源”例外，即“当被告人提出警察的行为非法时，检察官有责任以优势证据证明：警察并没有出于恶意地催促被告人交代争议证据的下落，争议的证据通过合法手段能够取得”。

1980 年，威廉姆斯再次针对州法院的判决向地区法院申请人身保护令。地区法院也认为尸体不可避免地会以同等条件被发现，因此否决了威廉姆斯的申请。联邦上诉法院撤销了地区法院的裁决，认为即便承认排除规则有独立来源的例外，州检察官也没有完成证明警察不是出于恶意的责任。之后，检察官向联邦最高法院申请了调卷令，结果伯格法院推翻了上诉法院的裁决。

首席大法官伯格代表最高法院的多数派阐发了法院的意见，认为如果检察官能够以优势证据证明某一证据可以最终或者不可避免地被以合法手段获取，那么排除规则的威慑作用将会很小，这一证据也就可以采纳。相反，排除最终必然被发现的证据对于刑事司法的纯洁和公正毫无益处可言。本案的检察官已经证明了被害人的尸体必然能够发现，因此，上诉法院的裁决应当被推翻，此案发回重新审理。[①]

（2）米兰达规则的例外。作为正当法律革命时期最重要成果的米兰达规则在伯格法院时期也遭遇了与非法证据排除规则相似的命运。

①反驳被告人陈述的例外。伯格法院对米兰达规则的限制首先表现为允许违反米兰达规则所获取的被告人陈述在法庭上作为反驳被告人陈述的证据而使用。这一例外是由 1971 年的哈里斯诉纽约案以及 1975 年的俄勒冈州诉哈斯案所确立的。

1971 年，哈里斯因涉嫌两次向便衣警察贩卖毒品而受到追诉。在被逮捕之后的讯问中，哈里斯在没有被告知米兰达权利时进行了有罪供述。但在法庭审判过程中，面对两名警察的作证，哈里斯承认他认识两名警察，但却否认有贩卖毒品的罪行，因为他交给警察的袋子里实际上是发酵粉，想以此来达到赚钱的目的。在交叉讯问中，检察官逐一质问被告人在审前的陈述中所作的供述，被告人称他已经记不清自己供述的内容。在辩护律师的要求下，检察官出示了根据被告人的审前供述所作的书面笔录，这些陈述没有向陪审团出示。审判法官提示陪审团被告人的审前供述不能作为有罪证据，但可以据此来审查被告人的可靠性。结果，陪审团作出被告人罪名成立的有罪裁决。在对此案进行审查时，伯格代表最高法院的多数派阐发了法院的意见，提出每一名犯罪嫌疑人都有作证或者拒绝作

① NIX V.WILLIAMS,467 U.S.431（1984）.

证的权利，但是这并不能解释为包含有允许被告人作伪证的权利。米兰达规则所提供的保护不能被当作通过禁止对被告人的矛盾陈述进行对质而作伪证的通行证，因此，审理法院的判决予以维持。①

与哈里斯案类似，在 1975 年的“俄勒冈州诉哈斯”一案中，在被告人哈斯主张其米兰达权利时，警察拒绝其与律师联系，并继续对哈斯进行讯问，哈斯作出了有罪供述。同样，这一有罪供述被检察官在法庭上用来反驳被告人所作的相反的陈述。在此案中，伯格法院遵循哈里斯案的思路，仍然认为违反米兰达规则所作的陈述可以用来反驳被告人在法庭上的供词。

②未被羁押的人不适用米兰达规则。沃伦法院于 1966 年所确立的米兰达规则虽然规定羁押讯问的被告人有权利得到米兰达警告，但并没有将其保护范围限定为被羁押的被告人，而是强调被告人是否受到强制，这不仅包括被羁押状态，也包括警察以任何方式剥夺被告人人身自由的状态。但伯格法院通过 1976 年的“Beckwith 诉美国”一案将未被羁押的被告人排除在米兰达规则的保护范围之外。

Beckwith 因涉嫌实施税务欺诈行为而受到美国国税局调查部门的调查。在进行了一些调查之后，两名税务警察在 Beckwith 的住所对其进行了讯问。在被允许进入 Beckwith 的住宅之后，警察向 Beckwith 说明了他们的来意，并且告知他：“根据第五修正案的规定，我不能强迫你提供任何有可能导致你自我归罪的陈述，我必须告诉你，你所说的一切有可能在法庭上作为对你不利的证据提出来，如果你愿意，你可以在回答前寻求律师的帮助。” Beckwith 表示他知道自己所享有的权利。整个讯问都是在一种“友好”且“放松”的状态下进行的，被告人没有被强迫回答任何他不愿意或者不能回答的问题。在开庭审理前，被告人要求排除他所作的全部陈述作为指控根据，因为他没有得到米兰达警告。审理法院认为被告人只有在被羁押的情况下才享有这项权利，但本案中并不存在这种情况。上诉法院维持了审理法院的裁决。被告人最终将此案上诉至联邦最高法院。

伯格代表最高法院的多数派阐发了法院的意见，认为米兰达规则是为了保护受到羁押的被告人，防止其因为受到警察的强制而提供非自愿自白。强制性是判断米兰达规则是否适用的标准，而受到羁押的被告人处在警察的主导之下不能与

---

① HARRIS V.NEW YORK,401 U.S.222 (1971).

外界联系，因此符合强制性要求，有必要以米兰达规则来保护其反对强迫自我归罪的权利。但是，本案中并不存在米兰达规则所要求的强制性，整个讯问都没有强迫的因素，被告人未受到米兰达警告并不构成对米兰达规则的违反。因此，维持上诉法院的裁决。①

“Beckwith 诉美国”一案的裁决为米兰达规则的适用打开了一个大缺口。此案之后，伯格法院在一系列案件中都遵循了该案的逻辑，确立了在被警察要求的情况下被告人自愿到警察局接受讯问的情况不适用米兰达规则②；被告人在警察的陪伴下去警察局的途中自愿进行的陈述不适用米兰达规则；在警察对车辆进行常规交通检查过程中，当警察问及被告人是否饮酒时，被告人回答其刚喝了两瓶酒、吸了一只大麻，这种情况也不属于强制状态，因此不适用米兰达规则。③

米兰达规则的里程碑意义即在于不以被告人自白的自愿性作为自白是否可采的标准，而是以警方是否对嫌疑人进行了米兰达警告为标准（即程序的合法性）判断自白的可采性。因此，伯格法院将未被羁押的被告人排除在米兰达规则适用范围之外，也就等于重新以自白的自愿性而非程序的合法性作为判断未受到羁押的被告人自白是否可采的标准。这种倾向对米兰达规则而言是一种极为危险的威胁。

③公共安全的例外。1984 年，伯格法院通过“纽约诉夸尔斯”一案确立了米兰达规则之“公共安全”例外。在本案中，警察接到一名妇女的报案声称自己被强奸，强奸犯已经携带一支枪跑到超市里。警察进入超市抓到了嫌疑人。在对嫌疑人进行搜身时，警察发现他的身上有一只空枪套，便问嫌疑人枪在哪里。嫌疑人回答“枪在那儿”，同时点头示意枪的所在位置。在州法院的审判中，法院认为被告人的回答及其那支枪均不能作为指控证据，因为警察在此之前没有向被告人宣读米兰达警告。这一裁决被纽约州最高法院所维持。

在公诉方将此案上诉至联邦最高法院后，伯格法院经过审理，推翻了纽约州法院的裁决。伯格代表最高法院的多数派阐发了法院的意见，认为“公共安全”应当是本案首先要考虑的因素。如果警察被要求在问及枪在何处之前先进行米兰达警告，那么警察很可能找不到那支枪，那支枪很可能会对公众的安全构成威

① BECKWITH V.UNITED STATES,425 U.S.341 (1976).

② OREGON V.MATHIASON,429 U.S.492(1977).

③ BERKEMER V.McCARTY,468 U.S.420(1984).

胁。在公共安全受到威胁的情况下，要求嫌疑人回答问题的需要显然超出了遵循米兰达规则的需要。[①]

通过“纽约诉夸尔斯”一案，联邦最高法院确立了米兰达规则的“公安安全”例外，即在公共安全受到威胁的情况下，警察可以不按照米兰达规则要求的程序进行讯问，而警察因此所获得的证据可以在审判中予以采纳。

④米兰达规则不适用“毒树之果”原则。1985 年的“俄勒冈州诉艾尔斯达德”一案是伯格法院进一步削弱米兰达规则的例证。在本案中，因涉嫌盗窃，艾尔斯达德在家中被警察逮捕。在向他宣读逮捕令之前，一名执行逮捕的警察说他感觉艾尔斯达德参与了这起盗窃案件，艾尔斯达德回答：“是的，我在场。”在其被带到警局之后，警察第一次向其宣读了米兰达警告，艾尔斯达德表示放弃米兰达规则的权利，并进行了有罪供述。在审判中，法院排除了艾尔斯达德在逮捕时所作的陈述，因为警察没有遵守米兰达规则，但却采纳了艾尔斯达德在警局所作的陈述，因为该讯问是符合米兰达规则的要求的。艾尔斯达德被判决有罪。此案上诉至俄勒冈州上诉法院，上诉法院推翻了原审裁决，裁定第二次供述也不能采纳，因为两次供述之间的时间间隔和环境情况不足以消除第一次供述对第二次供述的影响，属于“毒树之果”。公诉方请求俄勒冈州最高法院对此案进行复审，遭到拒绝，于是向联邦最高法院申请调卷令，要求对此案进行复查。

伯格法院经过审理推翻了俄勒冈州上诉法院的裁决，认为仅仅因为警察先前在没有进行米兰达警告的情况下获得嫌疑人的陈述就排除嫌疑人后来在经过告知和明确弃权的情况下作出的供述并不是第五修正案反对强迫自我归罪条款的要求。违反米兰达规则的行为与违反第四修正案的行为有很大差异，在非法搜查的基础上获得的证据应当作为“毒树之果”被排除，但米兰达规则只是一种法律上的推定，即在违反米兰达规则程序的情况下所得的口供应当予以排除，但把这种排除的做法延伸到后来经过合法程序所获取的口供则是对米兰达规则的不符合宪法精神的扩大解释。换言之，在米兰达规则上不适用“毒树之果”原则。[②] 艾尔斯达德案进一步削弱了米兰达规则的效力。

（3）获得律师帮助权的削弱。刑事被告人获得律师帮助权利的扩大是正当

---

① NEW YORK V.QUARLES,467 U.S.649(1984).

② OREGON V.ELSTAD,470 U.S.298(1985).

法律程序革命的另一重要成果。如前所述，到20世纪70年代初，在美国，一切贫困被告人都有权获得免费律师的帮助；同时，被告人获得律师的权利不仅存在于审判程序，也扩展到审前讯问程序、预审程序、有罪答辩程序，以及审后的量刑程序和上诉程序。但是，在伯格法院时期，获得律师帮助权与非法证据排除规则、米兰达规则面临了同样的命运，联邦最高法院通过十几个案例，大大限制了这一权利的保护范围。

①未提起正式指控的例外。1967年，沃伦法院通过美国诉Wade案明确了在审前辨认阶段，嫌疑人的律师帮助权必须得到保障。但是，伯格法院于1972年的“Kirby诉伊利诺伊州”一案对此进行了严格的限制。

1968年2月21日，一个名叫威利·沙尔德的人到芝加哥警察局报案，称自己于前一天在街道上被两个人抢了钱包，里面有旅行支票和社会保险卡。2月22日，警察在西麦迪逊大街拦截了Kirby和他的同伙Bean，在被要求出示证件后，Kirby拿出一个装有三张旅行支票和一张社会保险卡的钱包，上面写的都是威利·沙尔德的名字，同时在Bean的身上也发现了写有威利·沙尔德名字的纸片。当警察要求他们解释持有威利·沙尔德财产的原因时，Kirby说这是他们跟威利·沙尔德赌博赢来的。警察逮捕了Kirby和Bean，将他们带至警察局。在Kirby和Bean被逮捕之后，警察才知道有威利·沙尔德遭抢劫一案，于是，马上将威利·沙尔德接到警察局。威利·沙尔德一进门就发现坐在椅子上的Kirby和Bean，并明确地指认就是他们两天前抢了自己的钱包。此时，没有律师在场，嫌疑人也没有被告知有获得律师帮助以及律师在场的权利。6个星期后，Kirby和Bean被指控（indictment）犯有抢劫罪，在被传讯时，他们受到了指定律师的帮助，并且均作了无罪答辩。律师提出动议要求排除沙尔德的辨认证据，但动议被驳回。在正式庭审中，威利·沙尔德被要求作为控方证人出庭，对他在警察局对两名被告人进行的辨认进行了陈述，同时再一次在法庭上对两名被告人进行了指认。陪审团最后认定两名被告人有罪。伊利诺伊州上诉法院维持了这一有罪裁决，认为Wade案所确立的规则不适用于被告人受到指控前的辨认程序。

此案上诉至联邦最高法院。斯图尔特法官代表最高法院的多数派阐发了法院的意见，认为此案涉及的是第六修正案的律师帮助权问题，与第五修正案之反对强迫自我归罪特权无关，而第六修正案的律师帮助权只存在于对被告人的对抗式程序启动之后，其标志是受到正式指控。而在本案中的辨认程序阶段，警察只是对被告人进行了常规调查，正式的诉讼程序尚未启动，因此，被告人的律师帮助权没有受到侵犯，原审判决予以维持。[①] Kirby 案的判决将 Wade 案所确立的规则限制于嫌疑人、被告人受到正式指控后的诉讼阶段，实际上也就等于剥夺了嫌疑人在正式指控前阶段获得律师帮助的宪法权利。

以刑事指控是否提起或者对抗式诉讼是否形成而非以被告人是否有可能受到不公正的对待，作为判断被告人之律师帮助权应否得以保障的根据是伯格法院用以限制被告人律师帮助权的一个重要手段。在 Kirby 案之后，伯格法院根据这一理论，逐步限制律师帮助权的适用范围。1973 年的 Gagnon 诉 Scarpelli 案裁决将撤销缓刑与假释程序排除在律师帮助权的适用范围之外，因为撤销缓刑与假释程序不属于"刑事指控"[②]；同一年的美国诉 Ash 案裁决则认为不允许律师参与检察官在审前组织的证人辨认照片程序并没有侵犯被告人的律师帮助权，因为在这样的程序中，并不存在类似于审判中的那种双方对抗[③]；1974 年的罗斯诉 Moffit 案裁决被定罪的贫困被告人在向州最高法院提起的上诉程序以及向最高法院提起的调卷令程序中，其免费获得指定律师帮助的权利不受第六修正案的保护，因为此时被告人获得律师帮助显然不是为了"防止政府的不当追诉"，而是为了"攻击先前的有罪判决"[④]；1975 年的 Gerstein 诉 Pugh 案裁决第四修正案要求赋予审前被延长羁押的被告人请求进行司法听证会的权利，但是这种司法听证不是对抗式的，因此也不是保障被告人获得律师帮助权的"关键阶段"[⑤]；1976 年的美国诉 Mandujano 案裁决大陪审团讯问程序中被告人不享有获得律师帮助的权利[⑥]；1979 年的 Scott 诉伊利诺伊州案裁决如果被告人没有因为定罪而被判处监禁刑罚（而是罚金或者缓刑等），那么不给他指定律师并不构成对其宪法权利的侵犯[⑦]；1981 年的 Estelle 诉史密斯案裁决被告人在被要求接受身体检查时有权利被告知有获得律师帮助权，但没有免费获得指定律师帮助的权利；1984 年的美国诉 Gouveia 案裁决在监狱内因又涉嫌实施犯罪行为而被关禁闭的犯人在监狱调查其

① KIRBY V.ILLINOIS,406 U.S.682 (1972).

② GAGNON V.S CARPELLI,411 U.S.778(1973).

③ UNITED STATES V.ASH,413 U.S.300(1973).

④ ROSS V.MOFFIT,417 U.S.600(1974).

⑤ GERSTEIN V.PUGH,420 U.S.103(1975).

⑥ UNITED STATES V.MANDUJANO,425 U.S.564(1976).

⑦ SCOTT V.ILLINOIS,440 U.S.367(1979).

涉嫌实施的罪行期间没有获得指定律师帮助的权利。[①]

②被告人承担证明律师无效的证明责任。第六修正案规定被告人有获得有效的律师帮助的权利，但何为“有效”的律师帮助不仅涉及“有效”的标准问题，而且涉及由谁来证明律师帮助是否有效的证明责任分配问题。在沃伦法院时期，这两个问题并没有得到明确。伯格法院在1984年的“美国诉Cronic”一案中第一次明确了有效的律师帮助即令指控受到“有意义的对抗制检验”，但同时伯格法院也提出律师应被推定为有效，被告人如主张律师无效应承担相应的证明责任。[②] 同一年的“Strickland诉华盛顿”一案则明确了被告人主张律师无效必须要证明的两个问题：一是被告人必须证明律师不是一个合理、有效的辩护人，二是律师在本案中的行为确实影响了程序结果的公正性。[③] 被告人负有证明律师无效的责任加重了被告人在诉讼中的负担，而且在实践中被告人很难现实地履行这一责任。例如，“Strickland诉华盛顿”一案，虽然被告人提出律师无效的主张，但最终却因为不能履行相应的证明责任而被维持了有罪判决。

（4）陪审制的削弱。在伯格法院时期，第六修正案规定的被告人获得陪审团审判的权利也在一定程度上被削弱了，这主要表现在陪审团的规模（即陪审员的人数）以及作出有罪判决的一致性两个方面。

①陪审团规模的变化。传统上，英美的审判陪审团都由12人组成。在美国，12人陪审团被联邦最高法院通过两个案例分别在联邦与各州予以确立。1898年的Thompson诉Utah案确立了在联邦司法系统内由12人组成的陪审团是宪法的要求。1968年，沃伦法院通过“Duncan诉路易斯安那州”一案将12人陪审团的要求适用于各州。但是，在伯格法院时期，这一规则却发生了惊人的变化，1970年的威廉姆斯诉佛罗里达州案打破了这一传统，从此使少于12个人的陪审团在美国司法史上获得了合法地位。

威廉姆斯被指控犯有抢劫罪，在佛罗里达州受到了6人陪审团的审判，并被判决有罪。根据佛罗里达州成文法的规定，除死刑案件之外的刑事案件均可由6人陪审团进行审判。威廉姆斯的有罪判决被佛罗里达州上诉法院予以维持，其

---

① UNITED STATES V.GOUVEIA,467 U.S.180(1984).

② UNITED STATES V.CRONIC,466 U.S.648(1984).

③ STRICKLAND V.WASHINGTON,466 U.S.668(1984).

后，他向联邦最高法院提出复审请求。怀特法官代表最高法院的多数派发表了法院的裁决，认为 12 人陪审团并不是宪法第六修正案之“陪审团审判”权利的必然要求。陪审团审判的目的是防止政府权力的滥用，为达到这一目的，陪审团发挥作用的关键在于其在控辩双方之间所处的中立位置，在于民众对司法的参与以及对宣告某人有罪或无罪这一责任的分担，这一角色的承担根本不在于组成陪审团人数的多少。没有任何现有的证据以及理论能够证明 12 人陪审团比组成人数少的陪审团更有益。因此，普通法中所要求的 12 人陪审团已成为历史，对于陪审制目的的实现已经无足轻重，佛罗里达州的 6 人陪审团并没有违反宪法第六和第十四修正案的要求，原审判决予以维持。①

②有罪判决一致性的变化。在英美普通法的历史上，陪审团对被告人作出的有罪裁决必须具有一致性，即只有 12 名陪审员一致同意判处被告人有罪，有罪判决才能生效。但在伯格法院时期，这一历史传统同样被打破：1972 年的约翰逊诉路易斯安那州案裁决陪审团的有罪判决可以在 9 名陪审员同意的情况下作出。

约翰逊以涉嫌抢劫罪被逮捕和审判，最终陪审团以 9∶3 的比例作出约翰逊有罪的裁决。根据路易斯安那州的法律，这一裁决是有效的（死刑案件除外）。约翰逊的律师认为，如果有 3 名陪审员没有投赞成票，那么陪审团的裁决没有达到排除合理怀疑的要求。此案最终由被告人上诉至联邦最高法院，伯格法院作出了令人吃惊的裁决，大法官怀特代表最高法院的多数派阐发了法院的意见，认为路易斯安那州的法律并不违背第六修正案，陪审员意见一致的情况下才能作出有罪裁决并非正当法律程序的必然要求，9 名陪审员作出的有罪裁决已经满足了排除合理怀疑的要求，因此州法院的裁决应当予以维持。②

2. 伦奎斯特法院时期

1986 年，伦奎斯特取代伯格成为美国联邦最高法院首席大法官。在伯格法院时期，伦奎斯特作为联邦最高法院法官之一，基本上与伯格法官持同样的保守主义立场。因此，当他出任首席大法官之后，联邦最高法院的判案基调基本上没有发生大的变化，即对正当法律程序继续进行削弱和限制。例如，在米兰达规则

① WILLIAMS V.FLORIDA,399 U.S.78(1970).

② JOHNSON V.LOUISIANA,406 U.S.356(1972).

问题上，伦奎斯特法院继续增加了两项例外规定：一是 1990 年的宾夕法尼亚州诉莫里兹案裁决对被告人进行诸如姓名、住址、身高、体重、出生日期和年龄的询问以及对被告人的人身进行物理检查不受米兰达规则的约束；二是 1990 年的伊利诺伊州诉伯金斯案裁决通过警察秘密侦查得到的犯罪嫌疑人、被告人陈述不适用米兰达规则。

尽管在正当法律程序问题上持保守主义立场，但伦奎斯特法院对正当法律程序的削弱依然采取了增加例外规定这种较为和缓的方式，因此当涉及被告人一些关键性权利的存废问题时，伦奎斯特法院所作出的裁决甚至与其保守主义立场相反。有关这一点最重要的例证是 2000 年的“迪克森诉合众国”一案对米兰达规则的重申。

1997 年，迪克森因在弗吉尼亚州涉嫌抢劫银行而受到警察的讯问。讯问是以随便聊聊的方式进行的，警察没有向迪克森宣读米兰达警告，迪克森承认自己参与了银行抢劫案。在对迪克森进行审判时，法庭裁定，由于警察没有事先进行米兰达警告，所以该口供不能采纳为证据。检控方不服，上诉至联邦第四巡回区上诉法院，上诉法院推翻了审判法院的裁决，主要理由是迪克森的口供是自愿作出的，而国会在 1968 年曾经制定过一部法律（即 3501 号法律），规定在口供的采用标准上采取综合判断（totality-of-the-circumstances）标准，这一法律应比 1966 年的米兰达规则具有优先适用权。由于此案涉及米兰达规则的存废问题，联邦最高法院决定对此案进行调审。伦奎斯特法官代表最高法院的多数派阐发了法院的意见，认为米兰达规则一来是联邦最高法院作出的宪法性裁决，不能被国会的法律所推翻；二来其已经深深扎根于美国警察的行为规范之中并且成为社会文化的一部分。而且，虽然米兰达规则会导致一部分有罪的人逃避法律制裁，但是经验证明，3501 号法律所规定的综合判断标准比米兰达规则更难以遵行，很难保证法官适用的一致性。因此，最高法院拒绝推翻米兰达规则，上诉法院的判决予以撤销。

3. 小结

通过以上对伯格—伦奎斯特法院时期一系列案例的考察，显然，伯格—伦奎斯特法院时期正当法律程序在技术层面得到了很大的发展，一系列有关非法证据排除规则、米兰达规则、律师帮助权、陪审制等内容的例外规定使得沃伦法院时期所建立的正当法律程序制度体系更为丰富和复杂。然而，这并非一种单纯的司法技术上的变化，沃伦法院和伯格—伦奎斯特法院对正当法律程序所具有的不同价值取向导致了正当法律程序在20世纪60年代和70年代至90年代的截然不同的待遇，如果说60年代是正当法律程序的全盛时期，是正当法律程序的革命时期，那么70年代至90年代则是正当法律程序的低谷时期，是对正当法律程序进行革命的时期，有学者将其称为“反正当法律程序革命”（the due process conter-revolution）时期。这些不同的价值取向实际上集中于对同一个问题的回答，即被告人个人权利的保护与国家对犯罪进行控制二者之间的关系问题。虽然沃伦法院与伯格—伦奎斯特法院同样在美国宪法以及权利法案的框架下行使司法权，但对上述问题的不同回答决定了他们对正当法律程序的不同态度以及正当法律程序受到的不同际遇。当然，之所以能够出现这种情况还与美国的判例法传统密不可分，“法官造法”在很大程度上导致了联邦最高法院大法官的价值取向对美国司法制度的直接影响，从而使少数人的价值观念可以成为在某一时期主导整个国家司法取向的决定性因素。

二、正当法律程序的国际化

（一）国际组织对正当法律程序的接受

1. 区域性国际组织对正当法律程序的接受

第二次世界大战以后，基于法西斯主义对人权的践踏带给世界人民的痛苦，保护公民基本人权的呼声日益高涨，在这一背景下，欧洲、美洲、非洲都成立了旨在保护公民人权的国际性组织，并且出台了一系列人权文件，包括《欧洲人权公约》、《美洲人权公约》以及《非洲人权与民族权宪章》等。虽然这些文件并没有明确提出“正当法律程序”这一名词，但是它们为保护公民的生命、自由、财产、隐私权所提供的程序保障在内容上与英美的正当法律程序基本一致。

（1）《欧洲人权公约》。《欧洲人权公约》由欧洲理事会于1950年通过并于1953年生效。该公约第2、3、5、6、7、8条以及《欧洲人权公约第七议定书》第2、3、4条对限制或剥夺公民的生命、自由、财产等基本权利所必须遵循的法律程序进行了明确规定，包括禁止酷刑原则、逮捕或拘留的司法审查与司法救济原则、告知被逮捕理由及其指控罪名原则、保释原则、公正审判原则、无罪推定原则、辩护原则、法律援助原则、与证人对质以及获得有利于己方的证人出庭作证原则、获得免费译员帮助原则、罪刑法定原则、复审原则、禁止双重归罪原则、再审原则等。

(2)《美洲人权公约》。《美洲人权公约》于1969年通过。作为美洲国家所遵行的人权文件,《美洲人权公约》同样对成员国限制或剥夺其公民的基本权利所应遵循的司法程序进行了强调。该公约第5、7、8、9条分别规定了禁止酷刑原则、禁止任意逮捕或关押原则、拘留的司法审查和司法救济原则、公正审判原则、无罪推定原则、为被告人提供翻译原则、告知指控理由原则、辩护原则、法律援助原则、查问出庭证人以及有权请有利于己方的证人出庭作证原则、反对强迫自我归罪原则、上诉原则、有罪供述的自愿性原则、禁止重复追究原则、诉讼公开原则、罪刑法定原则等。

(3)《非洲人权与民族权宪章》。《非洲人权与民族权宪章》由非洲统一组织于1981年通过。虽然非洲的人权运动起步较晚,但《非洲人权与民族权宪章》作为非洲国家所遵行的人权文件对于刑事正当程序仍进行了一定程度的强调。该宪章第3、4、5、6、7条对非洲公民的基本权利以及相应的程序保障进行了规定,包括法律面前人人平等原则,生命人格权不受侵犯原则,禁止残忍的、不人道的有辱人格的刑罚和待遇原则,非经法定条件不得逮捕或拘留原则,对侵犯其基本权利的行为提起诉讼原则,无罪推定原则,辩护原则,公正及时审判原则,罪刑法定原则,罪责自负原则等。

以上三个区域性人权文件虽然在人权保护的内容与发展水平上不尽相同,但其所提供的这些程序保障实际上都包含在英美的正当法律程序范围之内,是对正当法律程序原则和精神的接纳与吸收,是对正当法律程序制度的学习与借鉴。其目的在于防止国家机关滥用权力以致任意侵犯或者剥夺公民基本权利的行为,这些人权文件在本区域内发挥着重要的人权保障作用。

2. 联合国刑事司法准则对正当法律程序的借鉴与发展

正当法律程序的完全国际化是通过联合国这一全球性国际组织来实现的。作为拥有最多成员国的联合国,在其先后通过的一系列国际人权文件[①]中对刑事司

① 包括《联合国宪章》《世界人权宣言》《公民权利和政治权利国际公约》《执法人员行为守则》《禁止酷刑和其他残忍、不人道或有辱人格的待遇或处罚的公约》《关于司法机关独立的基本准则》《联合国少年司法最低限度标准》《保护所有遭受任何形式的拘留或监禁的人的原则》《关于律师作用的基本原则》《关于检察官作用的准则》等。

法应当遵循的基本准则进行了详细的规定，这些规定贯穿了刑事司法的审前、审判和审后阶段，为各成员国实现刑事司法的正当化提出了明确而具体的要求。

（1）审前程序。

①禁止酷刑原则。《公民权利和政治权利国际公约》第 7 条规定："任何人均不得加以酷刑或施以残忍的、不人道的或侮辱性的待遇或刑罚。特别是对任何人均不得未经其自由同意而施以医药或科学试验。"《禁止酷刑和其他残忍、不人道或有辱人格的待遇或处罚公约》则对"酷刑"的概念进行了界定。根据该公约第 1 条的规定，"酷刑"是指为了向某人或第三者取得情报或供认，为了他或第三者所为或涉嫌的行为对他加以处罚，或为了恐吓或威胁他或第三者，或为了基于任何一种歧视的理由，蓄意使某人在肉体或精神上遭受剧烈疼痛或痛苦的任何行为，而这种疼痛或痛苦是由公职人员或以官方身份行使职权的其他人所造成或在其唆使、同意或默许下造成的。《执法人员行为准则》第 5 条规定："执法人员不得施加、唆使或容许任何酷刑行为或其他残忍、不人道或有辱人格的待遇或处罚，也不得以上级命令或特殊情况，例如战争状态或战争威胁、对国家安全的威胁、国内政局不稳定或任何其他紧急状态，作为施行酷刑或其他残忍、不人道或有辱人格的待遇或处罚的理由。"

为彻底贯彻禁止酷刑原则，切实防止酷刑行为的发生，《禁止酷刑和其他残忍、不人道或有辱人格的待遇或处罚公约》还规定了一系列针对酷刑行为的预防性和救济性措施。这些措施包括：

第一，定期审查。该公约第 11 条规定："每一缔约国应经常审查对在其管辖的领土内遭到任何形式的逮捕、扣押或监禁的人的拘留和处理的审讯规则、指示、方法、做法和安排，以避免发生任何酷刑事件。"

第二，申诉制度。该公约第 13 条规定："每一缔约国应确保任何声称在其管辖的领土内遭到酷刑的个人有权向该主管当局申诉，其案件应得到该主管当局迅速而公正的审查。应采取步骤确保申诉人和证人不因提出申诉或提供证据而遭受苛待或恐吓。"

第三，补偿制度。该公约第 14 条第 1 款规定："每一缔约国应在其法律体制内确保酷刑受害者得到补偿，并享有获得公平和足够赔偿（包括尽可能使其完全复原的费用）的可强行权利。如果受害者因受酷刑死亡，其受抚养人应享有获得赔偿的权利。"

第四，证据排除规则。该公约第 15 条规定："每一缔约国应确保在任何诉讼程序中不得援引任何确属酷刑逼供作出的陈述为证据，但这类陈述可引作对被控施用酷刑逼供者起诉的证据。"

②禁止任意和非法羁押原则。《世界人权宣言》第 9 条规定："任何人不得加以任意逮捕、拘禁或放逐。"《公民权利和政治权利国际公约》第 9 条第 1 款规定："人人有权享有人身自由和安全。任何人不得加以任意逮捕或拘禁。除非依照法律所确定的根据和程序，任何人不得被剥夺自由。"《保护所有遭受任何形式拘留或监禁的人的原则》第 2 条规定："逮捕、拘留或监禁应严格按照法律规定并由为此目的授权的主管官员和人员执行。"第 36 条第 2 款规定："在调查和审判期间，只有在执法上确有必要时，才能根据法律具体规定的理由及其条件和程序对这种人（即涉嫌或被控犯有刑事罪行的人——笔者注）进行逮捕和拘留……"

上述规定特别强调了羁押的合法性，根据这些规定，合法的羁押指合法的官员依照法律所确定的根据和程序而实施的逮捕、拘留或监禁等措施。在刑事司法过程中，对犯罪嫌疑人、被告人适用必要的羁押措施对于防止进一步发生社会危险、保障诉讼顺利进行具有十分重要的意义，但是审前羁押措施一旦采取，就会导致对公民的人身自由的限制和剥夺，尤其是在无罪推定原则的前提下，对被假定为无罪的犯罪嫌疑人、被告人采取羁押措施必须具有合理的根据，并应当受到严格的程序控制，否则公民的人身自由权利将会受到来自犯罪追诉机关的巨大威胁。因此，联合国的一系列人权公约不仅一般性地规定了禁止任意和非法羁押的原则，而且对于合法羁押的程序以及被羁押人所享有的权利进行了明确规定，以有效防止任意、非法羁押现象的发生。

A. 被羁押人享有被告知羁押理由的权利。《公民权利和政治权利国际公约》第 9 条第 2 款规定："任何被逮捕的人，在被逮捕时应被告知逮捕他的理由，并应被迅速告知对他提出的任何指控。"《保护所有遭受任何形式拘留或监禁的人的原则》第 10 条也规定了同样的内容。同时，该原则第 14 条还规定了这种告知必须以被羁押人能够理解的语言作出。

B. 被及时带见司法官员的权利。《公民权利和政治权利国际公约》第 9 条第 3 款规定："任何因刑事指控被逮捕或拘禁的人，应被迅速带见审判官或其他经法律授权行使司法权力的官员……"《保护所有遭受任何形式拘留或监禁的人的原则》第 37 条规定："以刑事罪名被拘留的人应于被捕后迅速交给司法当局或其他法定当局。这种当局应不迟延地判定拘留的合法性和必要性……”

C. 被暂时释放等待审判的权利。《公民权利和政治权利国际公约》第9条第3款规定：“……等候审判的人受监禁不应作为一般规则，但可规定释放时应保证在司法程序的任何其他阶段出席审判，并在必要时报到听候执行判决。”

D. 在合理时间内接受审判或释放的权利。《公民权利和政治权利国际公约》第9条第3款规定：“任何因刑事指控被逮捕或拘禁的人……有权在合理的时间内受审判或被释放……”《保护所有遭受任何形式拘留或监禁的人的原则》第38条规定：“以刑事罪名被拘留的人应有权在合理期间内接受审判或在审判前获释。”

E. 对羁押提出异议的权利。《公民权利和政治权利国际公约》第9条第4款规定：“任何因逮捕或拘禁被剥夺自由的人，有资格向法庭提起诉讼，以便法庭能不拖延地决定拘禁他是否合法以及如果拘禁不合法时命令予以释放。”《保护所有遭受任何形式拘留或监禁的人的原则》第32条第1款规定：“拘留如属非法，被拘留人或其律师应有权随时按照国内立法向司法或其他当局提起诉讼，对其拘留的合法性提出异议，以便使其获得立即释放。”

F. 被羁押人在羁押期间的待遇。根据《保护所有遭受任何形式拘留或监禁的人的原则》的规定，被羁押人在被羁押期间应受到以下待遇保障：获得律师帮助的权利（第17、18条），接受家属探访并与家属通信的权利，有充分机会与外界联络的权利（第19条），被拘禁在合理距离内的拘留或监禁住所的权利（第20条），不受酷刑、逼供等非法待遇的权利（第6、33条），免费进行体格检查的权利（第24条），被视为无罪的权利（第36条）。

③辩护与获得律师帮助原则。《世界人权宣言》第11条第1款规定：“凡受刑事控告者，在未经获得辩护上所需的一切保证的公开审判而依法证实有罪以前，有权被视为无罪。”《公民权利和政治权利国际公约》第14条第3款规定：“在判定对他提出的任何刑事指控时，人人完全平等地有资格享受以下的最低限度的保证：……（乙）有相当时间和便利准备他的辩护并与他自己选择的律师联络……”《关于律师作用的基本原则》第1条规定：“所有的人都有权请求由其选择的一名律师协助保护和确立其权利并在刑事诉讼的各个阶段为其辩护。”

辩护权是嫌疑人、被告人在刑事诉讼中所享有的一项基本权利，是无罪推定原则的必然要求。刑事诉讼中的辩护分为自行辩护和委托辩护两种，由于嫌疑人、被告人在法律知识方面的欠缺，尤其在审前阶段人身自由受到限制的情况下，嫌疑人、被告人无法充分行使自己的辩护权，因此，获得律师帮助并为其提供辩护成为现代刑事司法的一项基本准则。为切实保障嫌疑人、被告人的合法权益，嫌疑人、被告人的律师帮助权和辩护权应贯穿整个刑事诉讼活动的始终，特别是在审前阶段，能否及时、有效地获得律师帮助对于保障嫌疑人、被告人不受酷刑、非法和任意羁押具有重要意义，所以，国家应当采取一系列措施确保嫌疑人、被告人在审前获得律师帮助的权利，而不是以有碍侦查和追诉为借口对其予以剥夺或限制。根据《关于律师作用的基本原则》的规定，这些措施至少应当包括以下几个方面：

第一，及时告知嫌疑人、被告人享有获得律师帮助的权利。《关于律师作用的基本原则》第 5 条规定："各国政府应确保由主管当局迅速告知遭到逮捕或拘留，或者被指控犯有刑事罪的所有的人，他有权得到自行选定的一名律师提供协助。"

第二，法律援助权。《关于律师作用的基本原则》第 6 条规定："任何没有律师的人在司法需要情况下均有权获得按犯罪性质指派给他的一名有经验和能力的律师以便得到有效的法律协助，如果他无足够力量为此种服务支付费用，可不交费。"

第三，律师会见、联络权。《关于律师作用的基本原则》第 8 条规定："遭逮捕、拘留或监禁的所有的人应有充分机会、时间和便利条件，毫无延迟地、在不被窃听、不经检查和完全保密情况下接受律师来访和与律师联系协商。这种协商可在执法人员能看得见但听不见的范围内进行。"《保护所有遭受任何形式拘留或监禁的人的原则》规定，被拘留人或被监禁人与其法律顾问之间的联络不得用作对被拘留人或被监禁人不利的证据，除非这种联络与继续进行或图谋进行的罪行有关。此外，《保护所有遭受任何形式拘留或监禁的人的原则》第 32、33 条还赋予律师针对被监禁人所受到的非法拘留、酷刑或其他残忍、不人道或有辱人格的待遇向司法当局或其他有关当局提起诉讼或指控的权利。

④司法审查与司法救济原则。对于被羁押的犯罪嫌疑人，《公民权利和政治权利国际公约》第 9 条规定了司法审查机制，根据本条第 3 款的规定，"任何因刑事指控被逮捕或拘禁的人，应被迅速带见审判官或其他经法律授权行使司法权力的官员"，以便由其对逮捕或监禁的合法性进行审查，并作出适当的裁判。对

于遭受酷刑或者非法羁押等不公正待遇的犯罪嫌疑人，《禁止酷刑和其他残忍、不人道或有辱人格的待遇或处罚公约》、《公民权利和政治权利国际公约》以及《保护所有遭受任何形式拘留或监禁的人的原则》为其提供了司法救济渠道。例如，《禁止酷刑和其他残忍、不人道或有辱人格的待遇或处罚公约》第 13 条规定："每一缔约国应确保任何声称在其管辖的领土内遭到酷刑的个人有权向该主管当局申诉，其案件应得到该主管当局迅速而公正的审查。应采取步骤确保申诉人和证人不因提出申诉或提供证据而遭受苛待或恐吓。"同时，该公约第 15 条规定："每一缔约国应确保在任何诉讼程序中不得援引任何确属酷刑逼供作出的陈述为证据，但这类陈述可引作对被控施用酷刑逼供者起诉的证据。"《公民权利和政治权利国际公约》第 9 条第 4 款规定："任何因逮捕或拘禁被剥夺自由的人，有资格向法庭提起诉讼，以便法庭能不拖延地决定拘禁他是否合法以及如果拘禁不合法时命令予以释放。"《保护所有遭受任何形式拘留或监禁的人的原则》第 32 条第 1 款规定："拘留如属非法，被拘留人或其律师应有权随时按照国内立法向司法或其他当局提起诉讼，对其拘留的合法性提出异议，以便使其获得立即释放。"

（2）审判程序。

①公正、公开、及时审判原则。有关公正、公开审判原则，《世界人权宣言》第 10 条规定："人人完全平等地有权由一个独立而无偏倚的法庭进行公正和公开的审讯，以确定他的权利和义务并判定对他提出的任何刑事指控。"《公民权利和政治权利国际公约》第 14 条第 1 款规定："……在判定对任何人提出的任何刑事指控或确定他在一件诉讼案中的权利和义务时，人人有资格由一个依法设立的合格的、独立的和无偏倚的法庭进行公正的和公开的审讯。由于民主社会中的道德的、公共秩序的或国家安全的理由，或当诉讼当事人的私生活的利益有此需要时，或在特殊情况下法庭认为公开审判会损害司法利益因而严格需要的限度下，可不使记者和公众出席全部或部分审判；但对刑事案件或法律诉讼的任何判决应公开宣布，除非少年的利益另有要求或者诉讼系有关儿童监护权的婚姻争端。"本款规定对审判组织、公正和公开审判等提出了明确的要求。

有关及时审判原则，《公民权利和政治权利国际公约》第 14 条第 3 款丙项规定："受审时间不被无故拖延。"根据联合国人权事务委员会的一般评论，该项保障不仅与审判时间的开始有关，而且与审判应当结束和作出判决的时间有关；

所有的步骤应当不得拖延地进行。因此，及时审判不仅要求及时将被告人交付法庭进行审理，而且也要求审判过程和作出判决的时间不得拖延。①

②无罪推定原则。《世界人权宣言》第 11 条第 1 款规定："凡受刑事控告者，在未经获得辩护上所需的一切保证的公开审判而依法证实有罪以前，有权被视为无罪。"《公民权利和政治权利国际公约》第 14 条第 2 款规定："凡受刑事控告者，在未依法证实有罪之前，应有权被视为无罪。"根据联合国人权事务委员会的评论，由于无罪推定原则的存在，证明指控的责任在于控方，而且存疑时应当有利于被告人。除非指控已获排除合理怀疑地证明不得推定任何人有罪，而且无罪推定暗含了被告人应获得与此原则相符的待遇的权利。因此，《世界人权宣言》与《公民权利和政治权利国际公约》所规定的无罪推定原则至少应当包括以下四层含义：一是控方承担证明被告人有罪的责任；二是疑义应当作有利于被告人的解释，或者说是疑罪从无；三是控方承担证明责任必须达到排除合理怀疑的程度；四是必须给被告人相应的待遇，包括公开审判、辩护等。

③最低限度程序保障原则。《公民权利和政治权利国际公约》第 14 条第 3 款对于刑事被告人在审判过程中应当受到的最低限度程序保障进行了规定。

A. 知悉指控罪名的权利。《公民权利和政治权利国际公约》第 14 条第 3 款甲项规定："迅速以一种他懂得的语言详细地告知对他提出的指控的性质和原因。"赋予刑事被告人此项权利的意义一方面在于保证被告人的知情权，另一方面在于保证被告人获得辩护。

B. 准备辩护、联络律师的权利。《公民权利和政治权利国际公约》第 14 条第 3 款乙项规定："有相当时间和便利准备他的辩护并与他自己选择的律师联络。"此项规定包括三个方面的要求：第一，给被告人"相当时间"和"便利"准备辩护。根据人权事务委员会的一般评论，"相当时间"应视每个案件的情况而定，但应保障被告人有充足的时间准备辩护；"便利"必须包括被告人取得辩护所需的文件及其他证据，以及有机会聘请律师和他联络。第二，被告人有权自行辩护。第三，被告人有权聘请律师为其提供辩护，同时有权联系他的律师。

C. 出席受审、辩护和获得法律援助的权利。《公民权利和政治权利国际公

① 在这一点上，我国刑事诉讼法有所欠缺，虽然现行刑事诉讼法规定了庭审期限，但没规定作出判决的期限，对于大多数刑事案件都不是当庭宣判的现实状况，有关庭审期限的规定并不能保障被告人获得及时审判的权利。

约》第 14 条第 3 款丁项规定："出席受审并亲自替自己辩护或经由他自己选择的法律援助进行辩护；如果他没有法律援助，要通知他享有这种权利；在司法利益有此需要的案件中，为他指定法律援助，而在他没有足够能力偿付法律援助的案件中，不要他自己付费。"此项规定包括三个方面的内容：第一，被告人有出席法庭受审的权利。为保证这项权利获得实现，在审前应当通知被告人审判时间、地点，而且除非被告人自己放弃，一般不应当进行缺席判决，否则被告人在法庭享有的一切权利包括辩护、与证人对质等均无法获得实现。第二，被告人有辩护权。这既包括被告人有权在法庭上自行辩护，也包括被告人有权聘请辩护人为其在法庭上提供辩护。第三，贫困被告人有免费获得法律援助的权利。这项权利对于保证贫困被告人行使辩护权、实现诉讼平等至关重要。

D. 与证人对质以及获得有利于己方的证人出庭作证的权利。《公民权利和政治权利国际公约》第 14 条第 3 款戊项规定："讯问或业已讯问对他不利的证人，并使对他有利的证人在与对他不利的证人相同的条件下出庭和受讯问。"此项规定包括三个方面的要求：第一，控方证人应当出庭作证。第二，被告方有权对控方证人进行讯问、质证。第三，被告人有获得有利于己方的证人出庭作证的权利。《公民权利和政治权利国际公约》之所以将此项权力作为公正审判的最低限度保障，是因为证人出庭作证对于实现控辩平等以及被告人行使辩护权具有十分重要的意义。

E. 获得免费译员帮助的权利。《公民权利和政治权利国际公约》第 14 条第 3 款已项规定："如他不懂或不会说法庭上所用的语言，能免费获得译员的援助。"根据联合国人权事务委员会的一般评论，"这项权利……既适用于本国人，也适用于外国人。当不懂或不熟悉法庭所用语言的因素成为行使辩护权的重大障碍时，这项规定显得尤为重要"①。因此，免费获得译员帮助的权利是不懂法庭语言的被告人行使辩护权的一项重要保障措施。

F. 不强迫自证有罪权利。《公民权利和政治权利国际公约》第 14 条第 3 款庚项规定："不被强迫作不利于他自己的证言或强迫承认犯罪。"本项规定与《公民权利和政治权利国际公约》第 7 条"任何人均不得加以酷刑或施以残忍

---

① 转引自杨宇冠：《人权法——〈公民权利和政治权利国际公约〉研究》，中国人民公安大学出版社 2003 年版，第 289 页。

的、不人道的或侮辱性的待遇或刑罚”的内容是互相呼应的。根据联合国人权事务委员会的有关评论，“成员国应当通过适当的立法使国家承担证明刑事诉讼中被告人的陈述是根据其自由意志所作出的，并规定违反《公民权利和政治权利国际公约》第 7 条所取得的被告人陈述被排除”①。因此，本项规定至少应当包括三个方面的要求：第一，在刑事审判中，不得以酷刑等强迫方法取得被告人证言或迫使其认罪；第二，通过强迫方法所取得的被告人证言应当排除在定罪根据之外；第三，在控辩双方就被告人陈述的自愿性产生争议时，公诉方（即国家）承担证明责任。

④复审原则。《公民权利和政治权利国际公约》第 14 条第 5 款规定：“凡被判定有罪者，应有权由一个较高级法庭对其定罪及刑罚依法进行复审。”根据本款规定，第一，所有被判有罪的人都有权要求进行复审；第二，复审应当由比原审法庭级别更高的法庭进行；第三，被判有罪的人既有权就定罪问题提请复审，也有权对量刑问题提请复审。因此，从本质上来看，复审程序实际上是为被定罪被告人所提供的一种救济程序。

（3）审后程序。

①误审赔偿原则。《公民权利和政治权利国际公约》第 14 条第 6 款规定：“在一人按照最后决定已被判定犯刑事罪而其后根据新的或新发现的事实确实表明发生误审，他的定罪被推翻或被赦免的情况下，因这种定罪而受刑罚的人应依法得到赔偿，除非经证明当时不知道的事实的未被及时揭露完全或部分是由于他自己的缘故。”根据本款规定，无论被告人被错判是由于司法机关违法行为造成的，还是由于司法人员对案件事实的认识存在错误造成的，只要这种错误不是被告人自己造成的，那么国家都应当承担相应的赔偿责任。

②一事不再理原则。《公民权利和政治权利国际公约》第 14 条第 7 款规定：“任何人已依一国的法律及刑事程序被最后定罪或宣告无罪者，不得就同一罪名再予审判或惩罚。”这一规定的目的旨在限制国家对公民行使刑罚权，防止司法机关滥用起诉和审判权，从而保障公民免予因同一行为而受到国家的重复追究和处罚。

---

① 转引自程味秋等主编：《公民权利和政治权利国际公约培训手册》，中国政法大学出版社 2002 年版，第 127 页。

通过以上对联合国刑事司法准则的总结，可以看出，联合国刑事司法准则与英美特别是美国权利法案所规定的刑事正当法律程序之间的渊源颇深，而是有关公正审判的最低限度程序保障中许多条款的用语，如对质权、辩护权、不自证有罪权等，与权利法案的一些条款极其类似。当然，这与美国作为联合国的发起国以及在联合国的地位有着直接的关系。但是，随着联合国成员国的数目日益增加，这些刑事司法准则不但没有被废除，反而越来越受到各国的重视，这体现了正当法律程序在人权保障方面的重要功能是符合世界发展的潮流的。但是，联合国刑事司法准则对英美的正当法律程序的内容并不是完全照抄，在借鉴的同时也进行了相当程度的改造以及扩展。例如，有关审判组织的规定，联合国刑事司法准则并没有将美国的陪审团审判作为一项准则强行适用于各国，而只是规定了审判组织应当具有的独立性、公正性、合法性；又如，对一事不再理原则的表述也没有采取与美国的“禁止双重危险”类似的用语。不但如此，联合国刑事司法准则还增加了英美正当法律程序所没有的内容，如对酷刑的定义、误审赔偿原则等。这说明联合国在对英美的正当法律程序进行借鉴的同时，也考虑了各成员国之间的差异以及各自刑事司法的特点，并在此基础上扩展了正当法律程序的内容。因此，可以说，正当法律程序在通过联合国这一全球最大的国际组织实现国际化之后，已经不再是原来英美意义上的正当法律程序了，而是成为内容更为丰富、调整的范围更为广泛，并且对联合国各成员国具有普遍约束力的国际准则。当然，作为国际准则，其概括性和原则性是不可避免的，这就为各国为贯彻落实这些准则而进行富有特色的制度建设提供了较大的余地，也为英美的正当法律程序在制度层面继续影响其他国家提供了契机。

（二）其他国家对正当法律程序的接受

由于联合国刑事司法准则对正当法律程序的推动，加之本国人权保障的需要以及诉讼价值观念的调整，第二次世界大战以后，正当法律程序观念和制度开始进入日、意、法、德、俄等大陆法系国家的视野，并在这些国家的司法改革中占据了一席之地。

1. 日本

第二次世界大战以后，根据同盟国占领军总部的指示，日本对战前的法律制度进行了改革，1946 年制定了《日本国宪法》，1948 年国会又通过了《日本刑事诉讼法》，两部法律均在很大程度上对正当法律程序进行了借鉴，将诉讼中的人权保障作为一项基本的宪法原则和司法原则加以规定。

《日本国宪法》第31条规定：“不经法律规定的程序，不得剥夺任何人的生命或自由，或科以其他刑罚。”这种表述显然是对英美的正当法律程序的借鉴，虽然第31条没有明确提出“不经正当法律程序”，但根据该宪法第32条至第40条以及第82条的规定，这种“法律规定的程序”显然具有正当性。例如，这些条款规定了：（1）不得剥夺任何人在法院接受裁判的权利。（2）除作为现行犯逮捕者外，如无主管的司法机关签发并明确指出犯罪理由的拘捕证，对任何人均不得加以逮捕。如不直接讲明理由并立即给予委托辩护人的权利，对任何人均不得加以拘留或拘禁。又，如无正当理由，对任何人不得加以拘禁，如本人提出要求，必须立刻将此项理由在有本人及其辩护人出席的公开法庭上予以宣告。（3）对任何人的住所、文件以及持有物不得侵入、搜查或扣留。此项权利，除第33条的规定外，如无依据正当的理由签发并明示搜查场所及扣留物品的命令书，一概不得侵犯。搜查与扣留，应依据主管司法官署单独签发的命令书施行之。（4）在一切刑事案中，被告人享有接受法院公正迅速的公开审判的权利。刑事被告人享有询问所有证人的充分机会，并有使用公费通过强制的手续为自己寻求证人的权利。刑事被告人在任何场合都可委托有资格的辩护人。被告本人不能自行委托时，由国家提供之。（5）对任何人都不得强制其作不利于本人的供述。以强迫、拷问或威胁所得的口供，或经过非法的长期拘留或拘禁后的口供，均不得作为证据。任何人如果对自己不利的唯一证据是本人口供时，不得被判罪或科以刑罚。（6）任何人在其实行的当时为合法的行为或已经被判无罪的行为，均不得再追究刑事上的责任。又，对同一种犯罪不得重复追究刑事上的责任。（7）任何人在拘留或拘禁后被判无罪时，得依法律规定向国家请求赔偿。（8）法院的审讯及判决应在公开法庭进行。如经全体法官一致决定认为有碍公共秩序或善良风俗之虞时，法院的审讯可以不公开进行。但对政治犯罪、有关出版犯罪或本宪法第三章所保障的国民权利成为问题的案件，一般应公开审讯。因此，从内容上来看，《日本国宪法》第31条之“法律规定的程序”与美国权利法案规定的“正当法律程序”相差无几。

在日本宪法所确定的原则体系之下，1948年《日本刑事诉讼法》将“法律规定的程序”更加具体化了，在诉讼构造上，大量移植了英美的当事人主义因素，形成了以当事人主义为主、职权主义为辅的诉讼模式：（1）审前阶段，赋予嫌疑人沉默权、律师帮助权，实行强制侦查措施的司法令状主义。此外，为防止法官预断，彻底实现控辩平等，实行起诉状一本主义。（2）审判阶段，实行控辩双方平等对抗，调查证据由控、辩双方以主询问、反询问和交叉询问的方式进行，法官对证据的调查应听取双方当事人的意见。（3）审后阶段，设置了上诉程序、再审程序和非常上告程序，为被告人提供充分的救济途径。（4）证据制度方面，确立了传闻证据规则、非任意性自白排除规则、自白补强规则以及非法证据排除规则等，以此来保障宪法赋予公民的基本权利。

通过以上法律改革，日本确立了实体真实与正当程序并重的诉讼目的，从而使正当法律程序成为日本刑事司法的一个重要价值目标。

2. 意大利

1947 年，意大利制定了新的和平宪法，对公民的人身自由权利、隐私权、财产权等基本权利进行了规定，同时也为上述权利提供了一定的程序保障。其中，第 13 条规定了限制人身自由应遵循法定程序；第 14 条规定了搜查公民住宅必须依照法定程序和条件进行；第 24 条规定了在诉讼的任何阶段和任何情况下，辩护均为不得侵犯之权利，以及贫困者拥有在任何法院起诉和辩护的权利；第 27 条规定了被告在最后定罪之前，不得被视为有罪。但是，由于当时修订刑事诉讼法的运动一度被打断，因此，即便新宪法规定了一定的公民权利和程序保障，但却缺乏相应的制度做支撑。在实践中，司法机关滥用权力，侵犯嫌疑人、被告人权利的现象较为严重。

1989 年，在保障人权与提高诉讼效率的双重要求下，意大利国会通过了新刑事诉讼法，按照英美的对抗式诉讼模式对意大利的刑事诉讼程序进行了重新设计，加强了对嫌疑人、被告人的权利保护，限制了司法机关的权力：在审前阶段，限制了警察和预审法官的职权，详细规定了拘留和逮捕的程序，全面规定了律师介入侦查的制度，明确规定了嫌疑人口供的法律效力——除非讯问时嫌疑人的辩护律师在场或嫌疑人放弃沉默的权利，否则在审判时不得采纳。在审判阶段，采用当事人主义，被告人享有沉默权，法官对证据可采性问题当庭作出裁决。意大利刑事诉讼法将意大利原有的职权主义诉讼模式彻底改为当事人主义诉讼模式，大大加强了刑事司法程序的人权保障功能。

1999 年，意大利国会通过了在 1947 年宪法第 111 条中增添正当程序原则的第二号宪法性法律，从而将正当法律程序作为一项宪法原则在意大利予以确立。

该法律第1条规定在宪法第111条第1款（即所有司法措施都必须说明理由）前增加了以下内容："司法裁判权通过法律规定的正当程序实现。任何程序由控辩双方在平等的条件下，在作为第三方的中立的无偏袒的法官面前以抗辩的方式进行。法律保障案件在合理的时间内审结。在刑事程序中，法律保证被指控犯罪的人在尽可能短的时间内以保密的方式得知关于其被指控的性质和原因；有足够的时间和必要的条件来准备他的辩护；在法官面前有权提问或向所作陈述不利于他的人提问；与控方一样有召集、询问辩方证人的权利；可以用任何其他方法得到对其有利的证据；如果不懂或不能用程序中所用的语言表达，有权获得译员的帮助。刑事程序应遵循证据通过抗辩形成的原则。有意规避被告或其辩护人质问的人所作的陈述不能成为证明被告有罪的根据。因被告同意或因客观性质不可能或因违法已经证实而证据不必通过抗辩形成的情况，由法律规定。"同时，该法律第2条还规定上述增加的宪法内容自此法律施行之日起适用于进行中的刑事程序。[①] 通过1999年第二号宪法性法律对意大利刑事程序正当性要求的加强，正当法律程序彻底在意大利得以确立。

3. 法国

法国是世界人权运动的发源地之一。早在1789年，作为法国大革命胜利的成果，《人权宣言》就对世界的人权运动产生了极为深远的影响，它是世界上第一部规定无罪推定原则、宣告人生而自由平等以及私有财产神圣不可侵犯的法律。而作为欧洲大陆第一部成文宪法的1791年《法国宪法》也规定了"不得任意拘留任何人。司法机关作为个人自由的保护人，保证依照法律规定的条件使此项原则获得遵守"。

法国的人权观念或者说自由观念自始就与英美有着很大的区别。英国学者哈耶克曾经对英国的自由传统和法国的自由传统进行了深刻的比较：英国传统认为自由的本质在于自生自发的累积和强制的不存在，它倾向于"自愿规则"，强调对习俗和传统规则的自愿遵从是自由社会有效运行不可或缺的条件。这一传统下的自由有时被人称为"盎格鲁自由"，它与英国的"个人自由观念"紧密相连。法国传统则试图从统治或治理中寻求自由，认为自由只有通过追求和获得某一绝对的集体目标才能实现，它倾向于"强制规则"，强调对理性设计的规则的遵

① 赵海峰主编：《欧洲法通讯》（第二辑），法律出版社2001年版，第277-278页。

循，而贬低未经理性审视的事物。这一传统下的自由有时被人称为“高卢自由”，它与法国的“政治自由观念”紧密联系。[①] 哈耶克认为，法国大革命没有推进法治进程，“导致这个结果的决定性因素乃是法国大革命所创建的这样一种信念：既然所有的权力最终已被置于人民之手，故一切用来制止滥用这种权力的保障措施也就变得不再必要了”[②]。正是这种积极的国家观和民主观造就了两大法系不同的程序观念：英美法系之强调程序是为了保障个人的权利免受政府权力的侵害，因此，正当程序十分强调程序的实质内容；大陆法系国家则强调国家和社会的稳定性，随着社会的日益复杂化，偶然性因素大大增强，因此，需要法律和程序来吸收社会的不确定性因素（而非为了保障个人权利）。这就不难理解，1808 年的《法国刑事诉讼法典》为什么在审前阶段依然保留了纠问式诉讼模式，并将控制犯罪、国家安全而非正当程序、保护公民权利置于刑事诉讼目的的核心。

尽管在传统自由观念上，法国与英美相去甚远，但这并非表示两大法系之间没有任何借鉴的可能性。由于第二次世界大战期间受欧洲法西斯主义的影响，法国刑事诉讼中的人权保障功能愈益削弱，因此第二次世界大战之后，法国进行了修改刑事诉讼法的活动。1958 年，新《法国刑事诉讼法典》诞生，这部新法典的基本精神是进一步消除纠问式诉讼的残余，强调对个人自由的保障，使刑事诉讼法在便于查明事实之外，也便于查明被追诉人的性格、环境等情况，提高审判效率，尽量避免错判。尽管 1958 年《法国刑事诉讼法典》在人权保障方面取得了一定的进步，但从总体上来看，该法典所确立的职权主义诉讼模式依然强调实体真实的诉讼价值，强调警察、检察官、法官在诉讼中的职权作用，辩护方的活动则受到一定的限制，如预审法官有较大的职权，审判法官在审前接触案卷材料，辩护方没有独立的调查取证权，审前律师会见嫌疑人的时间受到限制，等等。

由于受到世界人权保障潮流的影响，特别是在《欧洲人权宣言》以及联合国一系列刑事司法准则的约束下，《法国刑事诉讼法典》自生效之后，为了更好地保护公民权利进行了一些重大修改，如 1970 年 7 月 17 日的法律规定应尽量减

---

① 转引自胡水君：《法律、秩序与自由——读〈法律、立法与自由〉》，载《中华读书报》2000 年 7 月 19 日。

② ［英］哈耶克著：《自由秩序原理》（上），邓正来译，生活·读书·新知三联书店 1997 年版，第 246 页。

少审前羁押，使羁押仅仅成为一种特别情形。之后又通过了多项法律进一步规范审判前实行的剥夺自由或限制自由的措施。① 2000 年 6 月 15 日，法国通过了第 2000-516 号关于加强保障无罪推定和被害人权利的法律，该法律决定在刑事诉讼法典的正式条文之前增加一个序言性条款，以规定指导法国诉讼程序的原则，其中包括程序公正原则、对审程序原则、程序平衡原则、无罪推定原则、辩护权原则、司法保障原则、尊严和迅速原则等。② 从具体程序上来说，（1）讯问制度得到改革。新法律规定侦查人员应当告知被拘留人对其展开的侦查所涉及犯罪的性质。同时，警察官员有义务告知被拘留人，他有权不回答向其所提出的问题。③ 这标志着法国对沉默权的正式引进。（2）预审法官的权力受到制约。新法律提高了预审审查的条件，扩大了预审阶段的辩护权，受审查人有权要求所有认为对查明事实所必要的法律文件，他们的律师有权要求在法官勘验现场、询问和讯问第三人时在场。（3）审判阶段的对抗性加强。新法律增强了庭审程序的对抗性特征，规定检察官和当事人律师在庭审过程中可以不经过庭长，直接向证人、鉴定人和当事人提问。只有被告人、重罪被告人和民事当事人应当通过庭长提问。④ 上述法律改革表明，法国的刑事司法在追求实体真实价值的同时，也在逐步提升正当程序在刑事司法价值体系中的地位。

4. 德国

作为另一典型的大陆法系国家代表，德国的“法治国”观念（或称法治国家程序原则）早在 19 世纪就非常盛行，但是“法治国”观念并没有导致“正当法律程序”在德国的确立，这是因为“法治国”观念与“正当法律程序”观念相去甚远。概括来说，“法治国”观念的特征是较少考虑法律本身的正确性问题，而是强调法律的形式有效性、行政司法的合法性以及法官的独立性等形式要素。尤其是 19 世纪末 20 世纪初，“形式法治国”观念在德国非常盛行。以著名

① ［法］卡斯特·斯特法尼等著：《法国刑事诉讼法精义》（上），罗结珍译，中国政法大学出版社 1998 年版，第 103 页。

② 赵海峰：《法国刑事诉讼法典的重大改革评价》（上），载《欧洲法通讯》（第一辑），法律出版社 2001 年版，第 156-177 页。

③ 原法国刑事诉讼法第 63 条规定了司法警官应告知被拘留人有权申请通过电话将受拘留的事实通知有关的人、有权在被拘留 20 小时以后要求会见律师、法定的拘留期限。

④ 原法国刑事诉讼法第 312 条规定：“检察院、被告人、民事当事人、被告人和民事当事人的辩护人可以通过审判长对被告人、证人和任何被传唤到庭的人提出问题……”

的《魏玛宪法》为例，它赋予了公民许多自由和权利，但是并未同时赋予这些基本权利至高无上的地位和直接有效性；相反，它规定这些基本权利还需要其他联邦法律加以具体化，不仅如此，宪法还授权给总统在紧急状态下，为了公共安宁和秩序的目的，使人身自由、居住自由、通信自由、发表意见的权利等权利和自由的部分或全部无效。[①]

第二次世界大战期间，这种“形式法治国”观念被希特勒政权所滥用，以至于成为希特勒政权任意践踏人权的工具。这导致了德国战后对“形式法治国”观念的反思以及立法、司法实践中的人权保障观念的加强。例如，德国程序法学家 Claus Roxin 认为，刑事诉讼的目的有三个：一为实体事实之正确，二为诉讼程序之合法性，三为维护和平而对被告为有罪之裁决。而刑事诉讼法的重要任务之一，就是要在判决形式上或者内容上有瑕疵时，用这三项目的加以权衡，并从中建立法律标准。而程序上的合法性，事实上并非纯为形式上的分类，而应是在追求实体真实的目的的过程中，直接用来保护人性尊严的措施。例如，《德国刑事诉讼法》第 136 条 a 款第 3 项规定，当自白系由禁止的讯问方式而得，即无证据能力。[②] 此外，现行《德国刑事诉讼法》还规定被告人有沉默权、强制措施需遵守相应性原则、公开审判原则、直接审理原则、言词审理原则等。因此，战后的德国法对程序本身的公正性建设日益加强，这一方面得益于德国人民对战祸的反思以及对人权保障问题的重视，另一方面则得益于欧洲人权公约的约束力。例如，《德国刑事诉讼法》并没有规定无罪推定原则，但由于《欧洲人权宣言》第 6 条第 2 款对此进行了规定，因此，无罪推定原则在德国仍然有效。

5. 俄罗斯

1991 年 12 月苏联解体之前，刑事司法的主要依据是 1922 年的《苏俄刑事诉讼法典》。苏联解体之后，1993 年 12 月俄罗斯新宪法颁布，该宪法以“人和人的权利与自由具有至高无上的价值”为宗旨，规定了一系列刑事诉讼原则、制度和规则，如无罪推定原则、禁止重复追究刑事责任原则、非法证据排除规则、证人拒绝作证的特权规则、双方辩论平等原则等。在新宪法的基础上，2001 年 11 月 22 日，俄罗斯联邦国家杜马通过了新《俄罗斯联邦刑事诉讼法典》，该法典于

① 郑永流著：《法治四章——英德渊源、国际标准和中国问题》，中国政法大学出版社 2003 年版，第 114 页。

② ［德］克劳思·罗科信著：《德国刑事诉讼法》，吴丽琪译，台湾三民书局 1999 年版，第 3 页。

2001 年 12 月 5 日经联邦委员会批准，于 2002 年 7 月 1 日生效。从内容上来看，2001 年《俄罗斯联邦刑事诉讼法典》较之以前的法典（1960 年颁布并经过数十次的修订）有了比较大的变化，特别是在诉讼目的、任务、模式上发生了根本性的转型。

俄罗斯联邦刑事诉讼法典最突出的特点在于对英美法系正当法律程序原则的接纳和吸收，注重保护犯罪嫌疑人、被告人和受审人的权利，同时适应世界潮流加强了对被害人的保护。这一点集中体现于法典第 6 条有关刑事诉讼目的的规定："1. 刑事诉讼具有以下目的：（1）维护受犯罪侵害的人和组织的权利和合法利益；（2）保护个人免受非法的和没有根据的指控、判刑、权利和自由受到限制；2. 刑事追究和对犯罪人判处公正的刑罚与不对无辜者进行刑事追究、免除其刑罚、对每个没有根据地受到刑事追究的人进行平反同样符合刑事诉讼的目的。"[①] 与旧法典（即《苏俄刑事诉讼法典》）第 2 条所规定的"迅速和全面揭发犯罪，揭露犯罪人并保证正确适用法律，以便使每一个犯罪的人都受到公正的惩罚，而不使任何一个无罪的人被追究刑事责任和被判处刑罚"[②] 的苏维埃刑事诉讼任务相比，新法典对诉讼目的的规定有两个特点：其一，刑事诉讼法所关注的利益从以国家为重心转移到以个人为重心，包括被害人和受刑事追诉的人；其二，刑事诉讼法对诉讼公正性的关注远远超过了诉讼的惩罚性和真实性，虽然新旧法典都规定了追究犯罪、保护无辜等内容，但旧法典显然是从查明事实、准确惩罚犯罪人的角度来规定的，而新法典则侧重于从诉讼公正性的角度来加以规定。这可以从以下几个具体方面得以体现：

第一，新法典从以前的强调查明犯罪事实转变为强调证据的收集、审查、判断程序的合法性与公正性。例如，赋予犯罪嫌疑人、被告人沉默权（第 46 条第 4 款）；赋予辩护人在讯问犯罪嫌疑人、被告人时的在场权（第 53 条第 1 款）；于强制性的取证手段规定了司法审查原则（第 12、13 条）；对违反上述程序所取得的证据规定了相应的法律后果，即排除这些证据在诉讼中的使用（第 75 条）。

第二，新法典强调了控辩双方的对等以及法院的中立地位。例如，新法典第 15 条规定，法院不是刑事追究机关，不得参加指控方和辩护方。法院为控、辩

---

① 黄道秀译：《俄罗斯联邦刑事诉讼法典》，中国政法大学出版社 2003 年版，第 10-11 页。

② 苏方道、徐鹤喃、白俊华译：《俄罗斯联邦刑事诉讼法典》，中国政法大学出版社 1999 年版，第 2 页。

双方履行诉讼义务和行使其权利创造必要条件。指控方和辩护方在法院面前一律平等。为保证控辩双方在法庭上的真正对等，新法典赋予被追诉人及其辩护人调查、收集证据的权利以及在庭前听证程序中要求补充证据的权利（第 86 条第 2 款），赋予控辩双方同等的申请排除证据的权利（第 235 条第 1 款），赋予控辩双方在法庭上提交证据、质证、表明己方观点、辩论等一系列平等权利（第 244 条）。

第三，在证据的审查判断上，新法典从以前的强调办案人员的法律意识和内心确信转变为强调审查判断证据的可采性以及审查判断证据可采性的程序。例如，新法典第 88 条第 1、2 款规定："对每一个证据均应从相关性、是否允许采信、是否真实的角度进行评定，而对所有证据的总和应从是否足以解决刑事案件的角度进行评定。在本法典第 75 条第 2 款规定的情况下，法院、检察长、侦查员、调查人员应认定证据不允许采信。"第 88 条第 3、4 款则对办案人员审查判断证据可采性的程序进行了规定："检察长、侦查员、调查人员有权根据犯罪嫌疑人、刑事被告人的请求或主动地认定证据的不允许采信。被认定不可采信的证据不得列入起诉结论或起诉书。法院有权依照本法典第 234 条和第 235 条规定的程序（即审前听证程序——笔者注）根据控辩双方的请求或主动认定证据的不允许采信。"

通过对俄罗斯新宪法以及新刑事诉讼法相关内容的分析，我们可以了解到俄罗斯对正当法律程序的接受较其他国家更为彻底，这种接受不仅体现在原则层面，而且也体现在制度层面；不仅沉默权规则、非法证据排除规则、司法审查原则、控辩平等对抗原则都在俄罗斯的新法律中得到确认并有相应的制度做支撑，而且英美的陪审团制度也在俄罗斯新刑事诉讼法中出现。根据现行俄罗斯联邦刑事诉讼法典的规定，受审人有选择陪审法庭对自己的案件进行审判的权利。

笔者对战后日、意、法、德、俄等国家的法律改革情况分别进行了总结，虽然上述各国在改革背景上各不相同，但这些改革都体现出一个共同的特征，即对正当法律程序原则均予以了接受。这说明正当法律程序原则具有超越其产生本土的普适性。那么，这种普适性因何而来，其普适性的广度和深度如何？对于非英美国家而言，对正当法律程序的借鉴是否存在着一个"适度"的问题？对这些问题的回答直接关系到我国能否以及如何对正当法律程序原则予以吸收和借鉴。

第四章　正当法律程序的理论基础

正当法律程序的产生与持久发展必须依赖于一定的理论基础，没有这些理论基础的支撑，“正当法律程序”就会成为昙花一现的历史名词。分析正当法律程序在英美发生、发展的历史过程及其思想、文化背景，笔者认为正当法律程序的生存和发展与西方法律思想史上的几个理论范畴密不可分，即决定了正当法律程序之正当性、程序性和法律性的正义论、程序论和法治论。

一、正义论——正当法律程序之正当性来源

正当法律程序的正当性来源于其对公民个人权利的认可与保护功能，这与英美以自由为核心的正义理论不可分割。

正如美国法理学家博登海默所言：“正义有着一张普洛透斯似的脸，变幻无常，随时可呈不同形状并具有极不相同的面貌。”① 在西方法律思想史上，想要寻找到一个能够被普遍接受的有关“正义”的概念，几乎是不可能的。类似于“平等”、“自由”、“安全”、“秩序”等词汇都曾经受到不同思想家的青睐，并成为他们用来定义正义的关键词。由于这些词汇所代表的价值呈现出相异甚至互相冲突的趋向，因此，就这些价值的先后进行排序的结果则形成了不同的正义观，在西方，主要包括以平等为核心的正义观、以安全为核心的正义观、以自由为核心的正义观以及试图联结这几种价值的综合正义观。

以平等为核心的正义观是西方法律思想史上渊源最早的正义观。早在古希腊时期，哲学家亚里士多德就提出了平等的正义观。在他看来，正义寓于某种平等

① ［美］博登海默著：《法理学——法律哲学与法律方法》，邓正来译，中国政法大学出版社 1999 年版，第 252 页。

之中。从正义这一概念的分配含义来看，它要求按照比例平等的原则把这个世界上的事物公平地分配给社会成员，相等的东西给予相等的人，不相等的东西给予不相等的人。但是，亚里士多德的平等正义观却是以承认社会结构中广泛存在的不平等现象为前提的，“按比例平等”实际上蕴含了人与人之间并不平等的思想，比如他为奴隶制度辩护，还认为在家庭组织中，男人支配女人是自然的和必要的。针对亚里士多德的按比例平等原则，斯多葛学派提出了普遍平等观，他们认为正义要求所有人都是平等的，人们至少都有维持人的尊严的起码权利，同时正义要求法律认可和保护这些权利①。斯多葛学派所主张的平等实际上是一种待遇平等，它强调不论人们事实上存在何等差异，正义原则都要求人们在维护自己尊严方面享有平等的权利，因此这种平等的本质就是要求消除歧视，这与亚里士多德的“按比例平等”对奴隶的歧视相比，是一个巨大的进步。以平等为核心的正义观除了主张待遇平等之外，还主张机会平等以及经济平等。例如，美国社会学家莱斯特·沃德认为，正义存在于“社会对那些原本就不平等的社会条件所强行施予的一种人为的平等之中”。他赞同采纳一种试图在一个社会或国家的全体成员之间实现机会无限平等化的社会政策。每个个人，不论其性别、种族、国籍、阶级或社会背景，都应当被给予充分的机会去过一种有价值的生活。马克思、恩格斯则提出了实现资源与经济地位平等化的更为广泛的规划。他们反对当时收入水平上所存在的悬殊差别，并主张用生产资料公有制作为纠正经济上不平等的手段。② 在众多平等观中，法律平等是最核心的内容。一方面，法律以强制性手段把人、物和事件归于一定的类别，并按照某种共同的标准对它们进行调整，即所谓“凡为法律视为相同的人，都应当以法律所确定的方式来对待”，当然被立法用作分类的标准不能带有歧视性，比如一旦法律以种族、性别、宗教、家庭出身、社会背景等作为分类标准，就会导致社会成员在生命权、人格尊严、自由权、财产权等基本权利方面的歧视待遇，这显然违背正义的初衷。因此，当代世界大多数国家的宪法包括联合国的基本人权文件都强调不分民族、种族、性别、职业、家庭出身、宗教信仰、社会背景等，公民在法律面前一律平等。另一方面，法律平等还包含了根据人与人之间事实上的差别而赋予某一类或某一部分

① ［美］萨拜因著：《政治学说史》（上），盛葵阳、崔妙因译，商务印书馆 1986 年版，第 192 页。

② ［美］博登海默著：《法理学——法律哲学与法律方法》，邓正来译，中国政法大学出版社 1999 年版，第 254 页。

人以特权，以弥补这种事实差别。因此，法律平等并不排斥符合一定条件的差别待遇。总之，虽然平等正义观将平等作为正义之最高价值有一定的偏颇（如过于强调平等有可能会限制人们潜能的自由发挥，扼杀社会进步的激励因素等），但是思想家们关于平等内涵的研究丰富了人们头脑中的平等概念，更为法律面前人人平等这一基本正义原则提供了深厚的理论基础。

持以安全为核心的正义观的代表当属霍布斯和边沁。霍布斯虽然也是古典自然法学派的代表，但他对于自然状态的理解却不同于其他思想家。从性恶论观点出发，霍布斯认为，自然状态是人人相互为战，因此，主权者所应关注的基本自然法乃是在任何能够实现和平的地方维护和平，在和平遭受危险的任何时候组织防御。保护生命、财产和契约的安全，构成了法律有序化的最为重要的任务；自由和平等则应当服从这一崇高的政治活动的目标。边沁认为，安全是通过法律的社会控制的“主要而且的确是首要的目的”，自由和平等则属于从属地位，他认为法律控制应将其注意力特别集中在人身的保护与财产权的不可侵犯等问题上。① 应当说，安全对于一个社会的正常有序的生活而言是必需的，但是过于强调安全则容易导致对个人权利的忽视与侵犯，因为在个人安全与社会安全之间，安全正义观总是倾向于选择社会安全。

较早提出以自由为核心的正义观的是英国哲学家斯宾塞。斯宾塞的正义概念以自由为核心并由两种要素构成：正义的利己主义要素要求每个人从其本性与能力中获取最大的利益；正义的利他主义要素则要求人们意识到，具有相同要求的他人必然会对行使自由设定限制。这两种要素的结合产生了正义的基本法则：“每个人都有为所欲为的自由，只要他不侵犯任何他人所享有的平等自由。”② 德国哲学家康德也持自由正义观，康德认为：“任何一个行为，如果它本身是正义的或者它依据的准则是正义的，那就是：根据普遍法则，这个行为和每一个人以及和所有人的意志自由在行动上可以同时并存。”③ 上述自由正义观在将自由作为其正义观的核心内容上是一致的，但是其对自由的定义并不完全相同，思想家

① ［美］博登海默著：《法理学——法律哲学与法律方法》，邓正来译，中国政法大学出版社 1999 年版，第 256-257 页。

② ［美］博登海默著：《法理学——法律哲学与法律方法》，邓正来译，中国政法大学出版社 1999 年版，第 95 页。

③ 《西方法律思想史》编写组：《西方法律思想史资料选编》，北京大学出版社 1982 年版，第 399 页。

们所指的自由有时指行为自由，有时指意志自由，有时指道德自由，有时又指法律自由。为明确界定自由的含义，英国学者哈耶克将自由分为三类：个人自由、内在自由与“免予障碍的自由”。个人自由是指“一个人不受制于另一人因专断意志而产生的强制的状态”；内在自由“所指涉的乃是这样一种状态，在这种状态中，一个人的行动，受其自己深思熟虑的意志、受其理性或持恒的信念所导引，而非为一时的冲动或情势所驱使”；“免予障碍的自由”是指“做我想做的事情的实质能力、满足我们希望的力量或对我们所面临的各种替代方案作出选择的能力”，又可称为“无所不能的自由”。哈耶克在其著作《自由秩序原理》中，主要研究个人自由，他认为，个人自由与强制相联系，“对自由的侵犯仅来自于人的强制”，因此“自由政策（a policy of freedom）的使命就是必须是将强制或其恶果减至最小限度，纵使不能将其完全消灭”。对于后两种自由，哈耶克基本上持否定态度，他认为，内在自由与他人的强制无关，却与自己的知识有关，“内在自由的反面，并非他人所施之强制，而是情绪或道德缺失及知识不足的影响”，哈耶克强调必须区分“个人自由”与“内在自由”，因为“内在自由”容易导致科学决定论并摧毁个人责任的理论依据。“免予障碍的自由”将自由视为能力或力量，过于强调这种自由会导致有些人借自由之名“去支持那些摧毁个人自由的措施”，或者“规劝人民放弃其自由”。[①] 哈耶克认为与法治有关的只是个人自由，他提出了“自由的法律”（the law of liberty）这一概念，认为法治的作用就是限制政府机构的一切权力，以便将政府因行使权力而导致的对个人自由的强制减小到最低限度。虽然哈耶克极力推崇个人自由，但是他也认为，个人自由并非不可侵犯的绝对权利（absolute rights），并提出法律方面的保障措施只是意指“社会的正常运行是以它们为基础的，而且任何侵犯这些权利的做法都要求有充分的特殊理由”[②]，同时因公共利益而对个人自由加以限制的行动必须符合一定的条件。这些条件是：其一，必须由规则明确界定这些例外情况，而且应当受制于独立的法院审查；其二，不能使那些受这些行动影响个人因其所具有的合法

① ［英］哈耶克著：《自由秩序原理》（上），邓正来译，生活·读书·新知三联书店 1997 年版，第 6-10页。

② ［英］哈耶克著：《自由秩序原理》（上），邓正来译，生活·读书·新知三联书店 1997 年版，第 275 页。

期望受挫而遭到伤害，而应当对他们因这种行动所蒙受的损失给予充分的补偿。[①] 总之，哈耶克对自由特别是自由与法律之关系的论述突破了自由的道德论域，使自由成为法之正义性（即法治）的核心内容。自由正义观对自由价值的高扬体现了其对作为个体的人本身的关注，体现了将人作为目的而非手段的基本道德原则，它强调个人的生存与发展是社会的主题，国家与法律的任务是保障自由而非限制自由，这种观念对西方特别是英美国家的政治法律制度建设产生了深远的影响。

以上三种正义观在平等、自由、安全三种价值上各执一词，各有见地，同时也各有偏颇。不同的正义观之争也正是正义之不同价值维度之间冲突的表现，如何协调这几种价值之间的关系便成为思想家们所着力解决的问题。罗尔斯的正义理论在平衡自由与平等、个人利益与社会利益的关系问题上进行了颇有见地的论述。针对功利主义者在产生最大利益总额的前提下容许对一部分人的平等自由予以侵犯的价值选择，罗尔斯提出了两个正义的原则：第一个正义原则是平等自由原则，即“每个人对于所有人所拥有的最广泛平等的基本自由体系相容的类似自由体系都应有一种平等的权利”；第二个正义原则是差别原则和机会公正平等原则的结合，即“社会的和经济的不平等应这样安排，使它们：（1）在与正义的储存原则一致的情况下，适合于最少受惠者的最大利益；（2）依系于在机会公平平等的条件下职务和地位向所有人开放”。[②] 罗尔斯的正义理论存在着两个优先规则：首先，在正义的两个原则之间，正义的第一原则即平等自由原则具有优先性，也就是说，“在一个正义的社会里，平等的公民自由是确定不移的，由正义所保障的权利绝不受制于政治的交易或社会利益的权衡”[③]；其次，在第二个正义原则的两个原则之间，机会公正平等原则具有优先性。依照罗尔斯的理论逻辑，自由是每个人都享有的基本权利，在享有自由权利的层面上，每个人都是平等的，因此在自由与平等之间自由优先；平等还有另外一个要求即机会公平平

---

① ［英］哈耶克著：《自由秩序原理》（上），邓正来译，生活·读书·新知三联书店 1997 年版，第 276 页。

② ［美］约翰·罗尔斯著：《正义论》，何怀宏等译，中国社会科学出版社 1988 年版，译者前言，第 7 页。

③ ［美］约翰·罗尔斯著：《正义论》，何怀宏等译，中国社会科学出版社 1988 年版，译者前言，第 2 页。

等，不平等只能存在于一种情况之下，即实现最少受益者的最大利益，因此在平等与差别之间，平等优先。基于上述序列可以得出如下结论：自由只能为了自由的缘故而被限制，差别只能为了平等的缘故而存在。罗尔斯的两个正义原则的思想突破了以往正义理论在最终价值标准上的单一性，在一定程度上缓和了自由与平等之关系，但是并没有最终解决这个问题。例如，诺齐克认为罗尔斯的正义理论具有太多人为的平等倾向，而且过分强调社会制度和社会结构的公平及侧重社会利益或价值分配的差异兼顾，势必侵损个人的权利。[①] 而诺齐克所主张的则是个人权利至上，他认为国家的正当性在于对个人权利的保护，而且任何以平等为名而干预或侵损个人权利的做法，也必定是对国家所依据的正当性的违背，于是诺齐克又把自由价值恢复到在自由正义观中的至高无上的地位。

自由、平等、安全等价值之间的冲突不仅体现在思想家们所持的各种正义观之中，而且也体现于一定社会的法的价值追求当中，由于这几种价值范畴之间的矛盾性和难以调和性，使得到目前为止人类存在的任何一种社会制度都无法达到三者全部实现的“绝对正义”。一定时期的社会制度必须在三者之间进行权衡和选择，这种协调在“各个国家是不相同的，在一国历史发展的各个阶段是不尽相同的，而且在不同的政治、社会、经济条件下也是不尽相同的”[②]。美国法理学家博登海默认为：“英国和美国认为自由优位于其他价值；欧洲大陆在自由与安全特别是国家安全之间维持着一种较为严格的平衡，但较为强调安全，特别是财产安全和合同安全；而平等观念在现代已成为社会主义国家意识形态的一种口号。”[③]

笔者赞同博登海默针对不同国家对正义诸价值的取舍所进行的判断。同时，“各国在不同的政治、社会、经济条件下对正义诸价值的权衡和选择也不尽相同”的观点体现了他虽为学者但却具备的务实精神。只要回顾一下英国的光荣革命和美国的独立战争，我们就不难得出英美在正义诸价值中尤其重视自由价值的原因。在英美国家人们争取自由的漫长历史中，以自由为核心的正义论一方面来

① 邓正来著：《哈耶克的社会理论》，复旦大学出版社 2009 年版，第 43 页。

② ［美］博登海默著：《法理学——法律哲学与法律方法》，邓正来译，中国政法大学出版社 1999 年版，第 297 页。

③ ［美］博登海默著：《法理学——法律哲学与法律方法》，邓正来译，中国政法大学出版社 1999 年版，第 297-298 页。

自于实践的需要，另一方面又不断为实践提供着合理性与正当性论证。正当法律程序正是这种理论与实践相互作用的结果：理论指导人们通过实践去争取属于自己的自由，并且指导人们通过正当法律程序去巩固和保障自己的胜利果实；正当法律程序的兴衰起落的实践又推动着理论不断前进，在正当法律程序兴旺之际为其提供合理性论证，而在正当法律程序面临挑战之际，则极力为其争得更多人的支持。可以说，如果没有这种以自由为核心的正义论的支持，没有斯宾塞、哈耶克、罗尔斯、诺齐克等思想家对这一理论的传承与发展，正当法律程序就不可能具有这种绵延数百年而不衰的生命力。

二、程序论——正当法律程序之程序性来源

英美以自由为核心的正义论将个人自由视为国家或政府权力归依，这仅仅解决了正当法律程序之正当性的来源，但是为什么正当法律程序将“程序”作为保障公民自由的手段，则必须从英美的程序论中寻找答案。

正义必须通过公正的程序获得实现，这在英国古老的“自然正义”理论中就得到了确认。“自然正义”原则有两项要求，这两项要求均是针对程序提出来的：任何人不得在与自己有关的诉讼案件中担任法官；法官在制作裁判文书时应听取双方当事人的陈述，并须给予所有与案件有利害关系的人充分陈述意见的机会。①

虽然自然正义理论一直被学者们视为正当法律程序的思想源头，但直白的“宣告真理”似的表述并没有为程序的优越地位提供一个合理的论证，甚至导致了后世对程序本身所具有的价值长达数百年的争论。处于这场争论核心的主要有两种观点，即程序工具主义与程序本位主义，前者强调程序的价值在于其对诉讼所要解决的实体问题、对诉讼的经济成本或者对诉讼的道德成本所具有的工具意义，后者则强调程序本身的价值和意义。

（一）三种程序工具主义理论

根据程序所服务对象的不同，英美学者有关程序工具主义的理论可以分为三种：针对实体的程序工具主义理论、针对诉讼经济成本的程序工具主义理论以及针对诉讼道德成本的程序工具主义理论。

针对实体的程序工具主义理论出现的最早，该理论强调程序对于实体的工具

---

① 陈瑞华：《程序正义论》，载《中外法学》1997年第2期，第71页。

价值，认为程序本身无所谓的正当性与合理性，只要能形成好的实体结果（即有罪者被定罪，无罪者被澄清），程序就具有了善的属性。持这一观点的典型代表为英国学者边沁，他认为“实体法的唯一正当目的，是最大限度地增加最大多数社会成员的幸福感”，“程序法的唯一正当目的，则为最大限度地实现实体法”。[①]边沁的程序工具主义思想对英美的学者产生了很大的影响，因此，虽然英美有着古老的自然正义传统，但在这种思想背景下，学者们不得不承认自然正义与正当法律程序所包含的一些程序标准的正确性，而程序工具主义论者对程序正义正当性的论证似乎都是从程序所要产生的结果而不是程序本身的内在品质上寻求答案。[②]

程序工具主义论者起初是从程序之有利于查明案件的事实真相、有利于实体目的的实现这一角度来论证程序的价值，但是，这无助于解释为什么人们不抛弃自然正义和正当法律程序而适用那些更容易得出正确判决的程序[③]，因此，在20世纪七八十年代，程序工具主义论者将程序法的目的转向了实现程序耗费的经济成本和道德成本的最小化，并形成了经济成本分析方法和道德成本分析方法两种程序工具主义理论，前者的代表人物是波斯纳，后者的代表人物是德沃金。经济成本分析方法的根本观点是：同任何其他工具一样，法律程序也被看作一种实现某一目的过程中产生的费用，因而程序法的目的是实现费用最小化。波斯纳以经济成本分析方法论证了构成正当程序内容的对抗制、陪审团审判制度、证据排除规则等存在的合理性。例如，波斯纳认为在证据收集层面，纠问制“看起来很美”，似乎富于经济效率，但纠问制的效率只不过是一种虚幻，美丽的外表只是因为它运作时的公众可见性偏低，内在缺陷能更好地掩盖而已。而对抗制的竞争性和高度可见性特征，令得这一诉讼体制的不足之处产生了一种夸大的主观印象，但是对抗制诉讼模式拥有更大的公众可见性，对辩诉交易广为接受，虽然有诸多缺陷，然而具有相对的效率，即便不十分理想，但“从财富最大化或成本最

① 陈瑞华著：《刑事审判原理论》，北京大学出版社1997年版，第28页。

② 陈瑞华：《程序正义论纲（之二）》，载陈光中主编：《诉讼法论丛》（第一卷），法律出版社1998年版，第35-60页。

③ 比如，许多美国学者认为有利于发现案件的事实真相是对抗制程序所具有的重要价值之一，但美国的心理学家所作的调查结果表明：对抗制程序的运用容易导致证人在作证时的偏见，因此其在提供证据的准确性方面不如调查制程序。

小化意义的经济效率之视角而言，这一诉讼体制并不次于其他可行的选择”。[①] 因此，在经济成本分析方法论者看来，程序的价值和意义是减少法律实施过程中的经济耗费，节约司法成本。德沃金的成本分析方法宣称研究程序的功利主义方法（包括经济分析方法）忽略了权利问题，他重点分析了刑事案件，断言被告有一种无罪不治罪的权利，因此，对无罪者治罪比未对有罪者治罪更为有害，因为它侵犯了无罪不治罪的权利。这种侵权行为即是道德损害，或称为道德成本。因此，法律程序的目的是实现道德成本的最小化。

虽然针对程序的经济成本分析方法和道德成本分析方法相对于边沁的程序工具主义理论而言对正当法律程序采取了完全不同的态度[②]，但在程序的价值问题上三者并无本质的不同，即均强调程序在实现外在于程序之目的方面所具有的工具价值，正如美国学者贝勒斯所提出的：“道德成本分析仍是一种工具主义方法。法律程序只是获得正确结果的手段。”[③] 将程序的价值定位于实现实体、效率、道德等目的的工具，其结果必然是：一旦程序与实体、效率、道德等发生冲突，程序面临的将是被否定、被抛弃的命运。

（二）三种程序本位主义理论

程序本位主义理论强调程序自身的价值，即不以实体、效率、道德等外在于程序的因素作为评价程序好坏的价值尺度，程序自身应当符合正义的要求，唯其如此，程序才具有正当性。

在持程序本位主义理论的英美学者中，罗尔斯的程序正义理论具有开先河的伟大意义。在《正义论》这部著述中，罗尔斯提出了三种程序正义，即完善的程序正义、不完善的程序正义和纯粹的程序正义。完善的程序主义和不完善的程序主义的共同之处在于有一个判断结果是否正确的独立结果；不同之处在于前者有一种能保证达到这一结果的程序，后者则没有这一程序的存在。纯粹的程序正义区别于这两种程序正义之处在于不存在对正当结果的独立标准，而是存在一种正确的或公平的程序，这种程序若被人们恰当地遵守，其结果也会是正确的或公平的。罗尔斯提出刑事司法程序是一种不完全的程序正义，因为没有一种诉讼程

---

① ［美］波斯纳著：《证据法的经济分析》，徐昕、徐昀译，中国法制出版社 2001 年版，第 16-17 页。

② 前者对正当法律程序持肯定态度，后者对正当法律程序持否定态度。

③ ［美］迈克尔 · D. 贝勒斯著：《法律的原则——一个规范的分析》，张文显等译，中国大百科全书出版社 1996 年版，第 30 页。

序可以达到百分之百的结果正确。

罗尔斯的程序正义理论只是揭示了刑事司法程序的特点以及三种程序正义的划分，没有明确提出在无法保证实现结果正确的前提下，刑事司法程序应当选择什么作为自己的价值准则，也没有明确提出刑事司法程序应当追求纯粹的程序正义。真正提出程序本位主义理论的是罗尔斯之后的英美学者，这些学者或者从结果公正的角度来论述程序自身的价值，或者从程序自身的公正性角度来论述程序自身的价值，从而形成了源于结果（outcome-oriented）的程序本位主义理论以及源于程序（procedural-oriented）的程序本位主义理论。

美国学者蒂鲍特和沃克继罗尔斯之后对程序问题进行了比较系统的研究。蒂鲍特和沃克是通过区分两种争论而开始他们的程序理论研究的。这两种争论之一是有关客观事实的相互冲突的信念的争论，另一种则是有关分配结果的争论。在前一种争论中，成功地解决争议的基本准则是通过一定的程序得出结论的准确性或正确性；在后一种争论中，成功地解决争议的基本准则是裁决的公正性。蒂鲍特和沃克认为，纯粹的科学争议属于前一种争议，也称为“认识上的冲突”（cognitive conflict）。在科学争议中，争议方对于他们的利益或愿望具有一致性，这种一致性来源于追求知识的渴望。所有有关的人都需要一个能产生正确答案的决定程序，争议者只根据结果的正确性而选择某一个答案。因此，在科学研究领域存在着决定几种科学猜想中哪一个更正确的标准，解决某一争议只需在无偏见的调查和逻辑分析的氛围下适用这些标准就可以了。解决这种争议的程序只需具备一个特征，即允许一个彻底的且毫无偏见的调查，至于争议各方是否满意或者是否在分配正义的意义上感觉到公正则无关轻重。只要争议的科学家们坚持他们的科学公正性，不管决定事实的标准之适用产生什么结果，他们都必须接受这个结果。相反，有关分配结果的争议则最好通过符合某些社会公正观念的方法来解决。这种争议的各方彼此之间有着强烈的利害冲突，任何满足其中一方的结果都可能会被另一方所反对。解决这种争议的唯一标准是一些一般性的分配方案，如Afams 和 Walster 的公平理论：来自于某一关系的产出应当和涉及这一关系的所有成员的投入成比例。因此，用于解决这种争议的程序应当有利于公平地解决争议，并且不存在可以同时支持不同当事人的任何一个客观的标准或一种标准。大多数民事或刑事争议都属于这一种类，这种争议可以被称为“利益上的冲突”，因为它们的当事人总是致力于获得互不相容的结果。蒂鲍特和沃克认为，在利益互相冲突的情况下实现程序正义最好通过使用争议双方当事人控制过程的程序。因为由双方当事人进行过程控制就意味着可以由那些最能够接触有关裁决结果的个人化信息的当事人来控制构成裁决结果基础的证据的提出。社会认识过程的研究已经表明，与争议无关的裁决者很可能会忽略那些有关当事人的个人状况。与争议无关的裁决者往往会错误地解释有关当事人个人特征的事件。当过程控制权被裁决者所掌握时，这种认识偏见有可能会导致忽略当事人个人情况的裁决。①

蒂鲍特和沃克将当事人对程序的控制程度作为程序价值的主要指标，并认为由当事人来控制程序可以保证裁决者在进行裁决时充分考虑各方当事人的意见，这样有利于结果公正的最大化。对于这种以结果的公正性来论证程序价值的观点，林德和泰勒予以了批评和否定。

林德和泰勒是继蒂鲍特和沃克之后对程序理论进行较为深入研究的美国学者。1988 年，林德和泰勒出版了《程序正义的社会心理学》一书，在理论界引起很大反响，他们的理论观点和研究方法对其他学者产生了极大影响。林德和泰勒认为，蒂鲍特和沃克的理论最大的一个缺陷就是：蒂鲍特和沃克虽然提到了程序公正的问题，但是他们却以程序所产生的结果来评价程序，他们把过程控制作为程序公正的主要因素是因为他们认为在审判中控制证据和意见的提出能够导致对个人意见更多的考虑，因此能够产生更为公正的结果。如此一来，程序公正是在结果公正的意义上被定义的。② 他们将蒂鲍特和沃克的理论称为“源于结果”的程序理论，即认为争议者对过程的控制之所以会提高程序正义是因为它提高了由此程序所产生的结果中的分配正义。如果争议者对程序的控制不能导致公平的结果，那么程序控制的影响作用也会消失。例如，在调解程序中，争议者可以对调解的结果加以控制，此时他们就不需要通过控制过程来控制结果了。但是，在诉讼中，争议者不允许对裁决结果施加直接的控制，此时他们就需要通过控制程序来对结果施加影响。按照“源于结果”理论的观点，程序正义问题就只存在于诉讼程序中，不存在于调解程序中。林德和泰勒反对这种观点，并有针对性地提出了“源于程序”的理论，即认为程序公正性的提高应直接归功于高度控制过程所允许的表达意见的自由。这种意见表达价值的解释通过确定只有被提供表

---

① E. Allan Lind, Tom R. Tyler: The Social Psychology of Procedural Justice, chapter 2, Plenum Press, New York and London.

② E. Allan Lind, Tom R. Tyler: The Social Psychology of Procedural Justice, p.39.

达意见的机会才是公平的这一观念说明了过程控制的影响力——不需要对程序所产生的结果进行任何参考。因为这一解释依赖于程序本身的特征，而不是把程序看作是追求或控制结果的工具，所以可以称之为“源于程序”。根据这种观点，无论人们选择调解程序还是诉讼程序，如果都有表达自己意见的机会，人们会认为这个程序是公正的，因此程序正义问题在调解程序和诉讼程序中都存在。

如果说蒂鲍特和沃克的“源于结果”的程序价值理论能够解释当形成决定的程序允许受其结果影响的人参与时，其形成的结论更容易被接受这种现象的话，那么林德和泰勒的“源于程序”理论则揭示了如果程序是公正的，那么即便是那些由此程序而得到不利结果的人也会更乐于接受这一结果，以及如果程序不公正，那么即使因此程序而得到有利判决的人有时也会感到不满的原因。[①]

以上两派学者对程序的价值论证都强调了程序的非工具价值，使程序摆脱了作为实体法工具和附庸的地位。但是，他们遵循了两条不同的路径：一是从结果的角度来论证程序的独立价值；二是从程序的角度来论证程序的独立价值，从而形成了“源于结果”的程序价值理论[②]和“源于程序”的程序价值理论。

那么，在程序公正价值问题上，“结果”与“程序”是否就是非此即彼的关系呢？美国学者戴维·韦斯曼的理论对此予以了否定的回答，他在自己的程序正义理论中将程序正义对于结果和程序的价值统一起来。韦斯曼认为，程序的非工具价值可以通过强调程序的内在价值（intrinsic value）来得以阐释，这种阐释有两条路径：或者通过阐明程序独立于结果的价值，或者通过阐明程序为结果提供

---

① 在《程序正义的社会心理学》一书中，林德和泰勒讲述了大量的案例来证明他们的程序本位观点，其中泰勒在1987年对芝加哥的一个交通法院所做的调查颇具代表性。通过这项调查，泰勒发现交通法院的法官经常认为使交通案件的当事人出席法庭失去一天的工作报酬对于一起交通案件而言是足够的惩罚了，因此那些离开法院的当事人经常是没有经过庭审就被撤销了案件，这对于一个被告人而言应当是好的结果——既没有被罚款，也没有被拘禁，甚至没有违章记录。但是，通过对这些被告人的访问发现，尽管他们得到了有利的判决却经常对法院不满意。比如，一名妇女本想在法庭上出示一些照片以证明一个警示她不能非法拐弯的标志不够清晰以至于她无法看清，但是法官却撤销了她的案件，她非常生气并表示出对法院非常不满。泰勒指出，“结果本位说”根本无法解释这个现象，但“程序本位说”却可以轻而易举地解释这个现象：这名妇女之所以感到气愤，是因为她所得到的裁决并不是按照符合她关于正当司法程序标准的程序而得出来的。

② “源于结果”的程序价值理论与程序工具主义价值论并不相同：程序工具主义价值论是以程序所得的结果的正确性来评价程序的，能够产生正确结果的程序被视为好的程序，至于程序本身是否公正对于程序工具主义而言是无足轻重的；“源于结果”的程序价值理论则以程序所得结果的正当性来评价程序，强调程序正义在保证结果正当性方面的价值和意义，因此“源于结果”的程序价值理论也是程序非工具主义价值论。

必要的正当性根据。一是程序独立于结果的价值集中表现为表达价值（expressive value）。程序表达理论中最重要的观点之一是：人们在评价一些程序是礼貌的（polite）、尊重人的（respectful）和公正的（neutral）时，并不是指其在产生有价值的结果层面，而是这样一种观念的表达——认可个人所拥有的尊严并非通过给他们适当的结论，而是通过接受那些能够尊重人的尊严的程序。韦斯曼认为，这种区别可以通过非法证据排除规则体现出来：人们希望司法机关能够有尊严、有克制地对待犯罪嫌疑人，但能够阻止他们不尊重地对待犯罪嫌疑人的唯一有效方法可能就是禁止使用任何由他们的错误行为产生的证据。二是程序正义使结果正当化。韦斯曼提出，通过程序产生的结果来评价程序的非工具价值有很多种方法。和上述的表达价值不一样，这些方法在评价程序的价值时要考虑结果，但不像工具主义的观点，这些方法不把结果作为判断程序的标准。在每一种情况下，程序都被认为是使它以正确的方法所产生的结果正当化。程序可能使结果在认识上正当化，不是通过使结果看起来更加正确，而是通过给予程序参与者与观察者认为结果正确的理由。或者它以一种更为复杂的道德视角来使结果正当化，通过对双方当事人的意见、当事人的参加以及对案件中个人利益的关注提供平等的考虑。通过认识的正当化不同于准确性，因为最准确的程序或裁决规则都不能提供必备的正当化根据。韦斯曼认为，排除合理怀疑的证明责任也可以看作是对犯罪人施以刑罚的正当化的程序的特征。这表明人们不能从可测量的准确性方面来理解合理怀疑，而是作为我们通过给一个错误定罪比一个错误释放更多的否定价值来达到的一种标准。而且，这一标准的目的是通过要求每一种可能的努力反对有罪推定来维护无罪推定。对于一个独立的、明确的结果而言，某一个程序并非唯一的达到这一结果的手段，比如，如果认为审判的结果就是指事实上正确的结果，那么限制某些证据，要求排除合理怀疑对于实现这一结果而言都没有必要，有的时候甚至会阻碍这一结果的实现。如果这一结果被增加了该结果所引起的信任因素的话，那么它就不是独立的、明确的了。最后，韦斯曼引用了 Kateb（1979）的话："虽然获得某种结果的需要是程序（方法、手段）的起源，但是程序一旦建立，可能就会被认为是达到这一结果的唯一正确、允许的手段，并且通过其他程序所得到的有价值的结果并不是起初被认为的结果本身，而是这些结果的阴影或者难以捉摸的形式。"[①]

以上三种有关程序自身独立价值的理论各有侧重，基本上反映了英美学者有关程序本位主义理论的全貌。

英美学者有关程序价值的理论一方面对正当法律程序实践产生了深远影响[②]，另一方面也使得正当法律程序不再仅仅停留在英美司法实践层面。正是由于这些理论特别是程序本位主义理论对其他国家的影响，正当法律程序才拥有了为非英美国家所接纳和吸收的契机，即便这些国家可能根本就不存在自然法传统。

三、法治论——正当法律程序之合法性来源

正当法律程序也是西方法治主义理念的产物。法治在西方有源远流长的历史，其源头可以追溯到古希腊时期的哲学家柏拉图和亚里士多德的著作中。在《理想国》这部早期著作中，柏拉图认为人的本性是善良的，主张让哲学家当国王，依照良好的知识和道德治理国家。但到了晚年，柏拉图发现人的本性并非他所说的那样善良，因此，在《法律篇》中，他提出了人性总是贪婪自私的观点，主张在人性尚不能向善的情况下，只好暂时采用法治。柏拉图的学生亚里士多德继承了《法律篇》中有关法治的思想，即"在任何好的国家里，最高统治者必然是法律而不是任何个人，且不论这个个人是谁"。[③] 在此基础上，在《政治学》一书中，亚里士多德对法治进行了界定："法治应包括两重含义：已成立的法律获得普遍的服从，而大家所服从的法律又应该本身是制定得良好的法律。"[④] 这一定义揭示了法治之法的实质特征（即制定良好的法律）与形式特征（即已成立的法律获得普遍的服从），对后世产生了巨大影响。

近代意义上的法治理论是由英国的哈林顿、洛克、戴雪，法国的孟德斯鸠、卢梭以及美国的潘恩、杰弗逊共同丰富发展的。虽然上述学者均是在继承古罗马法治观念的基础上阐发自己的法治理论的，但是不同的法律传统和社会背景造就

① David Wasserman.The Procedural Social Heuristics and Neutral Values, Procedural Justice, pp.39-43.

② 正当法律程序革命之后，美国联邦最高法院对正当法律程序的限制显然是受到了程序工具主义理论的影响，而正当法律程序虽屡受限制但并没有被彻底否定与程序本位主义理论的影响不可分割。

③ ［美］萨拜因著：《政治学说史》，盛葵阳、崔妙因译，商务印书馆 1986 年版，第 125 页。

④ ［古希腊］亚里士多德著：《政治学》，吴寿彭译，商务印书馆 1965 年版，第 199 页。

了这些学者法治理论的巨大差异。

英国的封建君主制度是英国法治论学者首先抨击的对象，比如，哈林顿认为治国之道，不外是法治和人治。法治存在于古代共和国，在这种共和国中人类在共同权利和共同利益的基础上组织起来，它是“法律的王国，而不是人的王国”；人治存在于近代专制国家，这种国家扼杀或毁灭了自由，由某一个人或某一些人按他或他们的私利对一个城邦或一个国家进行统治，法律是按照一个人或少数家族的利益制定的，因此，它“是人的王国，而不是法律的王国”。[①] 哈林顿的理想则是前者。在哈林顿的法治理论基础上，洛克提出法治的侧重点在于个人自由权利，而不在于权威或安全。为了实现这一主要价值，法律必须一方面保护和扩大个人自由权利，另一方面防止独裁、专制和限制政治权力。如果说洛克揭示了法治的基本要求，即保护个人自由，限制政府权力，那么戴雪的“法律主治”理论则在此基础上进一步阐发了实现这一法治目标的途径：“除非明确违反国家一般法院以惯常方式所确立的法律，任何人不受惩罚，其人身或财产不受侵害。”“任何人不得凌驾于法律之上，且所有人，不论地位条件如何，都要服从国家一般法律，服从一般法院的审判管辖权。”“个人的权利以一般法院提起的特定案件决定之。”这里，戴雪将法院的救济程序作为保护个人自由权利的根本途径，无疑是受到了自然正义观念和英国的判例法传统的影响。通过戴雪的法治理论，正当法律程序自然而然地被纳入法治的基本原则：虽然不能说法治理论是正当法律程序的理论渊源，但英国学者的法治理论却将本来已经存在的正当法律程序纳入到法治的轨道中来，作为实现法治的一个根本途径，从而使正当法律程序具有了在法治国家之下的“合法性”和持久的生命力。

法国、德国的法治理论与英国有所不同。虽然孟德斯鸠同样认可自由对于法治的重要意义，但他强调的自由是“法律下的自由”，即“在一个有法律的社会里，自由仅仅是：一个人能够做他应该做的事情，而不被强迫做他不应该做的事情”，而自由只有在“国家的权力不被滥用的时候才存在。但是，一切有权力的人都容易滥用权力，这是万古不易的一条经验。有权力的人们使用权力一直到遇到有界限的地方才休止”，在此基础上，孟德斯鸠提出了著名的“三权分立”理论。虽然孟德斯鸠提出自由必须是“法律下的自由”，但法律是怎样产生的呢？

---

① 王人博、程燎原著：《法治论》，山东人民出版社1998年版，第21-22页。

对于这一重要理论问题，卢梭进行了回答，根据“社会契约论”，法律来自于公意，即“立法权力是属于人民的，而且只能是属于人民的”，“凡是不曾为人民所亲自批准的法律，都是无效的，那根本不是法律”，而作为由人民所组成的主权者，是超越于法律和法官的，因为“主权者既然只能由组成主权者的各个人所构成，所以主权者就没有而且也不能有与他们的利益相违反的任何利益”。① 在卢梭的法治理论之下，立法者是至高无上的，而法官和法律程序则没有任何地位，其结果必然是使个人的生命和自由受到主权者的侵犯和践踏。比如，法国大革命之后，以《社会契约论》作为自己施政纲领的雅各宾专制政府统治时期，法国有 1.7 万人在断头台上送命。②

英国的法治论将法治的实现落实到法院和法官，法国的法治论将法治的实现落实到人民主权者，而美国的法治论则将法治的实现落实到宪政。美国学者潘恩虽然也认可社会契约论，认为政府的权力来自于人民的授权，但是，人民通过契约方式赋予政府一定的权力，不足以保证政府能真正实现自己的意图与目的，并始终遵循自由、平等的伟大原则。政府的权力活动必须受到某种规则的约束，这种规则首先是宪法。杰弗逊赞同潘恩的宪政思想，在此基础上，他强调权力必须分立，才能避免不受限制的权力的存在，这种分立首先是纵向权力划分，即联邦和州的权力划分。在这个问题上，杰弗逊主张限制联邦权，扩大和捍卫州权，因为只有州才能确保人权的实现，“如果把国内外一切政事，事无巨细，均集中到作为一切权力中心的华盛顿的话，它将使一个政府部门对于另一个政府部门的牵制成为无力的事”③。但是，州权力必须受宪法的约束，因此，为防止州权对公民权利的侵犯，杰弗逊主张在宪法中附上一项人权法案，因为“这个法案与各州都有莫大的关系”。美国的法治论将法治落实到宪政上，这就为正当法律程序上升为宪法原则奠定了基石，与此同时，作为人权法案的一部分，正当法律程序对各州也具有了约束力。可以说，没有潘恩、杰弗逊等人的法治理论，正当法律程序不可能在美国拥有如此精彩纷呈的发展历程，更不会有实质性正当法律程序的产生。

总之，英美的法治论将正当法律程序与法治紧密联系在一起，虽然侧重点各有不同，但都使正当法律程序在各自的法治国家框架下拥有了自身的“合法性”。

---

① ［法］卢梭著：《社会契约论》，何兆武译，商务印书馆 2003 年版，第 28 页。

② 王人博、程燎原著：《法治论》，山东人民出版社 1998 年版，第 47 页。

③ 王人博、程燎原著：《法治论》，山东人民出版社 1998 年版，第 50 页。

第五章　正当法律程序的价值及特征分析

正当法律程序从开始萌芽到今天，已经历千年，从当初一个不起眼的、只有十几个字的诏令到遍布世界各国的法律规范；从简单的、抽象的法律原则发展到具有丰富内涵的宪法、司法制度体系；从单纯限制王权保护自身财产利益的朴实思想，拓展到从精神理念到实践操作规范的体系；从封建贵族的特权到普通民众的最基本权利，这一过程反映着人类个体意识的逐步觉醒、主体观念的日益加强，反映着人类司法从蒙昧走向理性、从野蛮走向文明的发展历程。正当法律程序具有如此长久的生命力，与其自身所具有的理性、文明、民主价值是密不可分的。与此同时，正当法律程序自身的特征决定了其他国家不能完全照搬英美的正当法律程序，必须在充分掌握其基本原则和内涵的基础上，真正借鉴其精髓和灵魂。

一、正当法律程序价值分析

正当法律程序能够从英美走向世界，主要原因是其在促进人类司法的理性化、文明化、民主化方面具有十分重要的价值。

（一）理性价值

从概念上来说，“理性”是一个非常复杂的名词，不同的人对理性的概念有着不同的界定。但几乎所有的哲学家都认可理性是人类所特有的一种能力。这种能力可以分为两个层面：一方面，理性代表着认知，即人类的自我肯定能力，体现着人对自己命运的把握，而不受外在的“神”或其他任何神秘力量的支配与控制；另一方面，理性代表着技术或制度，即人类的自我约束能力，体现着人对自身欲望的克制，对秩序的需要和渴求。法律作为人类理性的产品，一方面体现着人类对世界的认知水平，另一方面也体现着人类自我约束能力的水平，因此，法律也存在着一个理性化的过程，或者说法律的理性化进程与人类的理性化进程是同步的。刑事司法则有一个更为明晰的理性化过程，这一过程可以分为两个层面：其一，随着人类认知能力的提高，对刑事案件起最终裁决作用的主体从“神”转移到人，按韦伯的话来说，这是一个“除魔”的过程；其二，当人（即法官）成为裁决主体时，其自由裁量权的有无及其限度又成为考验人的理性能力的一个难题。在刑事司法的理性化进程中，有一个因素发挥了极其重要的作用，即程序。

程序，“从法律学的角度来看，主要体现为按照一定的顺序、方式和手续来作出决定的相互关系”。① 不管我国的传统思维曾经多么贬低程序的作用，笔者却认为人类在解决法律纠纷的过程中对程序的运用本身就是人类理性的一种体现，它体现着人的自我约束能力，“抛硬币”的方法如果被普遍接受同样也会起到解决纠纷的作用，但这种方法带有明显的非理性色彩。韦伯在其著作中经常使用“理性”一词，根据其他学者的总结，韦伯所称的理性大体上有四种含义，其中最基本的含义是指它包含着一般性的规则或原则。② 程序规则因其所具有的“显性”，经常表现出来的特征就是这种适用上的普遍性，因此程序本身就包含了一定的理性因素。当然，程序在解决纠纷的过程中所起的作用不同，也表征着程序的理性化程度不同：在神明裁判中，程序只是人们获得“神意”的一种工具，“非理性”的目的降低了程序本身所具有的理性作用；在“人为”裁判中，程序则被人们用来限制和约束裁判者的自由裁量权，提高裁判的可预测性，以及减轻裁判者的责任风险等，从而发挥着刑事司法理性化的重要功能。

1. 限制权力行使者的恣意

当人取代神明成为刑事司法的主体以及裁判权的行使者之初，便面临着一个不能不解决的难题，即作为普通人之一员的裁判者所作的裁决如何才能获得与曾经的“神判”同样的权威？首先，裁判者可能与案件的当事人或其他有关的人之间存在着千丝万缕的联系，在行使裁判权时不可避免地要为个人利益所左右；其次，裁判者裁决案件容易受到现实社会关系的影响，当事人及其他诉讼参与人

① 季卫东：《法治秩序的建构》，中国政法大学出版社 1999 年版，第 12 页。

② 郑戈：《韦伯论西方法律的独特性》，载李猛编：《韦伯：法律与价值》，上海人民出版社 2001 年版，第 75-76 页。

的社会身份、地位等形成的现实力量对比关系及其他社会因素可能会使裁判者迫于一定的压力而进行裁决；最后，裁判者不是完人，他的个人经历、个性特征、爱好偏见等因素都会对他的裁决行为产生影响，并使其对证据证明力的判断以及对案件的裁判表现出一定的非理性、偶然性和推测性。即便裁判者基于高尚的品德而努力克制上述情况的发生，也不能消除当事人及社会公众对其所作裁判的正义性产生的怀疑。在这种情况下，人们需要的是一种“看得见的正义”（unblindfolding of justice），即正义的程序来约束裁判者的自由裁量权，限制恣意的发生，从而确保裁判结果的正义性。

程序的限制恣意功能可以通过以下几个方面得到发挥：首先，程序的自然正义属性要求与案件有利害关系的人不能担任案件的法官，从而消除了裁判者因追求自我利益而恣意裁判的动机。其次，程序为纠纷的解决提供了一个相对于外部环境而言较为独立的空间，在这个相对独立的空间内，所有的角色都由程序事先分配，程序参加者只要进入这个空间，就必须承担一定的角色，这种角色分配只与他们在程序中的地位、职能相关，而与他们在社会中的身份、地位无关。因此，程序的间隔作用在一定程度上缓解了外部环境对裁判者的压力。而且正当法律程序所要求的程序平等、司法独立与中立等原则加强了程序的这种间隔功能，从而使程序成为一个当事人平等对话、裁判者自主判断的场所。最后，也是最重要的一个方面，正当法律程序通过一系列的程序规则和证据规则从制度上约束裁判者的自由裁量权。

总之，程序通过以上各种途径对裁判者的恣意进行限制，这一方面提高了裁判者认定事实的准确性，另一方面则向社会公众明示了这种限制的有效存在，对于增加公众对刑事裁判公正性的信任具有十分重要的意义。

2. 提高裁判结果的可预见性

虽然正当法律程序强调控辩双方的平等对抗，并且增加了控辩双方对裁判结果进行准确预测的难度（这一点正是导致辩诉交易制度在美国盛行的一个重要原因），但是，与其他非理性司法程序相比，正当法律程序尊重双方当事人对程序的选择、参与、控制权，允许当事人选择、参与、控制程序来掌握程序的启动、进行，并通过控制程序来实现对结果的间接控制。因此，正当法律程序能够在提高裁判结果的可预见性方面发挥重要作用。

首先，正当程序允许当事人选择是否通过诉讼的形式来解决纠纷。英美的正当法律程序赋予刑事被告人很大的程序选择权。比如，被告人可以选择作出有罪答辩，从而省略审判程序，摆脱讼累；被告人也可以选择作出无罪答辩，要求经过正式的庭审程序；在审判组织上，被告人既有权选择由陪审团审理案件，也可以选择由职业法官直接对案件进行审理；在法庭审判的过程中，被告人既可以保持沉默，也可以放弃沉默权，充当辩方证人，为自己无罪或者罪轻进行辩解。总之，正当程序以各种方式赋予了纠纷当事人一定的程序选择权，并且由于当事人对程序的选择是建立在理性权衡利弊以及对结果予以充分考虑的基础之上的，因此，当事人通过选择程序对裁判结果具有一定的预见性。

其次，正当程序允许由双方当事人来控制程序的进行，从而保证当事人通过控制程序来影响裁判者作出有利于己方的裁决。程序的这一功能是通过赋予双方当事人确定起诉范围、确定争执焦点、收集和提出证据以及对证据进行充分质疑和辩论并有足够的机会来说服裁判者等一系列实质性的程序参与权得以实现的。因此，虽然最后作出裁决的是法官或陪审团，但当事人却被视为形成裁决的主体，这主要是通过以下几个环节来获得实现的：第一，现代程序的特点之一即司法权的被动性，基于不告不理原则，裁判者只能就起诉范围内的事实和证据作出裁决，既不能超出起诉的范围，也不能拒绝作出裁决。因此，起诉方必须按照自己所追求的判决内容提出诉讼请求，该请求即划定了裁判结果的范围，起诉方通过确定起诉范围来控制裁决结果的范围，这是当事人之程序控制权的首要表现。第二，通过起诉方的指控和被告方的应诉答辩来确定法庭审判中的争执焦点，比如被告人可以选择将定罪问题或量刑问题作为重点辩护问题；而在庭审的过程中，这种选择只能是唯一的，比如被告人或者作无罪辩护，或者作有罪但罪轻的辩护，这些焦点一旦确定，裁判者便不能自行另外确定争点，也不能在裁决中离开当事人确定的争点作出裁判。第三，双方当事人围绕着争执焦点收集、提出证据并就证据与事实展开辩论和质证，在这个过程中，虽然由裁判者主持庭审，但他的积极作用仅仅是维护程序的顺利进行，防止双方当事人有违规行为的发生，其主要角色则是消极性的，即听取双方当事人提出的观点，审查判断双方当事人提出的证据，一般不介入双方的举证活动。第四，在充分考虑双方当事人的意见和证据的基础上，裁判者认为事实已经查清或者虽然事实依然不清但双方当事人即便继续提出证据或进行辩论也无助于进一步查明真相时，裁判者应当作出判决，但该判决只能是宣告被告人有罪或者无罪，而不能有任何中间状态的存在。

通过以上几个环节的运作，当事人成为推动程序展开的主导力量，在这个过程中，随着每一个环节的逐步展开，当事人对裁决结果的预见逐渐深入，并能够根据自己的预见考虑下一个环节的应对策略，这使他们的诉讼活动具有了积极主动性，并促使他们认为最终的判决是自己行动的结果，从而保证了他们接受这一结果的自愿性。

最后，正当程序不仅能保证纠纷当事人对裁判结果具有一定的预见性，而且提高了社会公众对裁判结果进行预见的可能性。程序公开原则使诉讼中的证据与事实通过一定的途径（如公开审理）传播给社会公众，从而使社会公众对裁判者据以作出裁决的根据有一定的了解，这是社会公众对裁判结果进行理性预见（而非毫无根据的猜测）的前提条件。作为公开原则的例外，合议庭或陪审团的评议过程一般都是秘密进行的，但裁判者在进行裁决时的主观过程并不等于“神判”时代等待“神意”降临的过程，正当程序虽然赋予裁判者在评价证据与认定案件事实问题上自由裁量的权力，但这一权力的行使受到各种显性或隐性因素的制约。显性因素是指裁判者必须在具有可采性的证据的基础上认定事实，未在法庭上接受双方当事人质证与辩论的证据不能作为裁判的依据；隐性因素则是指裁判者评价证据认定事实的主观活动总是自觉或不自觉地遵循一定的思维规则，这些规则包括规范推理前提的经验法则以及规范推理过程的逻辑法则。经验法则（也被称为经验则）是指根据已知事实推导未知事实时能够作为前提的任何一般的知识、经验、常识、法则。[①] 经验则来自于人的个别经验，但个别经验尚不构成经验则，只有那些被一定范围内的人群所普遍认可的知识、经验、常识、法则才能成为推理的前提。因此，经验则具有一定的普遍性。逻辑法则是根据已知事实来推导未知事实时所必须遵守的思维规律，它从形式上保证推理过程的正确性，但与推理的具体内容无关，即如果进行推理的前提（即经验则）真实，那么逻辑法则的运用可以保证推理结果也真实；但如果前提虚假，那么正确运用逻辑法则也无法得出真实的结论，这就是形式逻辑之“形式”的含义。经验法则和逻辑法则之所以被称为影响裁判者的隐性因素，是因为它们本身并非法律规定，也无法在法律中明确加以规定，事实上是作为裁判者的个人素质和能力的一部分而对裁判活动起作用。同时，经验法则和逻辑法则并不是裁判者所独断的知

① 王亚新著：《社会变革中的民事诉讼》，中国政法大学出版社 2001 年版，第 321 页。

识，而是一般能够为常人所理解和掌握，因此，在经验法则和逻辑法则的潜作用下，裁判者评价证据、认定案情的主观活动便具有了一定的客观性，即不同的主体在相同的证据面前对案情的判断具有趋同性，这使合议庭和陪审团审判制度（即多人作出一致裁决）的产生和存在成为可能，同时也使社会公众对裁决结果的预见成为可能（但必须以程序公开为前提）。

3. 减轻裁判者的责任风险

一般而言，权力与责任成正比关系，权力越大，权力主体对权力行使后果所承担的责任也就越大。正当程序对司法权的种种制约一方面在防止司法权之滥用层面上起着积极作用，另一方面也起到了减轻裁判者责任风险的作用。裁判者在诉讼中扮演着宣告“真理”的角色，由于这种宣告影响着当事人实体权利的分配同时具有权威性和终局效力，一旦作出，就意味着这种分配将成为既成事实，因此，裁判者经常会成为承载当事者不满的容器，特别是在认定事实、适用法律出现错误的时候，裁判者往往要承担来自当事人、社会公众的怀疑、批评或谴责，甚至影响他的职务承担与升迁。对裁判者所承担的责任风险如果没有有效的途径予以分散，势必会导致裁判者通过各种途径规避风险，比如向领导或上级法院请示汇报，同时当事人也会将其对裁判者的怀疑和不满通过申请重审的方式表达出来，这样既破坏了司法独立，又增加了诉讼成本。正当程序通过分配证明责任和保证当事人对程序的参与与控制，在一定程度上分散了裁判者所面临的上述责任风险。

正当程序所要求的司法中立性决定了诉讼中的证明责任必须在双方当事人之间进行分配，这就意味着由双方当事人中承担证明责任的一方提出证据证明自己的主张并承担败诉风险，裁判者只需依法律规定的证明责任的分配方案来对证明责任主体所提供的证据和论证进行判断并作出最终裁决，即便败诉方对裁决结果不满意，也只能对法定的证明责任分配方案产生怀疑，而不会迁怒于裁判者。因此，正当程序对证明责任的分配能够起到分散裁判者责任风险的作用。

当事人通过诉讼来解决纠纷并不等于当事人放弃了在自己案件中的发言权，与自力救济和血亲复仇这些纠纷解决形式相比，诉讼程序的意义在于为双方当事人提供一个和平、平等对话的机会和场所，避免使双方的社会实际力量对比关系成为纠纷解决结果的决定因素。正当程序通过赋予当事人一系列对等的诉讼权利（举证、质证、辩论权等）保证当事人积极参与程序，并控制程序的启动和进行，进而控制程序的结果。负证明责任的一方必须提出证据来证明自己的主张成立，同时对方当事人为取得有利的诉讼结果也会展开防御，双方的攻击防御活动是推动诉讼顺利进行的主要动力，这使得诉讼的过程以及诉讼的结果更容易被视为当事人自己行动的产物，因此，使诉讼得以展开并对其达到的结论负主要责任的是当事人而非裁判者。

总之，正当程序通过合理分配证明责任和保证当事人积极参与并控制程序来分散裁判者的责任风险，只要裁判者忠实于程序，反过来程序也会有效地保护裁判者。正如有学者所言："即使初审判决被上诉审推翻，即使合法性判决造成被告自杀于狱中，市民暴动于街头的严重后果，作出判决的法官也不会受到追究。"① 如果忽视程序的作用，违背正当法律程序原则，程序对裁判者的这种保护功能也会随之消失。

（二）文明价值（人权保障价值）

在人类的法律发展史上，文明是与野蛮相对的一个概念。封建纠问式诉讼以及法定证据制度广泛采用酷刑获取被告人口供以求达到对被告人定罪的目的，这种对人身权利的侵犯以及对人格尊严的贬损使纠问式诉讼以及法定证据制度具有了野蛮的特征。与之相对，现代法律的文明集中体现为其对人的基本权利的认可与保护，因此，人权保障功能的有无及强弱是评价现代法律文明程度的一个基本指标。正当程序在这方面的价值是其他法律制度无法企及的。

人权的概念十分广泛，但刑事司法中涉及的则是公民个人的基本权利（这里的公民个人包括以个人身份参加诉讼的所有人，如被告人、被害人、证人、辩护人等，以及虽没有参加诉讼活动但可能受到诉讼影响的所有人），这些基本权利包括生命健康权、自由权、平等权、人格权、财产权等。正当法律程序主要通过以下途径发挥其人权保障功能。

1. 否定酷刑等取证手段的合法性

在人类刑事司法的发展历史上，酷刑曾经长久地作为一种合法的手段而存在。起初，酷刑是作为事实认定的一种手段，主要存在于神明裁判时期，如水审、火审，均是以被告人的身体作为获取"神意"的一种重要途径，被告人被迫在这种程序中扮演一个"自愿"的合作者，而肉体折磨的结果则被司法者用

① 季卫东：《法治秩序的建构》，中国政法大学出版社 1999 年版，第 32 页。

以作为“神明”的旨意直接认定被告人是否有罪，并不需要获得被告人对案件事实的供认。因此，神明裁判下的酷刑既否定了被告人的生命健康权，也否定了被告人在诉讼结果方面的参与权和自主权。而在纠问式诉讼和法定证据制度时期，获得被告人的口供则成为酷刑的主要目的。与神明裁判下的酷刑相比，刑讯逼供或多或少地认可了被告人的“自由意志”：如果被告人意志足够坚强并能够承受酷刑的考验，他就有可能摆脱被定罪的危险。正如美国学者福柯所说：“在下令施刑的法官和受刑的疑犯之间保存着那种较量的因素。受刑者受到步步升级的考验，如果他‘挺住’了，他便获得成功；如果他招供了，他就失败。但是，审讯官在使用酷刑时是冒着一定风险的（除了使疑犯致死的危险）；他是用已经搜集到的证据来下赌注。按照规定，如果被告人‘挺住’了，没有招供，那么审讯官就只能放弃指控，而受刑者便获得胜利。”① 但这种对被告人意志的考验无疑是残忍、不人道的，这决定了刑讯逼供与水审、火审在剥夺被告人的意志自由方面并无实质性不同。意大利著名刑法学家贝卡里亚对此进行了深刻的论述：“刑讯和烈火与沸水的考验之间所存在的唯一差别就在于，前者的结局似乎依赖于犯人的意志，而后者的结局则依赖于纯粹体格和外在的事实。但是，这种差别只是表面上的，而不是实际上的，在痉挛和痛苦中讲真话并不那么自由，就像从前不依靠作弊而避免烈火与沸水的结局并不那么容易一样。我们意志的一切活动永远是同作为意志源泉的感受印象强度相对称的，而且每个人的感觉都是有限的。因而，痛苦的影响可以增加到这种地步：它占据了人的整个感觉，给受折磨者留下的唯一自由只是选择眼前摆脱惩罚最短的途径，这时候，犯人的这种回答是必然的，就像在火与水的考验中所出现的情况一样。”② 因此，酷刑不论是作为获取“神意”的手段，还是作为获取被告人口供的手段，其不人道性都是同样的，一方面，给被告人的身体带来极度痛苦，威胁被告人的生命健康权；另一方面，将被告人作为认定事实的工具，否定被告人的意志自由。

在正当法律程序之下，酷刑等残忍、不人道或有辱人格的取证手段丧失了其自身的合法性，一方面，正当法律程序要求取证程序本身必须符合人道，而不能以侵犯公民的生命健康权利和自由权利的方式进行；另一方面，正当法律程序强

① ［美］米歇尔·福柯著：《规训与惩罚》，刘北成、杨远婴译，生活·读书·新知三联书店 2003 年版，第 44-45 页。

② ［意］贝卡里亚著：《论犯罪与刑罚》，黄风译，中国大百科全书出版社 1993 年版，第 32 页。

调人的主体性，反对将人作为手段，在刑事司法中则反对将被告人作为定罪的手段。因此，在现代刑事司法中，正当法律程序首先要求赋予被告人反对强迫自我归罪特权，禁止使用酷刑等不人道的方法取证，防止将被告人作为国家机关的定罪工具；其次，要求赋予被告人在提供证据方面的意志自由，即保证被告人在没有任何压力（包括物理压力和精神压力）的情况下自主地选择是否进行陈述，为保证这种没有压力的情况确实存在，正当法律程序进一步要求赋予被告人在选择是否进行陈述等问题上享有及时有效的律师帮助权；最后，为彻底根除酷刑，正当法律程序要求排除通过酷刑等不人道手段获得的证据，不论这些证据是否能够真实地反映客观的案件事实，从而消除追诉机关以酷刑取证的动机。

2. 建立有效的权力制约机制

与民事诉讼不同，刑事诉讼中不仅存在以消极、被动为特征的司法裁判权，同时也存在以积极、主动为特征的国家追诉权，而在刑事诉讼中，最有可能对公民的基本权利构成威胁的正是国家机关积极行使权力的行为。一方面，为追究、查证犯罪，追诉机关的积极权力必不可少；另一方面，这种权力的行使必然导致限制或侵犯公民权利的后果。现代社会必须在国家权力与公民权利之间进行协调，有效地制约国家权力以保障公民的基本权利。正当法律程序所确立的权力制约机制主要体现在以下几个方面。

（1）确立强制侦查行为的司法审查机制。强制侦查权是追诉权的一个核心内容，具体表现为拘留、逮捕、搜查、扣押、监听等方式，这些权力一旦行使，就会涉及对公民的财产、自由、隐私权的限制与剥夺。因此，正当法律程序要求追诉机关行使这一权力必须事先经过中立的司法机构的审查和许可，即采行“令状主义”。这包括下面几个环节：首先，追诉机关在侦查的过程中所实施的涉及公民人身、财产权利的行为必须符合一定的证据要求，以确保其实施的必要性。比如，美国宪法第四修正案要求搜查和扣押必须有“合理根据”。追诉机关在向司法机关申请令状时，必须提供一定的证据来证明强制取证权行使的必要性。其次，由中立的司法机构对追诉机关的申请进行独立的审查，并作出是否许可的决定，这一决定以签发或拒绝签发令状的形式表现出来。同时，令状必须具有特定性，即必须记明强制取证的对象、范围、时间、场所以及令状的有效期限，禁止签发没有明确记载上述内容的一般令状。最后，追诉机关必须严格依照法定程序执行令状。

（2）赋予公民对非法侦查提出指控的权利。正当法律程序不仅要求赋予公民不受非法侦查的权利，同时也要求为公民所遭受的非法待遇提供及时、通畅的救济渠道。比如，规定公民针对非法侦查有提出控告的权利，这一控告应当在什么阶段提出，向哪个机关提出，审查机关应当采取何种审查方式，作出何种决定以及对此决定公民是否有向其上级机关进一步提出异议的权利，等等。

（3）对非法侦查提供程序性制裁措施。正当法律程序不仅要求对追诉机关行使强制侦查权设置事先、事中的障碍，而且要求对于追诉机关违反法定要求和程序的侦查行为和结果提供事后的程序性制裁措施。这一措施将追诉机关的非法取证行为与一定的程序性消极后果相联系，从而抑制追诉机关非法取证的动机。[①] 在英美法系国家，这种程序性制裁措施体现为违法证据排除规则，即采用非法手段获得的证据不得用作认定案件事实的根据。同时，正当法律程序也要求提供一套有关排除非法证据的程序性配套措施，包括这种请求应当由谁提出，向谁提出，在什么阶段提出，谁对该证据调查行为是否合法负举证责任，这一举证责任应达到什么程序，行为最终被确认为无效或者证据最终被排除的法律后果是什么，对这一决定当事人是否有进一步提出诉讼的权利，等等。

总之，正当法律程序为预防和制约刑事司法中国家权力的滥用提供了事先、事中和事后的程序措施，从而有效地保护了公民的合法权利。

（三）民主价值

司法民主是与司法专制相对应的一种司法状态，当我们将秘密、独断、专权等特征归于司法专制的领域之内时，我们也就相应地将公开、参与、监督等内容归于司法民主的特征，毫无疑问，民主的司法应当是公开的司法、民众有效参与的司法以及受到有力监督的司法。正当法律程序正是在这些方面符合了人类对司法民主的价值需求。

1. 陪审制

英美正当法律程序中的陪审团制度是司法民主的最集中体现。首先，普通民众通过参加陪审团对案件事实作出裁断，等于直接参与司法权的实际运作，是司法组织民主化，在一定程度上表征着人民主权。其次，普通民众在裁决案件时能

---

① 其内在机理在于：追诉机关在调查取证过程中之所以实施非法行为，其目的在于收集犯罪证据，如果法律规定了追诉机关非法收集到的证据无效或被排除，追诉机关即失去了非法取证的利益，从而也就没有必要再以非法手段获取证据。

够将其在一定的生活范围内所形成的价值观体现到裁决结果之中，保证了这一裁决结果能够为持同样价值观的民众所接受，从而打破了司法的神秘性。

2. 审判公开

正当法律程序要求审判必须公开进行。审判公开是司法民主程度的一个重要标尺。司法专横和擅断总是与秘密审判相联系的。欧洲中世纪的宗教裁判在程序上的秘密性达到了登峰造极的地步。美国学者房龙对这种秘密审判进行过详细的描述："在整整五个世纪里，世界各地成千上万与世无争的平民仅由于多嘴的邻居的道听途说而三更半夜被从床上拖起来，在污秽的地牢里关上几个月或几年，眼巴巴地等待既不知姓名又不知身份的法官的审判。没有人告诉他们罪名与指控的内容，也不准许他们知道证人是谁；不许与亲属联系，更不许请律师。如果他们一味坚持自己无罪，就会饱受折磨，四肢都被打断。别的异教徒可以告发他们，但要替他们说好话却是没有人听的，最后他们被处死时连遭到如此厄运的原因都不知道。"① 在近代资产阶级革命中，中世纪的黑暗司法受到猛烈抨击，司法民主化成为一种潮流，秘密审判被废弃，正当法律程序下的审判公开成为一项基本的诉讼原则。其意义在于将司法权纳入当事人以及其他社会公众的视野之中，一方面，保证当事人积极行使自己的诉讼权利；另一方面，使社会对司法的监督成为可能，这两个方面同时构成对追诉权及司法权的制约。正如贝卡里亚所言："审判应当公开，犯罪的证据应当公开，以便使或许是社会唯一制约手段的舆论能够约束强力和欲望。"②

综上所述，正当法律程序在推动刑事司法理性化、文明化、民主化方面发挥着重要作用。由于理性、文明、民主是现代刑事司法的必然发展方向，因此，正当法律程序能够被国际社会和非英美国家所接受也是正常且必然的事情。正如有学者所言，"当今世界任何一个追求文明与进步的民族，都应该有他们自己的正当程序，尽管他们也许并不使用'正当程序'这个称谓"，"这是当今世界的任何一种司法制度须臾不可缺的东西"。③

① ［美］房龙著：《宽容》，生活·读书·新知三联书店1985年版，第136页。

② ［意］贝卡里亚著：《论犯罪与刑罚》，黄风译，中国大百科全书出版社1993年版，第20页。

③ 杨一平著：《司法正义论》，法律出版社1999年版，第137页、第149-150页。

二、正当法律程序特征分析

正当法律程序发端于英美国家这一事实使其无法避免受到英美法律一般特征的影响，这一特征主要体现在两个方面：一是宪政体制，二是判例法传统。相应地，正当法律程序的特征也可以体现在两个方面：其一，正当法律程序是宪法原则与司法制度或者说是实质与程序的统一；其二，司法层面的正当法律程序是一个动态发展、开放的法律体系。

（一）正当法律程序的宪法性

正当法律程序在美国的发展历程使其从单纯的“程序性正当程序”演变为“实质性正当程序”与“程序性正当程序”的统一，这一变化使得正当法律程序不仅成为约束司法机关的司法原则，而且成为约束立法机关的立法原则，从而使公民基本权利的保障能够贯穿立法、司法、执法的全过程。能够实现这一转变与美国的宪政体制是无法分割的。

英国早期的正当法律程序以及美国宪法第十四修正案出台之前的正当法律程序，基本上还是属于程序意义上的正当法律程序。比如，丹宁勋爵曾经指出：“我所说的经‘法律的正当程序’，系指法律为了保持日常司法工作的纯洁性而认可的各种方法：促使审判和调查公正地进行，逮捕和搜查适当地采用，法律援助顺利地取得，以及消除不必要的延误，等等。”① 此时的正当法律程序纯粹是调整司法工作的程序方法。而在美国宪法第五修正案通过后的很长一段时间内，“所谓的‘正当法律程序’还仅指刑事诉讼程序问题，即指要保证被告人一定按照法律规定的刑事诉讼程序来公平受审，刑事被告人享有一定的受保护的权利，政府只有遵守这些法定程序，才可以采取对被告人不利的行动。它既不与公民的既得权利相联系，也不涉及防范立法机关对私人财产的影响问题”。② 程序性正当法律程序时期，美国联邦最高法院对立法机关的立法进行司法审查的标准还停留在自然法时期。1909 年，迪安·庞德写道：“我们必须记住，自然法是《权利法案》的理论根据……宪法贯穿了自然法的观念。”③ 后来，随着坎特著作的出

① ［英］丹宁著：《法律的正当程序》，李克强、杨百揆、刘庸安译，法律出版社 1999 年版，前言。

② 焦洪昌、李树忠主编：《宪法教学案例》，中国政法大学出版社 1999 年版，第 63 页。

③ ［美］詹姆斯·安修著：《美国宪法判例与解释》，黎建飞译，中国政法大学出版社 1999 年版，第 145 页。

版，出现了对自然法的怀疑，自然法理论随之式微。法的核心从自然法的理论迅速转向包含在正当程序条款中的明示的限制。特别是美国宪法第十四修正案之后，正当法律程序的含义获得了实质性的发展，以至不论从实体法还是从程序法的观点来看，个人权利都是由正当法律程序保护的。

实质性正当法律程序（substantive due process）是对联邦和州政府部门立法权的一项宪法限制，即主要限制立法部门。它是指一项“不合理”的法律，即使是恰当地通过了，恰当地实施了，仍是违宪的。它要求任何一项涉及剥夺公民生命、自由或财产的法律不能是不合理的、任意的或反复无常的，而应当符合正当法律程序的要求。否则，联邦最高法院就可以通过行使其司法审查权，宣布某一项法律违反正当法律程序的宪法原则，从而使该项法律归于无效。比如，2000年的“迪克森诉合众国”一案，联邦最高法院不仅重申了“米兰达规则”这一基本的司法程序，而且宣告国会在1968年制定的3501号法律因违宪而无效。

通过以上对程序性正当程序以及实质性正当程序历史发展的考察，笔者认为，今天的正当法律程序是宪政体制的产物，如果没有美国的宪政体制、没有联邦最高法院的司法审查权，正当法律程序也许至今都是一系列具体的程序规则的罗列，而不会成为立法机关必须遵循的法律原则。其危险性在于立法机关可以随时通过新的立法来限制甚至取消司法中的正当法律程序，从而使公民基本权利受制于国家权力。正当法律程序的这一特征启示我们：对正当法律程序的借鉴必须从宪法的高度开始，只有将其作为一项宪法原则加以规定，司法中的具体规则和制度才有生存和发展的空间。否则，我们对正当法律程序的借鉴只能是照猫画虎，形似而非神似。当然，仅仅将正当法律程序规定在宪法之中尚不足以确立起实质性正当法律程序，这种宪法规定必须能够司法化，即应当设立专门的机构负责审查法律、法规的合宪性，并且在这些法律、法规违反正当法律程序原则时宣告其无效。

（二）正当法律程序的开放性

司法层面的正当法律程序（即程序性正当程序）表现为一系列程序性原则、规则和制度。生长在英美普通法土壤上的正当法律程序不可避免地具有普通法的特征：构成正当法律程序主要内容的除了宪法所规定的程序性原则之外，还有以判例法形式存在的一系列规则和制度。从美国正当法律程序的发展历史中，我们可以大体了解到这种体现在最高法院判例中的法律制度之复杂性与开放性。

美国联邦最高法院行使宪法解释权的结果就是导致了正当法律程序内容的复杂性。目前，为我们所了解到的正当法律程序除了美国宪法第 4 条、第 5 条、第 6 条、第 8 条所规定的属于刑事被告人的 12 项基本权利之外，还有联邦最高法院在司法实践的过程中通过对这 12 项基本权利进行解释而产生的一系列保障性规则或制度，如非法证据排除规则、米兰达规则等。不仅如此，联邦最高法院由于在不同时期有不同的组成人员，这些法官之间又有着不同的价值观念，因此导致了这些规则、制度建立之后，又产生了一系列旨在对这些规则、制度进行约束或者限制的例外规定，从而使正当法律程序成为一个极为复杂的、开放的规则、制度体系。

判例法传统所导致的正当法律程序的复杂性与开放性为其他国家特别是成文法国家借鉴正当法律程序带来了困难：其复杂性根本无法通过成文法的形式将形形色色的个案或者某一类案件适用的规则或者制度明确规定下来；其开放性则导致了即便照搬照抄美国的每一项法律制度都是不可能的，因为美国正当法律程序体系本身就是开放的，以后的联邦最高法院会继续“创造”出一系列有关正当法律程序的规则和例外，成文法的稳定性根本无法适应这种开放性。

因此，如果我们借鉴正当法律程序，必然会面临借鉴什么的难题。笔者认为，在这一问题上，我们需要同时在三个层次上进行：第一，培育正当法律程序赖以生存的理论土壤，即对以自由为核心的正义论、强调程序独立价值的程序论以及以宪政为特征的法治论予以吸收，使之成为我国立法者、司法者以及普通民众价值观念的一部分。第二，吸收实质性正当法律程序，使之成为我国宪法的一部分，同时实现我国宪法的司法化，成立专门的宪法法院或者赋予目前的最高人民法院违宪审查权，及时废除违反正当法律程序的法律、法规、行政规章或规定，从而使正当法律程序真正成为我国公民生命、自由、财产等基本权利的保障，使之不受立法、司法与行政机关的任意剥夺与侵犯。第三，在制度层面进行正当法律程序建设，即建立一系列具体的程序规则或证据规则，以调整司法机关或者行政机关的司法、执法活动。至于这些程序规则与证据规则的内容，笔者认为，我们不必把英美庞杂的正当法律程序体系照搬到我国，而是在目前达到正当法律程序的最低限度要求。

（三）正当法律程序的最低限度要求

在美国，有学者将权利法案第 4 条、第 5 条、第 6 条、第 8 条所规定的属于刑事被告人的 12 项基本权利视为最低限度的程序保障。但笔者认为，美国权利法案所规定的这些程序保障，如陪审团审判，是适应美国本土的传统而产生的，具有明显的地方性特征，因此，不能将其视为具有普适性的（即在任何国家都适用的）最低限度要求。

笔者认为，联合国刑事司法准则才是有关正当法律程序的最低限度要求，原因有二：第一，联合国作为成员最多、规模最大的国际组织，在制定一系列法律文件时，尤其重视各个成员国之间在文化、政治、经济等方面存在着巨大差异这一现实，因此其所制定的法律文件中确立的有关正当法律程序的内容更具有超文化差异的普遍性。第二，作为联合国的成员国，对于本国签署、加入的一系列联合国公约或文件，应当承担相应的义务，并且积极地在国内法中贯彻、落实国际准则。否则，就等于违背了所应承担的成员国义务。因此，从这两方面原因来看，我国进行正当法律程序建设必须以联合国刑事司法准则作为最低限度的要求，在各项具体的程序原则、制度的建设上，只能高于这些要求，而不能低于这些要求。

当然，联合国刑事司法准则也具有相当程度的概括性和原则性，为贯彻落实这些准则，我们有必要辅之以一定的配套措施，从而使这些准则具有可操作性。比如，在排除被告人口供的问题上，我们就可以在口供的“自愿性标准”与“合法性标准”之间进行符合我国实际国情的选择，从而达到既能够充分保护被告人的合法权利，又能够有效抑制犯罪的理想效果。但必须指出的是，这些配套措施均应以实现联合国刑事司法准则为目标，而不能限制甚至规避这些司法准则的适用。

第六章　正当法律程序与刑事诉讼

一、正当法律程序与刑事诉讼的关系

（一）刑事诉讼是正当法律程序的主要载体

正当法律程序是英美等国的一项重要的宪法原则，不过，从前文有关正当法律程序的产生和发展过程的资料来看，它主要还是作为刑事诉讼的原则而存在的。换句话说，正当法律程序主要是一项刑事诉讼原则。

首先，从关于正当法律程序的法律条文来看，英美等国的正当法律程序条款所指的基本上都是刑事诉讼程序的正当性问题。例如，被公认为正当法律程序源头的1215年的英国《自由大宪章》（The Magna Carta）第39条规定："凡自由民除经其贵族的合法裁判或根据国家的法律以外，不受逮捕、监禁、剥夺、放逐或用任何别的方式加以摧残。"① 1354年英王爱德华三世颁布的《伦敦威斯敏斯特自由法》第三章第28条规定："任何人非经正当法律程序之审判，不问该人阶层与社会地位如何，皆不得将其驱逐出国，或强迫其离开所居住之采邑，亦不得予以逮捕、拘禁，或取消其继承权，或剥夺其生命。"② 除此之外，诸如《权利请愿书》（The Petition of Right）、《人身保护法》（Habeas Corpus Act）、《大抗议书》（Grand Remonstrance）、《人身保护法修正案》、《权利宣言》（Declaration of Right）、《权利法案》（Bill of Right）等宪法性法律文件，均确认了旨在保障公民自由的"不得任意拘禁、逮捕公民，拘捕公民要说明理由、迅速审判"等正当

① 《不列颠百科全书》（第五卷），中国大百科全书出版社1999年版，第430-431页。

② 28 Edw.Ⅲ ch.3(1354).

法律程序权利。[1]

现代意义上的正当法律程序的经典表述通常援引美国联邦宪法第五修正案的规定，后又在第十四修正案中被重申，即“未经正当法律程序，不得剥夺任何人的生命、自由或财产”。作为这一条款起源的《马萨诸塞自由宪章》，其中涉及刑事诉讼的规定参见本书第二章。

尽管英美等国关于正当法律程序的法律规定均出现在宪法性法律文件中，但其内容主要还是涉及刑事诉讼当中的问题，如逮捕、羁押、搜查、扣押、审判以及判处刑罚等。正如美国学者伯纳德·施瓦茨所认为的那样，在早年的美国宪法中，“‘正当法律程序’一词只适用于法官的诉讼过程和程序”。[2] 之所以把它当作宪法原则而规定在宪法性法律文件中，原因在于它的重要性，是其地位决定了它应当作为限制公共权力、保障公民权利的原则而被提升到宪法原则的高度。

其次，在实践中，正当法律程序的理念得以应用主要是发生在刑事诉讼中，历史上有关正当法律程序的著名案例绝大多数都是刑事诉讼方面的案例。例如，1688 年英国著名的“光荣革命”，在性质上虽然是一场典型的政治斗争，但直接导火索却是詹姆士二世对几个天主教徒的逮捕和审判，结果导致了 1689 年《权利法案》的诞生。在美国，正当法律程序的绝大多数也都是通过具体刑事案件的判决确立的。例如，获得律师有效辩护的权利，于 1932 年在“鲍威尔诉阿拉巴马州”（Powell V. Alabama）一案中得以确立。在该案中，联邦最高法院认可了当事人获得律师帮助权属于第十四修正案所规定的正当程序的必要内容，其依据在于其对公正审判所具有的基础性意义。又如，非法证据排除规则，是联邦最高法院于 1914 年在“威克斯诉合众国”（Weeks V. U. S.）一案中在联邦司法系统中确立的，即警察违反第四修正案“合理的搜查和扣押”之规定而收集的证据一律予以排除。再如，反对强迫自证其罪特权，在 1964 年的“马尔勒诉霍根”（Malloy V. Hogan）一案中，最高法院推翻了“特威宁诉新泽西州案”（Twining V. New Jersey）和“阿德姆逊诉加利福尼亚州案”（Admamson V. California）的裁决，将反对强迫自证其罪特权明确适用于各州。在“马尔勒案”中，最高法

---

① ［英］戴维·M. 沃克著：《牛津法律大辞典》，北京社会与科技发展研究所译，光明日报出版社 1988 年版，第 392 页。

② ［美］伯纳德·施瓦茨著：《美国宪法史》，王军等译，中国政法大学出版社 1990 年版，第 56 页。

院宣布第五修正案保护的公民权利属于第十四修正案的正当程序条款之列，联邦不能迫使一个公民自证有罪和作出有毁于自己声誉的证词，同样各州也不能这样做，因为这项权利是刑事司法中的一项基本权利。[①] 还如，禁止双重归罪原则，是 1969 年最高法院通过“本顿诉马里兰州”（Benton V. Maryland）一案强制适用于各州的。[②] 此外，诸如获得公正无偏私的陪审团审判、迅速及时审判、与控方证人对质权、以强制程序获得有利于己方的证人出庭作证权等，均是通过一些著名的刑事判例确立的。在所有的案例中，“米兰达案”恐怕是最为著名的。在该案中，联邦最高法院通过判决形成了美国司法史上著名的“米兰达规则”，被认为是正当法律程序革命时期乃至整个美国刑事司法史上最引人注目的一页。

（二）正当法律程序是刑事诉讼的灵魂

有的学者认为，正当法律程序是英美法律中有关程序的最高原则，甚至可以说是美国法的基本原则。[③] 这种说法并非言过其实，在“正义先于真实”（Justice before Truth）观念盛行的英美等国，学者们普遍认为，法院的审判只要依照公正的程序进行，就能够作出公正、合理的判决。[④] 如英国大法官基尔穆尔（Kilmuir）认为：“必须遵守关于审判活动的程序，即使——在一些例外的场合下——有损于事实真相，也在所不惜。”[⑤] 可以这样认为，在当代英美学者的观念中，诉讼程序不再仅具有获得公正结果的意义，而且更具有重要的道德伦理价值，这就是诉讼程序自身的公正。也就是说，人们不再仅看重诉讼程序的工具价值，而且更看重诉讼程序的自身价值，这就是所谓程序本位主义。

在过去相当长的一段时间内，正当法律程序在刑事诉讼领域一直占据着核心地位，甚至可以作为各国刑事诉讼发展进程和发展水平的一个主要标志。当前，无论是在英美等国，还是在其他国家，无论是在立法、司法实践中，还是在理论研究上，正当法律程序都是人们所关注的焦点。正当法律程序之所以能够受到如此的重视，并取得了超过它对实体结果的意义，与正当法律程序所蕴含的公正、

---

① MALLOY V.HOGAN,378 U.S.1(1964).

② BENTON V.MARYLAND,395 U.S.784(1969).

③ 张文显主编：《法理学》（第二版），高等教育出版社 2003 年版，第 158 页。

④ 陈瑞华著：《刑事审判原理论》（第二版），北京大学出版社 2003 年版，第 268 页。

⑤ ［法］勒内·达维德著：《当代主要法律体系》，漆竹生等译，上海译文出版社 1984 年版，第337 页。

理性、文明等诉讼价值是分不开的。我们把它看作刑事诉讼的灵魂，是因为它在实现刑事诉讼的价值方面是其他任何法学范畴乃至哲学范畴所无法替代的。

首先，正当法律程序体现了刑事诉讼的程序本质。有的学者认为，刑事诉讼的本质是刑事法律运行的特有形式，是法的实施和法的功能的体现。[①] 这种从程序功能的角度来揭示刑事诉讼本质的做法仍然没有摆脱程序工具主义理论的束缚，从而对刑事诉讼本质的认识未免有失偏颇。有的学者从文化进化论的视角认为，“诉讼本质上是在冲突的个体之间或个体与社会之间发生冲突时，通过社会权威主持的公开程序或文化仪式实现惩戒或妥协的规则与途径，是以大众通约的（法律）语言通过直观性对话进行沟通的方式”。[②] 这一观点注意到了刑事诉讼的程序属性具有正确性的一面，不过它最终将诉讼的本质与仪式的本质相混同，并将之落脚为：“通过裁判程序实现社会成员之间的沟通和妥协，确立正式权力组织的社会权威，维护社会秩序和国家政权。”[③] 这又回到了程序工具主义。亚里士多德曾言：“每个受过教育的人，只能在事物本性所允许的范围内，去寻求每一种类事物的确定性。”[④] 刑事诉讼是依照刑事诉讼规范实施的一系列的有序行为，程序正当性是它的本质属性。因而，对于刑事诉讼的本质，我们只能从程序的角度去探寻。而正当法律程序正是在立法和司法两个方面体现着刑事诉讼的程序本质。在立法方面，正当法律程序要求刑事诉讼的程序设计本身要符合正义的要求，立法者在制定刑事诉讼法、设置刑事诉讼规范时要符合程序正义的要求，其中最基本的要求是：与诉讼结果有利害关系或者可能因该结果而蒙受不利影响的人，都有机会参与到诉讼中，并得到提出有利于自己的主张和证据以及反驳对方提出的主张和证据的机会。[⑤] 为此，诸如获得公正审判的权利、获得有效辩护的权利、获得与指控自己的证人对质的机会等都要明确规定在刑事诉讼法中。在司法方面，正当法律程序要求刑事诉讼程序在运作过程中要符合正义的要求。由于“正义具有着一张普洛透斯似的脸，变幻无常，随时可呈不同形状，并具有极

---

① 陈光中主编：《外国刑事讼程序比较研究》，法律出版社 1988 年版，第 1 页。

② 樊崇义主编：《诉讼原理》，法律出版社 2003 年版，第 75 页。

③ 樊崇义主编：《诉讼原理》，法律出版社 2003 年版，第 75-76 页。

④ ［古希腊］亚里士多德著：《尼各马科伦理学》，苗力田译，中国社会科学出版社 1999 年版，第 4 页。

⑤ 宋英辉主编：《刑事诉讼原理》，法律出版社 2003 年版，第 41 页。

不相同的面貌”①，因此从正面给正义下一个被普遍接受的定义实在是一件很不容易的事情。不过，如果正当法律程序能够得到普遍遵守的话，刑事诉讼程序在运作过程中避免非正义是完全可能的，这对实现刑事诉讼的程序价值而言，就已经足够了。

其次，正当法律程序是衡量刑事诉讼程序是否公正的标准。根据西方学者传统的观点，判断法律程序公正与否有两项原则：一是“自然正义”原则，二是“正当法律程序”原则。有的学者认为，这两项原则同样也适用于对刑事审判程序的评价和构建。② 从这一意义上说，正当法律程序是衡量刑事诉讼程序是否符合正义的主要标准之一。如果考虑到“自然正义”原则是作为一项古老的（古罗马和中世纪）程序公正标准而存在的话，实际上它已被后来的“正当法律程序”原则所取代了，因此，现代意义上的程序公正标准只能用“正当法律程序”原则来衡量。我们从美国学者戈尔丁（Golding）对“自然正义”的分析来看，是能够得出这一结论的。戈尔丁将古老的“自然正义”原则的两项要求（即任何人不得做自己案件的法官和应当听取双方当事人的意见）分解为 9 项内容，并认为，它们构成了据以评价和判定刑事司法程序自身公正的标准。③ 如果考虑到法律正当程序本身也是一个不断发展的动态过程，以及不同的学者对法律正当程序所蕴含的价值和要求存在不同的认识，我们完全可以得出结论：在现代刑事司法视野下，正当法律程序是衡量刑事诉讼程序是否公正的唯一标准。

再次，正当法律程序是刑事诉讼程序公正的保障。在美国，正当程序是所有个人享有公平的最低限度标准，④ 而在全球化的今天，程序保障在全世界范围内已具有普遍的意义。尽管当前在对待程序公正的看法上还不可能形成统一的认

---

① ［美］E. 博登海默著：《法理学——法哲学及其方法》，邓正来、姬敬武译，华夏出版社 1987 年版，第 238 页。

② 陈瑞华著：《刑事审判原理论》（第二版），北京大学出版社 2003 年版，第 49 页。

③ 戈尔丁所说的作为程序公正的标准的 9 项内容是：（1）与自身有关的人不应该是法官；（2）结果中不应包含纠纷解决者个人的利益；（3）纠纷解决者不应有支持或反对某一方的偏见；（4）对各方当事人的意见均应给予公平的关注；（5）纠纷解决者应提取双方的论据和证据；（6）纠纷解决者应只在另一方在场的情况下听取另一方的意见；（7）各方当事人都应得到公平机会来对另一方提出的论据和证据作出反应；（8）解决的诸项条件应以理性推演为依据；（9）推理应论及所提出的所有论据和证据。参见［美］戈尔丁著：《法律哲学》，齐海滨译，生活·读书·新知三联书店 1987 年版，第 240-241 页。

④ ［美］爱伦·豪切斯泰勒·斯黛丽、南希·弗兰克著：《美国刑事法院诉讼程序》，陈卫东、徐美君译，中国人民大学出版社 2002 年版，第 70 页。

识，但在为被告人在刑事诉讼中提供最基本的程序保障方面还是能够达成某种共识的，《公民权利和政治权利国际公约》以及其他有关刑事司法准则的国际法律文件（如《关于司法独立的基本原则》、《联合国少年司法最低限度标准规则》、《关于律师作用的基本原则》等）的相继问世很好地证明了这一点。它们为各国的被刑事追诉者提供了基本的权利保障，尽管有的学者认为，联合国的刑事司法准则并非都是国际社会公认的“最低标准”，[①] 但在现代刑事司法领域，被告人应当享有这些权利保障则是被国际社会所公认的，其中《公民权利和政治权利国际公约》第 14 条的规定最具有代表性，而这一条的基本内容正是正当法律程序的基本要求，如所有的人在法庭和裁判面前一律平等，人人有资格由一个依法设立的合格的、独立的和无偏倚的法庭进行公正的和公开的审讯，任何人在被证明有罪之前推定为无罪，在刑事程序中不得强迫自证其罪，被告人享有律师帮助权，对被告人的同一罪行不得重复审判或惩罚，等等。

最后，正当法律程序是刑事诉讼发展水平的“测震仪”。刑事诉讼是不断发展变化的。从古代的弹劾式诉讼的神明裁判，到中世纪纠问式诉讼法官的机械裁判，再到近现代当事人主义和职权主义诉讼中法官的自由心证，刑事诉讼的方式、程序发生了“翻天覆地”的变化。在其发展过程中，一个基本的规律是，刑事诉讼程序逐渐从愚昧走向文明，从专断走向民主，从野蛮走向理性。在这一过程中，正当法律程序则被认为是一个不断演变发展的理想，[②] 从 1354 年正式出现时起它就一直处在动态变化之中，从英国的《权利请愿书》到《人身保护法》，从英国的《权利法案》到美国的宪法修正案，从宪法第五修正案到宪法第十四修正案，[③] 正当法律程序的内涵得到不断扩大和充实，并成为贯穿立法、司法过程中的一个重要的法律原则。尤其是 20 世纪以来，随着正当法律程序的国际化，正当法律程序成为测量各国刑事司法文明、进步的一个重要标尺。

---

① 陈光中、[加] 丹尼尔·普瑞方廷主编：《联合国刑事司法准则与中国刑事法制》，法律出版社 1998 年版，第 5 页。

② [美] 爱伦·豪切斯泰勒·斯黛丽、南希·弗兰克著：《美国刑事法院诉讼程序》，陈卫东、徐美君译，中国人民大学出版社 2002 年版，第 70 页。

③ 从 20 世纪 30 年代开始，美国开始有选择地把《权利法案》中的内容并入“正当法律程序条款”，到 60 年代沃伦法院时期，根据宪法第十四修正案的精神，几乎所有的权利法案保障的权利都被列入了正当法律程序条款。参见 [美] 伯纳德·施瓦茨著：《美国宪法史》，王军等译，中国政法大学出版社 1990 年版，第 97 页。

二、正当法律程序在刑事诉讼中的功能

（一）对恣意的限制

正当法律程序首先意味着国家在行使刑事追诉权和实现刑罚权时，不能恣意妄为。美国联邦法院大法官威廉·道格拉斯（William O. Douglas）曾言："正是程序决定了法治与恣意的人治之间的基本区别。"① 由于程序的存在，尤其是正当程序的存在，使得行使公共权力的职权主体在实施追诉行为时受到了规范的约束，如警察在实施拘留、逮捕等限制和剥夺犯罪嫌疑人的人身自由的强制措施时，要求必须有一定的证据证明其有重大犯罪嫌疑，同时还要符合实施这些强制措施的法定条件，履行相应的法律手续；在实施拘留、逮捕等具体措施时，要遵守有关法定程序。否则，如果没有程序的限制，就很可能陷入国家权力恐怖状态。如在纳粹德国时期，数以百万计的犹太人就是在没有经过审判的情况下被剥夺生命的；在我国国民党统治时期，许多革命志士也都是在未经审判的情况下而被"判处"死刑的。

有的学者指出："程序的要素无非是为法律行为提供了外在标准，因而这些行为不可能任意进行。"② 在刑事诉讼领域，正当法律程序对恣意的限制功能主要表现为对警察行为的外部控制和法官的内部自律。对警察行为的外部控制在西方国家通常是通过司法审查来完成的，在我国则主要由审查起诉和侦查监督予以落实；法官的内部自律主要是通过法律原则和法官的职业道德对法官行为予以指导和约束。

由于警察享有的权力具有无须外力就可以自行膨胀的属性，对警察的行为进行适当的外部控制成为世界各国的普遍做法，只不过控制的具体形式和控制的力度有所差别。如在对抗制诉讼的英美等国，主要采取司法控制方式，即通过法官对警察行为的司法审查和令状制度以实现司法权对侦查权的制约。在我国，警察活动的自由度比较大，对警察行为约束主要是通过事后审查机制实现的，如在案件侦查终结移送起诉后，检察官在审查起诉过程中如果发现侦查活动中有违反法

---

① Justice William O.Douglas's Comment in Joint Anti-Fascist Refugee Comm. V. Mcgrath, see United States Supreme Court Reports (95 Law.Ed.Oct.1950 Term), The Lawyers Cooperative Publishing Company, 1951, p.858. 转引自季卫东著：《法治秩序的建构》，中国政法大学出版社1999年版，第3页。

② 张文显主编：《法理学》（第二版），高等教育出版社2003年版，第158页。

律的行为，则向有关机关提出纠正意见。与英美各国的司法控制方式相比，我国对警察行为的约束机制存在两个明显的缺点：一是事后制约机制不利于解决警察滥用权力的问题。因为事后制约机制是建立在救济而非预防的思维方式上的。二是通过检察官对侦查行为的控制不利于纠正警察的错误行为。因为检察官与警察有着共同的诉讼任务，共同的利益决定了检察官会容忍甚至鼓励警察的非法取证行为。在我国，刑讯逼供现象仍然存在，但因刑讯逼供而受到刑事追究的警察却不多。在某种意义上，一个无效的制约机制与没有制约机制相比，其效果更加糟糕。因为它的存在有时会鼓励警察在制约机制的幌子下实施没有制约的行为，同时，它的存在还会妨碍人们去探索有效制约机制的途径。因此，笔者认为用法官对警察行为进行事前的司法控制比检察官的事后审查机制要好。

在西方国家，人们对法官还是比较信任的。自 1790 年法国学者杜波尔提出自由心证的观念后，法官身上的枷锁被打碎，这似乎给人一种法官不受约束的印象，但事实上，实行自由心证的西方各国的法官并不像有些人想象的那样自由。首先，有法律原则和制度的限制。如在大陆法系的法国，法官的自由心证至少有以下两条限制：一是法官必须对其决定作出解释；二是法官形成内心确信所依靠的证据必须是依法取得的，而且不侵犯辩方的权利。[①] 在英美等国，法官的权力和活动空间似乎更大，甚至经常出现所谓的“法官造法”问题，但这并不意味着法官的权力不受限制。对此，美国著名法官本杰明·卡多佐（Benjamin N. Cardozo）曾不无感叹地说：“当与束缚法官的规则的数量以及压力进行比较时，法官的创造力便微不足道了。”[②] 其次，法官的职业道德规范在一定程度上能够保证法官“依法办事”。一方面，通过法官“良心”的养成，加强法官的道德自律；另一方面，通过严格的法官资格制度，保证法官的“理性”。外加高薪、任职终身等诱惑，法官绝不会恣意妄为、任意行事。此外，对于法官行为的约束还可以通过“解释规则”、“法律教义学”以及“非形式的纲要”等途径实现。[③] 因此，在西方国家，尽管法官位高权重，在履行其司法职务时不受外来的任何干

① 汪建成、孙远：《自由心证新论——“自由心证”之自由与不自由》，载何家弘主编：《证据学论坛》（第一卷），中国检察出版社 2000 年版，第 349 页。

② ［美］E. 博登海博著：《法理学——法哲学及其方法》，邓正来、姬敬武译，华夏出版社 1987 年版，第 543 页。

③ ［德］温弗里德·哈斯默尔：《法律体系与法典：法律对法官的约束》，载［德］阿图尔·考夫曼、温弗里德·哈斯默尔主编：《当代法哲学和法律理论导论》，法律出版社 2002 年版，第 271-290 页。

涉，但其权力的行使仍受来自法律及其良知的约束。

（二）对人权的保障

在某种意义上，正当法律程序的发展史就是人权保障的发展史。如美国著名大法官菲利克斯·弗兰克福特（Felix Frankfurter）所言："自由的历史基本上是奉行程序保障的历史。"① 自从正当法律程序诞生的那一刻起，人权保障就成为正当法律程序视野下的永恒主题。

如果说"刑法规范，第一，是善良公民的大宪章；第二，是犯人的大宪章"②，那么，正当法律程序下的刑事诉讼规范就是犯罪嫌疑人、被告人的大宪章，同时也是所有公民的大宪章。早在美国殖民地时期，正当法律程序为刑事被告人所提供的权利保障清单就惊人得长。根据美国学者的统计，这些权利保障包括：禁止无令状的搜查和扣押、合理保释权利、法庭外的自白无效、以合理速度结束案件、死刑案件大陪审团起诉、知悉指控理由权利、禁止双重归罪权利、要求陪审员回避的权利、强制有利于被告人的证人出庭程序、对抗指控的权利、陪审团审判权；对被定罪者施以刑罚的限制，即不能滥施血腥或没收财产、禁止残忍的特别的刑罚；法律的平等保护，即妇女、儿童、奴隶有权出席法庭；法律平等执行，即禁止反复无常的缓刑或使用罚金作替代刑、有限上诉权，等等。③ 在现代法视野下，犯罪嫌疑人、被告人所享有的人身自由、财产和辩护等基本人权均享有最低限度的保障，正当法律程序使得他们的基本权利避免了被任意处置的命运，使真正有罪的人受到公正的审判和处罚。除此之外，被害人乃至所有善良公民的人权也能够得到正当法律程序的保障。当前各国的做法已将过去那种过于向被告人倾斜的天平基本上在被告人与被害人和社会公众之间恢复了平衡。

（三）对行为的导向

行为科学告诉我们，行为是人和环境相互作用的产物和表现，在不同的法律

① The opinion of the Court delivered by Justice Felix Frankfurter in LcNabb V. United States, see United States Supreme Court Reports (87 Law.Ed.Oct.1942 Term), The Lawyers Cooperative Publishing Company, 1943, pp.827-828. CF. Melvin I. Urofsky, A March of Liberty: A Constitutional History of the United States (Vcl.I, To 1877), Alfred A.Knopf, Inc., 1988, pp.94. 转引自季卫东著：《法治秩序的建构》，中国政法大学出版社 1999 年版，第 9 页。

② 马克昌著：《比较刑法原理——外国刑法学总论》，武汉大学出版社 2002 年版，第 14 页。

③ David J.Bodenhamer, Fair Trial: Rights of the Accused in American History, Oxford University Press 1992, p.19.

文化氛围中，人们的观念、行为都有所不同。因而，以历史的眼光来看，法律传统本身所独具的正义感、公平性等就足以激励人们正确行为，个体都依其所生活其中的法文化圈内占优势地位的法观念，指导自己从事日常法行为或对他人的行为作出评价。[①] 在正当法律程序占主导地位的法律文化氛围中，程序工具主义让位于程序本位主义，人们评价程序的好坏标准不再是它作为实现某种外在目的的手段的有用性，而是程序本身是否具备一些内在的品质。美国联邦最高法院大法官杰克逊曾不无夸张地认为："如果可能的话，人们宁愿选择通过公正的程序实施一项暴厉的实体法，也不愿选择通过不公正的程序实施一项较为宽容的实体法。"[②] 这一说法虽然有些言过其实，但却道出了正当法律程序的理性价值。

在刑事诉讼中，正当法律程序对行为的导向功能一般是通过刑事诉讼的原则、制度和程序来指引刑事诉讼参加者按照特定的标准实施诉讼行为。一方面，正当法律程序在理念层次上指导国家职权主体在法定程序的框架下实施职权行为，保证国家权力行为的合理性；同时，在观念上指导当事人和其他诉讼参加者进行理性的诉讼行为。另一方面，正当法律程序在立法层次上为所有的刑事诉讼参加者提供"正当的"行为标准，保证他们行为的合法性。

需要指出的是，正当法律程序对行为导向功能的实现不是靠强制而是靠激励实现的。有的学者认为："法律制度功能趋向把说服、教育、宣传放在优先地位，同完善和充分影响人们行为的方式、手段和方法联系在一起……不能同意对人行为的影响只是用允许、命令和禁止规范实现的传统看法。"[③] 对于正当法律程序对行为的导向功能来说，说服、教育、宣传等方式更应当被放在优先地位。按照著名的行为科学理论家道格拉斯·麦克雷戈（Douglas M. Mcgregor）的观点，行为的激励机制可分为外附激励和内滋激励，前者既包括赞许、奖赏等正激励，也包括压力、约束等负激励；后者属于主体自身产生的发自内心的自觉精神力量，如认同感和义务感。[④] 从实践效果来看，正当法律程序对行为导向功能的实现主要是靠外附激励实现的，而且是赞许、奖赏等正激励方式。如在美国，只要被指

① 赵震江主编：《法律社会学》，北京大学出版社 1998 年版，第 206 页。

② Christopher Osakwe, The Bill of Rights for the Criminal Defendant in American Law, in Human Rights in Criminal Procedure, Martinus Nijhoff Publishers 1982, p.260. 转引自陈瑞华著：《刑事审判原理论》（第二版），北京大学出版社 2003 年版，第 49 页。

③ 赵震江主编：《法律社会学》，北京大学出版社 1998 年版，第 238 页。

④ 唐子畏主编：《行为科学概论》，湖南大学出版社 1986 年版，第 64 页。

控犯罪者提出获得律师帮助的权利，就会得到允许。[①]

（四）对正义的宣扬

“正义不应当只是被实行的，也应当是被看见要实行的。”[②] 通过正当法律程序，利益争端和纠纷不仅能够得到解决，而且能够以公正的形式得以解决。这种解决利益争端和纠纷的方式与通过战争、械斗、决斗等方式解决利益争端和纠纷的最大不同之处就在于，它不仅文明，而且公正。当刑事诉讼实现控审分离以及法官中立以后，国家对犯罪人的追诉，不能再采取暴力强制或者武力威胁等非理性手段，而只能通过提出主张、证据并进行抗辩和论证等说服手段完成追究犯罪的任务，并且，这种理性的方式是有一整套被认为公正的原则和程序予以保障的。因此，正当法律程序本身的存在，就已经充分展现了它的正义“标榜”作用。如《世界人权宣言》就宣告：“凡受刑事控告者，在未经获得辩护上所需的一切保证的公开审判而依法证实有罪以前，有权被视为无罪。”也就是说，只要经过完整的刑事诉讼，给刑事控告者定罪，这种定罪就被认为是公正的，从而也是可接受的。正如日本学者谷口安平所言：“这种效果并不是来自判决内容的‘正确’或‘没有错误’等实体性的理由，而是从程序过程本身的公正性、合理性产生出来的。”[③] 也就是说，正当法律程序通过这种直观的公正使得诉讼的结果具有了妥当性。

三、正当法律程序对刑事诉讼的要求

由于正当法律程序被认为是一个不断演变发展的理想，美国联邦最高法院在1976年的“马修斯诉埃瑞吉”（Mathews V. Eldridge）一案中认为，法院在分析正当程序的要求时必须考虑和衡量以下因素：（1）将受政府诉讼影响的个人利

① 在“吉登诉温赖特”（Gideon V. Wainwright）一案中，最高法院认为，被指控的犯罪者享有律师的权利在一些国家可能不认为对公平的审判是基本的和必要的，但在我们国家确实基本的和必要的。从一开始，我们的州和联邦的宪法及法律对确保每个被告人在法律面前平等的公正的法庭前接受公平审判的程序和实体保护就很重视。如果一个因犯罪被指控的贫困者不得不面对控告者而没有律师的帮助，那么这个崇高的理想就不能实现。转引自［美］爱伦·豪切斯泰勒·斯黛丽、南希·弗兰克著：《美国刑事法院诉讼程序》，陈卫东、徐美君译，中国人民大学出版社2002年版，第67页。

② ［美］戈尔丁著：《法律哲学》，齐海滨译，生活·读书·新知三联书店1987年版，第232-233页。

③ ［日］谷口安平著：《程序的正义与诉讼》，王亚新、刘荣军译，中国政法大学出版社1996年版，第11页。

益的性质和重要性；(2) 运用现行的程序这些利益被错误剥夺的风险，以及补充或替代的程序保障可能产生的价值；(3) 补充或替代的程序要求将会产生的政府利益，包括涉及的职能，以及财政和行政负担。[①] 按照这一标准，美国学者们普遍认为正当法律程序包括以下基本内容：(1) 任何人在被证明有罪之前推定为无罪；(2) 任何人的身体、住所、财物不经法定程序不得被搜查、扣押或受侵犯；(3) 在刑事程序中不得强迫自证其罪；(4) 被告人享有律师帮助权，如果被告人无钱聘请律师，需为他指定一名律师；(5) 被告人有权知道被指控的性质、内容和理由，且享有公正的陪审团迅速、公开审判的权利；(6) 提起公诉时要求证明该案件的证据达到不容合理怀疑的程度，这一责任在起诉方；(7) 被告人的同一罪行只能审判一次。[②] 笔者认为，既然正当法律程序是一个不断演变发展的理想，今天的正当法律程序的内容和要求应当比昨日更广、更高。因此，当前的正当法律程序不仅是一项重要的司法原则，也是一项重要的立法原则；不仅是一项重要的程序性原则，也是一项重要的实体性原则。

（一）程序法定

在我国，有的学者将正当法律程序与程序法定原则放在同一意义上理解，认为“刑事程序法定原则在英美法系国家，则表现为‘法的正当程序’原则”,[③] 或者“在英美法系国家，刑事程序法定原则具体表现为‘正当程序’原则”。[④] 事实上，正当法律程序是比程序法定原则更上位的概念。按照美国联邦最高法院的解释：正当法律程序“在美国人民的传统和良心中被认为是基本的权利”。[⑤] 作为刑事诉讼的核心原则，它首先要求“程序法定”。根据现代诉讼理念，程序法定原则包括两个方面的内容：一是立法方面的要求，即刑事诉讼程序应当由法律事先明确规定；二是司法方面的要求，即刑事诉讼活动应当依据国家法律规定

① ［美］爱伦·豪切斯泰勒·斯黛丽、南希·弗兰克著：《美国刑事法院诉讼程序》，陈卫东、徐美君译，中国人民大学出版社 2002 年版，第 70-71 页。

② 宋英辉主编：《刑事诉讼原理》，法律出版社 2003 年版，第 74 页。

③ 徐静村主编：《刑事诉讼法学（上）》（修订本），法律出版社 1999 年版，第 122 页。

④ 宋英辉主编：《刑事诉讼原理》，法律出版社 2003 年版，第 73 页。

⑤ 参见“帕尔科诉康涅狄格州案”（Palko V. Connecticut），载美国联邦判例汇编第 302 卷，第 319 页。转引自程味秋主编：《外国刑事诉讼法概论》，中国政法大学出版社 1994 年版，第 57 页。

的刑事程序来进行。[①] 而在这两个方面，正当法律程序均有相应的要求，这也是有些学者容易将二者混淆的原因。

在立法方面，正当法律程序有两项要求：一是刑事诉讼程序应当由法律事先明确规定，这一点与上述有些学者关于程序法定原则在立法方面的要求的理解相同，即凡涉及公民基本权利的刑事程序，只能由立法机关制定的法律预先规定，而不得针对特定的案件或者特定的人事后设立刑事程序，也不得在实施刑事诉讼程序法中任意创制刑事程序。这一要求一方面是为了防止司法权的恣意和专断，同时也是立法权与司法权相分离的当然要求；另一方面是为了保证刑事程序能够得到平等的适用，保证所有的案件和所有的当事人在刑事诉讼中能够受到公平的对待。二是刑事诉讼程序立法过程本身要“正当”，这一点往往为学者们所忽视。由于正当法律程序和司法有着密切联系，人们往往自然而然地想到司法活动，似乎正当程序只与司法有关，实际上这是一个误解。[②] 严格的正当法律程序对于司法以及一切权力控制都具有无可取代的作用。刑事立法的正当程序是立法公正目标得以实现的保障，并且对于实现司法公正乃至社会公正也具有特别重要的意义。正当法律程序对刑事立法的要求主要有：首先，刑事程序立法要遵循法治的原则，即刑事程序立法本身要于法有据，要按照立法程序要求的方式、方法进行。其次，刑事程序立法过程要符合民主性的要求，即刑事程序立法要充分发扬民主参与的原则，实行立法主体的多元化，贯彻群众路线，集思广益，保证刑事程序立法能够体现人民的利益，反映人民的意见和要求。最后，刑事程序立法要注意科学性。现代立法应当是一项科学活动，从而坚持科学的原则是正当程序对刑事程序立法的一项基本要求。为此，在刑事程序立法过程中，要尊重刑事程序法的客观规律，坚持科学立法的观念，从科学的角度审视和解决刑事程序立法中存在的问题。

在司法方面，程序法定意义上的正当法律程序对刑事诉讼的要求就是“依法

① 宋英辉主编：《刑事诉讼原理》，法律出版社 2003 年版，第 71 页。关于程序法定原则内容的另一概括：一是立法方面，即为了追究犯罪和保障人权，国家应当通过立法明确规定刑事程序；二是执法和司法方面，即要求侦查、起诉和审判机关必须遵守法定的程序，才能采取限制人身自由、损害财产权益等诉讼中的强制措施以及给个人定罪判刑。参见徐静村主编：《刑事诉讼法学（上）》（修订本），法律出版社 1999 年版，第 121 页。

② 田宏杰：《刑事立法正当程序的构成要素》，载《检察日报》2000 年 7 月 27 日，第 3 版。

办事”，即刑事诉讼活动应当依据刑事诉讼法和有关的法律、法规及司法解释所确定的程序来进行。

（二）程序公正

关于程序公正的标准，按照陈瑞华教授的归纳，主要有“程序参与原则”、“中立性原则”、“程序对等原则”、“程序理性原则”、“程序自治原则”、“程序及时和终结原则”等。[①] 这一概括是比较全面且公允的，以下仅就前三项标准谈一些看法。

1. 程序参与

按照陈瑞华教授的说法，这一程序公正标准又可称为“获得法庭审判机会”的原则。其核心思想是：那些权益可能受到刑事裁判或诉讼结局直接影响的主体，应当有充分的机会富有意义地参与刑事裁判的制作过程，并对裁判结果的形成发挥其有效的影响和作用。[②] 这一原则之所以被视为程序公正的一个标准，是因为它的内容与美国人所公认的程序性正当程序的要求基本是一致的。美国权威的《布莱克法律大辞典》对此解释说：“程序性正当程序的中心含义是指：任何权益受到判决结果影响的当事人都享有被告知和陈述自己意见并获得听审的权利……合理的告知、获得听审的机会以及提出主张和抗辩等都包含在程序性正当程序之中。”[③]

需要指出的是，如果把程序参与看作“获得法庭审判机会”原则的话，它主要指的还是被刑事指控者享有的获得审判的权利。如在美国，获得审判的权利是宪法第六修正案赋予被刑事指控者的一项基本权利。该修正案规定：所有的刑事诉讼，被指控者享有由发生罪行的州和地区内的公正的陪审团迅速和公开的审判；地区由法律事前确定，并被告知指控的性质和原因；对质反对他的证人；获得支持他的证人的强制程序和辩护律师帮助的权利。对于以上各项权利以及它们与正当法律程序的关系，美国联邦最高法院进行了详细的解释。例如，享有迅速和公开的审判权利，美国联邦最高法院指出，迅速审判是公众的一项权利，触犯这项权利的延误程度随着指控类型和案件具体情况的不同而有所区别，在一些情况下，迅速审判的公共利益的重要性超过被告人延误审判的愿望。[④] 对于公开审

---

① 陈瑞华著：《刑事审判原理论》（第二版），北京大学出版社 2003 年版，第 54 页。

② 陈瑞华著：《刑事审判原理论》（第二版），北京大学出版社 2003 年版，第 54 页。

③ Herry Campbell, Black's Law Dictionary, 5th ed.st.Paul Minn.West Publishing Co.1979, p.1083.

④ BARKER V.WINGO, 407 U.S.514, 92S.Ct.2182 (1972).

判的权利，公众和被告人都享有，尽管有时被告人希望非公开审判，但公众享有参加审判和查看出示证据的权利，目的是为了防止秘密诉讼程序所产生的对法院制度是否公平的怀疑。[①] 又如，享有陪审团审判的权利，这是一项被告人享有的由人民而不是由政府代表决定他们有罪或无罪的权利，被认为是英美司法制度的奠基石。美国联邦最高法院已规定，这项权利是被告人的基本权利，必须在联邦和州审判中得到承认。[②] 但最高法院允许各州在决定正当法律程序是否要求所有的刑事案件享有陪审团审判的权利过程中享有更大的自由。因为在最高法院看来，正当法律程序条款没有规定州案件享有陪审团审判轻微罪行的权利。[③]

不过，被害人作为犯罪行为的受害者，与刑事诉讼的进行以及案件结果的处理有着直接的利害关系，从而程序参与原则除了要求应当给予被刑事控告者充分参与的机会外，还应当赋予被害人“富有意义地”参与裁判制作过程的机会，包括聘请律师代为诉讼在内，并且还应当在整个刑事诉讼过程中受到人道的、有尊严的对待。

2. 法官中立

法官中立是程序公正乃至诉讼公正实现过程中最基本也是最重要的因素。[④] 作为程序公正的一个标准，法官中立要求裁判者应在发生争端的各方参与者之间保持一种超然和无偏袒的态度和地位，而不得对任何一方有偏见和歧视。[⑤] “任何人不能充当自己案件的法官”这一古老的自然正义原则要求，作为裁判者，法官不能对案件标的有直接的利害关系，这样才能够使其保持一种相对“超然”的诉讼角色。美国学者罗伯特·达尔曾指出：“如果你能肯定你或你的团体时时占据上风，那么，一套明确而持久的优先照顾你的幸福和利益的程序可能确实会让人心动。不过，多数人都知道，这样的结果不太可能发生，至少不能肯定会发生。因此，坚持自己的利益应当和别人的利益受到同等的考虑，是一种更保险的做法。”[⑥] 这一经典性论述表明，处于利益冲突的双方认识到纠纷处理者的中立立场对双方的利益争端的公正解决具有重要作用。也就是说，基于人类的利己本

① RICHMOND NEWSPAPERS, INC. V. VIRGINIA, 448 U.S.555, 100S.Ct.2114 (1980).
② DUNCAN V.LOUISIANA, 391 U.S.555, 88S.Ct.1444(1968).
③ BLANTON V.CITY of LAS VEGAS, 489 U.S.538, 109S.Ct.1289(1989).
④ 陈桂明著：《诉讼公正与程序保障》，中国法制出版社 1996 年版，第 13 页。
⑤ 陈瑞华著：《刑事审判原理论》（第二版），北京大学出版社 2003 年版，第 54 页。
⑥ ［美］罗伯特·达尔著：《论民主》，李柏光、林猛译，商务印书馆 1999 年版，第 75 页。

能，控辩双方都希望法官能够偏向自己，但事实上由于利益的直接对立，双方也都清楚法官是不可能同时做到偏向双方的，从而认为只要法官不偏向对方就已经不错了。这样一来，站在控辩双方的角度，法官的中立不敢说能给他们带来什么直接的好处，但至少不会有什么坏处。

3. 控辩平等

刑事诉讼中的控辩平等主要指的是控辩双方在诉讼地位上平等，在诉讼手段上对等。诉讼地位平等要求控辩双方在诉讼中的法律地位平等，在法官面前得到同等的对待；而诉讼手段对等又称“平等武装”,[①] 它要求赋予控辩双方平等的诉讼权利和攻防手段。

从理论的角度来说，没有哪一个理论研究者不主张在控辩双方之间建立一种平等的诉讼关系，因为这有利于在控辩攻防过程中体现司法的正义。但事实上，几乎所有国家的刑事诉讼都存在严重的不平等的现象。首先，侦控机关作为国家利益的代表，以国家的名义行使刑事追诉权，有强大的国家权力和暴力做后盾；而犯罪嫌疑人、被告人在这方面则只能依靠自己的个人力量对侦控机关的追诉进行被动防御。其次，侦控机关掌握着数量可观的国家司法资源，就某个案件来讲，他们可以“挪用”本应该用于其他案件的办案经费，有时为了侦破一个案件，可以调动其他地区甚至其他部门的人力、物力和技术力量；而犯罪嫌疑人、被告人在经济实力上与控方相比微不足道，法律知识和诉讼经验也远不如控方娴熟，即使有律师的帮助，也明显势单力薄。再次，侦控机关掌握着直接控制对手人身自由的权力。在我国，除逮捕犯罪嫌疑人需要检察机关和人民法院的批准或者决定以外，其他任何强制措施和强制性措施公安机关均可自行决定适用。在审前程序中，侦控机关拥有对犯罪嫌疑人绝对的权力，他们可以处分犯罪嫌疑人的财产权利（查封、扣押、查询、冻结等）和人身自由（拘留、逮捕等）。在西方国家，侦控机关的行为虽然受司法审查的限制，但也承认侦控机关对犯罪嫌疑人无证逮捕的合法性和合理性。反过来，犯罪嫌疑人能对警察、检察官的人身和行动进行限制吗？最后，侦控机关可以通过各种手段（包括压力手段）获取犯罪

---

① “平等武装”这一表述最早被欧洲人权委员会所用。该委员会在对 Ofner and Hopfinger V. Austria 一案的裁决中认为：“委员会认为，检察官与被告人（在刑事诉讼中）的程序平等（Procedural Equality）一般可称为平等武装，这是公正审判的一项内在要素。”转引自陈瑞华著：《刑事审判原理论》（第二版），中国人民大学出版社 2003 年版，第 230 页。

嫌疑人、被告人的供述，并将之作为指控他们的证据。对于犯罪嫌疑人、被告人来说，不仅取证存在重重障碍，证明侦控机关取证程序或者手段违法也相当困难。

当然，在司法实践中，也存在控辩不平等的另一种相反的情况，即“控弱辩强”。这主要发生在一些国家党政官员犯罪的案件中。在官场上，存在权力与权力的较量；在刑事诉讼中，也无时不发生权力与权力的斗争，并且诉讼外的权力较量严重影响着诉讼内的斗争。一个普遍的现象是，政府官员的权力高于司法官员的权力；在有些国家，党权高于政权。并且，政府高级官员或者执政党高层领导的犯罪有时不仅仅是个人的犯罪，而可能是一个庞大的“犯罪集团”，其权力和能力远远超于一般的侦查和控诉力量。即使这些官员被撤职查办，他们与各级官员之间的盘根错节的关系也足以轻而易举地让警察、检察官们望而却步。对于有些贪污贿赂等腐败案件，检察机关之所以半途而废，不了了之，其原因主要是各种诉讼外势力的干涉、阻挠，使案件无法再查下去。

例外总归是例外，“控强辩弱”毕竟是普遍的现象。为了维护基本的诉讼公正，多数国家通过立法确立并实行了控辩平等原则，一方面规定了侦控机关的客观义务，另一方面加强了犯罪嫌疑人、被告人的权利保护，赋予犯罪嫌疑人、被告人一系列的特殊程序或者诉讼特权，如赋予犯罪嫌疑人、被告人沉默权，获得律师帮助的权利，庭前获悉指控罪名和控方证据，禁止双重危险等，以使他们在参与能力和诉讼地位方面逐步接近或赶上他们的诉讼对手，使控辩双方本不平等的诉讼地位得到适当平衡。此外，还要充分发挥法官在控辩之间“调节器”的功能，正如美国联邦最高法院法官威利斯·V. 德万特所言：“……审判人员……是整个审判体系的平衡轮，起着维护个人权利与政府权力之间的调节作用。”①在控、辩、审三方组合的“三角结构”中，法官“居于其间、踞于其上”的中立角色，有利于维护控辩之间的平衡。

(三) 程序有效

1. 效率

“迟到的正义为非正义。”程序有效首先要求刑事诉讼活动要快速有效地进

① 1920年，美国联邦最高法院法官威利斯·V. 德万特就“埃文斯诉戈尔”一案的判词，载《联邦报告》第243卷，第245页。转引自张建伟：《侦查活动的司法控制》，载2004年刑事审前程序改革国际研讨会论文。

行，因为诉讼的拖延不仅会浪费大量的司法资源，对社会公共福利造成损害，使被告人等程序参与者遭受不必要的诉累，而且还可能导致不公正的诉讼结果，或者使得“公正”的诉讼结果对当事人无意义。因此，快速有效成为当今世界各国刑事诉讼的一项基本原则。正如匈牙利学者阿尔培德·欧德（Arpad Erdei）所言：“在我们当今的时代里，几乎所有刑事司法程序改革都有两个基本目标：一是发现实施一种迅速、简便和成功程序的新方式和新途径，换言之，使刑事诉讼活动的进行更有效率；二是确保诉讼参与人的权利，这与公正的要求密切相连。”① 我国台湾地区学者陈朴生也曾指出：“刑事诉讼法之机能，在维持公共福祉、保障基本人权……唯为寻求事实真相，维持公共福祉，或为保全程序的公正，保障基本人权不计程序之烦琐，进行之迟缓，亦属于个人无益，于国家社会有损。故诉讼经济于诉讼制度之建立实不可忽视。”②

不过，需要指出的是，要求刑事诉讼提高效率并不是越快越好，更不是盲目求快。刑事诉讼是一项认识活动，也是一项证明活动，警察需要一定的时间收集证据，查明案件事实，法官也需要一定的时间为庭审做准备，法庭审判也需要一定的时间让控辩双方证明其诉讼主张，这些都需要在一种冷静、沉着的状态下完成。如果刑事诉讼过快地进行，势必影响法官对案件事实的认识和判断，也不利于当事人向法官证明案件事实，这样既容易导致法官作出错误的裁判，实际上也等于剥夺了当事人“富有意义地”参与刑事诉讼的机会。

2. 效益

美国著名经济分析法学家波斯纳（Richard A. Posner）认为：“正义的第二种意义，简单地说来就是效益。”③ 现代法学理论，不仅关注法律程序的公正，而且强调法律程序的效益，随着西方经济分析法学的兴起，法律程序的效益因素日益引起重视，甚至作为一个独立的价值标准来评判法律程序的正当与否。经济分析法学的核心思想是，所有法律活动（包括立法、执法和诉讼等）和全部法律制度都以有效利用自然资源、最大限度地增加社会财富为目的，换言之，“效益”是法律活动的唯一宗旨。经济分析法学家们主张运用经济学特别是微观经济学的观点和方法分析、评论法律制度及其功能，朝着实现经济效益的目标改革法

① Comparative Law Yearbook, vol.9, 1985 by Martinas Nijhoff Publishers, Dordrecht, pp.4-5.

② 陈朴生著：《刑事经济学》，台湾正中书局 1975 年版，第 327 页。

③ 转引自陈瑞华著：《刑事审判原理论》（第二版），北京大学出版社 2003 年版，第 54 页。

律制度。① 刑事诉讼的运作要耗费大量的资源，而资源的稀缺性决定了刑事诉讼不能无视诉讼效益。为此，正当法律程序下的刑事诉讼必须做到以下三个方面：

一是刑事诉讼程序的设计应当符合经济效益的要求。为确保司法资源的耗费降低到最小限度，同时使最大量的刑事案件尽快得以处理，并且使司法资源在投入过程中得到合理分配，刑事诉讼的程序设计要繁简适宜。能够实现减少诉讼耗费的最有效的方法就是在设计法律程序时应当使之尽量简化，少用甚至不用烦琐、复杂的法律程序，避免在某些诉讼环节上的资源浪费。但是，刑事案件复杂多样，对于那些性质比较严重、情节比较复杂的案件，若用简单的程序处理未免过于草率，也难以保证其基本的公正性。事实上，越是严重的、复杂的案件，其处理过程和处理结果公正与否越能反映刑事诉讼的公正价值。人们之所以关注所谓的大案、要案，法院之所以选择那些具有较大社会影响的案件进行电视直播，就是因为在这类案件中，案件的处理过程和处理结果更能够体现司法的正义。

二是刑事诉讼程序的运作应当使诉讼资源得到最大限度的节约，同时实现诉讼结果产出的最大化。在某一特定财政年度内，国家可能用于司法上的资源是有限的，在不可能无限扩大司法资源投入的情况下，减少诉讼成本是提高诉讼效益的一个有效的方法。为此，一方面要尽量避免诉讼资源的浪费，另一方面要尽量防止诉讼拖延。

三是刑事诉讼程序的运作应保证诉讼资源的合理配置。司法资源的有限性决定了国家在进行刑事诉讼时会尽可能地合理配置这些资源，避免对所有的刑事案件平均分配使用司法资源。对于某些案件性质较为严重、社会影响较大的案件，一般采用较为正式的程序处理，不惜以烦琐的程序来保证案件处理的正确性；而对于某些罪行轻微的案件，只要控诉方已掌握相当充分的有罪证据而被告方又认可的，就没有必要浪费司法资源而适用普通程序。

3. 效果

尽管正当法律程序关注的主要是程序问题，但也没有忽略实体问题。早在20世纪中期，美国便提出了实质性正当法律程序的问题。在1856年著名的“怀

① Richard A.Posner, An Economist Approach to Loyal Procedure and Judicial Administration, in the Journal of Legal studies 2(1973), pp.399-400.转引自陈瑞华著：《刑事审判原理论》（第二版），北京大学出版社2003年版，第32页。

尼哈默诉人民”案件中，法院判决纽约州的禁酒法案为“不依正当法律程序而剥夺公民财产”。这样一来，正当法律程序在历史上首次被用作实体法条款，而且是在保护财产的民事诉讼案件中加以运用。纽约州法院认为：“该法的实施，消灭和破坏了这个州的公民拥有烈性酒的财产权，即使在形式上符合法律的正当程序，也超出了政府权限的范围，这种以实质性正当程序代替以前诉诸自然法的方法，成为美国式宪法国家最高法院的普遍推理。”① 8 年后，联邦最高法院在“威尼诉哈默”案件中首次将正当法律程序条款作为实体法条款使用，从此正当法律程序不再仅仅是程序意义上的，而且具有了规范立法行为功能，即对公民生命、自由、财产的剥夺或限制必须通过一定的程序才能决定。

正当法律程序除了要求实体处理要公正以外，还要求通过刑事诉讼对案件的处理要有效果，即刑事诉讼的进行要有定分止争的功能。刑事诉讼是以解决利益争端和纠纷为目的的活动。② 刑事诉讼的前提是客观上存在一个利益争端和纠纷：国家刑事追诉机关经过侦查，认为某犯罪嫌疑人实施了危害国家和社会利益的犯罪行为，或者被害人认为某人侵犯了他的合法权益，这样，就在国家（或者被害人）和犯罪嫌疑人、被告人之间产生了利益争端和纠纷。尽管并不是所有的利益争端和纠纷都需通过刑事诉讼解决，但是一旦进入刑事诉讼领域，通常都会由作为裁判者的第三方即法院给予权威的结论，从而使他们之间的利益争端和纠纷得以“最终”解决。当然，刑事诉讼结束以后，若利益争端双方对法院的裁判结论不满意，矛盾还可能继续存在，但司法的终局性决定了法院一旦作出生效判决，就产生既判力，对于同一利益争端和纠纷，不得再要求重新处理，此所谓“生效的判决即真理”。

四、正当法律程序观念下的中国刑事诉讼

（一）正当法律程序在当代中国的命运

在具有“重实体、轻程序”传统的中国，许多人认为，程序法只是“助法”，是实现实体法的工具，即便不是可有可无，也是无足轻重和不受重视的，

---

① ［美］伯纳德·施瓦茨著：《美国宪法史》，王军等译，中国政法大学出版社 1990 年版，第 56 页。
② 何家弘主编：《新编证据法学》，法律出版社 2000 年版，第 26 页。

从而刑事诉讼的运作表现出明显的非程序化。① 直至20世纪90年代以后，正当法律程序的概念才被引入我国。由于其理念与我国正在进行的法治化道路相暗合，很快在理论界掀起了研究和宣传正当法律程序的热潮。

1996年刑事诉讼法的修改对正当法律程序在我国的发展具有重大意义。首先，在刑事诉讼的目标定位上，转变了单一的惩罚犯罪的目的观，要求人权保障与惩罚犯罪并重，在理念上向正当法律程序靠拢。其次，重新认识程序法的价值，学者们系统阐释了程序正义的独立价值，进而影响了司法实践和社会公众的程序意识，程序观念在我国社会中逐步树立起来。最后，建立和改造了一系列刑事诉讼制度，向正当法律程序的最低限度国际标准靠近。主要有以下几个方面：吸收无罪推定的合理内核，规定了法院统一定罪原则；加强了司法的独立性，突出法官的中立地位；在法庭审判中吸收了抗辩式诉讼的因素，扩大了控辩双方的活动空间；增加审前阶段犯罪嫌疑人及其律师的权利，律师介入诉讼的时间提前；废除收容审查，改革强制措施制度等。为犯罪嫌疑人、被告人规定了由防御性、救济性和推定性诉讼权利组成的以辩护权为核心的保障体系。②

当前，正当法律程序在我国的推广和应用仍然存在许多问题。

首先，正当法律程序理念的缺失。尽管正当法律程序是一个具有可操作性的程序性法律适用原则，但它更重要的是一种理念，是一种“程序本位”、“程序至上”的理念。在我国司法实践中，把正当法律程序作为一种法律适用原则也许不是一件很难的事情，但把它养成一种司法理念绝非一件容易的事情。人们往往忽略了它在法律价值取向和衡量标准上的指向性作用，不能将其作为统构社会主义法治的一个基本的出发点和支撑点，运用到社会生活的各个方面，这就表现出对正当法律程序本身认识的片面性。这种正当法律程序理念的缺失，给其在实践中的运用带来了困难。

其次，有关正当法律程序的制度性缺失。近年来，以体现正当法律程序为目标的刑事司法改革取得了一些成果，但多停留在具体的措施层面，且显现出零散性、个别性的特征。如在证人出庭作证问题上，尽管刑事诉讼法规定了证人出庭作证的义务，但全国三大诉讼中90%的案件证人是不出庭的，在上海市，刑事案

① 樊崇义主编：《诉讼原理》，法律出版社2003年版，第75页。
② 樊崇义等著：《刑事诉讼法修改专题研究报告》，中国人民公安大学出版社2004年版，第24页。

件证人出庭率只有5%左右。[①] 究其原因，主要是相关配套制度严重缺失。具体如下：（1）对证人拒不履行作证义务以及证人不出庭作证缺乏强制性的规定，也没有相应的法律后果或制裁措施。尽管1997年《刑法》第311条规定了间谍案件不作证罪，但该罪的范围仅限于间谍案件的证人，适用面太窄，不能代替证人不作证以及不出庭作证的义务性后果。（2）立法没有将直接言词原则作为一项基本的诉讼原则规定下来，致使法官对证人是否必须出庭作证没有给予足够重视。（3）没有确立传闻证据排除规则，致使书面证言与口头证言在法庭上具有同等的证据价值，使得证人不愿意出庭作证。（4）立法没有详尽规定保护证人的具体措施和经费来源，可操作性差，如对侦查、起诉、审判各阶段保护证人的义务交接，保护证人可供选择适用的措施，国家可供保护证人的物质来源未作规定。（5）证人补偿制度缺失，致使部分证人因担心出庭会造成误工和遭受经济损失而不愿出庭作证。

最后，正当法律程序在实践中并没有得到认真对待，突出表现为“有法不依”，尤其是国家机关的“有法不依”问题。如刑讯逼供问题，《刑事诉讼法》明确规定“严禁刑讯逼供”，但刑讯逼供仍是当前我国刑事诉讼中的一个突出问题。又如，超期羁押问题，《刑事诉讼法》要求“人民法院、人民检察院和公安机关对于被采取强制措施超过法定期限的犯罪嫌疑人、被告人应当予以释放、解除取保候审、监视居住或者依法变更强制措施”，但实践中超期羁押现象却十分严重，有的犯罪嫌疑人被羁押在看守所长达几年，甚至十几年。[②] 再如，非法证据排除问题，1996年《刑事诉讼法》第43条明确规定：“审判人员、检察人员、侦查人员必须依照法定程序，收集能够证实犯罪嫌疑人、被告人有罪或者无罪、犯罪情节轻重的各种证据。严禁刑讯逼供和以威胁、引诱、欺骗以及其他非法方法收集证据。”最高人民法院对此作了限制性解释：“凡经查证确实属于采用刑讯逼供或者威胁、引诱、欺骗等方法取得的证人证言、被害人陈述、被告人供

① 陈光中：《关于刑事证据立法的若干问题》，载《南京大学法学评论》2000年春季号。

② 据最高人民检察院提供的数据表明，1993年至1999年全国政法机关每年度超期羁押的人数一直维持在5万–8万人，1999年达到84135人，2000年为73340人，2001年为55761人。其中影响较大的有福建省泉州市刘来金、徐端明、王辉忠因涉嫌强奸杀人被羁押12年；云南省沾益县杜建国因涉嫌故意杀人被羁押10年；河南省洛阳市伊川县吴留锁因涉嫌故意杀人被羁押14年；河北省曲阳县杨志杰因涉嫌爆炸案被羁押12年。参见《吴留锁案结论难产，超期羁押达十四年》，载《法律与生活》1999年1月；《超期羁押：有罪无罪关十年》，载《法律与生活》2003年7月（上）。

述，不能作为定案的根据。”由于对非法收集的实物证据以及非法证据的衍生证据的采证问题没有涉及，这在实践中产生诸多问题，主要表现在以下几个方面：第一，相对的排除规则一方面强调正当程序的价值，另一方面又赞扬非法证据的真实性价值；第二，所谓“引诱、欺骗”等非法取证行为与侦查机关所采取的侦查谋略界限不清，必然导致将引诱、欺骗等非法行为认为是侦查谋略的合法行为；第三，对某些非法证据是否应当排除把握不准。例如，对于视听资料是实物证据还是言词证据，诉讼法学界存有争议，一般认为是实物证据，但有的学者认为应作具体分析，多数视听资料属于实物，但是在讯问犯罪嫌疑人、被告人，询问证人、被害人时的录音资料近似于笔录，是对讯问或询问过程和陈述内容的录制，应划为言词证据。① 正如有的学者所说，其虚假危险程度应当认为与言词证据相同，甚至超过它。人们注重对视听资料制作上的技术性手段进行审查，以排除其虚假，却无视利用技术手段造成视听资料的虚假大都是由于威胁、引诱、欺骗等非法行为所导致的这一因果关系。只注意“果”是否有瑕疵，而不问“因”是否违法。②

（二）正当法律程序中国化的根本出路

孟德斯鸠曾言：“为某一国人民而制定的法律，应该非常适合于该国人民的；所以如果一个国家的法律竟能适合于另一个国家的话，那只是非常凑巧的事。”③对作为具体规范的法律的移植和接受尚且如此不容易，对根植于英美等国并作为一种法律观念而存在的正当法律程序的移植和接受，其难度是可以想象的。不过，笔者坚信，以中国人的智慧以及汉文化对外来文化的融合力，正当法律程序在中国大地上生根、发芽并长成参天大树是完全可能的，只不过在这一过程中的阵痛可能是剧烈的。为早日完成这一过程，当前我们要重点做的工作主要有以下两项：

一是实现正当法律程序的理念化。正当法律程序是以个人主义、理性主义、法治主义、民主主义为理论支点建立和发展起来的。我国的法律传统在这些方面都不是很发达，但是在培育社会主义市场经济的过程中，相关的意识已经开始走入中国人的头脑中，并影响着人们的行为。非经法律的正当程序不得剥夺人的生

① 陈光中主编：《刑事诉讼法学（新编）》，中国政法大学出版社 1996 年版，第 185-186 页。
② 马越常：《法理与实践：论我国刑诉中非法证据排除规则》，载《辽宁大学学报》1999 年第 1 期。
③ ［法］孟德斯鸠著：《论法的精神》（上），张雁深译，商务印书馆 1993 年版，第 6-7 页。

命、自由和人身安全，这已经成为当今世界的共识。① 正当法律程序的理念化也是正当法律程序道德化的过程，是外在的法律规范和形式内化为诉讼文化，进而转换成法律文化的演进，虽然我们知道这样的循序渐进会有诸多的波折和反复，正如贝卡里亚在《论犯罪与刑罚》的卷首引用的培根的名言："对于一切事物，尤其是最艰难的事物，人们不应期待播种与收获同时进行，为了使它们逐渐成熟，必须有一个培育的过程。"② 正当法律程序的意识在中国人的头脑中虽然还不是很清晰，但也绝非空白，所以我们有理由相信正当法律程序的理念化是中国法治化的一个必然。

正当法律程序既是个人的一种权利，也是践行权利的介质，所以提倡正当法律程序的理念就是在培育人权观，是尊重人的主体性的客观表现。正当法律程序含义的发展和演变使正当法律程序兼具实体权利、程序权利的双重属性，观念形态和具体形态的多种表现形式，适用空间极为宽阔。也正是基于这样的原因，正当法律程序的理念化就更是不可或缺，正当法律程序观念只有深入人心，正当法律程序权利的享有才会由无意识转变为自觉的行动，与之相关联的理论和实践才会更加迅速地发展。而且在中国培养正当法律程序观念，实现个体在其与国家关系中的先源性、本位性，还有助于纠正长期以来形成的国家本位的一元化法律观，促进国家本位、社会本位和个人本位并重的多元化法律观的发育和成熟③，用这样的理念指引立法、司法、执法和守法的全过程，对加快中国法治现代化的进程大有裨益。

正当法律程序的理念化需要借助具体正当法律程序的实践和应用来催生，同时又会大大推进正当法律程序在中国的实践和应用，二者具有互动的作用。但强调理念化的正当法律程序具有更重要的地位，其对正当法律程序理论和实务的引导是不可替代的，从某种意义上说，是先行者和领路人，是应然人权在正当法律程序中的表征形式。④

二是实现正当法律程序的宪法化。正当法律程序作为人权的基本内容和保障

---

① 樊崇义主编：《诉讼原理》，法律出版社 2003 年版，第 274 页。

② ［意］贝卡里亚著：《论犯罪与刑罚》，黄风译，中国大百科全书出版社 1993 年版。

③ 樊崇义主编：《刑事诉讼法实施问题与对策研究》，中国人民公安大学出版社 2001 年版，第 33-36 页。

④ 樊崇义等著：《刑事诉讼法修改专题研究报告》，中国人民公安大学出版社 2004 年版，第 26 页。

人权实现的最佳手段，显然应在宪法中加以体现，只有这样才能使正当法律程序在国家中的各项具体制度的运行中得以落实。在西方发达国家，正当法律程序都是以宪法原则的形式出现的。英美法系国家自不待言，在许多大陆法系国家，也都将该原则上升到宪法的高度。早在1789年，法国《人权宣言》第7条就规定："除非在法律规定的情况下，并按照法律所规定的程序，不得控告、逮捕和拘留任何人。"1791年法国宪法对此加以了确认。一个世纪后，日本1899年宪法第123条规定："日本臣民，非依法律规定，不受逮捕、监禁、审讯和处罚。"① 现行《日本国宪法》第31条继承了这一原则，规定："任何人，未经法律规定的程序，不得剥夺其生命、自由或者科处其他刑罚。"该规定要求不仅在内容上，而且在形式上，都应当通过国家立法机构制定的法律来规定刑事程序。② 在德国，从其基本法第1-20条中，也可以直接推导出法制国家程序原则，③ 即程序法定原则。④ 此外，苏联宪法第160条、意大利宪法第13-14条、比利时宪法第7条，都对此原则作了明确规定。⑤ 在西方传统的宪法理论中，对这些人权保护的主要目的是指这些权利不受来自政府的不正当的干涉，而不是指这些权利不受其他犯罪的侵犯。⑥ 因此，正当法律程序是公民监督和制约国家或政府，保护自身利益的至上信条。正当法律程序的宪法化，是世界各国宪政经验的总结，是人类追求人权的必然结果。正当法律程序的宪法化提升了其在现代法治社会中的地位，突出了公民权利及公民权利保障的正当性和权威性。

与此相比，我国《宪法》在"公民的基本权利和义务"一章中只在对隐私权的保护中提到了限制"程序"，此外除了对逮捕的程序作了相对详细一些的规定，公民的人身自由条款中对"程序"二字只字未提。我国宪法中正当法律程序的严重缺失，在很大程度上影响了基本法律的规定，并且阻碍了正当法律程序权利的实现。按照联合国颁布的有关文件中关于程序的最低标准将正当法律程序

---

① 徐静村主编：《刑事诉讼法学（上）》（修订本），法律出版社1999年版，第122页。

② ［日］土本武司著：《日本刑事诉讼法要义》，董番舆、宋英辉译，五南图书出版公司1997年版，第10页。

③ ［德］赫尔曼著：《〈德国刑事诉讼法典〉中译本引言》，载《德国刑事诉讼法典》，李昌珂译，中国政法大学出版社1995年版，第12页。

④ 宋英辉主编：《刑事诉讼原理》，法律出版社2003年版，第73页。

⑤ 徐静村主编：《刑事诉讼法学（上）》（修订本），法律出版社1999年版，第122页。

⑥ 樊崇义主编：《诉讼原理》，法律出版社2003年版，第262页。

的内容宪法化，从宪法的高度认识正当法律程序，是中国法治进程中极为紧迫的任务。正当法律程序的宪法化将带动整个法律体系的正当化进程和整个社会司法实践的良性运转，是司法改革的关键性举措。正当法律程序的宪法化有利于推进中国法治，并且也只有这样才能使宪法真正成为人民权利的宣言书和保障书。①

（三）正当法律程序观念下的中国刑事诉讼改革②

1. 刑事诉讼原则

（1）程序法定原则。程序法定原则作为现代诉讼中的一项重要法律原则，虽然我国宪法和刑事诉讼法已对其予以肯定，如 1996 年《刑事诉讼法》第 3 条第 2 款规定“人民法院、人民检察院和公安机关进行刑事诉讼，必须严格遵守本法和其他法律的有关规定”，但并没有明确规定刑事程序法定原则，并且只在司法方面对程序法定原则有所体现，而对立法方面的程序法定原则则无涉及。为强化程序正义理念，刑事诉讼法首先应增设程序法定原则，这对于维护诉讼的安定性、诉讼进程的可预知性具有重要的作用，是刑事诉讼的公平、正义等价值得以实现的基础条件。那么，如何在刑事诉讼立法中规定程序法定原则呢？这还需要从立法技术上进行斟酌和论证。笔者认为，在法条行文上，《俄罗斯联邦刑事诉讼法典》第 7 条的规定具有借鉴意义，③ 可具体表述如下：“刑事诉讼程序由刑事诉讼法加以规定。人民法院、人民检察院和公安机关进行刑事诉讼，必须严格遵守本法的规定。未经法律规定的程序，不得限制或者剥夺任何人的生命、自由、财产或者其他权益。”

（2）无罪推定原则。我国 1996 年《刑事诉讼法》第 12 条规定：“未经人民法院依法判决，对任何人都不得确定有罪。”根据我国立法机关权威人士的解释，它“不是西方国家的那种无罪推定”④。由于“无罪推定是最高的人道主义，是民主的诉讼原则，它在性质上具有十分深刻的道德、伦理的内容，将无罪推定作

---

① 樊崇义等著：《刑事诉讼法修改专题研究报告》，中国人民公安大学出版社 2004 年版，第 27 页。

② 本部分系与中国政法大学博士生李艳玲共同完成。

③ 《俄罗斯联邦刑事诉讼法典》第 7 条规定：“1. 法院、检察长、侦查员、调查机关或调查人员无权适用与本法相抵触的联邦法律。2. 法院如在刑事案件诉讼过程中确认联邦法律和其他规范性文件不符合本法典，应根据基本法典作出决定。3. 法院、检察长、侦查员、调查机关或调查人员在刑事诉讼过程中违反本法典的规范所取得的证据不允许采信。4. 法院的裁定，法官、检察长、侦查员、调查人员的决定应该是合法的、有根据的并应说明理由。”参见黄道秀译：《俄罗斯联邦刑事诉讼法典》，中国政法大学出版社 2003 年版，第 11 页。

④ 胡康生、李福成主编：《中华人民共和国刑事诉讼法释义》，法律出版社 1996 年版，第 15 页。

为刑事诉讼法的原则，是给予人和人的美德的尊重，以及作为关心任何人的名誉这一前提的人格价值”①。加上为与联合国刑事司法准则相协调，增强犯罪嫌疑人、被告人的人权保障立法，我国刑事诉讼立法应当正式规定无罪推定原则。

（3）司法独立原则。司法独立是现代法治的重要组成部分，是个人自由的基本手段，是一个国家司法文明程度的表现，② 也是联合国刑事司法准则中一项重要的法律原则。③ 而我国1996年《刑事诉讼法》第5条规定的人民法院、人民检察院独立行使审判权、检察权原则与之存在一定的差距。1997年9月，中国共产党第十五次全国代表大会报告指出，要“推进司法改革，从制度上保证司法机关依法独立公正地行使审判权和检察权”。2002年10月，中国共产党第十六次全国代表大会报告再次指出：“从制度上保证审判机关和检察机关依法独立公正地行使审判权和检察权。”但笔者认为，司法独立的本质在于审判权、法院和法官独立，尤其是法官独立，因而当前应当从以下两个方面进一步改革和完善我国的刑事司法体制：一是制定保证司法独立正常运行相配套的措施，如改革法官的行政管理模式，规范法官资质，提高法官待遇，解决法官的身份保障问题等；二是正确处理妨碍司法独立贯彻落实的相关问题，包括处理好司法独立与党的领导的关系、司法独立与人大对法院的监督关系以及司法独立与群众监督的关系等问题。

（4）程序公开原则。该原则要求在刑事程序法领域，正义不仅应当实现，而且应当以看得见的形式实现，其实质是通过公开的机制保障当事人的合法权益，防止司法腐败和权力滥用，实现诉讼公正。④ 从范围上讲，程序公开包括审前程序的公开、审判程序的公开和执行程序的公开。根据我国1996年《刑事诉讼法》第11条的规定，刑事诉讼只限于审判程序的公开，而事实上，在审前程序的侦查阶段往往容易发生侵犯被追诉人合法权利的情况，因此，立法应赋予刑

---

① ［苏］斯特罗戈维奇著：《逻辑学》，苏联国家政治书籍出版局1949年版，第202页。

② 樊崇义主编：《诉讼原理》，法律出版社2003年版，第455页。

③ 1966年联合国《公民权利和政治权利国际公约》第14条规定：“在判定对任何人提出的任何刑事指控或确定他在一件诉讼案件中的权利和义务时，人人有资格由一个依法设立的合格的、独立的和无偏倚的法庭进行公正的和公开的审讯。”1983年第一次世界议会全体大会通过的《司法独立世界宣言》和1985年第七届联合国预防犯罪和罪犯待遇大会通过的《关于司法机关独立的基本原则》则系统规定了司法独立的标准及其保障规则。

④ 宋英辉主编：《刑事诉讼原理》，法律出版社2003年版，第128-129页。

事诉讼更大的透明度，将程序公开延伸至审前和审后的各个诉讼阶段。

(5) 控辩平等原则。控辩平等是程序公正的一个重要标准，它一方面要求控辩双方在诉讼中法律地位平等；另一方面要求控辩双方在平等基础上对抗。根据这一原则，在刑事诉讼中，控诉方和辩护方在法官即事实的裁判者面前的地位是平等的，手段是对等的。并且，法官中立、控审分离也是其应有之义。考虑到我国刑事诉讼中的控辩严重失衡以及犯罪嫌疑人、被告人辩护权保障不足等问题，在刑事诉讼法中明确规定这一原则具有直接的现实意义。

(6) 任何人不受强迫自证其罪原则。该原则是正当法律程序的当然要求，它具体包括以下两方面的内容：一是证人作证时，如果其提供的证言可能使其自身陷于被定罪的境地，则有权拒绝作证；二是犯罪嫌疑人、被告人对可能导致自证有罪时，享有拒绝陈述的权利。而在现代诉讼理论中，任何人不受强迫自证其罪一般指的是后者，即犯罪嫌疑人、被告人的反对自证其罪的特权。具体而言，它包含以下几个方面的含义：一是被告人没有义务为追诉方向法庭提出任何可能使自己陷入不利境地的陈述和其他证据，追诉方不得采取任何非人道或有损被告人人格尊严的方法强迫其就某一案件事实作出供述或提供证据；二是被告人有权拒绝回答追诉官员或法官的讯问，有权在讯问中始终保持沉默，司法警察、检察官或法官应及时告知犯罪嫌疑人、被告人享有此项权利，法官不得因被告人沉默而使其处于不利的境地或作出对其不利的裁判；三是犯罪嫌疑人、被告人有权就案件事实作出有利或不利于自己的陈述，但这种陈述须出于真实的愿意，并在意识到其行为后果的情况下作出，法院不得把非出于自愿而是迫于外部强制或压力所作出的陈述作为定案根据。① 另外，任何人不受强迫自证其罪原则仅保护具有言词性或语言交流性的证据，而不适用于一个人的身体构成或者实在证据与物证的来源。② 笔者认为，无论是从刑事诉讼导入对抗制考虑还是基于维护被追诉人主体性的需要，无论是从人道主义精神出发还是基于实现保障人权的目的，都应当在刑事诉讼法中确立这一原则。

2. 刑事诉讼制度

(1) 辩护制度。主要应从以下几个方面加以完善：一是赋予律师在侦查阶

---

① 宋英辉、吴宏耀：《任何人不受强迫自证其罪原则及其程序保障》，载《中国法学》1999 年第 2 期。

② ［美］乔恩·R. 华尔兹著：《刑事证据大全》，何家弘译，中国人民公安大学出版社 1993 年版，第 170 页。

段辩护人地位，将律师全面参与诉讼的时间提前到侦查阶段。二是确立律师职务秘密原则，对于辩护律师在履行职责过程中知悉的不利于被追诉人的情形，非经被追诉人同意，不得泄露。三是赋予辩护人刑事豁免权，凡辩护人基于辩护的需要进行的诉讼行为和在法庭上发表的言论不得作为刑事追究的对象。同时，废除1997年《刑法》第306条有关律师伪造证据、引诱证人改变证言等规定。四是规定律师在场权，要求追诉机关讯问犯罪嫌疑人、被告人时要有律师在场，没有律师在场的情形下取得的口供不能作为证据使用。五是解决会见难的问题，对于律师要求会见犯罪嫌疑人的，无须办案机关的批准可以直接会见。会见的时间和次数也不应受限制。会见时，追诉机关只能在“看得见但听不见”的地方“监视”。六是取消律师取证时的诸多限制，解决取证难的问题。为此，应废除1996年《刑事诉讼法》第37条关于“辩护律师经证人或者其他有关单位和个人同意……辩护律师经人民检察院或者人民法院许可，并且经被害人或者其近亲属、被害人提供的证人同意……”等限制性规定。

（2）证据制度。重点包括以下内容：一是确立自由评价证据原则。经过学者们的多年努力，重新认识了“自由心证”,[①] 但在立法上明确规定自由心证证据制度恐怕还不太现实。笔者建议采用“自由评价证据”这一较委婉的称谓，规定：“任何证据均不具有事先确定的效力。法官应当根据自己基于刑事案件已有全部证据形成的内心确信，同时遵守法律和法官职业道德对证据进行评价。”据此，法官在进行证据评价时，除了根据自己的意志进行以外，还要受法律规范和职业道德规范的约束，并且将对案件的认识建立在刑事案件已有全部证据的基础上。二是规范相对的非法证据排除规则。我国有关司法解释已规定非法言词证据排除规定,[②] 笔者认为，非法证据排除规则的首要价值在于排除非法言词证据之衍生证据和非法搜查、扣押的实物证据，即“毒树之果”应当排除。但考虑到我国的司法实际，笔者主张建立相对的非法证据排除规则，对于非法实物证据设立若干例外。三是建立举证时限制度。在实践中，有的当事人、律师为了拖延诉讼或者拖垮对方当事人，故意玩弄诉讼技巧，在庭审中搞突然袭击，或者在二

---

① 何家弘：《为“自由心证”正名》，载《法学杂志》1997年第6期。

② 最高人民法院《关于执行〈中华人民共和国刑事诉讼法〉若干问题的解释》第61条规定：“凡经查证确实属于采用刑讯逼供或者威胁、引诱、欺骗等非法的方法取得的证人证言、被害人陈述、被告人供述，不能作为定案的根据。”

审、再审程序中提出新的证据，有时使迟到的正义变得对对方当事人毫无意义。为此，笔者建议用“证据适时提出主义”取代“证据随时提出主义”，在刑事诉讼法中规定举证时限制度，即控辩双方应当在举证期限内提交证据材料，逾期不提交的，视为放弃举证权利。四是重塑证明标准。我国立法和诉讼理论长期坚持“客观真实”的证明标准。考虑到证明主体认识能力的有限性和诉讼行为的时效性，笔者主张在“法律真实观”的基础上确立一个主客观证明标准：主观上排除一切合理怀疑，形成内心确信；客观上要求证据确实、充分、必要，达到案件事实、情节清楚。

（3）强制措施。在强制措施中有三个问题亟待修改：一是取保候审的适用问题。根据刑事诉讼法的规定，尽管犯罪嫌疑人及其法定代理人、近亲属、律师有申请取保候审的权利，但取保候审的适用权最终仍由公安司法机关行使，从而使取保候审在事实上成了国家对犯罪嫌疑人的一种恩赐。笔者建议将这种恩赐改为犯罪嫌疑人的权利，凡是申请取保候审符合法定条件的，必须给予取保候审。二是监视居住问题。刑事诉讼法规定监视居住的地点是犯罪嫌疑人“住处”或者“指定的居所”，但实践中一般是在“指定的居所”进行，由于监视的度不宜把握，多数情况下等于“监禁”。笔者主张取消监视居住，凡符合 1996 年《刑事诉讼法》第 51 条规定情形的，适用取保候审；凡适用取保候审不足以防止发生社会危害性的，适用逮捕。三是拘留、逮捕的司法审查问题。根据国际通行的规则，凡涉及实施限制或剥夺公民人身自由的行为时都应由中立的法官对此进行司法审查，以保证其适用的合法性和适当性。笔者建议改革现行体制，将控、辩、审三方组成的诉讼结构前移至侦查阶段，把批准拘留、逮捕的权利交给法官。考虑到侦查行为的急迫性，可设若干无证拘留、逮捕的例外情况，但事后必须“毫不迟延”地报送法官审查。

3. 刑事诉讼程序

（1）侦查程序。需要完善的重点有：一是完善讯问犯罪嫌疑人程序。在司法实践中，侦查阶段最大的问题就是刑讯逼供问题。尽管刑讯逼供的生成有其思想认识和价值观念上的原因，但更重要的还是制度层面的原因。因此，应从以下几个方面进行修改，从制度上最大限度地遏制刑讯逼供：①实行羁押审查制度，确保羁押适用的适当性；②严格控制侦查人员限制犯罪嫌疑人人身自由的时间，减少权利侵害的机会；③确立分押制度，加强权利侵害的制约；④规定讯问后人身检查制度，设置权利侵害的障碍；⑤贯彻律师在场规则，增强对权利侵害的监督；⑥借鉴全程录音录像制度，降低权利侵害的条件；⑦实施举证责任倒置，增加权利侵害的成本。二是解决超期羁押问题。超期羁押有两种：一种是非法的超期羁押，即无视法定期限而超期羁押；另一种是“合法”的超期羁押，即立法不适当地规定过长的羁押期限（拘留最长37天、逮捕后羁押的期限就是三机关的办案期限）、为规避法定期限而变更羁押手续以不适当地延长羁押期限。笔者建议取消拘留期限最长可延至37天的规定，同时限制逮捕后延长侦查羁押期限的时间和次数。

（2）起诉程序。在起诉程序中，除继续坚持“公诉与自诉并行、以公诉为主”的制度外，还应当作如下修改和完善：一是赋予被害人诉讼程序的选择权。凡犯罪行为侵害公民个人权益的案件，立法应尊重被害人选择起诉或不起诉、选择自诉或公诉的自由，即使是强奸案件，如果被害人坚持不告诉的，也不应当启动刑事诉讼程序；即使是“告诉才处理”的案件，如果被害人向公安机关告诉的，也应当启动公诉程序。[①] 二是扩大检察官的自由裁量权。在目前辩诉交易尚不能为国人接受的情况下，扩大检察官的自由裁量权无疑是进行程序分流和实现刑事诉讼根本目的的最佳选择。为此，应扩大酌量不起诉的范围，赋予检察机关对于不需要判处刑罚或者免除刑罚处罚案件起诉与否的更大选择权。三是规范证据展示制度。为避免“证据偷袭”，减少“诉讼竞技论”的消极影响，应建立我国的庭前证据展示制度，内容包括：证据展示范围及其限制、证据展示时间和地点、证据展示的程序、证据展示的司法审查以及不履行展示义务应负的法律责任等。

（3）一审程序。一审程序主要涉及以下问题：一是解决证人不出庭作证问题。目前，在我国绝大多数刑事案件中，证人出庭率比较低，比较好的地方出庭率约为5%，不好的地方出庭率为2%-3%，甚至更少。[②] 为保障证人出庭，可考虑从以下几个方面进行修改：①建立强制证人出庭作证制度，规范强制证人出庭的具体措施，当然，证人出庭更多的是需要激励、保护而非强制；②建立和健全证人及其家属的保护制度，消除证人的后顾之忧；③建立证人作证补偿制度；

---

① 李艳玲：《侵占案的职能管辖问题》，载樊崇义主编：《中国诉讼法判解》（第1卷），中国检察出版社2003年版，第84-85页。

② 宋英辉：《关于刑事诉讼法再修改的几点思考（下）》，载《检察日报》2003年11月7日。

④设立证人出庭的最低限度标准，规定若干证人出庭作证的例外；⑤尝试证人出庭作证的变通方式，减少证人出庭作证的消极影响，如利用现代通信手段让证人通过电话作证、隐名作证等。[1] 二是改革刑事审判方式，包括实行起诉状一本主义，排除法官预断，提高被告人的诉讼地位，取消公诉人强制讯问被告人程序等。三是完善交叉询问规则。该规则被认为："毫无疑问是迄今为止人类发明的、用以发现真理的最伟大的法律发动机。"[2] 1996 年刑事诉讼法修改引进了英美法系的交叉询问规则，由于没有引进一些具体的细节制度，有的学者认为，它与英国、美国、德国的交叉询问制度相比只是一种"形似"的制度，而非"神似"。[3] 为此，我们要在直接言词原则、对抗式庭审方式、陪审团制度、证据展示制度、证人出庭制度、律师制度等方面进行配套措施的改革和完善。四是规范法官取证问题。法官依职权主动调查取证是大陆法系国家职权主义诉讼模式的重要特征，与我国所进行的刑事审判方式改革的方向不相协调。并且，从诉讼理论上讲，法院在诉讼中行使审判职能，司法的中立性、被动性、消极性、分散性和终局性原理也决定了法官不宜在诉讼中帮助控诉方或辩护方收集证据。但从实践的角度来看，完全取消法官的取证权不符合我国的司法现实，因此，应在一定范围内保留法官的取证权，同时规定法官取证应当依控辩双方的申请进行。五是完善简易程序。我国简易程序适用率较低，适用范围较窄，程序本身存在许多弊端，现行法律或司法解释对这方面的规定也存在缺陷。对此，有的地方法院尝试普通程序简易审的改革。[4] 笔者认为，对于被告人认罪案件的简化审程序应在被告人的选择权、律师帮助、认罪对价等问题上进一步规范。

（4）第二审程序。第二审程序改革的重点有：一是取消全面审查原则。从本质上讲，第二审程序是一种救济程序，当事人本身没有要求二审法院审理的部分，不存在需要救济的问题。[5] 而 1996 年《刑事诉讼法》第 186 条规定了二审

---

① 隐名作证制度主要是指在刑事诉讼过程中，控方证人在不暴露身份、面貌甚至改变声音的情况下，必要时通过特定的法庭隐名场所，运用程控电话、现场闭路电视、电脑多媒体等现代科技手段，使证人接受控、辩、审三方对证人的询问、质证。

② ［英］麦高伟、杰弗里·威尔逊主编：《英国刑事司法程序》，姚永吉等译，法律出版社 2003 年版，第 291 页。

③ 龙宗智：《论我国刑事审判中的交叉询问制度》，载《中国法学》2000 年第 4 期。

④ 海检研：《节约司法资源、提高诉讼效率——普通程序简易化审理的构想与实践》，载《检察日报》2000 年 7 月 12 日，第 3 版。

⑤ 陈光中主编：《刑事诉讼法实施问题研究》，中国法制出版社 2000 年版，第 259 页。

法院的全面审查原则，这种做法明显违背了控审分离原则，即有控诉才有审判，没有控诉法院不得审判，也难以体现诉讼效率的要求。因此，笔者认为，应当将二审法院审查的范围限制在上诉、抗诉的范围之内。二是改革庭审方式。刑事诉讼法规定了两种二审庭审方式：一是开庭审理，二是调查询问式审理。其中，开庭审理是二审的基本方式。由于调查询问式审理难以保障程序的公正和透明，笔者建议取消这种形式，对于二审案件，一律开庭审理。同时，可以通过立法简化二审庭审中的某些程序。三是赋予被害人上诉权。“无救济则无权利”，将刑事诉讼中的人权保障，仅仅理解为对犯罪嫌疑人和被告人的保护是不全面的。它应当还有另一方面的含义，即对被害人权利的保护。[①] 一般来说，人对自己的利益是最关心的。为了保障被害人的权利，应当让被害人充分参与到刑事诉讼程序中。因为被害人是与刑事诉讼过程和诉讼结果有直接利害关系的人，只有让被害人充分参与到刑事诉讼程序中并对诉讼结果产生直接影响，才能体现程序公正的“参与性”标准，才能使被害人通过自己的诉讼行为保护自己的实体权利和程序权利。被害人参与刑事诉讼并对裁决结论的产生施加影响，可使其作为人的尊严和道德主体地位得到维护，并且因此产生受尊敬的感觉。四是完善上诉不加刑原则，以充分发挥其在人权保障方面应有的功能。

（5）死刑复核程序。我国现行的死刑复核程序存在的问题主要表现在两个方面：一是死刑复核程序的虚置化，在形式上表现为死刑复核程序与二审程序的合二为一，在实质上表现为审查流于形式。二是死刑复核程序的行政化，如程序启动的行政化，即自动报核、自动适用的原则，以及程序审核的行政化，基本上是书面审。如果取消死刑复核程序尚不现实的话，我国死刑复核程序正当化的根本出路应当是实行死刑复核程序的诉讼化，即将死刑复核由现在的行政性报核程序改为诉讼性审判程序，具体内容包括：一是改法院主动报核为被动受理审核，即死刑复核程序的启动应由被告人提起上诉或者由检察院提起抗诉的方式进行。二是改全面审核为有限审核，即死刑复核的范围由现在的全面审核改为就被告人上诉或者检察院抗诉的范围进行审核。三是将死刑复核程序的审核由现在的单方的、书面的、秘密的审核方式改为控辩双方同时到场的开庭审理方式。四是保障被告人在死刑复核程序中的辩护权。五是规定死刑复核的期限。

---

① 徐益初：《刑事诉讼与人权保障》，载《法学研究》1996年第5期。

（6）再审程序。当前，我国再审程序的非正当性运作主要表现在以下几个方面：一是法院自行启动再审程序，有违“不告不理”原则。二是启动再审程序较随意，不论什么样的案件，只要法院或检察院认为存在错误，也不论是什么样的错误，均可提起再审，并且对提起再审程序的期限和次数没有作出限制性规定。三是启动再审程序理由具有不确定性。四是申诉的制度性缺失，如申诉效力不确定，没有期限和次数的限制，对申诉的处理也没有相应的程序性规定等。五是再审案件管辖的非正当性，把原审法院作为再审法院不利于发挥再审的纠错功能。六是对不利于被告人再审的时效性缺失。针对这些问题，再审程序的修改应着重考虑以下几个方面：一是取消法院可以主动启动审判监督程序的规定。二是完善申诉制度，将申诉设计成一种诉权，赋予其直接启动再审的效力。三是明确区分有利于被告人的再审和不利于被告人的再审。对于有利于被告人的再审，不受期限的限制，任何时候发现原判决、裁定确有错误都可以进行再审；对于不利于被告人的再审，在提起再审的期限和程序上可以作一些必要的限制性规定。四是重新规范再审理由，其中对不利于被告人的再审，其理由应给予严格限制。五是重新确定再审案件的管辖，规定再审案件由原审法院的上级法院受理。六是引进再审不加刑原则，强化刑事诉讼的程序终结性。

第七章 正当法律程序与侦查程序改革

正当法律程序作为一项重要的法治观念与宪法原则，其核心是注重程序公正，注重程序的价值和功能。在我国，由于受“重实体轻程序”传统观念的影响，同时缺乏自然法的法律文化基础，程序意识相对落后，正当法律程序观念亦不发达，在刑事侦查中体现得尤为明显。刑事侦查本身是一种诉讼活动，可长期以来，我国的学者和实务机关多从技术的角度进行理解，只将其看成是警检机关单方的刑事追诉行为，没能将刑事侦查的“诉讼”性质体现出来。[①] 对现实生活中大量存在的警检机关及其工作人员滥用国家权力、侵害犯罪嫌疑人权利的问题，没能从理论上提供一种根本解决的方案。1997 年刑事诉讼法较修改之前，在刑事侦查阶段，以犯罪嫌疑人的防御权为核心的人权保障呈现出增强的趋势，但其在克服原有弊端方面及在实践中收效甚微，同国家法治建设的目标仍不相适应，更远远落后于法治国家正当程序变革的进程。因此，如何更为科学地设计我国的刑事侦查程序，为将来刑事诉讼法的进一步修改完善奠定理论基础和实务准备，就成为一个摆在法律理论研究者与实务工作者面前的具有现实意义的课题。笔者试图通过对国外法治国家刑事侦查中正当程序的考察，结合我国的现状和发展趋势，来建构一套正当程序视野中的中国刑事侦查程序。

一、正当程序对侦查程序的宏观控制

“我所说的经法律的正当程序，系指法律为了保持日常司法工作的纯洁性而认可的各种方法：促使审判和调查公正地进行，逮捕和搜查适当地采用，法律援

① 陈瑞华：《刑事侦查构造之比较研究》，载《政法论坛》1999 年第 5 期。

助顺利地取得，以及消除不必要的延误，等等。”① 这是英国丹宁勋爵对正当程序的定义最经典、最全面的描述。这一形式上十分简单的定义里包含的内容是极其丰富的。它涉及了审判、侦查、辩护及诉讼及时原则等刑事诉讼中的重大程序问题。后来的学者们也都根据自己研究角度和侧重点的不同，对正当程序的各方面进行了研究和探索。有的学者认为该原则保障的是当事人得到告知、陈述和听审的权利。② 有的学者认为这一概念的含义应该是为了确保控辩双方的平等，而加强对被告人的权利保护。③ 还有的学者是从非法证据的排除规则的角度来理解正当程序。④ 从法治国家的立法来看，英国的《大宪章》、《权利请愿书》、《人身保护法》、《权利法案》、《人权法案》，加拿大的《加拿大宪法》，法国的《人权和公民权宣言》、《法兰西共和国宪法》，德国的《德意志联邦共和国基本法》，日本的《日本国宪法》等都规定了上述正当程序所包含的内容。但从正当程序立法规定的完善程度和实践中运用的彻底性来考察，当首推美国。美国宪法第五修正案和第十四修正案均明确规定了“不经正当法律程序，不得剥夺任何人的生命、自由和财产”。按照美国学者和联邦最高法院的解释，正当法律程序可分为“实体性正当程序”和“程序性正当程序”。前者是对联邦和各州立法的一种宪法限制，因此，任何一项涉及剥夺公民生命、自由或者财产的法律都应该符合公平、正义等基本价值的要求。后者则是对法律实施的方法和过程的规制，它要求用来解决利益争端的法律程序必须是公正、合理的。正当程序从实体和程序两个方面充分体现了公平、正义、合理等基本理念。

正当程序保护的是人的基本权利，因此一般都规定在宪法规范中，对所有的

---

① ［英］丹宁著：《法律的正当程序》，李克强等译，法律出版社 1999 年版，前言，第 1 页。

② ［日］松井茂记：《非刑事程序领域的正当程序理论（一）》，载《法学论丛》1980 年第 4 期。他认为：“原来这一词语只是指刑事诉讼必须采取正式的起诉方式并保障被告接受陪审裁判的权利，后来扩大了其适用范围，意味着在广义上剥夺某种个人利益时必须保障他享有被告知和陈述自己意见并得到倾听的权利，从而成为英美法中人权保障的根本原则。”在 1979 年版的《布莱克法律大辞典》中，程序性正当程序的中心含义是指：“任何其权益受到判决影响的当事人，都享有被告知控诉的性质和理由、陈述意见并获得听审的权利……合理的告知、获得审判机会及提出主张和抗辩等都包含在程序性正当程序之中。”

③ ［美］乔治·F. 科尔：《美国刑事案件中被告人的权利》，载《程序法论》，中国政法大学教务处印。他认为，在美国，“正当程序”或“国家法律的正当程序”这一概念的含义是：为了与刑事诉讼程序的两造对抗性相一致，刑事案件的被告人必须享有一定的受保护的权利，并按照同样程序对他们进行侦讯。政府当局只有遵守这些程序从而保障被告人的权利，才可以反对被告人的行为。

④ ［英］戴维·M. 沃克著：《牛津法律大辞典》，北京社会与科技发展研究所译，光明日报出版社 1988 年版，“正当程序”词条。

部门法律都适用。对于人的基本权利的干预，如对生命、自由和财产权利的干预，在刑事诉讼中体现得最为强烈；而对于整个刑事诉讼程序而言，尤其是对于我国刑事诉讼程序的发展水平而言，侦查程序中基本权利的保障问题显得比较突出，现实中也最容易受到侵犯。在此阶段受正当程序的保障，相对于起诉和审判阶段，又十分脆弱，因此在侦查程序的设计上，必须凸显正当程序的价值，更应强调正当程序对该程序的强力控制和约束。基于正当程序的内涵和要求，笔者认为它对于侦查程序的控制主要通过以下几项原则得到贯彻。

（一）法律保留原则

法律保留原则，又可以称为法律授权原则或程序法定原则。侦查属于国家行为，它在公法上的定位，属于干预、侵犯公民受宪法保护的基本权利的行为。法律保留原则指的是，国家如果要实施侦查行为，进而干预、侵犯公民的基本权利时，必须要有法律的授权规定，并且在程序进行中必须严格遵守法律设定的要件限制，否则就属于违法侵害公民基本权利的行为。其具体应包括三层含义：在立法方面，一切侦查程序都必须事先由法律予以明确规定，不允许哪一种侦查程序是存在于法律规定之外的状态；在执法和司法方面，任何有权机关在发动、实施侦查程序时要严格遵守法律已经设定的要件限制，不允许在执行中作扩大解释或以维护公共安全为由规避法律甚至公然违反法律的既有规定，否则程序法定原则将会成为一纸空文；严禁“法外之法”，即严禁为了对待某一类人而单独设置侦查程序，这违反的是国家法律的统一性原则，从而会出现在法律面前人与人并不平等的结果。

（二）比例原则

比例原则，又叫相当性原则或必要性原则，是国家干预公民基本权利时所必须遵循的基础原则。比例原则是西方国家公法包括刑事诉讼法的一项重要原则，对于防止国家权力的滥用和保护公民权利具有十分重要的价值，是正当程序的外在表现。这一原则要求，国家机关干预公民基本权利的手段和其所欲达到的目的之间，必须符合一定的比例，即二者之间具备相当性的关系。比例原则的系统思想直到资产阶级革命胜利后才逐步走向成熟。该原则起源于德国，在德国成功实践后，逐渐扩展到法国、葡萄牙、西班牙等大陆法系国家。1895 年，德国行政法鼻祖奥托迈耶在他的《德国行政法》教科书中首先论述了比例原则的思想，“警察权力不可违反比例原则”，“以自然法上的基础要求警察作合乎比例的防御并界定警察权力发展的范围。警察机关不得在法律一般授权下，超乎自然法的范围，作出逾越授权的防御。逾越必要的限度，则是违法的滥权”。① 德国学者 F. 夫来纳曾用一句名言来生动表述比例原则的含义：警察不可用大炮打麻雀。因为用鸟枪就足够了，而用大炮打麻雀，无论击中与否，炮声都会惊扰四邻，因而违反了比例原则。同时，比例原则还作为一项国际刑事司法准则得到了许多国际性法律文件的肯定。联合国于 1990 年 9 月 7 日通过的《非法拘禁措施最低限度标准规则》第 6-1 条规定，审前拘留应作为刑事诉讼程序的最后手段加以采用，并适当考虑对被指控犯法行为的调查和对社会及受害者的保护。欧洲人权法院还直接援引比例原则作为判决的依据，如欧洲人权法院曾针对侦查程序中的电话窃听指出，在侦查中窃听电话仅仅有法官的批准是不够的，这种手段必须由法律明确规定并且必须是与所侦查的犯罪成比例的。②

对于任意侦查而言，侦查机关对当事人或关系人虽不施行强制，但仍然可能会给人的利益带来损害，所以也应遵从比例原则。例如，日本《刑事诉讼法》第 197 条规定，为了达到侦查的目的，可以进行必要的侦查。其体现的实际上就是任意侦查中的必要性原则，即比例原则。由于任意侦查不适用法定原则，不可能在法律上事先规定一个统一的标准，因而对任意侦查中比例原则的掌握，需要根据正当程序的精神因案而异具体判断。③ 例如，我国台湾地区刑事诉讼中的同意搜索，就属于任意侦查行为。同意搜索必须基于被搜索人的自愿，对于被搜索人是否同意的举证责任在于控诉方。同意搜索权人可以包括犯罪嫌疑人、被告人及其他对被搜索人或物有管领权的人。执行时，执行人员必须出示证件，表明身份及确切的搜索目的，并取得被搜索人自愿性同意后，在其同意范围与期间内执行。事后应制作搜索扣押笔录，同时载明其同意之意旨。④ 由此观之，任意侦查中仍需要贯彻比例原则。

强制侦查以国家强制力为后盾，干预公民受宪法保护的基本权利，因此是各国立法关注的重点。比例原则也主要是针对强制侦查来体现的。大陆法系国家对于强制侦查的实质要件的规定，就是围绕比例原则进行的，即把强制侦查控制在

① 转引自陈永生著：《侦查程序原理论》，中国人民公安大学出版社 2003 年版，第 133 页。
② 转引自孙长永著：《侦查程序与人权》，中国方正出版社 2000 年版，第 31 页。
③ 转引自孙长永著：《侦查程序与人权》，中国方正出版社 2000 年版，第 30 页。
④ 陈瑞仁：《同意搜索》，载台湾《月旦法学》第 1046 期。

必要的限度内。比如，德国《基本法》第 20 条中就明确规定了相应性原则，该原则要求对付犯罪的手段必须同犯罪的严重程度和怀疑的强弱程度及所涉及的宪法利益相适应。德国《刑事诉讼法》第 112 条规定，命令羁押必须以犯罪嫌疑人存在重大嫌疑为前提，若与案件的重大程度和可能的刑罚、矫正及保安处分不相称的，不允许命令羁押。这些都是比例原则在立法上的具体体现。德国法院在根据这一原则审查警察侦查行为的过程中，还提出“最缓和的手段”理论，即如果采取较轻手段就足够的，不允许采取较重的手段。违反这一原则所获取的证据，法院将依法予以排除。[①] 比例原则在侦查程序中的另一个要求是警察在侦查过程中对当事人或关系人使用武力甚至是致命武力的时候，必须符合比例原则，即决定采取此种手段是合理的，而且执行此手段时也要以必要性为限度。这一要求在各国立法中都是非常一致的，比如在日本《警察官执行职务法》、德国各州的《警察法》、英国《1984 年警察与刑事证据法》和《1967 年刑事法》等立法中都有明确规定。在我国的一些法律中也有明显体现比例原则精神的条文。比如，我国 1996 年《刑事诉讼法》第 60 条规定，只有在有证据证明有犯罪事实，可能判处徒刑以上刑罚，且采取取保候审、监视居住等方法尚不足以防止发生社会危害性的时候，才可以适用逮捕。《人民警察使用警械和武器条例》第 4 条规定，人民警察使用警械和武器，应当以制止违法犯罪行为，尽量减少人员伤亡、财产损失为原则。这些都是比例原则的要求。

英美法系国家在侦查行为的条件上常以“可能的原因”、“合理的怀疑”、“合理的根据相信”等予以限制，这实际上就是比例原则对侦查行为的控制。我国台湾地区现行的“刑事诉讼法”借鉴吸收了英美法中的许多成分，一些学者也以“当事人进行主义”来形容这种刑事诉讼模式。比如，其 2001 年 1 月 12 日修正公布的搜索、扣押条款，就是以“相当理由”为限制条件的。

（三）司法控制原则

正如英国学者大卫·巴纳德所说：“社会必须保护它的成员，使之不受坏人侵害。同时，民主国家的公民又有不受警察干涉的正当要求。法律必须在这互相冲突的两者之间取得平衡。”“这种平衡是通过将警察的逮捕、搜查和讯问权力

① 孙长永著：《侦查程序与人权》，中国方正出版社 2000 年版，第 32 页。

限制在一定范围内来取得的。这种限制旨在保护个人自由。”① 这句话表明，对侦查机关权力的限制主要有两种途径：一是赋予并保障当事人和其他诉讼参与人的权利，使权利足以“对抗”权力，形成个人对抗国家的诉讼格局；二是对侦查权加以司法控制，主要是通过令状制度来实现此种控制。令状主义以及表现该主义的令状制度正是正当程序的重要内容。

司法令状是由法官根据行政（侦查）机关及其工作人员的申请签发的一种命令，“它要求命令的接受者按命令的要求行事”，只有根据这一命令的授权，行政（侦查）机关及其工作人员在办理刑事案件中才被授予某一权力（如进行有证逮捕、有证搜查）或者进行某一行为（如根据人身保护令释放被拘禁的人）。司法令状制度体现的是司法权对行政权的干预和监督，对于保障公民权利十分有利。

这一制度的基本出发点在于法院在保障人权方面具有特殊作用，对其他国家机构行使权力会形成有力制约。正如 1987 年联合国秘书长应联合国大会（第 42/123 号决议）要求起草的题为《保护和促进人权的国家机构》的报告中指出的：“法院，特别是普通法院，被赋予了极大的权力，它们可以发挥其能力来坚持人权，包括对被控犯罪和从事其他违法行为的人提供公正、公开和无偏见的审讯这一非常基本的职能。”法院就发挥着平衡国家与公民之间利益冲突关系的作用，美国最高法院法官威利斯 · V. 德万特曾揭示了这一特性：“……审判人员是整个审判体系的平衡轮，起着维持个人权利与政府权力之间的调节作用。”② 就政府权力与个权利的平衡而言，控制被统治者和对政府加以控制要求：在需要平衡的一侧，政府官员应有足够的权力发现、拘捕、起诉、定罪以及惩罚；在另一侧，宪政民主要求对国家官员的权力作出限制，以便为个人自由、隐私权和财产权提供最大限度的保障。③ 法院在其中起到的调节作用，就是通过签发某些令状保证政府官员应有足够的必要权力遏制犯罪、捕获犯罪人、获取证据和发现真相，同时通过拒绝颁发令状或者发布人身保护令、作出否定性的裁决来限制国家

① 转引自张建伟：《侦查活动的司法控制》，载樊崇义主编：《刑事审前程序改革与展望》，中国人民公安大学出版社 2005 年版，第 188 页。

② 美国最高法院法官威利斯 · V. 德万特就“埃文诉戈尔”一案所撰判词，载《联邦报告》1920 年第 243 卷，第 245 页。

③ Joel Samaha, Criminal Procedure, Fourth Edition. Wadsworth Publishing Company, 1999, pp.3-4.

官员的权力，为个人的各项自由、权利提供切实有力的保障。在具体的刑事诉讼中，司法令状主要包括逮捕令、搜查令、扣押令、收监令、证人令和人身保护令等。如前所述，这些令状，对保护公民权尤其是刑事诉讼中犯罪嫌疑人或证人的权利发挥着重大的作用。

首先，司法权控制侦查程序有利于保障侦查程序中裁判权的中立行使。侦查程序中存在两种主要权力：一是侦查权，即收集证据、查获犯罪嫌疑人的权力，这是国家行政权力；二是裁判权，即决定是否应当适用拘留、逮捕、搜查、扣押并对控辩双方的争议进行裁决的权力，这是司法权力。刑事侦查程序的本质是代表国家的侦查控诉机关与被追诉人之间的一种冲突和对抗，如果侦查机关有权自行决定是否采用强制性侦查手段并对控辩之间的争议进行裁决，实际上是允许诉讼中争议的一方对涉及本方利益的争议进行裁决，是允许行政官同时享有司法官的权限，即出现了“担任自己案件法官”的现象。这使被追诉方处于十分不利的地位。而法院是司法机关，在程序中不承担追诉犯罪的职能，地位相对客观中立，由它来行使侦查程序中的裁判权，对强制性侦查手段的运用及控辩方的争议进行裁决，将有利于侦查程序的正当性。其次，司法权控制侦查程序有利于保证控辩双方平等地参与刑事诉讼程序。正当程序的标准之一是“平等听取双方当事人的意见”。在刑事诉讼中就是要给予控辩双方平等地参与诉讼的机会，给予控辩双方平等地攻击和防御并对裁判结果施加影响的机会，司法权对侦查程序的介入和控制将有利于这一目标的实现。司法权控制侦查程序能遏制侦查权力的滥用。揭露犯罪、打击犯罪是侦查控诉方的天然目的，是其终极使命，因此它会采取任何手段来实现这一目的，这必然会导致侦查程序中侦查权力的滥用。司法权的介入，会有效地遏制侦查权自行其是的状态，使其有所收敛或必须收敛。另外，司法权的介入还会弥补被追诉方在诉讼能力上的天然不足。侦查程序中侦查控诉机关可以采用一切手段，如搜查、扣押、逮捕、羁押甚至技术侦查等强制方法调查取证，以揭露证实犯罪。相比之下，被追诉方由于无权采用强制侦查手段，加之如果被害人或证人拒绝配合、拒绝作证，被追诉方很难取得有利于本方的证据。法官对侦查权的控制有利于解决这一问题。按照西方一些国家的法律规定，法官如果介入控制侦查程序后，经辩护方申请，法官有权用询问证人、勘验、检查、扣押等方法收集对被追诉方有利的证据，这对于提高侦查程序中防御方的防御能力十分重要，也是侦查程序正当化的重要体现。

二、联合国有关刑事司法准则对侦查程序的基本要求

联合国一系列的刑事司法准则在制定之时，已经充分考虑了各成员国既有的法律规定和这些国家之间的差异，从这些刑事司法准则中，我们很容易就能察觉到正当程序所蕴含的思想内涵。联合国作为拥有最多成员国的国际组织，遵守该组织的一系列公约、协定是每一个成员国应尽的义务，各成员国不能以政治、经济、文化、宗教信仰等方面的差异为借口来拒绝执行，中国也不应例外。众所周知，联合国的一系列刑事司法准则对于公正审判有明确具体的规定[①]，其中许多关于程序的规定都与侦查程序直接相关，如酷刑、拘禁、辩护、审讯、法律援助等。

（一）禁止任意和非法羁押

这在《世界人权宣言》第 9 条，《公民权利和政治权利国际公约》第 9 条，《保护所有遭受任何形式拘留或监禁的人的原则》第 2 条、第 36 条中有明确规定。[②] 这些规定主要是程序性条款，体现的都是正当程序关心、保护公民权利的核心思想。通过对有权机关权力的层层规范和限制，达到防止执法官员任意、非法羁押的目的。从实践的情况来看，侦查程序中任意和非法羁押出现的可能性最大，必须从立法上重点限制。具体包括以下几个方面的内容：（1）被羁押者享有被告知羁押理由的权利。《公民权利和政治权利国际公约》第 9 条第 2 款规定："任何被逮捕的人，在被逮捕时应被告知逮捕他的理由，并应被迅速告知对他提出的任何指控。"《保护所有遭受任何形式拘留或监禁的人的原则》第 10 条也规定了同样的内容。同时，该原则第 14 条还规定了这种告知必须以被羁押人能够理解的语言作出。（2）被及时带到司法官员面前的权利。《公民权利和政治权利国际公约》第 9 条

① 这大概是因为制定者的审判中心主义的倾向，主要法治国家均实行司法审查和令状主义原则，强制侦查行为必须取得法官的令状，而任意侦查并无规范的必要。因此可以说，对审判的规范就等于对侦查和控诉的规范。

② 《世界人权宣言》第 9 条规定，任何人不得加以任意逮捕、拘禁或放逐。《公民权利和政治权利国际公约》第 9 条第 1 款规定，人人享有人身自由和安全，任何人不得加以任意逮捕或拘禁。除非依照法律所确定的根据和程序，任何人不得被剥夺自由。《保护所有遭受任何形式拘留或监禁的人的原则》第 2 条规定，逮捕、拘留或监禁应严格按照法律规定并由为此目的的授权的主管官员和人员执行；第 36 条第 2 款规定，在调查和审判期间，只有在执法上确有必要时，才能根据法律具体规定的理由及其条件和程序对这种人进行逮捕和拘留。

第3款规定："任何因刑事指控被逮捕或拘禁的人，应被迅速带见审判官或其他经法律授权行使司法权力的官员……"《保护所有遭受任何形式拘留或监禁的人的原则》第37条规定："以刑事罪名被拘留的人应于被捕后迅速交给司法当局或其他法定当局。这种当局应不迟延地判定拘留的合法性和必要性。"（3）被暂时释放等待审判的权利。《公民权利和政治权利国际公约》第9条第3款规定："……等候审判的人受监禁不应作为一般原则，但可规定释放时应保证在司法程序的任何其他阶段出席审判，并在必要时报到听候执行判决。"（4）在合理时间内接受审判或释放的权利。《公民权利和政治权利国际公约》第9条第3款规定："任何因刑事指控被逮捕或拘禁的人……有权在合理的时间内受审判或被释放。"《保护所有遭受任何形式拘留或监禁的人的原则》第38条规定："以刑事罪名被拘留的人应有权在合理期间内接受审判或在审判前释放。"（5）对羁押提出异议的权利。《公民权利和政治权利国际公约》第9条第4款规定："任何因逮捕或拘禁被剥夺自由的人，有资格向法庭提起诉讼，以便法庭能不拖延地决定拘禁他是否合法以及如果拘禁不合法时命令予以释放。"《保护所有遭受任何形式拘留或监禁的人的原则》第32条第1款规定："拘留如属非法，被拘留人或其律师应有权随时按照国内立法向司法或其他当局提起诉讼，对其拘留的合法性提出异议，以便使其获得立即释放。"（6）被羁押人在羁押期间的待遇。根据《保护所有遭受任何形式拘留或监禁的人的原则》的规定，被羁押人在羁押期间应受到以下待遇：获得律师帮助的权利（第17、18条），接受家属探访并与家属通信的权利，有充分机会与外界联络的权利（第19条），被拘禁在合理距离内的拘留或监禁住所的权利（第20条），不受酷刑、逼供等非法待遇的权利（第6、33条），免费进行体格检查的权利（第24条），被视为无罪的权利（第36条）。

（二）自行辩护与获得律师的帮助

《世界人权宣言》第11条规定："凡受刑事控告者，在未经获得辩护上所需的一切保证的公开审判而依法证实有罪以前，有权被视为无罪。"《公民权利和政治权利国际公约》第14条第3款规定："在判定对他提出的任何刑事指控时，人人完全平等地有资格享受以下的最低限度的保证：……（乙）有相当时间和便利准备他的辩护并与他自己选择的律师联络……"《关于律师作用的基本原则》第1条规定："所有的人都有权请求由其选择的一名律师协助保护和确立其权利，并在刑事诉讼的各个阶段为其辩护。"

辩护权是犯罪嫌疑人、被告人在刑事诉讼中所享有的一项基本权利，是无罪推定原则的必然要求，是程序是否正当的主要衡量标准。刑事诉讼中的辩护分为自行辩护和委托辩护两种，由于犯罪嫌疑人、被告人在法律知识方面的欠缺，尤其是在侦查阶段人身自由受到限制的情况下，犯罪嫌疑人、被告人无法充分行使自己的辩护权，因此，获得律师帮助并为其提供辩护成为现代刑事司法的一项基本准则。为切实保障犯罪嫌疑人、被告人的合法权益，犯罪嫌疑人、被告人的律师帮助权和辩护权应贯穿整个刑事诉讼活动的始终，特别是在侦查阶段，能否及时、有效地获得律师帮助对于保障犯罪嫌疑人、被告人不受酷刑、非法和任意羁押具有重要意义，所以，国家应当采取一系列措施确保犯罪嫌疑人、被告人在审前获得律师帮助的权利，而不是以有碍侦查和追诉为借口对其予以剥夺或限制。根据《关于律师作用的基本原则》的规定，这些措施至少应当包括以下几个方面：(1) 及时告知犯罪嫌疑人、被告人享有这项权利。该原则第 5 条规定：“各国政府应确保由主管当局迅速告知遭到逮捕或拘留，或者被指控犯有刑事罪的所有的人，他有权得到自行选定的一名律师提供协助。”(2) 法律援助权。该原则第 6 条规定：“任何没有律师的人，在司法需要情况下，均有权获得按犯罪性质指派给他的一名有经验和能力的律师，以便得到有效的法律协助，如果他无足够力量为此种服务支付费用，可不交费。”(3) 律师会见、联络权。该原则第 8 条规定：“遭逮捕、拘留或监禁的所有的人应有充分机会、时间和便利条件，毫无延迟地在不被窃听、不经检查和完全保密的情况下接受律师来访和与律师联系协商。这种协商可在执法人员能看得见但听不见的范围内进行。”《保护所有遭受任何形式拘留或监禁的人的原则》第 5 条规定，被拘留人或被监禁人与其法律顾问之间的联络不得用作对被拘留人或被监禁人不利的证据，除非这种联络与继续进行或图谋进行的罪行有关。此外，《保护所有遭受任何形式拘留或监禁的人的原则》第 32 条、第 33 条还赋予律师针对被监禁人所受到的非法拘留、酷刑或其他残忍、不人道或有辱人格的待遇向司法当局或其他有关当局提起诉讼或指控的权利。

（三）禁止酷刑

作为一项国际刑事司法准则，禁止酷刑原则在刑事诉讼中的价值在于防止或者阻止国家追诉机关为获取证据而对犯罪嫌疑人或被告人、证人及其他关系人采取刑讯、恐吓等非常规手段。在封建的纠问式诉讼中，口供作为“证据之王”，国家追诉机关为获取证据普遍采用刑讯等手段，这在当时的法律上也予以认可。

酷刑一方面极大地摧残犯罪嫌疑人或被告人的精神和身体，严重侵犯其生命健康权利和自由权利；另一方面将犯罪嫌疑人或被告人作为证明自己有罪的工具，这种证明方法本身是违反伦理的，侵犯了犯罪嫌疑人或被告人的人格尊严。不管是在目的上还是在手段方法上都是严重违反正当程序的。因此，现代的文明的刑事诉讼法坚决否定了酷刑，并将其上升为一条重要的国际刑事司法准则。《禁止酷刑和其他残忍、不人道或有辱人格的待遇或处罚公约》专门规定了一系列针对酷刑的预防性和救济性的措施。这些措施包括：（1）定期审查。该公约第 11 条规定，每一缔约国应当经常、有系统地审查对在其管辖的领土内遭到任何形式的逮捕、扣押或监禁的人进行审讯的规则、指示、方法和惯例及对他们的拘留和待遇的安排，以避免发生任何酷刑事件。（2）申诉制度。该公约第 13 条规定，每一缔约国应确保凡声称在其管辖的任何领土内遭到酷刑的个人有权向该主管当局申诉，并由该主管当局对其案件进行迅速而公正的审查。应采取步骤确保申诉人和证人不因提出申诉而遭受苛待或恐吓。（3）补偿制度。该公约第 14 条第 1 款规定，每一缔约国应在其法律体制内确保酷刑受害者得到补偿，并享有获得公平和充分赔偿的强制执行权利，其中包括尽量使其复原。如果受害者因受酷刑而死亡，其受抚养人应有获得赔偿的权利。（4）证据排除规则。该公约第 15 条规定，每一缔约国应确保在任何诉讼程序中，不得援引任何业经确定系以酷刑取得的口供为证据，但这类口供可用作被控施行酷刑者刑讯逼供的证据。

三、制约我国侦查程序正当性的主要因素

在我国，就如何对待权力和权利的问题，习惯于坚持“权力本位”的观念，从而导致侦查权力的过度行使，诉讼权利的保护乏力，这是制约我国侦查程序正当性的关键问题。侦查程序是否符合正当程序的要求主要通过侦查机关如何行使侦查权、当事人享有哪些诉讼权利以及如何保障其权利、诉讼主体可以通过哪些救济途径维护其权益、对非法证据如何对待等方面反映出来。我国刑事诉讼法的有关规定与实践中的实际做法都在不同程度上暴露了侦查程序与正当程序之间的差距。这主要体现在以下几个方面：

（一）侦查权配置失衡

我国侦查主体的地位与大陆法系国家侦查主体的地位有相似之处。在我国

“多元刑事侦查主体”① 中，公安机关一直占据主导地位，其拥有的侦查权力最大。无论是1979年颁布的《刑事诉讼法》，还是1996年修改的《刑事诉讼法》，立法者都十分强调侦查机关的独立性。例如，1996年《刑事诉讼法》第7条规定：“人民法院、人民检察院和公安机关进行刑事诉讼，应当分工负责，互相配合，互相制约，以保证准确有效地执行法律。”现实的情况是，此三机关属于国家专政机关，同时承担着维护社会稳定的职责，分工和配合都是在此基础上的分工和配合。因此，在刑事诉讼中公安、检察、法院三机关配合有余，制约较少，这种诉讼法律关系显然违反了控审分离原则，违反了正当程序对于不同刑事诉讼主体之间不同的职能划分。这种程序上的非正当，很容易导致实体结果的非正当。按照权力制约、监督的理论，在诉讼中侦查权、起诉权和审判权必须构成一种运作有效的相互制约、相互监督、相互牵制的关系。所以，我国刑事诉讼法中的这种权力分配方法，极易导致在诉讼活动中侦查机关、起诉机关和审判机关合为一家的结果。

侦查机关在刑事诉讼活动中扮演着重要角色。我国的刑事诉讼活动偏向于侦查、控诉、审判协调一致的线性结构，共同承担着维护社会稳定的重任。这种“三位一体”具体表现为三者相互平行、不分主次，在刑事诉讼活动中相互协作代替、相互制约的状况保持到现在。1996年《刑事诉讼法》虽然试图对刑事诉讼进行重新构造，将直线形（或者称为流水作业式）的结构改为三角形的结构（由法官居中裁断控辩双方的争端），在审判活动中注入“当事人主义”思想，突出审判职能，使其独立于侦查、控诉职能之外，强调法官在审判活动中应当在控辩双方之外，处于中立的位置，保持中立姿态，不偏不倚。但在侦查程序是否注入司法权控制的问题上，立法者又考虑到当前我国刑事犯罪形势的严峻性、社会舆论的压力以及改革的需要等诸多因素，几乎原原本本保留了“职权主义”的色彩。于是，在扩大侦查程序中侦查主体权力的同时，立法上却没有加强对被追诉人相应的权利防御机制和侦查监督机制。而在审判阶段，又要求法院尽快改变现状，注入“当事人主义”的诸多因素。结果势必引发侦查与审判制度上的冲突和矛盾，并使侦查结果、起诉意见对审判结果造成直接的影响。程序的正当化功能以及审判程序应有的中立性和公正性几乎全被侦查和控诉的单向性、行政

① 按照法律规定，我国的公安机关、检察机关、国家安全机关、军队保卫部门、监狱管理部门都行使着刑事侦查权力，该权力很少受到制约。

性所掩盖。

（二）侦查权行使的行政化

我国的侦查机关一直是一个具有相对独立、拥有多种刑事侦查权力的机构，侦查主体表现出极强的主动性，在选择具体的侦查手段和措施时，具有相当大的自主权，对侦查结果也有着宽泛的自由裁量权。[①] 侦查权的行使几乎完全由侦查机关任意支配，侦查机关采取的强制措施，除了逮捕一项由检察机关履行审查批捕程序外，绝大部分都是由侦查机关自行决定、自主执行。至于侦查机关采取的强制性措施（有的称为“侦查措施”），如搜查人身、住所，扣押文件、物品或邮件，进行电话或其他方式的窃听，查询和冻结存款，以及对公民进行通缉等，全部都由县级以上侦查机关负责人审查后批准，予以授权，而不受任何其他外部机构的审查和制约。造成这些问题的原因主要是行政权被司法化。由于公安、检察机关在我国被认为是司法机关，导致了我国立法将许多本应由司法机关享有的权力赋予了公安机关和检察机关。而公安机关作为天然的行政机关，在行使权力的过程中往往更注意对国家和社会利益的维护而不是对公民个人权利的保护。并且，作为申请者和执行者的公安机关同时兼任裁判者明显违反了正当法律程序的基本要求——任何人不得做自己案件的法官。与诉讼方法相比，这些行政方法缺乏外部的监督与制约，基本上是行政审批的方法，至于侦查中的内部自行监督，如通过内部执法监督、错案追究、执法质量考核评议等上下级之间的监督制约方式，往往容易流于形式而无实质性内容和效果。这种权力内部之间的行政性检查，并非权力对权力的制约。

（三）检察机关的法律监督权存在的缺陷

我国法律规定检察机关是国家法律监督机关，但仔细考量检察机关的职能后，发现这种规定本身就存在诸多的矛盾。我国的宪法一直将检察院的性质确定为国家法律监督机关，其行使的基本职权是法律监督权。监督的含义一是指监察督促[②]，二是指旧时官名[③]。由此可见，监督的含义十分宽泛而模糊。从实践的

---

① 在公安机关所立的刑事案件中，侦查终结后有多种可能的结果：一是移送检察机关提起公诉；二是转作劳动教养决定；三是转为治安行政处罚，如治安拘留、罚款等；四是训诫或教育释放等。至于应选择这些结果中的哪一个，公安机关都可以自主决定，拥有极大的自由裁量权。

② 《后汉书·荀彧传》：“古之遗将，上设监督之重，下建副二之任。”

③ 《辞海》，上海辞书出版社 1989 年版，第 4423 页。

情况来看，检察院的监督权似乎只存在于号召或法律政策的层面上，其范围究竟如何界定，其运作的机制如何，在工作中是如何实现对公安机关监督权能的，实践中并不多见。这样的监督权，对侦查机关的权力难以形成强有力的制约效果。我们可以从刑事立案监督权和刑事侦查监督权的考察来论证检察权对侦查权制约的薄弱。

在刑事立案监督方面，一是刑事立案监督的对象不够全面。1996 年《刑事诉讼法》仅在第 87 条把刑事立案监督的对象局限于公安机关，《人民检察院刑事诉讼规则》将立案监督的对象扩展到检察机关自侦部门。但 1996 年《刑事诉讼法》第 4 条规定："国家安全机关依照法律规定，办理危害国家安全的刑事案件，行使与公安机关相同的职权。"第 18 条第 3 款规定："自诉案件，由人民法院直接受理。"第 225 条第 2 款规定："对罪犯在监狱内犯罪的案件由监狱进行侦查。"《中华人民共和国海关法》第 4 条第 2 款规定："海关侦查走私犯罪公安机构履行侦查、拘留、执行逮捕、预审职责，应当按照《中华人民共和国刑事诉讼法》的规定办理。"由此可见，在我国具有刑事立案权的机关除公安机关和检察机关自侦部门外，还包括国家安全机关、人民法院、监狱、海关。对于检察机关是否拥有对这些具有刑事立案权的机关的立案活动的监督权，刑事诉讼法和相关法律都没有作出明确规定。因此，将立案监督的对象仅仅规定为公安机关的立案活动，大大局限了立案监督的范围，明显削弱了检察机关的刑事诉讼监督职能。二是刑事立案监督的客体界定过窄。1996 年《刑事诉讼法》第 87 条规定人民检察院仅对公安机关"应当立案而不立案"的行为进行刑事立案监督，即只规定了对消极立案行为的法律监督，对"不应当立案而立案"的积极立案行为的法律监督未作明文规定，使积极立案行为中的违法现象得不到及时纠正。虽然《人民检察院刑事诉讼规则》第 378 条将"不应当立案侦查而立案侦查"列入了监督的范围，但《公安机关办理刑事案件程序规定》第 164 条只规定了公安机关接受检察机关不立案监督的程序，可见检察机关对不应当立案侦查而立案侦查的监督难以落实。此外，对刑事立案程序是否规范以及立案和不立案的决定是否合法等相关刑事立案活动的监督，以及对刑事立案主体接受的不属于自己管辖的案件，既不移送主管机关处理，又不通知报案人、控告人、举报人的行为的监督等也未作明文规定。三是刑事立案监督的措施不力。检察机关的刑事立案监督活动缺少法律保障。例如，没有调查权，控告申诉部门在履行刑事立案监督职能过程中未有调查、核实权的法律依据，不能随时介入有关司法、执法活动对其进行检查监督；没有调卷权，想调阅有关案卷材料时，常常遭到拒绝；没有处罚权，对滥用职权而尚未构成犯罪的违法责任人没有一种给予处罚的资格权，使其没有得到相应的处罚，依然我行我素，达不到刑事立案监督的实际效果。

在刑事侦查监督方面，一是侦查监督的对象不全，像立案监督一样，拥有刑事侦查权的机关没有全部列入监督范围。二是侦查监督的客体过窄，法律只是规定侦查活动合法性为客体，而没有明确将审查适用法律是否正确纳入侦查监督的范围。三是侦查监督的措施软弱无力，刑事诉讼法只规定了公安机关应当将检察机关所提纠正意见和执行检察机关所作决定的情况通知检察机关，而未进一步明确公安机关拒不纠正违法，或者拒不执行检察机关所作决定的法律后果。四是未明确赋予检察机关引导、指挥侦查权。具体表现为：法律未赋予检察机关在自行侦查、补充侦查时有调动公安机关的刑警协助侦查的权力；法律未规定检察机关对公安机关侦查案件的随时调阅案件材料权和随时亲临现场监督权；法律未规定检察机关有权命令知道案情的刑警出庭作证权。五是一些在实践中行之有效的侦查监督方式还没有在立法上予以确认，如案件发生后检察机关提前介入侦查活动的一些可行性做法。①

（四）辩方行使防御权面临的困难

在侦查阶段赋予被追诉方一定的防御性（保障性）权利是保障侦查程序正当性的必要条件。各国的宪法或者刑事诉讼法中都对有关的诉讼权利进行了明确、具体的规定。其中包括赋予被追诉方广泛而详尽的告知权、律师帮助权、律师在场权、控告与申诉权以及请求司法审查权、救济补偿权等。而我国刑事诉讼法没有明确规定犯罪嫌疑人及其律师在侦查阶段的调查取证权，被追诉方很难在侦查阶段获得更多的证据和有关案情的信息。在侦查过程中无论是犯罪嫌疑人还是其律师，都很难进行调查取证活动，也无权自行决定鉴定。同时，侦查机关还可以妨碍侦查为由，对犯罪嫌疑人的辩护准备活动施加限制和干涉。例如，限制律师与犯罪嫌疑人的会见时间、次数，律师与犯罪嫌疑人会见时侦查人员是否在场等，都由侦查人员自行、单方面作出决定。在侦查中辩护一方的力量和所发挥

① 崔江西：《检察机关刑事诉讼监督》，载东方法眼网站，http://www.dffy.com，访问日期：2005年3月1日。

的辩护职能十分薄弱，很难取得实质性效果。犯罪嫌疑人在侦查阶段只能处于被动服从和配合地位，没有自由选择权，对侦查结果几乎也没有争辩的余地。侦查机关在进行专门调查活动和采取强制性措施时，实践中一般不履行告知义务，也无须通知辩方律师到场参与，更不听取辩方律师的辩护意见，而是直接自行作出有关决定或者实施有关侦查措施。显而易见，被追诉方的诉讼权利与侦查权力严重失衡。被追诉方防御性诉讼权利的过于单薄，导致了国家追诉机关的侦查权与被追诉方在侦查阶段的诉讼权利呈现失衡状态。具体体现在以下几个方面：

一是辩护律师的会见权流于形式。1996 年《刑事诉讼法》第 96 条、六部委《关于刑事诉讼法实施中若干问题的规定》及最高人民法院、最高人民检察院、公安部的有关司法解释均规定了律师有权会见在押的犯罪嫌疑人、被告人，除涉及国家秘密的案件外，应在律师提出会见申请的 48 小时内安排会见，涉黑等特殊类型的案件也应在 5 日之内安排会见。但在司法实践中，侦查机关往往从部门利益出发，多以涉及国家秘密、案件情况特殊、需要主管领导批准等种种理由不予安排会见，或者虽安排会见，但严格限制律师会见的时间、次数，或派员在场以及对律师会见进行录音、录像等，对律师行使会见权施以种种不合理的限制，设置重重障碍。

二是辩护律师的调查取证权很难实现。1996 年《刑事诉讼法》第 37 条就辩护律师的调查取证规定，辩护律师向证人调查取证要经证人的同意，向被害人一方取证须经主管机关批准和被害人一方同意方可进行。但在实践中，证人不配合辩护律师的调查取证、主管机关不批准辩护律师对被害人一方的调查取证或被害人一方不同意辩护律师对其进行调查取证的情况极为常见，遇到以上这些情况，辩护律师基本无计可施。“如此严格地限制律师的调查权，实质是从事实、证据方面架空了辩护权。”①

三是律师申请变更或解除强制措施收效甚微。1996 年《刑事诉讼法》第 96 条规定，“犯罪嫌疑人在被侦查机关第一次讯问后或者采取强制措施之日起”，辩护律师“可以为其申请取保候审”；第 75 条还规定，“……犯罪嫌疑人、被告人委托的律师及其辩护人对于人民法院、人民检察院或者公安机关采取强制措施

① 樊崇义主编：《刑事诉讼法实施问题与对策研究》，中国人民公安大学出版社 2001 年版，第 106 页。

超过法定期限的，有权要求解除强制措施”。对于辩护律师申请变更强制措施的权利，就实施的情况看，上述规定基本上很少得以贯彻落实。

四是辩护律师的辩护职业得不到有效保障。我国《刑法》和《刑事诉讼法》中都有关于律师“不得伪造证据”的规定，立法有其合理之处，但随意性较大，使其成为悬在刑事辩护律师头上随时可能掉下来的“达摩克利斯之剑”。“两法”实施以来，公安、检察机关错抓、错拘辩护律师事件时有发生。辩护律师因从事刑事辩护而自身难保，这严重损害了律师的公众形象，挫伤了律师办理刑事案件的积极性，造成了律师从事刑事辩护普遍的恐慌心理，甚至出现了一些律师直接宣称不办理刑事辩护业务的极不正常的情况。

四、正当程序视野中的我国刑事侦查程序改革

严格地说，我国具有现代意义上的程序法治并非是本土资源上自然生长的结果，而是在整体上多多少少地体现着移植与借鉴的意味。就刑事程序而言，我国起初借鉴日本、德国等大陆法系国家的职权主义制度，之后又借鉴苏联的，现在为加强人权保障，有向当事人主义靠拢的趋势。但是，我们在借鉴外国经验的同时，不能简简单单地照搬照抄，借鉴正当法律程序原则也是一样。正当法律程序到底是一种怎样的机制，它的背后有着怎样的支撑条件，它的周围有着怎样的相关制度，它将会有怎样的发展变化，我们都必须基于详细而准确的考察后再予以借鉴。

（一）完善刑事侦查监督体系，增设司法审查制度

1. 司法审查的含义及起源

司法审查制度是现代民主国家普遍设立的一项重要法律制度。其一般的含义是国家通过司法程序来审查与裁决立法行为和行政行为是否违宪的一种基本制度。这一制度的具体内容是由司法机关对立法机关的法律的合宪性、对行政机构和官吏的行为的合法性与有效性进行质疑和审查。司法审查制度是一项公法领域内的制度。其理论依据主要是：宪法是根本法，具有最高的法律效力，是立法和执法的基础和依据。法律和法令从形式到内容，都不得与宪法条文相抵触；行政机关的行政行为也不能超出宪法的规定。司法机关被认为是保障宪法实施的机关，一旦产生立法和行政违宪的问题，其就可以宣布某项法律或某一行政行为无

效。第二次世界大战之前，司法审查制度主要实行于美国，战后则为许多西方国家所采用。许多西方法学家把司法审查视为实现宪法的保障以及立法、司法和行政三机关分权与制衡原则的体现。现在西方各国虽然大都建立了司法审查制度，但由于各国的宪政体制、历史文化以及法律传统不同，具体行使司法审查权的机关、司法审查的范围、司法审查的依据以及具体的救济方式也有所不同。

司法审查制度有着广阔而深厚的自然法理论思想基础和渊源，并与普通法优良的法治传统和注重司法判例的风格紧密相连。司法审查制度首先是在自然法思想的怀抱中逐步成长的。自然法思想在西方经历了漫长的发展过程。早在古希腊时期，柏拉图、亚里士多德就提出了自然正义、自然法的概念。自然法被描述成一种客观公正的不受任何限制、既无所不在又不证自明的自然理性和规律，具有永恒不变的正义性。人为法、实在法处于自然法之下，受理性的启示，是对自然法的发现。如果人为法违反了自然法，就是无效的。自然法观念经过斯多葛主义的普适化，为古罗马西塞罗所继承并作了进一步的阐发："正式法尤其是制定法，一旦与真正的法律失去联系，就丧失了法的资格。"这对现代意义上的违宪法律作了最早的判断。西塞罗的自然法思想为他所在的那个时代所支持，万民法被赋予自然法的理性，被视为自然法的重新发现。通过万民法，自然法以一种实证的法律面目出现，获得了自己较为确定的内涵，成了实证法。中世纪教会法学家在研究这种实证的自然法时，对自然法进行了高级自然法和低级自然法之分，认为只有高级自然法才是不可以改变的。教会法被理所当然地视为高级法的反映，并获得了有社团性质的教会政治体制的宪法的地位，教会成了一个以法律为基础的"法治国"。资产阶级启蒙思想家继承和发展了自然法论。英国思想家洛克在1690年发表的《政府论》的下篇中，集中阐发了自然法令、天赋人权和议会至上的合理性，为英国1688年的革命作了理论上的辩解。英国法的自然正义原则，大体相当于美国宪法中的"正当法律程序"条款，但就其程序性意义而言，美国法中的"正当程序"要广泛得多。美国宪法中的"正当法律程序"包含实体性的含义，即立法机关通过的法律必须符合自然权利和社会契约的原则。英国法中的自然正义原则也有实体性含义，即法院判决必须符合实体性正义、普遍正义和理性正义的原则。

按照上述关于司法审查的定义，我国也存在司法审查制度，即1989年全国人大通过的《行政诉讼法》。我国《行政诉讼法》中，规定了许多人民法院对于行政机关行使权力进行监督、制约的条款。例如，第5条规定了人民法院有权对具体行政行为的合法性进行审查；第12条规定了人民法院受理行政案件的范围；第34条规定了人民法院有权向行政机关调取证据；第44条规定了在特定情况下，人民法院可以裁定停止原具体行政行为的执行；第48条规定了被告无正当理由拒不到庭的，人民法院可以缺席判决；第54条规定了人民法院可以对具体的行政行为作出维持原判、撤销或部分撤销并判决行政机关重新作出具体行政行为、判决行政机关履行职责以及变更原行政处罚等判决；第65条规定了人民法院有权对拒不履行生效判决裁定的行政机关采取相应的强制执行措施。这些条款都赋予人民法院在审理具体案件过程中，对作为被告的行政机关行使相应的权力。这些权力包括受理权、取证权、审理权、裁定权、判决权以及强制执行权。这就说明，行政诉讼法在我国确立了一套完整的司法审查制度。就其本质而言，这是国家司法机关对国家行政机关的监督、制约程序。

但是，行政诉讼领域司法审查制度的存在，并不能说明我国已建立纯粹的完整的司法审查制度。可以说，司法审查制度在刑事诉讼领域所发挥的价值和功能是最大的，因为刑事诉讼涉及的是公民的生命权、自由权、财产权、隐私权等一系列基本权利，这些权利均为宪法权利，对这些权利的限制和剥夺都应经过司法权介入之后裁断作出。而这正是我国刑事诉讼制度中的缺陷。

从1996年《刑事诉讼法》来看，设计者的意图原本应是将刑事诉讼活动中控、辩、审三方结构构建为三角形结构，在审判阶段注入“对抗式”的理念。然而，在设计侦查结构时，可能又考虑到刑事犯罪形势的严峻性、社会舆论的压力等因素而保留了“职权主义”的色彩。虽然这种考虑是必要的，但其结果不可避免地导致了刑事侦查模式与审判模式在惩治犯罪和保障人权上的脱节，有一种使对抗式审判模式形同虚设的尴尬意味。因此，有必要参照其他国家的做法，在刑事侦查阶段设立一个能及时对刑事侦查活动进行司法监督的中立性机构，对刑事侦查机关的追诉行为进行司法审查，使得刑事侦查机关与犯罪嫌疑人、被害人之间在追诉活动中产生的争端能够通过司法程序得到及时解决。就目前情况来看，可考虑由法院充当这一角色。对于涉及公民权益的强制性刑事侦查行为，如逮捕、羁押、拘留、监视居住、取保候审、搜查、窃听、通缉等，可以由法官发布司法许可的令状，没有令状，侦查机关不得实施这种强制性行为；同时，在遇到紧急情况时，侦查机关可以先行采取有关的强制措施，之后立即向法院报告，由法官在听取刑事侦查人员和犯罪嫌疑人及其辩护双方的意见后，对其行为是否合法作出相关的书面裁定，即司法审查；犯罪嫌疑人及其辩护人对侦查人员所采取的刑事侦查行为或强制措施行为不服的，可以向法院申诉，法官在刑事侦查人员与犯罪嫌疑人的直接参与下，就其合法与否进行审理，听取双方意见后作出裁决，从而实现对犯罪嫌疑人的司法救济。只有这样，才能使刑事侦查模式呼应审判模式的需要，实现程序公正之要求。

2. 行使司法审查权的主体和提起司法审查权的主体

在西方国家，司法权的主体由中立的法院或法官充任。但在我国，立法和实践中基本上都将检察机关认定为司法机关。从理论上讲，法院是中立的裁判机构，检察机关代表国家指控犯罪，居于刑事诉讼中的控方地位，不宜作为中立的一方来行使司法审查权。因此，理想的状态是由法院作为司法审查权的主体。但从现实的情况来看，也可暂时将检察机关列为司法审查权主体。一是司法审查机制的建立是一项重大的制度改革，相关制度的建构及民众心理的适应都需要一个渐进过程；二是虽然检察机关也属于控方，但检察机关并不经常行使具体的侦查行为，因而其进行一定范围内的司法审查也是合理的。如在法国，检察官有权签发拘传票和拘留证；在德国，检察官在紧急情况下可实施搜查、扣押等许多强制性诉讼手段，然后再报请法官审核批准。①

公安机关是侦查犯罪的职能机关，同时按照我国法律规定，检察机关行使部分案件的刑事侦查权。笔者认为，在现实条件下，对于公安机关所进行的涉及公民宪法权利的侦查行为，包括对物的强制处分，如搜查、扣押、冻结、查封等行为，以及对人身的强制处分，如拘留、逮捕、羁押等行为，公安机关要报请检察机关进行司法审查，签发令状后才可以实施。如果检察机关无法确定是否应该批准该项强制处分，则应报法院进行司法审查。在检察机关自行侦查的案件中，虽然此类案件的侦查部门在检察机关内是相对独立的，但对于涉及公民宪法权利的强制处分，不宜由该机关自行审查批准，而应报同级法院的法官进行司法审查。同时，犯罪嫌疑人及其法定代理人、近亲属、辩护人也有权向检察机关或法院提起司法审查的请求。犯罪嫌疑人是与案件有直接利害关系的诉讼参与人，诉讼的过程及结果对于其权利将会产生重大影响；而犯罪嫌疑人的法定代理人、近亲

① 陈永生著：《侦查程序原理论》，中国人民公安大学出版社 2003 年版，第 406 页。

属、辩护人是为争取犯罪嫌疑人的权利而参与到诉讼中，其在诉讼中的目的是维护和保护犯罪嫌疑人的权利和利益，因此，这些人有权独立向检察机关或法院提起司法审查的请求。

3. 确立司法审查的例外规则

在对侦查行为进行司法制约的国家，一般都确立了在通常情况下强制性措施的采用须经法官发令状的一般规则，但也较普遍地建立了例外规则，即在特定情况下侦控机关可无证采取强制性措施。如在英美国家，搜查分为有证搜查和无证搜查，逮捕亦同。无证搜查和逮捕适用于情况紧急，来不及获得搜查证和逮捕证的情形。德国刑事诉讼法规定，如果延缓逮捕会发生危险，并且存在发出逮捕命令或者拘留命令的前提条件时，检察长和警察局官员也有暂时逮捕权（第127条）。在日本，逮捕包括通常逮捕、紧急逮捕和现行犯逮捕。通常逮捕是依令状实施的逮捕，其要件是有充分理由足以怀疑被疑人曾经犯罪；紧急逮捕适用于情况紧急来不及请求法官签发逮捕证的情形，但逮捕后，应立即履行请求法官签发逮捕证的程序；对于现行犯，即便没有逮捕证，任何人都可以予以逮捕。后两者在实践中约占逮捕总数的40%。在日本，无证搜查和扣押只能在持逮捕证的现场实施，不允许其他例外。① 不过，在上述国家中，逮捕的含义不同于我国刑事诉讼法上的逮捕，而类似于我国的拘留。

我国的刑事强制措施对于拘留和逮捕的行为与后续的羁押状态不加区分，拘留、逮捕一旦实施往往直接意味着羁押状态的开始，使得实施拘留、逮捕的行为与后续的羁押状态两者的适用条件并无二致。这致使实施拘留、逮捕（行为）的条件较高，不能很好地体现与犯罪作斗争的灵活性，而对于羁押因缺乏司法制约，不利于人权的保障。为此，我们有必要借鉴日本的做法。日本将逮捕（行为）与羁押（状态）严格加以区分，逮捕适用的条件较低，证明程度也较低，建立了无证逮捕的制度，体现了打击犯罪的灵活性。而羁押须以逮捕为前提，被称为逮捕前置主义，即羁押由检察官在逮捕或收到犯罪嫌疑人后的一定时间内（总计不得超过72小时）请求法官并由法官在听取犯罪嫌疑人陈述的情况下作出决定。鉴于此，我国有必要将拘留和逮捕行为化、羁押状态化，并可适当放宽拘留、逮捕的条件，进一步确立无证拘留、逮捕的规则。而对于犯罪嫌疑人在被拘

① 李心鉴著：《刑事诉讼构造论》，中国政法大学出版社1992年版，第201页。

留、逮捕后是否需要羁押一律由法院审查决定，并在控辩双方的参与下进行。在英美国家，除逮捕时的附带搜查可不用搜查证外，英国的无证搜查还适用于警察听见斗殴、呼救，为制止犯罪，或为追捕在逃人员等紧急情况。[①] 美国的拍身搜查不需要取得法官的令状，但警察必须有一定的根据。根据我国刑事诉讼法的规定，无证搜查只适用于“执行逮捕、拘留的时候，遇有紧急情况”的情形。笔者认为，鉴于我国现阶段复杂的社会治安形势，为及时抓获违法犯罪嫌疑人，在一定程度上提高刑事侦查的效率，对无证逮捕、无证搜查的适用范围可适当扩大。

4. 建立人身保护令制度

对被羁押人的人身保护制度起源于英国 1679 年制定的《人身保护法》所规定的人身保护令。继此之后，各主要国家都确立了这一制度。根据英国《1976 年保释法》的规定，被羁押人在诉讼的各个阶段都存在保释的问题，如被羁押人申请保释遭到警察拒绝，应被羁押人的请求，由治安法院在检察官和辩护律师的参与下以开庭的方式作出裁决，如果保释申请被治安法院拒绝，被羁押人可上诉到高等法院；如高等法院认为羁押无正当理由或不合法，则要发布人身保护令，将被羁押人予以释放。美国宪法及作为该宪法有机组成部分的《权利法案》也规定了类似英国的人身保护令制度。[②] 法国、意大利也作了相应的规定。德国建立了自动人身保护制度，此外，还建立了被羁押人有权向宪法法院直至欧洲人权法院上诉的特别人身保护措施。[③] 参照有关国家的立法，并从我国的实际出发，我国可以考虑建立具有自身特色的人身保护制度，这也是司法审查的题中之义。结合我国现行司法体制，笔者认为，被羁押的犯罪嫌疑人、被告人及其法定代理人、近亲属或者犯罪嫌疑人、被告人委托的律师和其他辩护人，在诉讼的各阶段都有权向检察机关申请取保候审，如遭拒绝，应犯罪嫌疑人、被告人一方的请求，由法院在听取控辩双方意见后迅速作出裁决。如仍被拒绝，可向上一级法院上诉，上诉法院经阅卷和审查并听取控辩双方的意见，作出裁决，如认为羁押无正当理由或不合法，则予以释放。对于法院自行决定的逮捕，被告人一方有权向作出决定的法院申请取保候审，如申请被驳回，可向上一级法院提出上诉，上诉

① 王以真主编：《外国刑事诉讼法学》，北京大学出版社 1994 年版，第 170 页。

② 陈光中主编：《中国刑事诉讼程序研究》，法律出版社 1993 年版，第 107 页。

③ 程味秋主编：《外国刑事诉讼法概论》，中国政法大学出版社 1994 年版，第 147-148 页。

法院经阅卷和审查并听取被告人一方的陈述，迅速作出裁决，如发现羁押无正当理由或不合法，应裁决将被告人释放。

（二）强化犯罪嫌疑人及其辩护人的权利

目前的刑事侦查模式中，犯罪嫌疑人无法与强大的侦查机关相抗衡。因此，必须从制度上强化辩方的保障性权利。从国际公约的要求和有关国家的立法来看，应当在立法上明确犯罪嫌疑人的下列权利：（1）防御性权利，是指针对控诉方的指控，所设定的一些保护性权利。例如，拥有为准备辩护所必要的时间和便利条件，拥有获得律师有效帮助权，拥有不被迫自证其罪的权利等，这些权利都是一种自我保护性措施。（2）救济性权利，是指对国家追诉机关作出的对其不利的决定或命令，有权要求中立的机构予以审查并作出改变或撤销的权利。例如，对拘留、逮捕、扣押等措施是否合法，有权要求审查。（3）对追诉机关的一些义务性规定，使犯罪嫌疑人的权利落到实处。例如，刑事侦查机关对被捕者所享有的权利有告知的义务，对错误决定的国家赔偿义务，上级刑事侦查机关对下级刑事侦查机关的刑事侦查行为有复查的义务。同时，现行法律对律师的权利保障，与国际上的通行做法相去甚远。因此，有必要完善一些规定，赋予律师应有之权利，如律师的单独会见权，讯问时的在场权，会见时不被窃听、不经检查和完全保密的权利等。同时，对侵犯这些权利的行为要严厉制裁，以保障权利的有效行使。从现实的情况来看，我国的犯罪嫌疑人文化、法律素质普遍较低，很少能充分行使自我辩护权。因此，保障犯罪嫌疑人的权利，加强犯罪嫌疑人的力量使之足以和强大的国家追诉方相抗衡，在很大程度上取决于律师对刑事诉讼过程的参与程度和对刑事诉讼进程的影响力。只有律师的诉讼地位真正确立，律师的刑事辩护功能真正发挥，方可使刑事辩护权的内容落到实处，也才能真正满足正当法律程序的要求。

1. 保证辩护律师的单独会见权，赋予辩护律师讯问到场权

联合国《关于律师作用的基本原则》第 8 条规定，遭逮捕、拘留或监禁的所有人应有充分机会、时间和便利条件，毫不迟延地在不被窃听、不经检查和完全保密的情况下接受律师来访和与律师联系协商。联合国《囚犯待遇最低限度标准规则》规定，未经审讯的囚犯可以会见律师，警察或监所官员对于囚犯与律师间的会谈，可用目光监视，但不得在可以听见谈话的距离以内。联合国《保护所有遭受任何形式的拘留或监禁人的原则》第 18 条对此亦作了类似的规定。以上国

际公约规定律师单独会见权的目的是在律师会见犯罪嫌疑人、被告人时，可以使其在没有任何心理压力的情况下，面对维护自己合法权益的律师，就有关事实向辩护律师作真实自愿的陈述，以期得到律师的帮助。这对于使辩护律师查明事实真相，更好地履行辩护职责是确有必要的。我国作为联合国常任理事国，为维护我国在国际上的良好形象，更好地保护犯罪嫌疑人、被告人的人权，理应对此严格遵守。况且，当今现代世界法治化国家和地区都承认律师的单独会见权，我国对此亦应予以借鉴。

对于犯罪嫌疑人、被告人被讯问时辩护律师的到场权问题，笔者认为，赋予辩护律师到场权，特别是在侦查人员讯问犯罪嫌疑人时允许律师辩护人在场是极为必要的。在我国，由于侦查阶段职权主义的超常发挥，侦查活动处于绝对保密的状态，犯罪嫌疑人处于同外界完全隔绝的被动境地，造成监督制约手段不到位，侦查机关又缺乏切实有效的自我约束机制，因此，刑讯逼供、诱供、徇私枉法等侵犯人权的现象屡禁不止。赋予辩护律师讯问到场权，有利于对侦查活动进行有效的监督和制约，防止侦查机关刑讯逼供、诱供、徇私枉法行为的发生，保证侦查活动依法正确进行。同时，也有利于辩护律师及时地了解犯罪嫌疑人的供述和辩解情况，及时地关注对犯罪嫌疑人有利的事实和证据材料，使辩护律师能够切实有效地履行自己的辩护职责。

2. 明确赋予律师在侦查阶段辩护人的主体地位

我国 1996 年《刑事诉讼法》第 33 条规定，“公诉案件自案件移送审查起诉之日起，犯罪嫌疑人有权委托辩护人”；第 96 条规定，“犯罪嫌疑人在被侦查机关第一次讯问或采取强制措施之日起，可以聘请律师为其提供法律咨询、代理申诉、控告”。从以上规定可以看出，在我国刑事诉讼中，犯罪嫌疑人在检察院审查起诉阶段才可以委托辩护人，但在侦查阶段，犯罪嫌疑人又可以聘请律师介入。这样就在法学界和实务界引发了律师在侦查阶段处于何种诉讼地位的争论。而在司法实践中，律师的这种提前介入的权利往往有名无实，既无法操作也没有相应的措施予以保障。例如，在侦查阶段，侦查机关往往任意为律师会见在押的犯罪嫌疑人设置种种障碍，所谓为犯罪嫌疑人提供法律咨询无法得到保障。至于规定的律师可以代为申诉、控告，因为律师看不到案件材料，不能调查取证，甚至无法会见当事人，不能掌握具体案情，因此根本无法代为申诉、控告。因为法律没有明确提前介入的律师辩护人的身份和职能，律师也无法提出辩护意见，更何况法律也没有规定侦查机关要听取律师的意见。造成这种尴尬局面的直接原因就在于提前介入的律师身份的不确定。虽然从法理上根据有控诉即有辩护的宪政性的民主法制原则，犯罪嫌疑人在刑事诉讼的各个阶段都应享有辩护权，都可以委托律师行使辩护权，但是从上述条文的规定来看，提前介入的律师既不是辩护人，也不是诉讼代理人，而是“为犯罪嫌疑人提供法律帮助的律师”。

根据联合国《并于律师作用的基本原则》第 1 条的规定，所有的人都有权请求由其选择的一名律师协助保证和确立其权利，并在刑事诉讼的各个阶段为其辩护。联合国《保护所有遭受任何形式的拘留或监禁人的原则》第 11 条第 1 款也有类似的规定，“被拘留人应有权为自己辩护或依法由律师协助辩护”。对此，不论是英美法系国家还是大陆法系国家，均已在法律中肯定了律师在侦查阶段辩护人的地位。例如，在英国，“任何人在侦查的任何阶段，都应该能够与律师进行联系，并且同律师秘密面谈。他甚至可以在受到羁押的情况下这样做”。在美国，当警官第一次讯问犯罪嫌疑人时就应当告诉他可以得到律师的帮助。美国宪法修正案第 6 条规定，“在所有的刑事诉讼中，被告人享有接受律师帮助自己辩护的权利”。日本《刑事诉讼法》第 30 条规定，被告人或者犯罪嫌疑人可以随时选任辩护人。我国澳门《刑事诉讼法典》第 51 条规定，对被拘留之疑犯进行首次司法讯问时，必须有辩护人之援助。上述国际公约及国家和地区法律的规定均表明，律师在侦查阶段以辩护人身份行使辩护权，独立地参与刑事诉讼活动是国际通行的做法。我国作为联合国常任理事国及 WTO 的正式成员国，而且也是许多国际公约的缔约国，无论从我国的国际地位还是现阶段国际及我国国内的政治、经济形势来看，明确赋予律师在侦查阶段辩护人的地位及相应的权利，是非常必要的。

3. 充分保障律师的调查取证权

辩护律师的调查取证权，是辩护律师的一项基本诉讼权利，是律师进行刑事辩护的基础和前提，也是辩护方增加抗辩能力的有效途径。辩护律师通过调查取证，可以提出证明犯罪嫌疑人、被告人无罪、罪轻或者减轻、免除其刑事责任的材料和意见，便于法院“兼听则明”，作出正确的判决。我国《律师法》和《刑事诉讼法》明确了辩护律师享有调查取证权，但同时又予以了较多的限制，使得律师的调查取证权在司法实践中难以实现。按照《刑事诉讼法》的有关规定，在侦查阶段，律师虽然能够“提前介入”，但没有调查取证权。在审查起诉和审判阶段，辩护律师享有调查取证权，但这是建立在调查对象的“同意”和人民检察院的“许可”的基础上的，这将在一定程度上妨碍辩护律师调查取证权的有效行使，进而影响被告一方行使防御权的有效性。为此，为取得控辩式庭审方式的预期效果，使控辩双方力量基本平衡，建议立法取消现行法律对辩护律师调查取证的种种限制性规定，制定科学的，包括辩护律师调查取证的规则、方式，不当取证的责任等内容在内的完整的规范，从立法上赋予辩护律师与司法机关平等的调查取证权。具体内容可以包括：辩护律师在依法调查取证时，有关单位和个人必须配合，对无故拒不提供证据的单位和个人，辩护律师有权申请司法机关对其采取强制措施迫使其提供证据，并可根据情形，由司法机关对其采取罚款或拘留措施。对于辩护律师提出的调查、收集证据的申请，司法机关如无正当理由，必须批准；对辩护律师申请的拒绝，辩护律师有权申请复议，司法机关有义务对不批准的理由作出充分的说明。①

4. 获取案件信息的权利

获取案件信息，指的是辩护方在审判开始前获取有关案件情况的信息材料的权利。这是进行充分辩护的前提。在现代任何一种诉讼模式下，虽然其在制度设置和制度功能方面存在着一些差异，但一般都有以保障辩护方获取案件信息的权利为核心的制度构建。获取案件信息权利的实现，包括两种情况：一是在审前程序中获取案件信息，二是在案件起诉后正式庭审之前获取案件信息。②

辩护律师在审前程序中获取案件信息，其实现方式通常有与犯罪嫌疑人会见、通信，接收有关机关的通知，阅览有关诉讼材料等。在我国刑事审判前程序中，依照刑事诉讼法的规定，辩护律师获取案件信息有以下情形：（1）接收有关机关通知获取自己受聘的信息；（2）向侦查机关了解犯罪嫌疑人涉嫌的罪名，可以会见在押的犯罪嫌疑人，向犯罪嫌疑人了解有关案件的情况；（3）在审查起诉阶段，可以查阅、摘抄、复制本案的诉讼文书、技术性鉴定材料，可以同在押的犯罪嫌疑人会见和通信。从保障犯罪嫌疑人辩护权的角度考虑，笔者认为，仍有以下权利需要补充和完善：（1）有关机关采取某种措施，对于辩护方防御

① 高军：《我国刑事辩护制度完善的若干思考》，载北大法律信息网，http://article.chinalawinfo.com，访问日期：2005年2月20日。

② 宋英辉、吴宏耀：《刑事审前程序辩护律师权利之保障》，载诉讼法律网，http://www.procedurallaw.com.cn，访问日期：2005年1月1日。

有意义的，应通知律师；（2）有关机关应辩护律师申请而进行某种活动时，应将其拟进行活动的事项及进行该活动的结果通知律师；（3）有关机关应律师申请调查证据时，应当预先通知律师到场；（4）应当通知的事项，因未通知或虽然进行了通知但非因律师的原因而致使律师未获得该信息，侵犯犯罪嫌疑人辩护权的，该程序无效，构成上诉的法定理由。

5. 增加律师辩护的刑事责任豁免权

律师刑事责任的豁免是指任何机关、团体、个人不得因律师在法庭上或在履行职责过程中发表的言论追究其刑事上的法律责任。其他国家和地区对律师法律责任的免除主要表现为律师在诉讼中的言论，只要与诉讼有关或属于其职责范围内的事项，就不追究律师的法律责任。[①] 例如，法国 1881 年《刑事诉讼法》第 41 条规定："不得对律师在法庭上的发言或向法院提交的诉讼文书提起诽谤、侮辱或藐视法庭的诉讼。"[②] 根据此规定，法国学者达米安认为："发言的豁免权（不受侵犯性）不是律师的特权，而是辩护职责道德的自然补偿。根据职责规律，律师必须讲一切对自己委托人有好处的话，尽管这样做会使法官和权力机关不满意，但是律师却是要严格地按照义务如此行使自己的职权的。律师尽管宣誓，但他认为执行的法律是过时的、废除的、引用不当的和违背自然法基本规则的时候，他可以起来反对这些法律。举例说，假如这是一些有追溯既往效力的完全错误的法律。同时，当公众出于感情或政治原因，对被告进行攻击，并对被告有辩护人而感到惊讶时，律师有责任蔑视公众舆论。律师的这些行为，均属辩护豁免权的范围而不能以违反法庭纪律论处。"[③]

对律师辩护中刑事责任豁免，除了基于人权保障和司法公正的理念外，还有对特殊职业进行特殊保护的考虑。从理论上讲，社会上存在着需要对其从业人员进行特殊保护的职业。例如，神职人员、医生、律师就应享有"职业秘密"的权利。这种"职业秘密"的特权，既是对特殊行业服务对象权利（如隐私权）的保护，也是对该行业及其从业人员的特殊保护。对律师在履行职责时所发表的有关言论，豁免其民事、刑事责任，同样体现了对律师行业的特殊保护。对律师

---

① 李宝岳、张红梅：《律师刑事豁免权研究》，载《政法论坛》2003 年第 2 期。

② ［英］帕特立克·拉登著：《西欧国家的律师制度》，陈庚生等译，吉林人民出版社 1991 年版。

③ 李秀兰译：《法国律师的权利与特权》，载北京大学法律系国外法学研究室译编：《国外律师研究》，陕西人民教育出版社 1986 年版。

权利规定特殊的法律保护制度，是由律师行业的特点决定的。律师不论为哪一方提供服务，都处于冲突另一方的对立面，使得律师执业面临一定的风险。律师为了最大限度地维护委托人的合法权益，为其争取到最佳的诉讼结果，在法律允许的范围内，必须大胆为委托人提供法律意见，毫无顾忌地针对案件事实、法律适用、证据、法律程序等一切与诉讼有关的问题与专门机关进行磋商、辩论。在律师所进行的这些活动中，主要是通过表达对案件的意见的形式履行职责的，也就是说，律师履行职责的执业行为首先表现为在专门机关面前发表有关案件的言论。如果不能保证律师在诉讼中的言论不会受到刑事追究，一方面，律师就不敢或不愿毫无保留地陈述他对案件的意见。这不仅不利于专门机关公正处理案件，也不利于维护委托人的合法权益。长此以往，必然在人们的心目中形成“有没有律师都一样”的认识，导致辩护制度、代理制度在刑事诉讼中衰落。另一方面，如果律师因为在执业中所发表的言论而被专门机关追究了刑事责任，必然引起律师们的恐慌，促使律师为维护自身的安全而拒绝承办刑事案件。这样一来，律师刑事诉讼业务势必走向萎缩。可以说，律师刑事豁免权不仅事关辩护、代理制度的兴衰，也关系到国家民主法治的兴衰。目前“辩护难”、“请律师辩护更难”的尴尬处境以及检察机关对律师的“职业报复”，说明对律师执业予以特殊保护迫在眉睫。

结合我国国情，笔者认为对律师法律责任的豁免包括三个方面：第一，对律师在履行职责时公开发表的言论，即使律师有过失，也不得以诽谤、侮辱、包庇、作伪证、妨害司法等追究其刑事法律责任。第二，如果律师认为公安司法机关执行的法律是过时的、被废除的或适用不当的，律师有权对现行法律的适用范围、限定以及撤销进行争辩。第三，对于被指控罪大恶极的被告人，律师仍应接受委托为其辩护，而不能以蔑视公众舆论、违反法庭纪律为由追究律师的刑事责任。

(三) 确立非法证据排除规则

刑事诉讼已不再将发现案件的事实真相作为其唯一目的，保障被告人的基本人权，保护公民的基本权利和自由，已经成为刑事诉讼另一个不可忽视的目的。证据的收集、取得、使用是侦查程序的灵魂。非法证据排除规则是证据的过滤器，是对公民基本权利尤其是刑事诉讼审前程序中当事人权利最为有力的保障制度。从世界各国的非法证据排除规则来看，其主要有两种模式：一为强制排除模式，二为裁量排除模式。[1] 有的国家侧重于强调人权保护的原则，通常以积极的态度肯定非法证据排除规则，多实行强制排除模式，如美国、意大利等。这种模式的特点是：法律明确规定通过非法程序获取的证据作为一般性原则应当予以排除，同时又以例外的形式对不适用非法证据排除规则的情况加以严格限定，法官对于非法证据的排除基本上要依据法律的规定。有的国家更注重案件的实质真实，即通常以消极的态度肯定非法证据排除规则或以积极的态度否定非法证据，其中肯定者多采用自由裁量排除模式，如英国。这种裁量排除模式的特点是：法律不规定对于非法取得的证据一律排除，对非法证据是否予以排除，交由法官决断。由法官斟酌个案的公平正义性来作出裁定，法律只是就裁量的标准范围作出规定。非法证据排除规则的这两种模式各具特色，强制排除模式具有更大的明确性，能够保证统一适用法律，也就是说，不同的法官对相同或者类似的案件能够作出一致的裁决，但是在强制排除模式下，由于不具体考虑非法获取证据的实际情况，如非法搜查、扣押行为的严重程度，主观故意和过失以及一些具体的证据的证明力情况等，只要是非法取得的证据就一律予以排除，法官完全没有裁量权，对于一些重大的案件会由于证据的非法取得而使案件无法得到审判。裁量排除模式相比较而言更具有灵活性，法官可自行决定是否采纳非法取得的证据，从而可以避免由于“一刀切”而产生放纵犯罪的危险。当不排除非法所得的证据会严重损害程序的公正性，严重侵犯关系人的合法权利时，法官可以决定排除这一证据。但是，在裁量排除模式下，由于法律没有明确的细则指示法官如何行使裁量权，其结果可能导致法官裁量权的滥用。

一般认为，非法证据排除规则最初起源于美国。美国联邦最高法院于 1914 年通过审理“威克斯诉美国”案正式确立了非法证据排除规则，并使非法证据排除规则得以在美国联邦法院的刑事诉讼中适用，然后又通过一些判例把非法证据排除规则扩大到各州法院刑事诉讼中适用，一直延续至今。美国不是成文法国家，主要是联邦最高法院在审理案件中依据“宪法性权利”的相关规定形成侦查机关在调查收集证据中应当适用的规则，如果未遵守该规则，法官就会将所取得的证据作为非法证据予以排除。1914 年，在“威克斯诉美国”案中，警察在没有逮捕证的情况下在其工作地点逮捕了被告人，然后又在没有搜查证的情况下

---

① 郭志媛著：《证据可采性研究》，中国人民公安大学出版社 2003 年版。

对被告人的家进行搜查，并获得了被告人犯罪的证据。美国联邦最高法院在审理时认为，警察无证搜查和扣押被告人的信件与财产违反了密苏里州的宪法及美国联邦宪法第四、第五修正案。美国联邦最高法院出于对宪法的维护以及对公民宪法权利的保护的角度考虑，认为应当排除使用非法方式取得的证据。但这种所谓的非法证据排除规则仅适用于非法搜查与非法扣押行为，而且并不是每个州法院都接受该规则，直到经过法律正当程序革命特别是经过美国最高法院在 1961 年对“马普诉俄亥俄州”案的审理，从而使得美国各州也必须遵守这一规则。对非法获得的一切证据都作为非法证据予以排除，是美国联邦最高法院通过“米兰达诉亚利桑那州”案所确立的“米兰达规则”。该规则的确立表明，不仅对非法搜查、扣押行为所取得的证据需要予以排除，而且对警察机关的非法讯问行为所获取的证据，也必须予以排除。

在以德国为代表的大陆法系国家，非法证据排除规则的依据和内容一般都是成文法的明确规定。《德国刑事诉讼法典》明确规定了证据是否可以采用，而且把证据的排除区分为违反了收集证据的禁止性规定与使用证据的禁止性规定两种情形来处理。例如，依据《德国刑事诉讼法典》第 136 条（a）的规定，禁止使用虐待、疲劳战术、伤害身体、服用药物、折磨、欺诈或者催眠等方法讯问被指控人，也不能使用有损于被指控人记忆力、理解力的措施讯问，即使被指控人同意这样做，所得到的陈述也不能作为证据使用。但《德国刑事诉讼法典》并未对以其他非法方式取得的证据是否可以认定作出规定，所以学者们的意见以及在实践中的做法并不一致。英国与美国虽然同属普通法系国家，但对于非法证据排除规则的态度与实践都存在着较大的差异。尽管英国也通过一些案例的审判来形成一些关于非法证据排除的内容，但也制定了一些法律来进行具体规定，比如《1984 年警察与刑事证据法》就对非法证据的处理作出了明确的规定。该法第 76 条第 2 项规定，如果被告人声称其供述是在被逼供或者基于他人言行在特定环境下影响到可靠性时，此供述将被法庭排除使用，除非公诉方能够证明此供述不是在上述情况下取得的。该法第 78 条第 1 项、第 2 项也规定，在任何诉讼中如果法庭采纳公诉方的证据将对该诉讼的公正性造成不利影响时，法庭可以拒绝采纳该证据，而且这一规定不妨碍其他任何法律规则要求法庭排除证据。从该法律条文来看，在排除不正当证据的使用方面，法官似乎被授予了更广泛的自由裁量权，而且在司法实践中他们更加倾向于认为不能仅仅因为证据是非法或不当取得就应当予以排除，这与美国对非法证据大多数予以排除的做法也有很大差异。

由此可见，非法证据排除规则建立的法理依据是正当程序。在美国体现为宪法修正案中的正当程序条款。在对我国建立非法证据排除规则的问题的研究论证过程中，必须考虑以下因素：首先，非法证据排除规则在美国建立的目的是防止警察非法取证行为对公民权利的侵害，而且认定某一证据是否为非法的权力在于法院，那么就必须使法院能够独立行使宪法所赋予的各项权力并不会受到干扰，但我国在这方面与美国的差距很大。这就要求法院和法官都必须完全独立，真正做到不受团体、党派、个人的干预。这涉及司法体制改革的深层次问题。其次，建立非法证据排除制度要从宪法和法律规定上增加公民的一些基本权利，这样才能使得非法证据排除规则在适用时具有明确的法律依据。这涉及宪法的修改问题。最后，法文化基础和法的思维定式。一般公民都会将审前程序中的犯罪嫌疑人当成犯罪分子看待。而适用非法证据排除规则可能出现的后果就是放纵部分犯罪，使得有些有犯罪事实的人因为证据取得的不合法而无法被指控并受到刑事处罚，这种情形可能使社会大众难以接受。一直以来，我国首先注重的是国家利益和集体利益，最后才是公民个人利益，社会大众尤其是强势一方思考问题的出发点多是“宁可错过一千，不可使一人漏网”。总之，我国建立非法证据排除规则应规定以下几个方面的内容：

1. 全面落实、严格遵守《禁止酷刑和其他残忍、不人道或有辱人格的待遇或处罚公约》的内容

我国已于 1988 年 9 月批准加入联合国《禁止酷刑和其他残忍、不人道或有辱人格的待遇或处罚公约》，但是公约规定的内容在我国并未能完全实现，其最突出的表现就是公约所规定的非法证据规则未能在我国刑事诉讼法中得到贯彻。我国 1996 年《刑事诉讼法》第 43 条虽然规定了“严禁刑讯逼供和以威胁、引诱、欺骗以及其他非法的方法收集证据”，但是并未明确规定对于通过刑讯逼供等非法手段获取的证据在法律上是否应当予以排除。从实践效果来看，非法证据排除规则的缺位是我国刑讯逼供等违法取证现象长期禁而不绝的主要原因之一。

2. 不能仅满足于实体法的有关规定，还应在程序法层面明确规定非法证据排除规则

我国《宪法》第 37 条、第 38 条、第 39 条规定，公民的人身自由和人格尊严不受侵犯，公民的住宅不受侵犯，禁止非法搜查或者非法侵入公民住宅。任何

公民，非经人民检察院批准或者决定，或者人民法院决定，并由公安机关执行，不受逮捕。刑法中也将非法取证、侵犯公民合法权益的行为，规定为犯罪并加以严厉处罚。但实践中刑讯逼供、暴力取证行为仍屡禁不绝。其体制上的原因主要在于刑事侦查程序中缺乏非法证据排除规则的制约。要真正防止刑讯逼供等侵犯公民权利行为的出现，除了实体层面的规定以外，还必须在程序层面作出相应的规定。从各国的经验来看，确立非法证据排除规则是一个必然的选择。

3. 立足于本国实际，作出既有超前性又有可操作性的科学规定

在确立非法证据排除规则时，必须考虑到我国特定的社会价值观和诉讼文化背景，不宜完全照搬美国关于非法证据排除的做法，将非法证据排除规则的适用范围扩得过大，否则将导致现行刑事诉讼机制的整体失灵。但是，我们也应当认识到超越个体差异的普适性价值的现实存在，作为一项普遍的诉讼原则，非法证据排除规则的内容具有相当的包容度和张力，各国规定各不相同，证明了各国的规定都是在充分尊重、照顾自身的具体国情和文化背景基础上建立的。非法证据排除规则的基本内容，也是一种最低限度的保护要求，是任何一个现代法治国家的刑事诉讼程序都必须具备的。否则，就不符合一个现代法治国家的基本要求，就难以在国际交往中为其他法治国家所认同和接纳。比如，我们可以考虑将言词证据和实物证据区别对待的方法，对非法获取的言词证据一律予以排除，而对非法获取的实物证据区别情况对待。这与我国普遍的社会价值观和诉讼价值目标并不冲突，对于我国来说具有重大的借鉴意义。

4. 将司法解释的内容或规章的内容上升为立法或者立法解释

我国最高人民法院在 1998 年制定的《关于执行〈中华人民共和国刑事诉讼法〉若干问题的解释》第 61 条规定："严禁以非法的方法收集证据。凡经查证确实属于采用刑讯逼供或者威胁、引诱、欺骗等非法的方法取得的证人证言、被害人陈述、被告人供述，不能作为定案的根据。"该司法解释规定了非法证据排除规则，在一定程度上弥补了 1996 年刑事诉讼法的不足。于 2004 年 1 月 1 日实施的公安部《公安机关办理行政案件程序规定》第 26 条规定，公安机关必须依照法定程序，收集能够证实违法犯罪嫌疑人是否违法、违法情节轻重的证据。严禁刑讯逼供和以威胁、引诱、欺骗或者其他非法手段收集证据。以非法手段取得的证据不能作为定案的根据。这些规定，都是非法证据排除规则的重要内容。制定者的善良愿望是十分值得称道的。但是，作为一项基本证据规则，涉及公民的

重大权益保障，由司法机关通过制定司法解释的形式或由有关部门制定规章来加以规定，其合法性是值得质疑的，法律文件的效力层级也与其规定的内容不相匹配。因此，必须以法律的形式明确规定。

（四）侦查主体和羁押主体的分离

侦查主体和羁押主体严格分离是确保程序正当的制度性前提之一，也是法治国家的通行做法，尤其以英国规定得最为具体明确。英国《1984 年警察与刑事证据法》第四部分“羁押”中规定得较多的内容是羁押官的行为，也就是羁押官的权利义务，而几乎没有提到侦查人员。在此期间的一切行为都是围绕羁押官、审查官或治安法院进行并由他们作出决定。这表明该法下的羁押不是一种侦查手段或方式，而是一种保障和预防性措施。在这里，侦查的主体和羁押的主体，即侦办案件的警官和羁押官的职能被完全区分开来，这种制度上的设计，有效地防止了警察利用职务便利采取威逼或其他不正当手段获取被羁押者的口供或其他证据，同时，也可以发挥羁押官保护被羁押者的作用，监督办案警察滥用职权的行为发生，体现的还是用权力来制约权力的理念。首先，羁押或者释放被羁押者的权力在羁押官而不在办理案件的警察。该法第 34 条之（3）规定，任何人不能被释放，除非得到任职于将该人羁押的警察局的羁押官的准许，或者，如果对该人的羁押是得到多个警察局授权的，得到任职于最后授权羁押的警察局的羁押官的准许。其次，法律还规定了在满足一定条件下，羁押官有义务责成保释或释放某人。该法第 34 条之（2）规定，如果羁押官在任何时候，关于任何处于警察羁押之下的人，获悉将该人羁押的理由已经消失；并且，未获悉根据本法本部分的规定将该人继续予以羁押的任何其他正当理由时，他有义务命令将其立即从羁押中释放。该法第 38 条之（1）规定，如果某人因涉嫌实施犯罪而被捕，那么，当该人被提起指控后，羁押官应当责成该人以保释或没有保释的方式从羁押中获释。法有特别规定的除外。最后，法律明确规定了羁押官的任何职能都不能由侦查该人犯罪的警察进行。该法第 36 条之（5）规定，在遵守本条下部分及第 39 条第 2 款规定的前提下，羁押官针对某人的任何职能均不得由当时正在侦查该人据以被羁押的犯罪的警官进行。[①] 法律的这些规定，最大限度地保证了被羁

① 陈瑞华、宋小海、王君译：《1984 年警察与刑事证据法》，载中国政法大学刑事法律研究中心组织编译：《英国刑事诉讼法选编》，中国政法大学出版社 2001 年版。

押者的权利免受侵犯，也保证了刑事追诉活动在公平、正当的规则下进行。这些规定的背后隐藏着的是根深蒂固的正当法律程序的理念。

英国对于侦查主体和羁押主体严格分离的问题，与我国在此问题上的做法相比，有共同之处，但差异却是显而易见的。共同之处是羁押场所都设在警察局（公安局）。《1984 年警察与刑事证据法》第 35 条之（1）规定，根据第 30 条第 3 款和第 5 款的规定，每个警区的警察局长应当指定位于本区内用于羁押被捕者的警察局。目前，我国公安机关的羁押场所主要有留置室、看守所、行政拘留所、强制戒毒所等。这里只谈看守所和留置室的问题。我国的看守所以县级以上的行政区域为单位设置，由本级公安机关管辖。省、自治区、直辖市国家安全厅（局）根据需要，可以设置看守所。一些特种警察，如铁道、交通、林业、民航等系统相当于县级以上的公安机关，都可以设置看守所。① 在实践中运用得十分广泛的羁押违法犯罪嫌疑人的另一个场所是“候问室”②。绝大多数的违法犯罪嫌疑人在接受治安行政处罚、被采取行政强制措施或者进入刑事诉讼以前都会被羁押于候问室。根据公安部有关规定，只有公安机关派出所可以设置候问室，公安机关的其他内设部门不能设置候问室。候问室应当具备安全、卫生、采光、通风等基本条件，配备必要的座椅和饮水等用具。在继续盘问期间，公安机关应当保障被盘问人的合法权益，严禁对被盘问人刑讯逼供或者体罚、虐待。③

虽然有上述共同之处，但中英之间羁押场所及其职能却有着根本的区别：一是在实践中，我国看守所及其民警（通常称“监管民警”）的职能除了看守、管理、教育外，还有一项“深挖犯罪”的职能。深挖犯罪这一职能来源于《看守所条例》及公安部有关部门制定的《公安机关深挖犯罪工作规则》等文件的规定。“看守所必须设立深挖犯罪小组，并且将深挖犯罪的战果作为评选先进所的一项硬指标。”“侦审体制改革后，监所深挖犯罪工作填补了侦查工作的一些空白，是侦查工作的延伸和发展。”“监所深挖犯罪侦破案件已经成为提高刑事案件破案率的增长点。”“监所深挖犯罪作为一种破案模式，有其自身优势，在破案的人力、财力、物力上都远比侦查破案节约得多，是一种投入小、收效大的

---

① 1990 年国务院《中华人民共和国看守所条例》第 5 条。

② 公安部发布的《公安机关适用继续盘问规定》（2004 年 10 月 1 日实施）将“留置室”改为“候问室”，适用条件也更为严格了。

③ 《公安部关于公安机关执行〈人民警察法〉有关问题的解释》第 1 条。

破案方式。”在这些观念的支配下，监管民警在掌握每名在押人员的案情、羁押期限、所处的诉讼阶段等情况的同时，要随时提审、讯问在押人员，动员其交代本案中未供出的其他违法犯罪事实，以及与本案无关的其他违法犯罪事实。据有关资料显示，2002 年 4 月至 10 月，我国监管部门深挖出犯罪线索 22 万多条，破获刑事案件 5.4 万起，追缴赃款、赃物折合人民币 1.3 亿元；2000 年深挖出犯罪线索 14 万多条，破获刑事案件 3.1 万起，挽回经济损失 1.5 亿元。[①] 二是我国看守所多设置在城乡结合部，为了能及时提讯、审查被羁押者，部分办案民警的办公场所大多设置在看守所内，与监管民警“合署办公”。长此以往，二者不是分离和互相监督的关系，而是密切配合、协作的关系。上述两点关于侦查主体和羁押主体之间的关系，的确有利于打击犯罪，提高破案率，增强政府对社会的控制能力，但不难看出，这种做法是以牺牲了被羁押者权利为代价的；而且将羁押作为一种获取在侦案件证据的有效手段，作为一种侦查方法，背离了羁押制度设置的初衷。笔者认为，羁押制度的设置的目的，一是防止被羁押者逃跑或破坏、毁灭证据，影响证人等行为发生，通过羁押他而换取诉讼的正常进行；二是防止被羁押者继续实施犯罪行为，危害社会。从本质上看，羁押制度的设置与侦查取证无任何关系。侦查主体和羁押主体严格分离应是现代刑事诉讼侦查阶段的当然选择。

（五）构建科学的强制措施体系

我国司法机关在采用强制措施问题上具有显著的职权特色。这与我国所实行的“犯罪控制”刑事诉讼模式是一致的。其职权性特点主要表现在以下几个方面：第一，为了保证刑事诉讼的顺利进行，公安机关、人民检察院和人民法院分别有采用强制措施的权力。如拘传、取保候审、监视居住，三机关都有权采用。第二，公安机关、人民检察院和人民法院对于各自所采用的强制措施，一般不存在相互监督或制约关系，彼此互不干涉和过问。第三，决定机关对强制措施的决定基本上是终局性的，犯罪嫌疑人缺乏有效的实质性抗辩、救济措施。第四，在强制措施的内容和种类方面规定不全，仅仅规定了五种对人身的强制措施，但对于一些涉及公民基本权利，如对财产权、隐私权的剥夺或限制，虽然具有强制性，但立法仅仅将其作为侦查措施（或者称为强制性措施）规定，由侦查、控

---

① 参见 2000 年和 2002 年的《中国公安工作》。

诉机关单方作出决定后自行执行。这是强制措施体系的重大缺憾。我国刑事诉讼中的强制（侦查）措施操作方便，使用灵活，对司法机关的限制很少。在每一个具体案件中，对被告人是否采用强制（侦查）措施和采用何种强制（侦查）措施，具有较大的灵活性，司法机关享有充分的自由裁量权。在强制（侦查）措施的使用手续和程序上，简单方便，富有效率。根据正当法律程序对于侦查程序的要求，笔者认为应从以下几个方面对强制措施体系予以完善：

1. 构建对物的强制措施体系，作为刑事诉讼中强制措施体系的重要组成部分

我国刑事诉讼法对于物的强制措施在立法上和实践中都十分混乱，公民合法权利被侵犯的可能性很大。随着宪法将私有财产权纳入保护范围，对财产权的保护作为人的基本权利再也不是理论上的问题，而是成为我国宪法中的明确规定。因此，对物的强制措施的研究和改革刻不容缓。一是对物的强制措施应包括哪些内容，条文上理清楚，放在一起，不要像现在似的散见各处。在现行法律中，有的被放在“证据”部分，如调取证据；有的被放在“侦查程序”部分，如扣押、查询、冻结等；还有的被放在“二审程序”部分，如对扣押物的返还程序等。应将对物的几种措施设置在一起，可以考虑在总则中设专章将对物的强制措施和对人的强制措施并在一起，因为强制措施是统管或适用于整个刑事诉讼过程中的，不是哪一个诉讼阶段所专有的，应设置在总则中。其他法治国家除俄罗斯外，基本上都将其规定在总则中。二是对物的强制措施规定方面，在程序上尽量细化，以法律明确规定，改变现在操作规程或规章具体规定办案程序的情况（实际上违反的是程序法定原则），防止办案人员的随意性。现行法律对物的强制措施的规定十分简单（除搜查外，刑事诉讼法对物的强制措施的规定大概不到10个条文），而具体的操作中很多是根据司法解释或部门规章、规范性文件来设定具体的操作程序，用这样的一些方式来规定具体的操作程序，不可避免会存在扩大解释、越权解释或者部门保护的倾向。这与刑事诉讼法的立法本意是相违背的。因此，可根据我们的办案实践，借鉴其他国家立法中的可取之处，在刑事诉讼法的修改中，对一些操作性问题尽量细化。（1）在对物采取强制措施的决定过程中，应摒弃现行的书面内部秘密审批的形式，应效仿美国的听证程序，以体现程序的公开透明。（2）在对物采取强制措施的实施过程中，应效仿德国的规定，对扣押等措施的功能和对象明确定义，对被扣押人拒绝交出应扣押物品时应

怎么办，对哪些物品不可以扣押等作出规定。德国《刑事诉讼法》第94条规定，对可以作为证据、对侦查具有意义的物品，应当提取保管或者以其他方式予以保全。第95条规定，拒绝交出拟扣押物品时，可以科处罚款或强制措施。第97条还规定了不可扣押之物品，主要包括被控人与享有拒证权人之间的书面通信、医生的检查结果等。这些都是我国法律中所缺乏的。（3）在对物采取强制措施后，有关当事人不服怎么办？我国法律没有赋予有关当事人申诉或救济的权利。这是立法的一块空白。德国法律赋予了当事人对法院关于搜查、扣押的决定有抗告权。对于未经法官决定的扣押，当事人可以随时申请法官裁判。意大利《刑事诉讼法》第257条规定，被告人、其物品受到扣押的人及有权要求返还被扣押物的人，可以依照该法第324条的规定要求对扣押令进行复查。（4）几乎所有法治发达国家都对被采取强制措施后的物的处理尤其是返还给被害人或利害关系人的程序作出了细致的规定，真正体现了公民合法的财产权利不受侵犯这一理念。我国对物的强制措施的决定、解除或返还都由公安机关自行决定，而它作为行政机关是无权决定所有权的归属的，这种规定给实践带来了许多问题。比如，在侦查中将钱物扣押后，返还给了被害人，后来刑事案件撤销，此返还行为是否仍然有效？其他国家在此所有权的问题上就规定得很清楚。法国叫恢复原状，要由预审法官作出附理由的裁定；德国规定对于依法扣押的动产，在明确被害人、明确无第三人的请求权与此相抵触并且明确刑事诉讼不再需要的时候，要归还给被以犯罪行为夺走的被害人，这显然比我国“对被害人的合法财产，要及时返还”的规定要严密得多；日本、意大利都规定了决定返还时，要听取控辩等各方的意见。程序规定得越细致，可操作性就越强，实践中的问题就会越少。

2. 在对人的强制措施方面，引进保释制度，将现行取保候审的内容置于保释制度中

保释制度是防范强制措施风险的一种有效方法。在西方法治国家，除少数特殊情况外，被羁押的犯罪嫌疑人原则上都可以被保释，最大限度地避免了强制措施可能带来的风险。根据无罪推定原则的精神，犯罪嫌疑人中除少数情况外，大多数都可被保释出去等待审判。《美国1984年联邦保释改革法》第3142条第2款规定，在审判之前，当被控犯罪的人出席法庭或可保证社会或他人安全时，应当以具结或无抵押出庭保证书的方法将被告人释放。为了不妨碍诉讼的进行及保障社会和他人的安全，被保释者应当承担一定的法律义务，如按时到指定地点接

受讯问或审判，不得干扰、威胁或伤害证人、陪审员等。在方法上主要有四种：一是财产保；二是具结保释，即被告人向法院出具保证自己获释后履行义务而予以释放的制度；三是无抵押的出庭保证书，即由法院确定保释金额，被告出具保证书，保证履行义务，否则，法院没收所确定数额的财产；四是附条件释放，即法官在批准保释时，规定被告人必须遵守或履行一定的义务，否则，保释予以撤销。正是由于这种多途径的保释方法，美国大部分犯罪嫌疑人在羁押后均获保释。①

我国的取保候审是一种独立强制措施，与国外的保释制度存在本质区别。在大多数国家，犯罪嫌疑人被逮捕后，非特殊情况，原则上可以被保释。保释，是作为逮捕的配套手段而存在的。我国的取保候审与逮捕之间没有必然联系，它不是逮捕的配套措施，各自具有相对独立性。在我国，刑事诉讼中的取保候审，是指公安机关、人民检察院和人民法院责令犯罪嫌疑人、被告人提出保证人或者交纳保证金，以保证其不逃避或妨碍侦查、起诉和审判，并随传随到的一种强制方法。我国 1996 年《刑事诉讼法》第 53 条规定，人民法院、人民检察院和公安机关决定对犯罪嫌疑人、被告人取保候审，应当责令犯罪嫌疑人、被告人提出保证人或者交纳保证金。根据 1996 年《刑事诉讼法》第 58 条的规定，人民法院、人民检察院和公安机关对犯罪嫌疑人、被告人取保候审最长不得超过 12 个月。在此期限内不得中断对案件的侦查、起诉和审判。在司法实践中，公、检、法三机关实际将此期限解释为在诉讼的不同阶段各自采取取保候审最长不得超过 12 个月。因而，被逮捕的犯罪嫌疑人，大多数情况下不能被取保。如果符合取保候审的条件而不能被取保，就违反了设置取保候审制度的初衷，也侵害了犯罪嫌疑人的诉讼权利。同时，犯罪嫌疑人在被取保候审之后，也存在不少问题，如对保证人的义务规定不明确，对保证人不履行保证义务的惩罚力度不够等，在一定程度上妨碍了保证刑事诉讼顺利进行这一目标的实现。

因此，必须明确强制措施的功能并非惩罚犯罪嫌疑人，其不具备惩罚功能，而只是确保犯罪嫌疑人到庭接受审判，并保证将来的法院判决得以执行的一种程序性手段。对犯罪嫌疑人采取强制措施并非每一个刑事诉讼所必需的。因此，从保障公民权利的角度来讲，应当允许相当比例的犯罪嫌疑人在自由的状态下等待

① 谢佑平：《论我国强制措施的完善》，载《湖南社会科学》2004 年第 1 期。

审判，或等待警察、检察机关或法庭的传唤。从既能保护公民权利，又能保障刑事诉讼顺利进行的目的出发，我国的强制措施体系中应增设保释制度。同时，与扩大取保候审范围相对应，从实体法的角度增设取保候审脱逃罪，明确侦查人员对取保候审者的监管责任，使犯罪嫌疑人慑于违反取保规定的严重法律后果，防止保后脱逃、保而不侦、保而不审等情况发生。

3. 赋予犯罪嫌疑人及其法定代理人、监护人、辩护人对刑事强制措施不服的申请复议权以及变更刑事强制措施申请权

按有关国际公约的规定，借鉴一些法治发达国家的普遍做法，我国刑事诉讼法应明确规定，犯罪嫌疑人及其法定代理人、监护人、辩护人对侦查机关采取的取保候审、监视居住、拘留、逮捕措施不服的，有权向作出决定的机关申请复议一次，侦查机关应在接到复议申请后，采取公开听证的方式，两日内作出复议决定。犯罪嫌疑人对复议决定仍不服的，有权向作出决定机关的同级人民检察院或法院提请事后司法审查，人民检察院或法院应在接到复核申请后两日内作出终局决定。人民检察院或法院在审查申请时，应召集案件承办人、犯罪嫌疑人及其法定代理人、监护人、辩护人等到场，由案件承办人说明采取强制措施的事实依据和法律根据，以及该强制措施是否适度，犯罪嫌疑人及其法定代理人、监护人、辩护人可以对此进行反驳，提出自己的观点和意见。同时，刑事诉讼法应赋予犯罪嫌疑人及其法定代理人、监护人、辩护人变更刑事强制措施的申请权。1996年刑事诉讼法规定的变更强制措施的启动权和决定权都归属作出强制措施决定的机关，犯罪嫌疑人处于十分被动的地位，维护自身权利的机会和途径很少。为体现控辩平等，维护正当法律程序，法律应明确规定被采取了刑事强制措施的犯罪嫌疑人如果认为侦查机关采取的刑事强制措施不当时，有申请变更的权利。被申请的机关应当组织公开听证会，听取各方意见后，作出是否变更刑事强制措施的决定。犯罪嫌疑人对此决定仍不服的，可以向侦查机关的同级法院申请事后司法审查。

第八章　正当法律程序与公诉制度改革

一、证据展示

证据展示（the Discovery of Evidence 或 the Disclosure of Evidence）有时又译为“证据开示”、“证据披露”或“证据公开”等，根据《布莱克法律大辞典》的解释，是指“了解原先所不知道的、揭露和展示原先隐藏起来的东西”[①]。最初作为一种审判前程序，其主要用于诉讼一方从另一方获得与案件有关的事实情况和其他信息，从而为审判做准备。在普通法的长期发展进程中，证据展示存在着一个由“诉讼竞技论”向“实体公正论”和“程序正义论”转变的过程。

（一）审前证据展示对公诉的意义

证据展示源于16世纪下半期英国衡平法的司法实践，至19世纪英国司法改革合并普通法和衡平法诉讼时，证据展示程序才正式形成。证据展示作为诉讼双方在审判前相互了解对方案件情况的一种手段，是与对抗式诉讼联系在一起的。

在当事人主义的长期诉讼实践中，由于受庞德的“竞技司法理论”的影响，诉答形式相当严格，并且只包括一般性问题，而不涉及证据，诉答从来就不是告知法院和律师关于案件为何而争的有效方法。因此，诉讼的任何一方都很容易受到对方所提证据的突然袭击。一位勤奋的律师进入法庭时可能对自己的案件已做好充分准备，但对于对方案件的确切性质却常常一无所知，因而对于如何应对毫无准备。突然袭击乃是审判中的合法策略，诉讼被视为一种比赛或比武，每一方的律师都竭力为其当事人而奋战，比赛的原理是：“当司法战场上尘埃落定时，正义自然会以胜利者的姿态显现。这种诉讼的缺陷在于，最终的裁决常常是对律

① 《布莱克法律大辞典》（英文版），美国西方出版公司1979年版，第418-419页。

师的杰出技巧的奖赏，而不是对案件实质所作的宣判。”①

20世纪初期，关于当事人主义诉讼的理论基础发生了根本性改变，“真实论”逐渐取代了“竞技论”，诉讼理念转向实质公正，强调审判的目的应当是针对案件的实质作出公正裁决。为此，一切有关审判的事实必须展示于法庭，因而审判前全面展示证据成为必不可少的条件，突然袭击不再是律师们在审判中可以合法使用的策略。② 证据展示不仅在实体上能促进发现真实，而且在程序上具有实现程序正义的价值目标。因为对抗制诉讼程序的基本法理是将当事人双方设计为对抗的双方，彼此使用各种手段，包括尽可能收集和使用于己有利的证据，同时解除对方当事人的诉讼武装，削弱其进攻和防御能力。证据展示在此方面则发挥着重要作用：一方面，有利于双方当事人整理诉讼争点，并使之明确化。在法庭审判前，通过证据展示，双方当事人互相了解对方掌握的证据情况，为法庭审判做准备，由于双方当事人在审判前已经对对方证据了如指掌，有的甚至已达成共识，不但有利于查明案件事实，而且可以减少法庭上的证据调查的烦琐程序，尽量避免诉讼拖延，从而节约诉讼资源。另一方面，通过证据展示，控诉方可以了解被告方的证据情况，以便衡量其起诉能否成功，进而决定是否起诉或者与被告方达成诉讼和解，这对刑事案件的程序分流具有重要意义。

（二）证据展示与正当法律程序

作为现代基本的法学理念，正当法律程序是与“程序正义”、“程序公正”在同一语义上使用的，它充分体现了公平、公正、合理等价值目标，其核心在于“给予每个人以其所得的权益”。美国联邦法院大法官杰克逊甚至认为：“程序的公正和合理是自由的内在本质。”如果有可能的话，人们宁愿选择通过公正的程序实施一项暴厉的实体法，也不愿意选择通过不公正的程序实施一项较为宽容的实体法。③ 一项法律程序本身是否具有程序公正所要求的品质，要看它是否使那些受庭审结果影响的人受到了应得的待遇，而不是仅仅看它能否产生好的裁判结

---

① M.Green.the business of the trial courts in the Colurs the Public and the Law Explosion 721-722 Jonesed, 1965.

② 孙长永：《美国刑事诉讼法中的证据开示》，载陈光中主编：《诉讼法论丛》（第3卷），法律出版社1999年版，第220页。

③ Christopher Osakore.the Bill of Rights for the Criminal Defendant in American Law in Human Rights in Criminal Drocedwce by Martinas Nijhoff Publishers.1982, p.260.

果。也就是说，程序公正强调的是法律程序本身的公正性，而不是通过法律程序实现裁判结果的公正性。

也许有人认为，证据展示制度与程序正义的要求不符，因为根据程序正义的要求，控辩双方应在平等基础上参与诉讼，在诉讼中双方应受到平等的对待，但被告人享有不被强迫自证其罪的特权以及律师的职务秘密原则将可能成为辩护方拒绝展示证据的充分理由，尤其是举证责任原则决定了辩护方可能以没有证据为由而不向控诉方展示证据，并且控辩双方的诉讼地位和力量对比也决定了我们不可能奢望刑事证据展示被设计成像民事证据展示那样的双向对等模式。既然如此，这将从根本上违反刑事证据展示制度的初衷，如果强行推行双向对等模式的证据展示，要么会与一些国际公认的诉讼原则相抵触，要么会产生一些违反程序正义的不良后果。对此，笔者认为，关键是如何看待和理解程序正义问题。程序正义相对于实体正义而言，更注重形式上的平等，而刑事诉讼中确立的一些特权原则则更注重实质上的平等。如前所述，程序正义与实质平等并非绝对对立，而只是在形式平等与实质平等发生矛盾时，倾向于选择形式平等，证据展示正是为弥补这种价值选择所造成的损失而进行的一种制度设计。可以说，证据展示制度的确立与发展乃是当事人主义由形式主义的程序公正走向程序公正与实质公正相结合的历史必然。尽管在证据展示过程中，被告方可能拒绝展示证据，但可以通过其他途径来调动其展示证据的积极性或者规定相应的法律后果促使其不得不展示证据。当然，不能为迫使辩护方展示证据而违反国际上公认的诉讼规则。

正当法律程序要求程序本身须具备一种独立于结果的内在善的品质，能够确保法律程序达到最低限度的公正性和合理性。从法律程序自身来考察，证据展示的制度设计能够在以下几个方面充分体现正当法律程序的要求：①

1. 证据展示与程序的参与性

程序的参与性要求那些权益可能会受到刑事裁判或诉讼结局直接影响的主体应当有充分的机会富有意义地参与刑事裁判的制作过程，并对裁判结果的形成发挥有效的影响和作用。控诉方作为控诉主体在证据展示程序中为实现其追究犯罪的目标，具有参与展示证据的积极性和要求对方展示证据的强烈愿望，以便为其在法庭上进行质证做准备；辩护方为维护其合法权益，充分行使辩护权，希望能

---

① 陈瑞华：《刑事审判原理论》，北京大学出版社 1997 年版，第 61-65 页。

够在开庭前充分了解控诉方的证据情况，特别是由于辩护方在诉讼中的地位决定了其收集证据的局限性，使其更愿意参与到证据展示程序中来。证据展示的双向模式为控辩双方参与诉讼程序开辟了广阔的空间。

2. 证据展示与裁判者的中立性

根据古老的“自然正义”法则，“任何人不得做自己案件的法官”。在刑事诉讼中，作为中立的第三者，裁判者应在发生争端的各方参与者之间保持一种超然的地位和无偏袒的态度，而不应对任何一方存在偏见和歧视。证据展示规则要求法官对控辩双方的证据展示进行司法审查和监督，解决控辩双方对于特定的证据是否应当展示的争议。法官可以出于保护公共利益的需要，或者基于控诉方以“公共利益豁免”为由提出拒绝展示的申请而审查并决定是否限定展示某些特定证据。另外，对于违反证据展示义务的诉讼一方，法官有权应对方的申请颁布证据展示命令或对其进行制裁。

3. 证据展示与程序的对等性

程序的对等性要求各方参与者在诉讼中拥有平等的诉讼地位和对等的诉讼权利，并要求裁判者在诉讼过程中给予各方参与者以平等的参与机会，对各方的主张、意见和证据予以同等的尊重和关注。证据展示是在当事人诉讼地位平等的基础上进行对抗展开的，证据展示使当事人主义由追求形式公正走向寻求程序公正与实质公正的结合，双方当事人站在对等的立场上，本着“平等武装”的原则，通过双方的攻击和防御来发现真相，但鉴于控诉方具有压倒性的强大取证能力，必须以审判前的全面展示证据来弥补辩护方取证能力的不足，以实现“平等武装”。程序的对等性，不仅要求形式上的对等性，而且更注重实质上的对等性。因此，在证据展示范围和责任上，要求控诉方全面展示证据，并负主要证据展示义务；而辩护方的证据展示范围则要求进行严格限制，其展示义务也不如控诉方重。

（三）正当法律程序下的证据展示制度

1. 在证据展示模式上，应实行双向展示

早期的证据展示萌生于衡平法的司法实践，根据“自然正义”的理念，要求控诉方不得利用其资源优势而不公平地处于审判上的有利地位，为此辩护方在审判阶段应得到某些手段补偿，以实现控辩双方的“平等武装”。另外，根据无罪推定原则，被告人没有责任向控诉方说明情况，也不必答复对方的问题，直到

“初步证据事实”已由控诉方确立。[①] 根据举证责任原理，控诉方负有证明犯罪嫌疑人、被告人有罪的责任，被告人则享有不被强迫自证其罪的特权，这些理念和原则决定了控诉方单方面展示证据的责任。由此可见，在证据展示初创阶段，要求控诉方负有展示义务，而辩护方则只享有请求控诉方展示证据的权利，即控诉方将其掌握的证据在庭审前向辩护方展示，或应辩护方的请求而披露其掌握的有关案件信息。在这种单方面展示证据的模式下，控辩双方的权利和义务是不对等的。

普通法诉讼实践表明，单向证据展示不但不利于控诉方履行展示义务，降低其展示证据的积极性，而且会增加辩护方对控诉方的依赖性，这也与当事人主义的诉讼结构不适应，因此英美法系国家通过一系列的判例确定了有关辩护方在审判前向控诉方展示证据的规则，形成控辩双方的双向证据展示模式，并在立法和实践中得到普遍推广。

根据双向证据展示规则，在控诉方提出相关请求的情况下，准备提出不在犯罪现场证据的辩护方，应当在法定期限内以书面形式将其准备传唤证明被告人不在犯罪现场的证人的姓名和住址告知控诉方，并提出有关证明，说明在被指控的犯罪发生时被告人身在何处；如果辩护方试图以被指控的犯罪发生时被告人精神不正常为由进行辩护，应当在法定期限内将此意图以书面形式告知控诉方；如果辩护方打算提出证明被告人患有精神病、精神缺陷或其他与承担刑事责任相关的精神状况的专家证词，应当在法定期限内将此意图告知控诉方，控诉方可以请求法庭对被告人的精神状况进行强制检查；如果辩护方试图以被告人在被指控犯罪发生时实际或者相信是在代表执法机关或其他机构行使公共权力为由进行辩护，也应当在法定期限内将此意图告知控诉方，并说明有关辩护事由的详细情况。[②]

双向证据展示确定了辩护方的证据展示义务，但并不表明控诉方证据展示义务的减少，控诉方在双向证据展示中仍然承担主要的证据展示义务。由于检察官要履行“公正执法义务”[③]，其展示义务已突破原来所规定的只展示准备在庭审中使用的证据，法律要求其展示的不限于有利于指控的证据，还包括有利于被告

① 龙宗智：《刑事诉讼中的证据开示制度研究（上）》，载《政法论坛》1998 年第 1 期。

② 陈瑞华：《刑事诉讼的前沿问题》，中国人民大学出版社 2000 年版，第 525-527 页。

③ 在大陆法系国家一般称检察官的“客观义务”，参见孙长永：《当事人刑事诉讼与证据开示》，载《法律科学》2000 年第 4 期。

方的证据，不仅包括控诉方准备在法庭上使用的证据，还包括其不准备在法庭上使用但对于辩护方做好辩护准备具有重要意义的证据。法律还要求控诉方承担“继续透露义务”或“连续性审查义务”，即在案件被撤销或被告人被判决之前的任何时间里，控诉方如果发现有助于辩护的证据或信息，必须尽快地向辩护方展示，或者以书面形式将上述情况告知辩护方或法庭。另外，根据互惠机制，法律要求控诉方在辩护方履行证据展示义务后，还要以书面形式向辩护方告知其准备提出证明被告方案发时在犯罪现场的证人的姓名和住址，以及其他用来反驳被告人不在犯罪现场的证词的证人姓名和住址；对于辩护方以行使公共权力为由的辩护，控诉方在收到被告方的通知后，应当在法定期限内进行书面答复。

相对于单向证据展示而言，双向证据展示有利于得到控诉方的支持，推动控诉方展示证据的积极性，最终有利于辩护方的辩护。我们知道，在法庭上进行“证据偷袭”是控辩双方都可能使用的诉讼策略，只有双向证据展示才能够抑制这种以奇袭取胜的技巧，并且只有通过双向证据展示，控辩双方才能获得手段上的“平等武装”，使证据展示具有生命力。如果只有控诉方展示证据而辩护方对自己掌握的证据在庭前秘而不宣，即使法律强求控诉方庭前展示证据，也难以保证控诉方会履行“客观义务”，使证据展示最终流于形式，而失去其实际意义。

2. 在证据展示范围上，控诉方展示的证据范围应较辩护方更宽

在当事人主义诉讼结构中，检察官与被告人一样具有当事人的诉讼地位，但其证据展示的义务要比被告人更重，其展示范围通常包括准备在法庭上出示的证据和不准备在法庭上出示的证据，而不论该证据对其控诉是否有利；而被告方展示的证据范围则一般是被告方准备在法庭上出示的且对被告人有利的证据。

以英国为例，根据1996年《刑事诉讼与侦查法》第3条的规定，检察官在初次展示证据中，应当将以前没有向被告人展示的证据材料向辩护方予以展示，只要检察官认为该证据可能削弱控诉方的指控，而且，证据展示官准备的列明不予采用的证据材料目录也应当向辩护方展示，这些材料可以直接提交给辩护律师，也可以由辩护方在合理的时间和地点进行查阅。值得注意的是，检察官的初次展示具有主观性，即是否展示及展示什么，基本上取决于检察官的决定。如果检察官认为并不存在这种材料就无须展示，但应当以书面形式向辩护方说明理由。既然检察官的初次展示范围由检察官来确定，为制约检察官展示证据的随意性，英国法院通过有关判例确立了展示证据的标准，包括：（1）与案件有关或

可能相关；（2）其存在提出或可能提出新问题；（3）会成为发现上述两种证据的线索。不过，人们对展示标准的适用存在分歧，按照英国内务大臣戴维的观点，检察官初次展示的证据是那些“对支持检察官的指控具有不利影响”的证据，它们不限于“对指控提出基本问题的材料”，而主要是“可以帮助被告人辩护而又未经展示的材料”①。检察官初次展示证据后，如果辩护方将本方的辩护陈述展示给检察官，检察官还必须将所有原来没有展示给辩护方的材料向辩护方进行“第二次展示”，只要这些材料可以被合理地期望有助于被告人的辩护。对于被告方而言，案件被移送刑事法院后至法庭审判开始前，辩护方就有义务将自己的辩护陈述提交给检察官和法庭，主要包括：辩护方提出的辩护的一般性质；辩护方与检察官发生分歧的事实；辩护方与检察官发生分歧的理由；如果辩护方准备提出不在犯罪现场的辩护，那么辩护陈述还必须载明这一证据的细节，如证明被告人不在犯罪现场的证人的姓名和住址，以及可用来发现姓名和住址不明的这种证人的信息等。

以美国为例，根据美国《联邦刑事诉讼规则》第 16 条（a）款第 1 项的规定，在被告方提出请求的情况下，控诉方必须展示下列证据：控诉方掌握的有关被告人向实施逮捕的人员或大陪审团所作的被告人先前的犯罪记录；控诉方掌握的文件及有形物品；控诉方掌握的有关身体、精神检查或科学实验的结果报告等。为保证证据展示的有效进行，该条（c）款和（d）款还分别规定了“继续透露”的责任和透露的规则，要求在审判前或审判过程中，如果控诉方发现新的应当透露的证据或材料，应当将这一事实告知辩护方和法庭。以后修订的《联邦刑事诉讼规则》扩大了控诉方的证据展示范围，包括展示出庭的专家证人证言，非专家证人姓名以及在审判前已经获得的证人陈述等。在辩护方的展示证据范围上，美国则通过“威廉姆斯诉佛罗里达州”一案确立：在控诉方提出有关请求的情况下，准备提出不在犯罪现场的辩护方，应当在审判之前将其准备传唤出庭的证明被告人不在犯罪现场的证人的姓名和住址在法定期限内以书面形式告知控诉方，并说明在被指控的犯罪发生时自己身在何处。另外，如果辩护方试图以被指控的犯罪发生时被告人精神不正常或以实际或相信在代表执法机关或联邦情报机构行使公共权力为由进行辩护，应当在法定期限内将此意图告知检察官并提交

① 陈瑞华：《英美刑事证据展示的制度之比较》，载《政法论坛》1998 年第 6 期。

法庭，如果试图提出证明被告人患有精神病、精神缺陷或其他与承担刑事责任相关的精神状况的专家证词，也应当在法定期限内将此意图书面告知检察官并提交法庭。1994年修订的美国法律协会准则中进一步扩大了辩护方的证据展示范围，主要包括：（1）辩护方向控诉方展示证据应允许控诉方对其进行检查、复制、检验以及对文件和物证拍照。（2）辩护方必须展示准备传至法庭作证的全部证人的姓名和住址。辩护方也必须展示传至其掌握或控制的这些证人的书面证言——如果这些证言与下一步证人出庭作证的主要事项有关。（3）辩护方必须展示任何辩护方准备在庭审时使用的所有报告和陈述，包括准备在法庭上作为证据的关于被告人身体和精神状态、检查结果、科学检验、实验和比较的报告。这种证据不需控诉方提出要求，而且不论控诉方是否已向辩护方展示此类证据。（4）辩护方应提供被告人的简历，并可能在法庭提出的专家证人的证言及专家的意见和理由，就其实质性作出书面说明。①

从以上对比可以看出，在英美法系国家，相对于控诉方而言，辩护方的证据展示范围要小得多，他们需要展示的只是被告人案件性质方面的信息，并通常记载于辩护陈述中。

3. 在对证据展示的限制问题上，应当坚持程序对等原则

证据展示的范围有一个逐渐扩大的发展过程，但有关诉讼立法和诉讼规则基于某种社会政策的考量，为保护某种特殊利益而限制某些证据在庭审前展示。例如，应当允许检察官根据“公共利益”的要求对“敏感性材料”，如涉及警方情报人员、关系其他案件侦查、可能暴露特殊搜索手段的材料等而请求法院决定不予展示。这种做法被认为是合理的，此即所谓的“公共利益豁免”原则。当然，基于公共利益豁免原则而不予展示，法院有权对其请求的合法性进行审查；如果检察官不提请法院审查，就必须将案件撤销。② 在正当法律程序理念盛行的美国，法律也允许控诉方在审前将部分证据秘而不宣，甚至明令禁止控诉方展示某些证据。如美国《联邦刑事诉讼规则》第16条（a）款第2项明确规定，禁止将控诉方证人或可能成为控诉方证人的人的陈述记录向辩护方透露，并禁止展示控诉方制作与侦查、起诉有关的报告、备忘录或其他内部文件。该条（c）款和

① 转引自龙宗智：《刑事诉讼中的证据开示制度研究（上）》，载《政法论坛》1998年第1期。

② John Sprack.Emmins on Criminal Procdure by Blackstone Press Limited.1997,p.131.

(d) 款规定，法庭根据一方的请求，可以作出有关拒绝限制或者推迟展示的命令。另外，允许检察官不展示有关证据的做法也被一些国际法规则认可，如根据《国际刑事法院规约》第 68 条的规定，展示证据可能导致严重危害证人或其家庭成员的安全时，检察官可以不展示有关证据，而以提交其概要来代替，但以不损害被告人的权利及公正审判为限。

根据程序对等原则，在设立控诉方证据展示例外的同时，为辩护方证据展示设立例外情形也就成为自然而然的事了。并且，辩护方在诉讼中的地位决定了其在证据展示范围上必然要受某些特殊诉讼规则的制约。就犯罪嫌疑人、被告人而言，基于不被强迫自证其罪的特权，凡证明自己有罪或罪重等不利证据有权拒绝向控诉方展示；就辩护人尤其是辩护律师而言，由于辩护人的职责和律师的职务秘密原则，决定了对于某些证据应当限制其向控诉方展示，如辩护律师会见被告人时所了解的尚未被控诉方掌握的犯罪证据或信息，不在展示范围之内，这主要是为了保护律师与委托人之间的信任关系，并鼓励委托人毫无保留地把所有事实都告诉律师，便于律师适当履行辩护职责。基于夫妻之间的保密特权，夫妻任何一方都有权阻止另一方公开其夫妻之间的秘密，因此，因夫妻一方作证而形成的证言可以拒绝向对方展示。另外，基于医生与患者之间、神职人员与忏悔者之间、会计师与委托人之间的保密特权，也可以拒绝将相关证据向控诉方展示。对于某些律师为开庭审理而准备的诉讼资料，如果控诉方不能证明取得该材料的必要性，或以其他方式可以得到该材料时，不在辩护方证据展示范围之列；对于律师及其委托人为开庭审理而准备的法律意见，有权拒绝向控诉方展示。根据美国《联邦刑事证据规则》第 16 条（b）款第 2 项的规定，对于被告人及其辩护人所作的与案件侦查或辩护有关的报告、备忘录或其他内部文件，被告人所作的陈述，以及控辩双方的证人对被告人的辩护人所作的陈述等不能展示给控诉方。

4. 关于证据展示的时间，应坚持对被追诉人有利的原则

一般来讲，随着刑事诉讼的进展，控辩双方对案件证据的掌握经历了从无到有、从少到多、从不充分到充分的变化过程。但辩护方应当在什么时间查阅控诉方的证据或控辩双方在什么时间适合相互交流证据信息呢？根据照顾弱者的法理，证据展示的时间的设定应当坚持对被追诉人有利的原则。换句话说，什么时候展示证据对被追诉人有利，就可以在什么时候要求进行证据展示。据此，在侦查阶段就存在对抗的机制，控辩双方各自均可以对案件展开调查并收集相关证

据，那么，控辩双方也就可以要求对方展示有关证据。如英国警察机构专设证据展示官，负责向检察机关移送证据材料，并向辩护方展示证据。案件侦查终结移送到检察机关后，检察机关随即产生向辩护方展示证据的义务，检察机关初次展示证据通常是在移送起诉过程中完成的。对起诉后审判前的证据展示采取“三步走”规则，即首先由控诉方在审判前的合理期限内进行第一次展示，除在预审过程中已经展示的控诉证据外，着重展示控诉方认为可能削弱控诉的证据；然后要求辩护方在控诉方首次展示的 14 日以后向控诉方提出辩护意见书，说明将要提出的辩护的一般性质、与控方有争议的事实及其理由，如果准备提出不在犯罪现场的辩护必须一并提供相关证人的姓名、住址或者有助于发现证人身份的材料；最后由控诉方根据辩护意见书的内容展示一切可以合理地期待有助于被告人进行辩护的意见书所列辩护的材料。如果辩护方在控诉方初次展示后也向控诉方展示了法定范围内辩护方掌握的证据，控诉方还必须履行第二次展示义务，将所有原来没有展示的证据展示给辩护方。另外，根据有关法律规定，控诉方还负有持续展示义务，直至审判终结，如检察官发现某一控诉方证人在法庭上所作的证词与其在警察面前的陈述存在实质上的差异而辩护方并没有发现这一点，检察官就应将此向辩护方展示，以使辩护方能够运用这一证据对有关证人进行反询问，对其证词的可信性进行质疑。从总体上看，证据展示的时间主要集中在庭前预审阶段和庭前听证阶段，证据展示的意义也主要体现在这段时间内。

5. 关于证据展示的程序障碍，应当由中立的第三方进行司法审查

证据展示一般由控辩双方在庭前自主进行，无须法院干预，但在某些情况下，如控辩双方不能或不愿展示有关证据时，法律对于控辩双方请求展示的证据是否属应当展示范围缺少明确性规定时，控辩双方关于特定的证据是否属于法定展示范围发生争议时，控辩双方出于各自利益考虑拒绝交换有关证据信息时，等等，法院介入证据展示就成为必要。通常是自认为享有展示权的一方向法院提出明确具体的展示申请并附有理由，要求法院命令对方展示申请列举的证据，对方对此有异议的，可以提出相应的意见，要求法院裁定驳回展示申请，或者对证据在展示的时间和内容上加以限制。如在美国，法院认为当事人的展示申请理由充分时，可以随时命令被请求的一方当事人展示相应的证据，也可以附具理由驳回展示申请，或者限制展示的内容或时间。必要时，法院也许可当事人于对方不在场的情况下以书面的形式提供全部或部分申请理由，供法官单独审查。如果法院

在单独审查后决定满足一方当事人申请中提出的要求，另一方当事人的全部陈述都应密封附卷，以备上诉法院审查。[①] 在英国，无论是在初次展示阶段还是在第二次展示阶段，检察官均可以事关公共利益为由，请求法院将某一材料排除于展示范围之外，但同样，辩护方也有权请求法院发布有关要求检察官向其展示某一证据材料的命令。辩护方请求检察官展示的材料可以是为检察官所掌握并审查过的材料，也可以是证据展示官必须向检察官提供或允许检察官调阅和审查的材料。但这一申请必须在辩护方将辩护陈述展示完毕之后提出。辩护方提出有关检察官作进一步展示的申请，必须向法院证明检察官掌握着可以被合理地期望有助于辩护的材料，并且该材料没有向辩护方展示。法院通过审查，如果认为有合理的理由确信存在着这样的材料，就应发布一项要求检察官展示有关证据的命令。由于事先掌握并查看过检察官不准备采用的材料目录，辩护方一般可以较为容易地提出哪些材料需要作进一步展示，但是，对于那些该目录上并未列明的材料，辩护方的申请能否取得成功就可能会出现问题。[②] 需要指出的是，对于检察官不使用的证据材料的展示问题，法官拥有一定的自由裁量权。

6. 在违反证据展示义务的法律后果上，控辩双方应当区别对待

由于控辩双方在履行证据展示义务上有先后、轻重之分，因此，在违反证据展示义务的法律后果上也应当有所区别。尽管实行证据展示制度的国家一般都规定了控辩双方的证据展示责任，但在承担责任后果的具体形式上则明显不同。如在美国，如果控诉方未能履行证据展示义务，法律赋予法院以下权力予以处理：命令控诉方进行证据展示，批准延期审理，禁止控诉方提出未经展示的证据或作出其他在当时情况下认为是适当的决定。另外，法院可以就证据展示指定具体的时间、地点和方式，规定适当的期限和条件。英国对控诉方违反展示义务所产生的法律后果与美国大体相似，如对于控诉方无故拒绝向辩护方展示证据，法院可以采用证据排除手段使证据失去证明效力，对于控诉方以“公共利益豁免”原则为由拒绝展示某些证据，法院有权对其理由进行审查，如果控诉方拒绝提交审查，该案件将被撤销。

对于被告方违反证据展示义务而言，在实行对抗制诉讼的英美国家，立法上

---

① 孙长永：《美国刑事诉讼法中的证据开示》，载陈光中主编：《诉讼法论丛》（第 3 卷），法律出版社 1999 年版，第 239-240 页。

② 陈瑞华：《英美刑事证据展示制度之比较》，载《政法论坛》1998 年第 6 期。

也都规定了相应的法律后果。如在英国，辩护方如果不承担或者不能较好地承担证据展示义务，将负担一系列消极的不利后果：首先，辩护方如果不向检察官展示本方辩护陈述和证据材料或案情信息，将失去获得检察官向其进行第二次展示证据的机会。其次，辩护方有以下情况之一的，法庭可以作出证据展示不足的评论，法官或陪审团可以因为辩护方没有适当地履行证据展示义务而作出对其不利的推论：（1）没有向检察官展示本方辩护陈述；（2）在法律规定的最后期限超过以后进行展示；（3）在辩护陈述中有前后不一致的辩护意见；（4）在法庭审判中提出的辩护意见或理由与其展示过的辩护陈述有区别；（5）在庭审中提出不在犯罪现场的辩护而在辩护陈述中没有事先提供有关细节；（6）在庭审中传唤某一证明被告人不在犯罪现场的证人，而没有在辩护陈述中透露该证人的姓名和住址。法院还可以采用证据排除手段对辩护方不展示证据的行为进行处罚。根据《刑事司法和公共秩序法》对沉默权的修改，被告人在审判前不向警察和检察官答复被合理要求应当提及的问题，但在法庭辩护时却将这一问题作为辩护的理由，对被告人在庭审前的沉默，法庭可以作出对被告方不利的推断。① 由此可知，与检察官相比，英国对辩护方的违法制裁还是相当苛刻的。

笔者认为，对于被告方违反证据展示义务的法律制裁不应过于严厉。因为根据无罪推定原则，犯罪嫌疑人、被告人并不负证明自己无罪的义务，且不能根据犯罪嫌疑人、被告人不能证明自己无罪的事实而得出其有罪的结论。因此，在证据展示问题上，不应过分地夸大被追诉人的证据责任。况且，由于被追诉人在刑事诉讼中可能被限制甚至被剥夺人身自由，其在获取证据的能力方面受到限制，从而实践中确实存在被追诉人在审前确无证据可供展示的情况，对此如果一概作出对被追诉人不利的推论，或者剥夺其获得检察官向其进行第二次展示证据的机会，则有违正当法律程序原则。

（四）我国公诉程序中的证据展示制度之构建

从某种意义上说，1996 年修订的刑事诉讼法在引进对抗式庭审机制的同时，也规范了一些体现证据展示制度精神的条款，如第 36 条第 2 款规定：“辩护律师自人民法院受理案件之日起，可以查阅、摘抄、复制本案所指控的犯罪事实的材料。”但与对抗制相配套的严格意义上的证据展示制度并没有建立。不过，学界

---

① ［英］伊恩·丹尼斯：《证据规定：限制沉默权》，载《英国刑事法律论》1995 年 1 月号。

和实务界已基本达成共识，即建立我国的刑事证据展示制度势在必行。另外，一些地方检察机关、法院在司法实践中也正在逐步推行证据展示制度。例如，2000年4月，山东省诸城市人民检察院起诉科成功地进行了一次公诉案件的证据展示。[①] 2000年5月，青海省西宁市人民检察院在充分征求法院、律师界意见的基础上，从5月1日开始，在办理刑事案件过程中试行证据开示制度。[②] 2000年12月，河南省郑州市管城区法院与检察院联合推行刑事公诉案件证据展示制度，并制定了《刑事公诉案件证据展示暂行规定》。[③] 2001年9月，云南省昆明市盘龙区人民检察院在云南率先试行庭前证据开示制度。[④] 2002年6月，北京市海淀区人民检察院与北京市25家资质良好的律师事务所签署了证据开示协议，尝试证据展示。[⑤] 2002年11月，江苏省句容市检、法两家联合推出公诉案件证据展示制度。[⑥]

既然建立我国的刑事证据展示制度已成为必然，因此，在这里我们无须再浪费笔墨讨论其必要性，不过，就如何构建我国刑事证据展示制度的问题，还有探讨的空间。笔者认为，构建我国刑事证据展示制度首先要根据正当法律程序确立若干原则，然后再规范具体的证据展示程序。

1. 构建我国的刑事证据展示制度应坚持的原则

（1）双向性原则，即我国的刑事证据展示应当是控辩双方互相展示证据。实行双向性展示，一方面有利于提高控诉方向辩护方展示控诉证据的积极性，另一方面有利于防止辩护方搞“证据偷袭”。另外，实行双向性展示也是程序对等原则的基本要求。

（2）区别对待原则，即对控辩双方在证据展示的范围、义务及责任上应根据双方的举证地位、举证处境以及举证的便利情况等而有所区别。一般情况下，控诉方承担更多的证据展示义务，其展示的证据范围应当比辩护方更宽，其不履

---

① 王浩：《公诉案件证据开示探索》，载《人民检察》2000年第9期。

② 王芷斌：《公诉人与辩护人庭前互相示证据——西宁试行证据开示制度》，载《检察日报》2000年5月9日，第2版。

③ 苗木森、赵小联：《管城区推行公诉案件证据展示制度》，载《法制日报》2000年12月5日，第6版。

④ 刘晓燕：《庭前证据开示：看上去很美？专家进言：保障辩护权，关键在重视》，载《中国青年报》2001年9月10日，第7版。

⑤ 张天蔚：《证据开示在程序层面先平等起来》，载《北京青年报》2002年10月23日，第A2版。

⑥ 鸦连军：《句容：推出公诉案证据展示制度》，载《法制日报》2002年11月24日，第6版。

行证据展示义务的法律后果应当比辩护方更重。

（3）有利被追诉人原则，即证据展示的程序设计应体现照顾弱者的精神，在政策上向犯罪嫌疑人、被告人倾斜。因为犯罪嫌疑人、被告人在刑事诉讼中处于天然的不利地位，立法在追求形式上平等的同时，应适当考虑实质上的平等。

（4）证据展示豁免原则，即法律在明确规定控辩双方展示证据义务的同时，需规定在某些特定情况下，免除双方不展示某些特定证据的法律责任。例如，控诉方可以以“公共利益”为由，拒绝向辩护方展示其所掌握的涉及国家秘密的证据；辩护方可以基于无罪推定原则不展示有罪或罪重的证据。

（5）司法审查原则，即当证据展示遇到障碍时，如控辩双方不能或不愿展示有关证据时，或法律对于控辩双方请求展示的证据是否属于应当展示范围缺少明确性规定时，或控辩双方关于特定的证据是否属于法定展示范围发生争议时，或控辩双方出于各自利益考虑拒绝交换有关证据信息时，等等，应交由中立的法院进行司法审查，以排除有关障碍，保障证据展示顺利进行。

2. 我国刑事证据展示的制度设计

根据上述五个原则，我国的刑事证据展示制度应包括以下几个方面的内容：

（1）证据展示主体。根据双向性原则，证据展示主体应当包括控诉方和辩护方。其中，控诉方是主要的证据展示主体，其具体承担者主要是人民检察院。在刑事诉讼中控诉方负有证明犯罪嫌疑人、被告人有罪的举证责任。但是，笔者认为，作为证据展示主体，控诉方的范围不应当仅限于人民检察院，还应当包括公安机关、被害人及其法定代理人、诉讼代理人，因为它们（尤其是公安机关）在刑事诉讼中具有收集证据的权力和能力，对于它们在审前掌握的证据材料，也应当向辩护方展示。至于辩护方的证据展示主体范围，则主要包括犯罪嫌疑人、被告人及其委托的辩护人。另外，犯罪嫌疑人、被告人的法定代理人也应当作为证据展示主体。

（2）证据展示的范围及其限制。根据区别对待原则，控辩双方在证据展示的范围及其限制上应有所不同。通常情况下，控诉方证据展示的范围应包括两个方面：一是控诉方准备在法庭上使用的证据；二是控诉方不准备在法庭上使用的证据。当然，在不同的诉讼阶段，控诉方掌握的证据情况不同，如在侦查初期可能只收集到部分证据，侦查终结时，可能收集到指控有罪的充分的证据；在审查起诉或经补充侦查以后，控诉方可能掌握证明有罪更为充分的证据，对于这些证据都应当及时向辩护方展示。不过，在侦查阶段，如果向辩护方展示某特定证据会造成侦查无法进行或侦查工作前功尽弃，特别是事关重大犯罪集团的案件，展示证据的范围应区别不同个案情况，允许有所保留，但必须说明理由；对于事关国家重大秘密的案件，对涉密事项的证据，应当允许控诉方以“公共利益”为由限制展示。不过，如果控诉方以“公共利益”为由拒绝展示某些证据时，应当向法院说明理由并证明其理由的存在及合理性，法院有权进行审查并最终裁定是否将证据展示给辩护方。

关于辩护方证据展示的范围，一般而言，辩护方展示的证据只限于其准备在法庭上使用的证据，具体包括：有关犯罪嫌疑人、被告人不在犯罪现场的证据；有关犯罪嫌疑人、被告人未达到刑事责任年龄的证据；有关排除违法性或可罚性的证据；有关犯罪嫌疑人的行为不符合指控犯罪的犯罪构成的证据；在法律推定事实案件中，能够推翻推定事实的证据；能够证明犯罪嫌疑人、被告人具有法定从轻、减轻或者免除处罚情节的证据等。与控诉方不同，只要其不准备在法庭上使用的证据，辩护方无须向对方或法院说明不展示的理由，即可不向对方展示，并且基于某种诉讼特权和诉讼规则，如被告人享有不被强迫自证其罪的特权，除非其出于自愿，不得要求其展示对其不利的证据，对于辩护人而言，基于辩护人职责，有权拒绝向控诉方展示证明犯罪嫌疑人、被告人有罪、罪重的证据，并且律师的职务秘密原则也要求辩护律师不得透露因履行辩护职责而获知的能够证明被告人有罪但尚未被司法机关掌握的证据。

（3）证据展示的时间。关于证据展示的时间，以方便控辩双方为诉讼做准备为原则，应当是越早越好。但如果时间过于提前，展示的证据范围会受到限制；如果过晚，则不利于控辩双方做准备。因此，应坚持原则性与灵活性相结合的原则，可以在侦查阶段进行分散式展示，也可以在审查起诉阶段集中进行。但无论如何，在案件起诉到法院之前至少要进行一次证据展示。有的学者将证据展示的时间分为三个阶段：① 第一个阶段是自人民检察院对案件审查起诉之日至人民法院受理案件之日。在这一阶段所要展示的证据包括本案的诉讼文书、技术性鉴定材料。第二个阶段是从人民法院受理案件之日至开庭审理之日，展示的证据应当包括全部案卷材料和证据。第三个阶段是人民检察院补充侦查完毕之日至人

① 陈玉忠：《确立证据展示制度的构想》，载《法学与实践》1997 年第 5 期。

民法院重新开庭审理之日，在这一阶段主要展示补充侦查所收集的各种证据材料。对于辩护方而言，向控诉方展示的时间，应当从人民检察院审查起诉之日至人民法院开庭审理之日，展示其通过调查所收集的各种证据材料。这种将证据展示时间进行阶段性划分有立法上的根据，但笔者认为证据展示的时间应提前到侦查阶段并延续到案件审理终结，控辩双方既可以应对方申请或要求进行展示，也可以主动向对方展示，如在侦查阶段，如果犯罪嫌疑人有证明自己不在犯罪现场的证据，即可以随时向侦查机关提出，经侦查机关核实，则有助于侦查机关重新确定侦查方案，保证侦查方向的正确性，也可以使犯罪嫌疑人及时摆脱诉累。

在具体的展示时间上，笔者认为，如果控诉方或者辩护方主动将证据展示给对方，可以随时进行，但应在开庭审理前5日内展示完毕，因为如果规定的时间过长，不利于调动控辩双方发现、收集新证据的积极性，如果规定的时间过短，则不利于对方为庭审做准备；如果是应对方请求而被动展示，应在接到对方申请后3日内将其应当展示范围内的证据展示给对方，有拒绝展示理由的，应当在这个时间内向对方说明不展示的理由，如果要求展示的一方认为理由不成立的，可以申请法院命令其展示。法院接到申请后应立即审查，认为拒绝展示的理由成立的，应驳回申请；认为拒绝展示的理由不成立的，应通知拒绝展示一方展示证据，拒绝展示一方接到法院的通知后应在3日内向对方展示证据。

（4）证据展示的责任。控诉方在刑事诉讼中负主要展示责任，这不仅是因为控诉方负有证明犯罪嫌疑人、被告人有罪的举证责任，而且是因为控诉方拥有展示证据的充分条件。从侦查到起诉，侦控机关掌握强大的侦查力量，便于发现和收集证据，在刑事诉讼中，控诉方要承担随时向辩护方展示证据的义务或者应辩护方请求披露有关案情的义务，并且因控诉方的“客观义务”还必须履行全面展示义务。对于控诉方违反展示义务的，应承担以下法律后果：强制其在开庭前向辩护方展示；决定延期审理，对控诉方当庭展示证据的，给予辩护方做一定的准备后再恢复庭审；对于因控诉方未展示证据而拖延诉讼的，由控诉方支付对方因此而支付的一切费用；禁止控诉方在法庭上出示庭前未经展示的证据等。

相对于控诉方而言，辩护方的展示义务相对较轻，主要展示其准备在法庭上使用且有利于犯罪嫌疑人、被告人的证据。如果辩护方没有正确履行其展示义务，要承担与控诉方大体相同的责任，并且法院还可以据此作出对其不利的推断。需要指出的是，如果因辩护人的过错而未履行展示义务，由此产生的法律后果不应当由犯罪嫌疑人、被告人承担，否则有失公正，在这种情况下，可以借鉴国外做法，对辩护人尤其是辩护律师进行经济制裁或其他纪律性处罚。

（5）对被告人的救济。对于无罪证据，如果辩护方因未履行展示义务而被法庭排除，势必会罪及无辜，尽管我国刑事诉讼法给予被告人上诉权利和提出再审的申诉权，但将造成诉讼资源的浪费，有违确立证据展示制度的初衷。因此，笔者建议，对于辩护人在庭前未能展示无罪证据的，应允许辩护方在以后的庭审程序中提出，此时可由法院决定延期审理，以便控诉方做好控诉准备。对于辩护方确实无证据可供展示的，笔者认为也不能因此而剥夺辩护方要求控诉方第二次展示和持续展示的权利。在实践中，可能会出现辩护方在庭前确无证据展示而在开庭后却发现了有利于被告人的证据的情况，这时，应当允许其向法庭说明理由并出示该证据。

（6）人民法院在证据展示中的作用。只要法律将证据展示的范围和不履行展示义务的法律后果规定得清晰明了，控辩双方一般都会自主展示证据，无须法院介入，但在有的情况下，如控辩双方对于特定的证据是否属于展示的范围发生争议；在整理案件争点时控辩双方有分歧；控辩双方因敌对情绪不愿配合对方的展示要求等，不得不求助于法院。目前，我国刑事诉讼法中没有真正确立法官的司法审查机制，这对约束控辩双方的诉讼行为缺乏规范性。笔者认为，有必要在证据展示中发挥人民法院的作用，立法应修改确立证据展示的约束机制，以保证证据展示快速、有效地进行。第一，赋予法院对证据展示申请作出适当处理的权力。如果诉讼一方认为自己有理由要求对方展示证据，在向对方提出展示证据要求而遭到拒绝后，可以附理由向法院提出展示证据的申请，要求法院命令对方展示申请中列举的证据。法院经审查认为理由成立的，应通知负有证据展示义务的一方展示有关证据，或者要求其说明拒绝展示的理由。认为拒绝展示的理由成立的，可以驳回展示证据的申请；认为拒绝展示的理由不成立的，应命令其展示相关证据。对于控辩双方因证据展示范围发生争议或诉讼争点存在分歧的，可以申请法院审查并由法院最终确定是否需要展示相关证据，并可对展示的内容和时间加以限制。第二，对于违反证据展示规则或法院展示命令的行为，赋予法院给予相应制裁的权力。在美国，法院对于上述行为可以驳回起诉；命令立即展示有关证据；宣布延期审理；决定排除未经展示的证据；宣布审判无效；甚至以藐视法庭罪对拒不展示证据的诉讼一方定罪判刑。考虑到我国的现实情况，如果违反证据展示规则或法院展示命令的一方是出于善意或其他客观原因未能及时履行展示义务，法院可以命令其立即展示有关证据或宣布延期审理等轻缓措施；对于出于恶意不展示证据的行为，除可以借鉴美国做法驳回起诉、作出对其不利的推断、宣布审判无效外，还可以尝试纪律性处罚，以及对其进行经济制裁。对于故意提供虚假证据的，可以依照刑法有关伪证罪的规定进行定罪判刑。

二、辩诉交易

辩诉交易（Plea Bargaining），又称“答辩谈判”（Plea Negotiation）或“答辩协议”（Plea Agreement），是指检察官与辩护律师在对抗式审判开始前，对被告人的定罪和量刑问题所进行的协商和交易。在协商和交易过程中，如果被告人作有罪答辩，放弃获得对抗式审判的权利，检察官则降低对被告人所控罪行的严重程度或所请求的量刑幅度，这样就使案件不经过正式法庭审判而得到迅速处理。这一在英美法系国家人所共知的诉讼制度近年来引起了我国学者的极大兴趣，并就我国刑事诉讼法是否应当引进这一制度展开了一场声势浩大的讨论。在结果尚未明朗之前，最高人民检察院有关领导作出指示：“改革应依法进行，对……辩诉交易……等法律没有明文规定的问题可以探讨、研究、论证，时机成熟时可以提出立法建议，但不能用于办案。”① 笔者认为，司法改革必然要突破现有的法律框架，具体到辩诉交易，究竟能不能用于办案以及应不应当用于办案，还得从“中国‘辩诉交易’第一案”说起。

（一）从“中国‘辩诉交易’第一案”说起②

1. 案情

2002 年 4 月 11 日，黑龙江省牡丹江铁路运输法院开庭审理一起故意伤害案。根据牡丹江铁路运输检察院的指控，2000 年 12 月 18 日晚，被告人孟××在黑龙江省绥芬河火车站北场内，因车辆争道与吊车司机王××发生争执。随后，孟××和王××等数人争吵。因感到势单力薄，孟××打电话叫来了 6 个人，与王××等人发生互殴，最后致被害人王××脾脏破裂、小腿骨骨折，经法医鉴定为重伤。

这是一起共同犯罪案件，但公安机关没能抓获与孟××同案的其他犯罪嫌疑

① 《人民检察》2002 年第 7 期。

② 《聚焦国内“辩诉交易”第一案》，载《人民法院报》2002 年 8 月 8 日。

人。牡丹江铁路运输检察院欲以故意伤害罪起诉孟××。孟××的辩护人、牡丹江天元律师事务所律师丁云品认为，由于本案的其他犯罪嫌疑人在逃，无法确定被害人的重伤后果是何人所为。

公诉机关则认为，由于本案系多人参与混战的特殊背景，即使抓获所有犯罪嫌疑人，证据收集也将困难重重，但无论如何，被告人孟××对找人行凶造成被害人重伤后果理应承担重要或全部责任。

公诉方建议辩护人同意采用案件管辖法院准备试用的“辩诉交易”方式审理此案。辩护人在征得被告人同意后，向公诉机关提出了“辩诉交易”申请。而后，控辩双方进行了协商，达成三点合意：被告人承认自己的行为构成故意伤害罪，愿意接受法院的审判，自愿赔偿被害人因重伤而遭受的经济损失，请求法院对其从轻处罚；辩护人放弃本案具体罪责事实不清、证据不足的辩护观点，同意公诉机关指控的事实、证据及罪名，要求对被告人从轻处罚并适用缓刑；公诉机关同意被告人及其辩护人的请求，建议法院对被告人从轻处罚并可适用缓刑。

控辩双方达成协议后，由公诉机关在开庭前向法院提交了“辩诉交易”申请，请求法院对双方达成的“辩诉交易”予以确认。

牡丹江铁路运输法院受理了该申请后，由合议庭对双方达成的“辩诉交易”进行了严格的程序性审查，认为该“辩诉交易”协议及申请文本内容齐全，签字、印鉴清晰，格式规范，决定受理。同时，法院又组织被告人和被害人双方就附带民事赔偿进行庭前调解，并达成了由被告人赔偿被害人 4 万元人民币的协议。

在开庭审理中，合议庭对双方达成的“辩诉交易”实体内容进行了认真的审查。首先由公诉人向法庭陈述与辩方就被告人的刑罚进行“辩诉交易”的过程以及“辩诉交易”的主要内容。法官当庭询问被告人是否委托其辩护人就其刑罚问题与控方交易，对“辩诉交易”内容是否清楚，是否明了法院一旦确认“辩诉交易”其将面临的刑罚后果，是否基于自愿，在交易过程中是否存在贿赂交易和强迫交易的情况等。同时，因本案被害人出庭参加诉讼，法官当庭询问被害人是否已就附带民事赔偿与被告人达成协议，该协议是否已经实际履行，对被告人的刑事处罚有什么意见等。法庭休庭合议后，继续开庭宣判，对控辩双方达成的“辩诉交易”予以确认，并依照刑法的有关规定，以故意伤害罪判处被告人孟××有期徒刑三年缓刑三年。至此，国内第一例试用“辩诉交易”方式审理的刑事案件宣告结束，整个开庭时间仅用了25分钟。

2. 案件追踪

案件判决后，在社会上引起强烈反响，国内几家比较权威的媒体都对该案进行了报道。[①] 其中，《人民法院报》记者还就该案展开了跟踪了解。据悉，对于该案的判决结果，无论是公诉人、辩护人，还是被害人、被告人，都表示满意。

被害人王××被打成重伤后，家里没钱给他治病。在法院没有判决之前，王××担心如果孟××不承担赔偿责任，对于生活并不富裕的他来说可谓雪上加霜。判决结果出来后，王××欣慰地说："我对这件案子的审理结果非常满意，事情发生后，他（被告人）的亲属多次向我道歉，主动提出调解，我的气也就消了很多。我想，当时虽然感到太委屈，但因为他（被告人）已经认罪，我心理也平衡了。特别是检、法两院做了很多工作，使这起案子从起诉到结案才用了一个多月的时间，效率非常高，说明检察院、法院真的为我们老百姓着想。"王××的哥哥王玉×也认为，如果不以"辩诉交易"的方式结案，孟××不愿赔偿，那么即使孟××得到了重判，我们也不会感到满意。

王××及其亲属最关心的是赔偿问题，而被告人孟××最关心的又是什么呢？据本案审判长、牡丹江铁路运输法院副院长栾树贵介绍，孟××只承认纠纷是他引起的，但他只打了被害人一拳。孟××也表示，法院能考虑本案实际情况，给予从轻判罚，他借钱也要赔偿被害人的损失。

审判长栾树贵说，案子宣判后，参加旁听的人都认为这种做法很好，对被告人的处罚是公正的。

牡丹江铁路运输检察院起诉科科长刘伏云说，这起"辩诉交易"案在全国是第一起。他认为，公正有理想的公正和现实的公正，真实有法律真实和客观真实的问题。但在法律上，存在不同的人有不同的认知能力，不可能完全反映事物的本来面貌。具体到这个案件，客观真实是什么？是7名犯罪嫌疑人把被害人打成了重伤。但是，究竟是谁实施了致被害人王××重伤的一击？由于另外6名犯罪嫌疑人在逃，认定这一犯罪事实不可避免地存在难度。公安机关暂时抓不到在逃的犯罪嫌疑人，他们有他们的困难。但是，作为公诉人，他们感到这个案件的基

① 2002年4月19日，《法制日报》曾以《国内诉辩交易第一案审结》为题报道了该案，并于4月24日、4月27日、4月28日、5月15日对此探讨与争论的不同观点作了介绍；《中国青年报》于2002年4月22日也以《"辩诉交易"首次亮相我国法庭——25分钟审结一起故意伤害案》为题报道了该案。

本事实是清楚的。起码对这个共同的犯罪行为被告人是认可的。现在办案讲究法律效果和社会效果的统一。这种理念具体到人的身上，被害人的目的是得到赔偿，而法律工作者是要积极处理这个案件。从这起案件来看，既要维护法律的公正，还要讲办案效率，怎么办？从律师的角度来看，伤了人就要罪责自负，现有证据不能证明是被告人所为；从法院角度来看，因为证据不足，就要以疑罪从无的原则进行判决。但是，公诉方肯定不服气，还要抗诉。这样，是否能利用“辩诉交易”来处理这个案子就摆在了公诉方面前。原因就是既要维护法律的尊严，又要保护被害人的利益。他曾经遇到一个案子，跟这个案子很相似。被告人的姐姐愿意赔偿，但有个条件就是对被告人要从轻判处。因为当时没敢搞“辩诉交易”，使得被害人没有得到相应的赔偿。案子判完后，社会效果并不好。

律师丁云品认为，本案在被告人认罪的情况下，“辩诉交易”从公正和效率的角度，从收集证据困难的角度，从节省人、财、物的角度，是一个最好的选择，是一次有益的尝试。

3.“交易”的背后

据了解，对于这起被称为国内“辩诉交易”第一案的“孟××故意伤害案”，最先想将之引入到审判方式改革中的人是哈尔滨铁路运输中级法院的吉鸥副院长。吉鸥曾在黑龙江大学参加过法律专业培训，当时有一位老师提起过“辩诉交易”的概念。后来，吉鸥在国家法官学院培训班学习时，又有老师详细介绍过“辩诉交易”的审理模式。老师们的授课引起了吉鸥极大的兴趣。在对“辩诉交易”有了一定的认识后，适逢人民法院改革如火如荼的大好时机，吉鸥便大胆地想将“辩诉交易”引入到审判工作中。于是，经院党组讨论后，他将这一想法向黑龙江省高级人民法院刑庭庭长王树江作了汇报。曾经到美国考察过的王树江对“辩诉交易”也有很深的认识。吉鸥的设想立即引起了他的兴趣，并同意由哈尔滨铁路运输中级法院具体进行操作。

在得到了省高院的认可后，“哈铁”中院开始将这一设想落到实处，并将“辩诉交易”的试点设在牡丹江铁路运输法院。3 月 19 日，当“孟××故意伤害案”起诉到“牡铁”法院后，审判员栾树贵主办了这起案件。看完卷宗后，栾树贵忽然意识到，这起案件正是尝试“辩诉交易”的好案例。他马上向吉鸥作了汇报。“哈铁”中院经过研究并向省高院汇报后，王树江、吉鸥以及“哈铁”中院刑庭副庭长刘韬一行三人三次到“牡铁”法院进行指导。在经过充分的研究和准备后，国内“辩诉交易”第一案就这样推出了。

4. 该案引发的争议

对于这起在没有法律依据情况下的刑事案件及其判决，自其“娩出”之日起便引起广泛的争议，在中国法学会诉讼法学研究会刑事诉讼专业委员会2002年年会上，与会学者就这一问题进行了充分研讨，内容涉及我国引入辩诉交易制度的必要性、可行性以及具体制度设计等问题；《政法论坛》还开辟专栏组织有关专家就此展开了讨论。从总体上看，在对待辩诉交易的态度上，主要存在肯定说、否定说和缓行说三种基本观点。①

持肯定说的学者主张，我国应谨慎而有限度地引进辩诉交易制度。他们认为，辩诉交易以诉辩双方平等地讨价还价、精心交易、达成协议、法官审查等为基本特征，具有两大鲜明的优点：一是突出效率，兼顾公正；二是给被告人自己处分的权利，体现了对被告人人权的尊重与维护。我国引入辩诉交易，有其积极意义与必要性，即尊重当事人选择权、解决积案、提高效率以及节约司法资源等。

否定说认为，我国缺乏辩诉交易运行的制度机制和文化条件，引入该制度并无必要。并且，在我国现行法律、政策框架下，引进辩诉交易存在着无法逾越的障碍，并可能导致极其严重的消极后果：其一，我国刑事诉讼采取典型的“政策执行型”的目标模式，以实现实体法和刑事政策所确认的正义目标为宗旨，在原则上不可能接受辩诉交易这种蕴含着平等主体之间互相妥协精神的“纠纷解决”方式；其二，被告人的客体地位使其不可能具有与公诉机关平等地讨价还价的能力和条件，无法保证交易的公正性；其三，辩诉交易与“以事实为根据，以法律为准绳”和“对一切公民在适用法律上一律平等”的原则相冲突；其四，辩诉交易会对侦查、起诉和审判制度形成冲击，破坏正在逐步完善的程序法制；其五，辩诉交易可能加剧“权钱交易”等司法腐败，就实务问题而言，引入辩诉交易副作用多，弊大于利。总之，在我国，没有辩诉交易之地。②

缓行说认为，从司法改革的总体进程来看，我国诉讼模式由职权主义向当事人主义对抗式转变，已然成为不可阻挡的趋势。从长远来看，引入辩诉交易是我

① 陈卫东、刘计划：《辩诉交易能否洋为中用——中国诉讼法学会刑事诉讼专业委员会2002年年会讨论综述》，载《人民法院报》2002年9月16日。

② 张建伟：《没有辩诉交易之地》，载《人民法院报》2002年9月23日。

国刑事诉讼的发展方向，而且辩诉交易已经突破法系的界限，大陆法系国家也有辩诉交易的实践。但我国目前的社会环境与刑事诉讼制度尚不具备引入辩诉交易的基础，在我国建立辩诉交易制度为时过早，因此不赞成在近期搞辩诉交易及相关实验。

从上述争论来看，在我国刑事诉讼能否引进辩诉交易制度这一问题上，不仅是辩诉交易制度本身的优劣问题，而且涉及这一制度所赖以存活的法制环境问题，包括人们的文化观念、制度机制以及司法人员素质等。因此，在解决这一问题之前，我们有必要全面认识辩诉交易，充分剖析其价值内涵。

（二）辩诉交易的价值追求与利弊分析

辩诉交易最早产生于19世纪的美国，当时美国资本主义经济蓬勃发展，犯罪率出现了惊人的增长，刑事案件成几倍上升，案件积压严重。为了在有限的司法资源条件下及时处理这些积案，一些大城市的检察官开始采用与被告人协商和交易的方式结案。由于此种方式方便、快捷，能够有效地提高诉讼效率，节省诉讼资源，尽快扫清积案，其被美国绝大部分州广泛采用。美国联邦最高法院则于1970年“布雷迪诉美国”（Brady V. U. S.）一案的判决中正式确认了辩诉交易的合法性。在该案中，联邦最高法院作出了两项重要决定：第一，要接受以辩诉协议为依据作出的认罪答辩，其标准和接受与其他认罪答辩的标准一样，即答辩必须是“自愿的”和“理智的”。第二，在辩诉交易案中，决定“自愿”的标准无须遵循自白案件的标准。虽然官员（检察官）的好处许诺与提起公诉的威胁可能使得一项自白的作出“并非出于自愿”并由此违背了宪法，但这种做法与认罪答辩所产生的效果是不一样的，因为认罪答辩是在公开的法庭上及律师的帮助下作出的，其精神的和其他方面的压力并没有警察局的类似压力所具有的那种不适当性。为了保证这一程序公正进行，联邦最高法院要求法官在接受有罪答辩时必须确信：被告人在接受答辩前知晓其选择后果；被告人理解指控的性质和对权利的放弃；被告人的答辩是自愿的；有作有罪答辩的事实基础，被告人不允许参加交易，他必须依靠他的律师的交易技巧。在第二年对“桑托贝尔诉纽约州”（Santobell V. New York）一案的判决中，最高法院再次强调：“如果每一项刑事指控均要经受完整的司法审判，那么州政府和联邦政府需要将其法官的数量和法庭设施增加许多倍。”“辩诉交易是（美国）刑事司法制度的基本组成部分，如果运用得当，它应当受到鼓励。”①

在辩诉交易诞生初始，美国人对他们自己的这项发明也存在争议，大体有两种观点。② 支持者认为，辩诉交易至少有以下好处：第一，可以得到“可靠”的定罪，因为将近90%的被告人作有罪答辩，表明是认罪的；第二，结案快，可以节省费用和时间，如果所有的刑事案件都要开庭进行审判，“法院将会被案件所淹没”；第三，有些案件在法庭外解决为好，如果一个人有了犯罪记录，就要受人歧视，丢掉工作，给家庭带来一连串问题。反对者则认为，这种做法已经把审判变成一种交易，用这种方法处理刑事案件不是取决于事实和法律，而是取决于双方的谈判技巧和手段高下，是对对抗制庭审制度的一种歪曲，是对触犯法律的人的让步，出卖了司法尊严。另外，这种做法还容易造成程序上的不公正，对于贫穷的犯罪嫌疑人，有的律师可能会为了避免收益较少的诉讼的进行而极力劝说其接受辩诉交易。美国的辩护律师一般以预收固定费用而非按小时付酬代理刑事案件，且法院禁止律师受案后退出辩护。所以，有时出于自己的需要而非委托人的最大利益，刑事被告的辩护律师会鼓励委托人进行庭外交易。③ 如果辩护人不尽此种职责，则被告人无异于仅为将被关进监狱而出钱雇用辩护人帮忙而已。④

对于美国辩诉交易的利弊得失，我国学者也看得比较清楚，一方面，肯定了美国辩诉交易的优点，认为辩诉交易首先体现了个人自由和独立的观念，赋予了审判正当化色彩。其次，在一定条件下，辩诉交易可以实现更高层次的社会效益。正式的审判制度本身并不是目的，它只是服务于更高层次的社会目的的手段。从社会的角度来看，充分发挥当事人作为程序主体的作用，鼓励被告人以合作换取宽大处理，激发当事人自律地设定自己与社会今后关系的努力，并尽量将这种努力反映在程序及其结果中，可以获得较正式审判更为积极的社会效益。最后，辩诉交易大大节省了司法资源，且有利于提高效率。⑤ 另一方面，又认为辩诉交易在给司法制度带来诸多好处的同时，也不可避免地会产生一些弊端，从而

---

① 转引自周国均、刘根菊：《借鉴国外辩诉交易程序之设想》，载《人民法院报》2002年7月22日。

② 转引自程味秋主编：《外国刑事诉讼法概论》，中国政法大学出版社1994年版，第71页；卞建林、刘玫著：《外国刑事诉讼法》，人民法院出版社、中国社会科学出版社2002年版，第211页。

③ ［美］爱伦·豪切斯泰勒·斯黛丽、南希·弗兰克著：《美国刑事法院诉讼程序》，陈卫东、徐美君译，中国人民大学出版社2002年版，第155页。

④ Blumberg.Lawyers with Convictions,id.,The Scales of Justice,51,54,(1970).

⑤ 宋英辉：《全面认识辩诉交易》，载《人民检察》2002年第7期。

在其运作的过程中也遭受着来自各个方面的责难，主要有：（1）辩诉交易中的被追诉者多数情形下是被迫认罪而非自愿。无罪的人对洗刷罪名的困难望而却步。很多被追诉者认为自己是无辜的，“只是由于不堪忍受冗长复杂并且浪费钱财的诉讼活动，而被迫接受检察官提出的条件”[①]。（2）辩诉交易的谈判在很多情况下由辩护律师代为进行，但他们并非都是为了被追诉者的利益，在很大程度上考虑的是自己的经济利益，所以可能会拿被代理人的利益向检控方换取自己的利益。（3）辩诉交易实际上有损公正，并且在道德上有害。在辩诉交易中，真正的犯罪人通过有罪答辩可能掩盖罪行或情节，无罪的人也可能基于种种原因承认有罪，因而导致轻纵犯罪或冤枉无辜的后果，损害社会利益。[②] 正如美国著名律师德肖微茨教授所指出的，检察官从庭外协议中捞到的好处，有些情况下并不是很体面的。“律师在代表被追诉者与检控方探讨交易时明知犯罪行为存在而使之减免刑罚，是应受到道德谴责的，而且也是不公正的。”“辩诉交易应当是引导犯罪的人悔悟和自新，而不是算计量刑是否合算的结果。”[③]（4）辩诉交易使“相同情况相同对待”的公平、正义原则难以实现，导致定罪量刑上的不平等，如果其超出一定限度，将有悖于刑事司法的宗旨。[④]（5）辩诉交易可能损害被害人的利益。换句话说，被害人得不到完整意义上的赔偿与安抚。[⑤] 辩诉交易仅在被告方和检察官之间进行，如果没有相应的程序保障，其交易可能损害被害人的利益。如果被害人被排斥于刑事司法体系之外，其受到的伤害得不到安抚，就会影响社会秩序的稳定，同样有悖于刑事司法的宗旨。正因为辩诉交易可能产生的弊端，所以，即使在美国，对其也有较大的争议，有人批评辩诉交易是以牺牲社会正义或司法公正为代价的交易。[⑥]

从以上辩诉交易的正负价值的对比中，我们似乎可以得出结论：辩诉交易弊大于利。并且，从对辩诉交易的责难中，我们隐约也能感知，辩诉交易与正当法律程序的价值观念格格不入。但令人费解的是，辩诉交易盛行之地恰恰是将正当法律程序原则奉若神明的美国。据资料显示，美国联邦各州有90%以上的刑事追

① 周伟：《解读美国的辩诉交易制度》，载《政法论坛》2002年第6期。
② 宋英辉：《全面认识辩诉交易》，载《人民检察》2002年第7期。
③ 周伟：《解读美国的辩诉交易制度》，载《政法论坛》2002年第6期。
④ 宋英辉：《全面认识辩诉交易》，载《人民检察》2002年第7期。
⑤ 马贵翔：《辩诉交易程序结构解析》，载《政法论坛》2002年第6期。
⑥ 宋英辉：《全面认识辩诉交易》，载《人民检察》2002年第7期。

诉案件是通过辩诉交易结案的。[①] 以纽约市为例，据纽约大学哈里·苏宾（Harry I. Subin）教授提供的数字显示，1990年犯重罪而被逮捕的有118000人次，其中64000人在侦查阶段就做交易处理了，占54.24%；有54000人按重罪起诉到法院，占45.76%。在起诉到法院的54000人中，有45000人是按答辩交易解决的，占83.33%；有5000人因证据不足而撤销案件，占9.26%；仅有4000人按正式程序开庭审判，占7.41%。用答辩交易解决刑事案件，芝加哥市占85%，克里夫兰市占86%，圣保罗市占95%，洛杉矶市占81%。[②] 在其他一些地区，用答辩交易处理的案件比例高达90%以上。[③] 人们不禁要问，为什么在正当法律程序盛行的美国能够容忍辩诉交易的存在？在奢谈我国是否应当引进以及如何引进辩诉交易之前，有必要分析一下辩诉交易与正当法律程序之间的关系。

（三）辩诉交易与正当法律程序

正当法律程序条款是美国刑事诉讼中人权保障最重要的法律依据。[④]《权利法案》第5条规定："无论何人……不经正当法律程序，不得被剥夺生命、自由或财产。"在美国的司法实践中，正当法律程序长期固守着"程序先于权利"（Remedies Precede Rights）的普通法思维方式和以程序正义实现实体正义的行为习惯，所有的实体法律问题都是通过运用严格的程序来解决的，任何实体权利的主张，只能在与之相匹配的程序法律中才有存在的意义和实现的可能。"人民期待得到更多的是公平的待遇和正当程序的遵守，而不是关于权利和法律义务的学究式的定义。"[⑤] 但从19世纪中期以后，正当法律程序已由一个程序性概念逐渐演变为程序和实体内容兼具的法律原则。所谓实质性正当法律程序，是指"要求法院确信法律不仅仅是使法律付诸实施的程序，而且是法律的目的——公正、合理、正义"[⑥]。

① 陈瑞华：《美国的辩诉交易程序》，载《政法论坛》1955年第3期。

② 转引自程味秋主编：《外国刑事诉讼法概论》，中国政法大学出版社1994年版，第70-71页。

③ 转引自卞建林、刘玫著：《外国刑事诉讼法》，人民法院出版社、中国社会科学出版社2002年版，第210-211页。

④ 从20世纪30年代开始，美国开始有选择地把《权利法案》中的内容并入"正当法律程序条款"，到1969年，沃伦法官根据宪法第十四修正案的精神，几乎将所有的权利法案保障的权利都列入了正当法律程序条款。[美] 伯纳德·施瓦茨著：《美国宪法史》，王军等译，中国政法大学出版社1990年版，第97页。

⑤ [法] 勒内·达维德著：《英国法和美国法：一种实质性的比较》，潘华仿等译，清华大学出版社2002年版，第69页。

⑥ [美] 卡尔威因、帕尔德森著：《美国宪法释义》，吴新平、徐卫东译，华夏出版社1989年版，第237页。

正当法律程序的价值追求是公正，而所谓公正，就是不让天平偏向任何一边。在考虑个人利益的时候，也必须考虑国家和公共利益。对此，丹宁勋爵特别指出："必须牢牢记住在公平审讯和公平解决问题的过程中，除了当事人的利益之外，还有另一种利益需要考虑，这就是有关国家大事的公共利益。"① 20 世纪 70 年代末期，美国最高法院开始逐步地限制和取消部分正当法律程序，90 年代形成一个小的高潮，现在这种趋势在英美国家仍在继续，这被美国的一些学者称为"反正当法律程序的革命"（the Due Process Conter Revolution）②。从美国司法的历史来考察，20 世纪 70 年代后，在有关正当法律程序的判断标准上，先后出现了三种模式，即历史判断模式、利益衡量模式和最低限度程序保障模式，③ 其中美国最高法院最推崇利益衡量模式（Interest Balancing Test），即程序正当与否要通过对受到政府行为影响的私人利益、风险以及政府利益三者的比较权衡进行判断的模式。在这种判断模式下，正当性是个变量，依个案的不同而定，所要保障的利益越大，对程序的需求就越大。"利益平衡的本质是收益分析（Cost-benefit Analysis），即一种经济理性的决策模式。在这一分析模式下，法律原则存在的正当性基础，就在于其正面的作用大于负面作用。"④ 它体现出"法院所关心的重点是以行政决定的正确性为前提的相关利益，对正当程序所关心的重点是各方利益"。⑤ 但是，利益（interests）与权利（rights）并非一回事，正如勃兰大法官所言，利益均衡理论成了破坏力十足的虚无主义。⑥ 个人权利在如此公式化的计算中被淹没和忽略了，"利益衡量模式会使原本应该受到正当程序条款保障

---

① 转引自刘庸安：《丹宁勋爵和他的法学思想》，载丹宁著：《法律的正当程序》，李克强、杨百揆、刘庸安译，法律出版社 1999 年版，"中译本前言"，第 12 页。

② Richard.J. Pierce, Jr. The Due Process Counterrevolution of The 1990s?, Columbia Law Review, 1996, p.1973.

③ 叶俊荣：《美国最高法院与正当法律程序：双阶结构与利益衡量理论的演变与检讨》，载焦马铠主编：《美国最高法院重要判例之研究（1990—1992）》，台湾"中央"研究院欧美研究所 1995 年版，第 100 页。

④ Doucan Kenndey. Cost-benefit Analysis of Entitlement Problems: A Critique, 33 STAN. L. REW. 387, 389 (1981).

⑤ 叶俊荣：《美国最高法院与正当法律程序：双阶结构与利益衡量理论的演变与检讨》，载焦马铠主编：《美国最高法院重要判例之研究（1990—1992）》，台湾"中央"研究院欧美研究所 1995 年版，第 100 页。

⑥ New Jersey V.T.L.O, 469 U.S.325, 369(1985), cited by Alexander Aleinikoff, id., at 989.

的私人，反而失去践行程序的权利”。[①] 由此可见，正当法律程序经过长期的演变，已由绝对走向相对，由单一的程序性走向程序和实体相结合的复合性，由只注重个人的权利保障走向个人与国家利益兼顾。而辩诉交易就是在这种背景下在美国刑事诉讼中取得了合法地位。

与美国人通常的观念不同，我国有的学者认为辩诉交易与正当法律程序水火不容，甚至尖锐地指出：“正义无价，如何上市？”[②] 并明确提出“珍视正当程序，拒绝辩诉交易”。[③] 不过，从司法现实的角度考量，正义不是没有代价的。正如有的学者所指出的，无价的、至上性的正义，只存在于观念形态中。而尘世中即现实形态的正义，则是有价的。因为正义实现过程（诉讼过程）中的利益交换即交易性，就意味着正义的“上市”。这种市场背景，使正义的有价性具有了前提与条件。而正义实现过程中的妥协与利益的让渡，产生了正义的代价，这个代价，即为了实现正义而牺牲的部分正义。[④] 既然正义的实现要付出代价，正义只能部分实现，那么，刑事诉讼只能追求正义实现的最大化，而辩诉交易则可以被认为是追求正义实现最大化的最好选择。张建伟博士曾用“小鸡原理”揭示了辩诉交易的心理基础，[⑤] 龙宗智教授则用“风险博弈”解释了辩诉交易的合理性，[⑥] 这些均与正当法律程序无关。在这里，笔者要解决的问题是，辩诉交易与正当法律程序究竟是怎样的一种关系。

首先让我们看一看辩诉交易是否必然导致正义的丧失？答案当然是否定的。在现代法视野下，正义是多元的。对于犯罪人来说，承认犯罪并愿意接受一定程度的惩罚本身就说明其对犯罪的悔意和反思，减让刑罚对于罪犯的矫治及对其回

---

① 叶俊荣：《美国最高法院与正当法律程序：双阶结构与利益衡量理论的演变与检讨》，载焦马铠主编：《美国最高法院重要判例之研究（1990—1992）》，台湾“中央”研究院欧美研究所 1995 年版，第 100 页。

② 孙长永：《“正义”无价，如何“上市”——关于我国刑事诉讼引入辩诉交易的思考》，2002 年 8 月中国法学会刑事诉讼法专业委员会贵阳研讨会材料。康德也曾指出：如果“正义竟然可以和某种代价交换，那么正义就不成为正义了”。[德] 康德著：《法的形而上学原理》，沈叔平译，商务印书馆 1991 年版，第 165 页。

③ 孙长永：《珍视正当程序，拒绝辩诉交易》，载《政法论坛》2002 年第 6 期。

④ 龙宗智：《正义是有代价的——论我国刑事司法中的辩诉交易兼论一种新的诉讼观》，载《政法论坛》2002 年第 6 期。

⑤ 张建伟：《“小鸡原理”与辩诉交易》，载《检察日报》2000 年 9 月 14 日，第 3 版。

⑥ 龙宗智：《正义是有代价的——论我国刑事司法中的辩诉交易兼论一种新的诉讼观》，载《政法论坛》2002 年第 6 期。

归社会均有利，如果检察机关把减让刑罚的总量限制在不影响刑罚目的实现的限度内，辩诉交易也不会对正义构成实质性损害或威胁。另外，从实践来看，如果犯罪人承认犯罪，一般都会对被害人表示歉意，并愿意在其能力范围内补偿被害人因犯罪所遭受的损失。前述“中国‘辩诉交易’第一案”的处理足以说明这一点。因此，可以说辩诉交易既符合公共利益，也不违背正义的要求。并且，辩诉交易还在一定程度上有利于正义的实现。因为迟来的正义本身就是非正义的，而辩诉交易可以通过降低诉讼成本、提高诉讼效率以减少“迟来的正义为非正义”的几率，促使正义尽快到来。

也许有人会担心，辩诉交易会罚不当罪，有违“罪刑相适应原则”。笔者认为，对于自愿、主动承认犯罪的人减让刑罚正是罪刑相适应原则的具体体现。因为犯罪人承认犯罪意味着其人身危险性的降低，也就意味着对其矫治的难度减小，根据刑罚个别化的要求，理所当然地要减让刑罚。何况以认罪来换取宽大处理也正是“坦白从宽”这一刑事政策的当然要求。另外，通过辩诉交易，毕竟使有罪者受到了法律的惩罚，这总比使有罪者逍遥法外要好，“半个面包比没有面包强”。换句话说，实现部分正义总比不实现正义要好。

再让我们看一看辩诉交易是否容易滋生司法腐败的问题。反对辩诉交易的学者通常会认为辩诉交易导致权钱交易，滋生司法腐败。对于这一问题，笔者认为，司法腐败与是否实行辩诉交易没有必然的联系。一个不争的事实是，在不实行辩诉交易制度的我国，司法腐败现象比较普遍，且相当严重。根据近几年最高人民法院的工作报告，1993 年至 1997 年，全国法院系统有 376 人因贪赃枉法、徇私舞弊等犯罪行为被追究刑事责任；1998 年，全国法院系统有 2512 名法官和其他工作人员因违法违纪受到党纪、政纪处分，其中被追究刑事责任的 221 人；1999 年，全国法院系统有 1450 人因违法违纪受处分，其中被追究刑事责任的 73 人；2000 年，全国法院系统有 1292 人因违法违纪受处分，其中被追究刑事责任的 46 人；2001 年，全国法院系统有 995 人因违法违纪受处分，其中被追究刑事责任的 85 人；2003 年，全国法院系统共查处违法违纪法官 794 人，其中 52 人被依法追究刑事责任。[①] 而在辩诉交易制度比较发达的美国，自成立国家以来，其

① 参见 1998 年、1999 年、2000 年、2001 年、2002 年、2004 年《最高人民法院工作报告》。2003 年《最高人民法院工作报告》只提到全国法院违法违纪人数已从 1998 年的 6.7‰下降到 2002 年的 2‰，没有具体数字。

联邦法院系统的法官还没有出现过一例腐败的事件。[①] 相反，把辩诉交易合法化，能为辩诉双方的交流、沟通提供正常的、合法的渠道，避免私下交易、“暗箱操作”，使之公开并接受监督，或许更有助于减少司法腐败。

最后，让我们看一看辩诉交易是否与正当法律程序的内容直接相矛盾。根据正当法律程序，人人享有获得独立、公正、公开的法庭审判的权利，刑事诉讼实行无罪推定原则，任何人不被强迫自证其罪，犯罪嫌疑人、被告人享有沉默权，并有权获得律师帮助，如有疑义作有利于被告人的解释，等等。第一，实行辩诉交易制度的国家都规定，检察官和辩护律师进行辩护交易必须得到被告人的同意。换句话说，如果被告人不同意与控方进行谈判，交易就无从产生。因此，辩诉交易是被告人自愿选择的结果。一旦他选择了辩诉交易，就意味着他放弃了获得独立、公正、公开的法庭审判的权利。也就是说，实行辩诉交易制度并没有剥夺或者限制被告人获得独立、公正、公开的法庭审判的权利。第二，实行辩诉交易并不免除控方的举证责任，检察机关在与辩护律师交易时必须有相当的证据，否则，难以让被告人接受其交易条件并承认有罪。另外，在辩诉交易成功的情况下，在法院以正式生效的判决确定被告人有罪以前，被告人的身份仍未改变，并没有被作为罪犯对待。因此，辩诉交易也不违反无罪推定原则。第三，有罪答辩制度本身就要求被告人作有罪答辩时必须出于自愿，且要求被告人明确认识其有罪答辩的性质及其法律后果，这是辩诉交易的前提。因此，实行辩诉交易并没有强迫被告人自证其罪，犯罪嫌疑人、被告人在刑事诉讼过程中完全可以保持沉默，不作有罪答辩。至于有人认为辩诉交易中的被追诉者多数情形下是被迫认罪而非自愿，直到目前为止，这只是个别学者的一种毫无根据的猜测，并没有确切的材料予以证实。第四，被告人与检察官进行辩诉交易必须由辩护律师代理，这是实行辩诉交易制度的国家的通常做法，并且要求律师要尽职尽责地为被告人的利益考虑。可见，在辩诉交易中被告人一般都能获得律师的充分帮助。第五，关于疑义作有利于被告人的解释问题，即所谓的疑罪从无原则，笔者承认，在检察官与辩护律师进行谈判时确有可能存在证据不足的情况，但被告人的自愿认罪完

---

① 易延友著：《刑事诉讼法》，法律出版社 2003 年版，第 52 页。不过，这一说法尚待考证。因为美国司法判例已将被告人贿赂法官或陪审员作为双重危险原则的例外，允许控方上诉。美国法院认为，在这类案件中，第一次审判事实上并没有将被告人置于危险境地。Vikramaditya S. Khanna. Double Jeopardy's Asymmetric Appeal Rights: What Purpose Do They Serve, Boston University Law Review, Vol.82: 341, 351 (2002).

全可以补足案件的证据，使证据在不充分的情况下充分起来。

根据美国的司法现实，加上以上分析，我们完全可以得出这样一个结论，即辩诉交易与正当法律程序并行不悖。

（四）辩诉交易在我国的前景展望

在正当法律程序国际化的今天，我国的刑事诉讼必然要树立并贯彻这一理念，但同时还要立足国情，解决我国司法现实中存在的问题。于是，提高诉讼效率成了近年来刑事司法改革的一个重要课题。1996 年，刑事诉讼法引进了简易程序；1999 年，一些地方法院开始推行普通程序简易化审理方式；2002 年，辩诉交易随即浮出水面。与前两种情况不同，辩诉交易遇到的阻力较大，难免让许多学者为这一“新鲜事物”所担忧。从发展的角度来看，笔者认为辩诉交易还是能够为国人所接受的，只不过是迟早的问题。就当前而言，困难还比较大，当务之急应该尽快解决好以下几个方面的问题：

1. 观念转变问题

首先，要改变对“事实”的认识问题。长期以来，我国刑事诉讼追求实质合理，要求查明案件的事实真相，案件的处理要“以事实为根据”，从而要求将法院的判决建立在客观事实基础之上。而辩诉交易并不追求案件事实真相，法院的判决根据控辩双方达成的协议作出。不过，这并不违背认识论原理。因为在特定的时空内，人们的认识能力是有限的，刑事诉讼受期间、规则和程序的制约，查明案件事实既无可能，也无必要。如果人们能接受这一观点，就能够接受辩诉交易。不过，笔者并没有让大家放弃探求真理的意思。事实上，诉讼的目的并不是为寻求真相而寻求真相，而是在于定分止争，而辩诉交易完全能够做到这一点，我们何必拒绝它呢？其次，笔者赞同龙宗智教授的观点，在现实中正义是不可能得到完全实现的，正义实现是有限的。[①] 如果能够接受“有限正义”的观点，辩诉交易也是可以被接受的。

2. 相关制度的建设问题

辩诉交易是当事人主义诉讼模式的产物，引进辩诉交易必然要同时引进适合辩诉交易生存的土壤，因此，刑事诉讼改革要进一步吸收对抗制的因素。同时，

---

① 龙宗智：《正义是有代价的——论我国刑事司法中的辩诉交易兼论一种新的诉讼观》，载《政法论坛》2002 年第 6 期。

在刑事诉讼中明确规定“任何人不被强迫自证其罪”原则，赋予犯罪嫌疑人、被告人沉默权，以保证犯罪嫌疑人、被告人的有罪答辩完全建立在自愿基础之上。此外，还要加强律师制度建设，提高律师素质，保证每一个犯罪嫌疑人、被告人都能够得到称职的律师的有效帮助。

3. 被害人的权利保障问题

被犯罪行为损害的利益修复的程度和速度直接关系到被害人利益的保护。美国式的辩诉交易是将被害人排斥在外的。这至少在程序上是有缺陷的。不过，美国对被害人有特殊保护——国家补偿制度。在我国，实行辩诉交易如果不考虑被害人利益，则是让许多人难以接受的，加之我国没有建立被害人国家补偿制度，因此，多数学者主张，引入辩诉交易必须考虑被害人利益，被害人应发挥作用。有的甚至认为，辩诉交易必须得到被害人的同意。笔者认为，考虑被害人利益是正确的，但没有必要征得被害人的同意。当然，可赋予被害人对辩诉交易的知情权。凡涉及被害人的案件，被害人有权向检察机关了解交易情况，并有权向接受辩诉交易协议的法庭陈述其意见。

4. 司法人员素质问题

尽管辩诉交易与司法腐败没有必然的联系，但司法人员的素质却影响着辩诉交易的适用及其质量。美国有那么多的案件实行辩诉交易却没有司法腐败问题，除了制度方面的原因外，司法人员的高素质不能说没有任何影响。有了高素质的司法人员，有利于正确领会辩诉交易的精神实质，把握交易的适当标准，全面实现司法公正和诉讼效率的双重价值目标。试想，如果哈尔滨铁路运输中级法院的吉鸥副院长未参加过法律专业培训，不知道“辩诉交易”为何物，即使主办该案的审判员栾树贵竭力向吉鸥建议尝试辩诉交易，也只能是被认为异想天开而遭断然拒绝，中国“辩诉交易”第一案也就无从产生。

当以上问题不再是问题以后，如何设计我国的辩诉交易制度，就是比较容易的事了。不过，这里面有个法律移植和本土资源的问题，即在引进辩诉交易制度时要注意国情问题。笔者认为，建立适合我国国情的辩诉交易制度应当至少包括以下内容：(1) 关于适用范围。不应对适用辩诉交易的案件作过多限制。重大的、可能判处较高刑期的犯罪案件均可以考虑通过辩诉交易处理，但应将可能判处被告人死刑的案件排除在外。因为被告人无权拿自己的生命作为讨价还价的筹码。(2) 适用辩诉交易的案件应有一定的事实基础，不能允许检察机关在没有证据的情况下与被告人进行辩诉交易，在控辩双方谈判前，应进行充分的证据展示。(3) 被告人进行辩诉交易必须由律师代理。辩护律师拟与控方进行辩诉交易前，应向被告人详细说明有关辩诉交易的性质、后果以及法律意义，征得被告人的同意。辩护律师不得强迫被告人进行辩诉交易或者接受交易结果。(4) 减让刑罚应当具有一定的确定性，但同时应限制减轻指控或处罚的幅度。(5) 控辩双方的辩诉交易协议对法院没有当然的拘束力。法院可以接受辩诉交易协议，并以此为基础定罪量刑，也可以拒绝控辩双方的辩诉交易协议，按普通程序审理。(6) 实行独任制开庭审理，就被告人有罪答辩的自愿性、控方的证据情况等进行必要审查。

三、起诉裁量

“法有限而情无穷”的现实决定了法律不可能将所有可能引起纠纷的事项毫无遗漏地囊括进去，因此，给司法者一定的根据具体情况便宜行事的自由裁量权成为现代各国的普遍做法。从性质上看，在法律领域，自由裁量权分为行政自由裁量权和司法自由裁量权，而司法自由裁量权又有检察官的自由裁量权和法官的自由裁量权之分，尽管检察官并不是完全意义上的司法官。就检察官的自由裁量权而言，其内容包括许多方面，在这里，重点探讨起诉裁量的问题。

（一）检察官起诉裁量权之检讨

1. 关于检察官的自由裁量权

自由裁量权是保证司法正义（尤其是个别正义）得以实现的一项重要权力，它是指司法人员根据案件具体情况，在法律规定的范围内，酌情作出合理决定的权力。而检察官的自由裁量权则是指检察官对于虽已具备充分证据和追诉条件的刑事案件，仍可基于其自由判断而酌情决定是否提起公诉的权力。根据此权力，对某些确已构成犯罪且符合起诉条件的犯罪嫌疑人，行使公诉职能的检察官在法律规定的范围内，可以根据案件具体情况，本着公平、正义的原则，可以提起公诉，也可以作出不起诉决定。

从法律性质上看，检察官的自由裁量权具有程序性，一旦检察机关对案件作出不起诉处理，就要终止刑事诉讼，而不再将犯罪嫌疑人交付人民法院审判，体现了公诉机关一定的自由裁量权。[①] 不过，检察机关的不起诉决定不仅仅具有程

① 陈卫东、李洪江：《论不起诉制度》，载《中国法学》1997 年第 1 期。

序性，同时还具有实体性。因为起诉裁量权是对犯罪嫌疑人是否起诉作出判断的权力，“它所作出的决定，不限于只具有程序性效力，在检察权的范围内，同样还具有实体效力。检察机关的酌定不起诉，从不移送审判、终止诉讼来说，属于程序性决定，但它对案件事实和性质的认定又有实体含义”①。

在西方国家中，英美法系国家一直允许控方就案件是否起诉享有广泛的自由处分权。如英国，传统上实行私诉，作为一般原则，任何人都可以提起诉讼。但自1986年以前，事实上大多数案件是由警察负责起诉的。在布兰克本提起的两起诉都市警察监督官的案件中，英国法院确立了如下原则：（1）警察对所谓犯罪有起诉与否的决定权；（2）作为一般原则，法院不应干预警察的决定；（3）但是，在特殊情况下，当决定不合适时，法院有干预职权。英格兰和威尔士检察系统建立之前，检察长在传统上也享有是否起诉的自由裁量权。② 1983年《刑事起诉准则》中引用的1951年总检察长肖克罗斯勋爵在下议院辩论中的一段话即表明了这一立场：“有犯罪嫌疑就必须起诉，这从来就不是我们国家的方针，我希望今后也永远不会是。在指导检察长工作的最初规则中就已规定，‘只有当犯罪时的情形具有这样一个特点——该案件的起诉符合公共利益的，他才应该起诉’。公共利益仍然是我们应当考虑的首要问题。”③ 1994年《皇家检察官守则》第6.1条亦将肖克罗斯勋爵上述所言作为现在检察官决定起诉与否的基本方针，沿袭了起诉机关享有自由决定是否提起指控的传统。④ 当前，检察官在审查起诉时，主要从两个方面进行检验：一是证据检验；二是公共利益检验。所谓“公共利益检验”，就是要从公共利益考虑，看被告人是否有必要追究刑事责任，公众是否有兴趣对被告人起诉。⑤ 据资料统计，在英国经过检察机关审查后的案件，决定不起诉的占12%，其中70%是因证据不足而决定不起诉的，其余30%是检察官认为不符合公共利益，而对该案决定不起诉。⑥ 在美国，“一般而言，一个管辖区内检察官审

① 徐益初：《不起诉刍议》，载《人民检察》1996年第2期。

② 宋英辉、吴宏耀：《不起诉裁量权研究》，载《政法论坛》2000年第5期。

③ 宋英辉、吴宏耀：《不起诉裁量权研究》，载《政法论坛》2000年第5期。

④ 《皇家检察官守则》第6.1条，载中国政法大学刑事法律研究中心译：《英国刑事诉讼法（选编）》，中国政法大学出版社2001年版，第544页。

⑤ 卞建林、刘玫著：《外国刑事诉讼法》，人民法院出版社、中国社会科学出版社2002年版，第351-352页。

⑥ 刘生荣、蔺剑、张寒玉著：《刑事不起诉的理论与司法实务》，法律出版社1998年版。

查的案件中有25%至50%不被起诉，这种情况已经延续了几十年”①。在大陆法系国家，检察官自由裁量权概念的提出是与起诉便宜主义联系在一起的。在德国法中，长期实行国家追诉主义和起诉法定主义。所谓起诉法定主义，是指检察官与司法警察对于犯罪嫌疑人必须及时展开犯罪侦查工作，侦查发现有足够犯罪嫌疑的，则检察官应提起控诉，包括追诉强制和控诉强制两个方面。起诉法定主义的提出是为了在国家主导公诉权的情况下，限制起诉方的肆意处分，防止对被害人、罪刑法定及适用法律人人平等原则的侵犯，如有罪不诉、恶意变更公诉罪名等。该原则能确保法的安定性、公平性以及法律适用的一致性，符合传统刑法“有罪必罚”的报应刑理论。但是，该原则过于僵硬，除了造成刑事追诉机关不必要的负担外，也可能造成个案的不正义。如果对所有具有犯罪嫌疑的案件，在具备诉讼条件和处罚可能性的情况下，不问犯罪情节如何一律追诉，那么，将与具体正义和刑事政策相违背。② 1861 年，德国法学者首次提出“起诉便宜主义”这一概念，作为对起诉法定主义的反动，在德国立即引起强烈反响。尽管开始的评价多是负面的，但逐渐被接受，在起诉问题上改采取起诉法定主义与起诉便宜主义相结合的做法。当前，起诉便宜主义已被多数国家立法所接受，并发展成一项重要的国际刑事司法准则。如 1990 年 9 月 7 日第八届联合国预防犯罪和罪犯待遇大会一致通过的《关于检察官作用的准则》第 17 条明确规定：“有些国家规定检察官拥有酌处职能，在这些国家中，法律或已公布的法规或条例应规定一些准则，增进在检控过程中作出裁决，包括起诉和免予起诉的裁决的公正和连贯性。”第 18 条进一步指出：“根据国家法律，检察官应在充分尊重嫌疑者和受害者的人权的基础上适当考虑免予起诉、有条件或无条件地中止诉讼程序，或使某些刑事案件从正规的司法系统转由其他办法处理……目的不仅是减轻过重的法院负担，而且也可避免受到审前拘留、起诉和定罪的污名以及避免监禁可能带来的不利后果。”

从检察官自由裁量权的性质来看，检察官的自由裁量权是与起诉便宜主义的起诉原则联系在一起的。所谓起诉便宜主义，是指公诉方依据法律的授权，基于

① ［美］爱伦·豪切斯泰勒·斯黛丽、南希·弗兰克著：《美国刑事法院诉讼程序》，陈卫东、徐美君译，中国人民大学出版社 2002 年版，第 274 页。

② ［德］郝思曼：《刑事程序中的法定性与便宜性》，载台湾《“刑事法”杂志》1996 年第 3 期。

刑事惩戒的目的和权衡各种利益，对其所审查起诉的刑事案件，选择是否作出控诉以停止刑事程序的原则。简言之，即基于程序经济原则及刑事追诉之权衡，赋予检察官某种程度的裁量权，使其对于某些虽具备起诉要件之刑事案件，本其职权加以权衡，而放弃追诉或为不起诉处分。[①] 19 世纪中期以前，在刑法理论上，“报应刑”思想居于主导地位，与之相联系，在刑事诉讼中采起诉法定主义，即从一般预防角度出发，对犯罪嫌疑人绝对地采取有罪必诉、有罪必罚的原则，检察官没有任何自由裁量的余地。到了 19 世纪后半期，“报应刑”理论逐渐被“教育刑”和“目的刑”理论所取代，与此相联系，绝对的起诉法定主义也逐渐受到冷落，起诉便宜主义则应运而生。因为“教育刑”和“目的刑”理论主张刑罚应合目的性，强调对罪犯的矫治，注重刑罚的特殊预防功能，而从特殊预防的角度出发，起诉便宜主义主张更多地采取非刑罚化政策。实践表明，一个人一旦被提起公诉或被判处刑罚，当他重返社会时，人们或多或少地会因为他以前的“污点”而歧视他、排斥他。但是，如果检察官能够对符合一定条件的犯罪嫌疑人中止刑事诉讼，那么这对犯罪人重返并融入社会具有不可替代的作用。因此，从社会的整体利益考虑，就应当赋予检察官对部分犯罪是否起诉行使一定自由处分权。

检察官自由裁量权与当事人主义诉讼结构具有十分密切的关系。在当事人主义诉讼结构下，十分强调双方当事人在诉讼活动中的作用，将诉讼活动的主动权交给双方当事人，承认当事人对诉讼活动的处分权。根据当事人主义，当事人在诉讼程序的启动、终结、审理对象的选择等方面拥有主导权利，当事人有权自由处分诉讼标的，当事人（追诉人）即使在证据充分时，也可作出不起诉的决定；在起诉之后，经被告人同意，也可以撤回起诉。[②] 由于当事人主义承认控辩双方对诉讼活动的处分权，这在某种程度上意味着控辩双方拥有对案件中的实质问题或诉讼标的进行处分的权利。另外，法官的消极、中立和超然的地位，以及他对控辩双方的处分权和选择权的最大限度的尊重，也保障了控诉方对诉讼标的即被告人刑事责任的自由处分权。

2. 检察官自由裁量权的范围

检察官的自由裁量权主要体现在酌量不起诉、辩诉交易、提起公诉、起诉变

---

① 林山田：《论刑事程序原则》，载台湾《政大法律评论》1999 年第 3 期。

② 李心鉴著：《刑事诉讼构造论》，中国政法大学出版社 1992 年版，第 88 页。

更和撤回起诉等方面。检察官的自由裁量权既可体现在审查起诉阶段，也可以体现在审判阶段。在审查起诉阶段，检察官的自由裁量权主要表现为酌量不起诉、辩诉交易和提起公诉；而在审判阶段，检察官的自由裁量权则表现为变更起诉、追加起诉和撤回起诉。其中，酌量不起诉、辩诉交易和提起公诉合称起诉裁量；而变更起诉、追加起诉和撤回起诉合称起诉变更。

（1）酌量不起诉。酌量不起诉是指检察官对于存在足够犯罪嫌疑并具备起诉条件的案件，斟酌犯罪的性质、情节、后果以及被告人的悔罪表现等具体情形而决定不将案件移交法院审判从而终结诉讼的一种处理方式。酌量不起诉是检察官自由裁量权行使的最重要形式，它充分体现了起诉合理原则，反映了现代刑事诉讼政策所追求的目的性和合理性。在我国 1996 年《刑事诉讼法》中，对检察官在公诉活动中的酌量不起诉的规定主要体现在第 142 条第 2 款中，即“对于犯罪情节轻微，依照刑法规定不需要判处刑罚或者免除刑罚的，人民检察院可以作出不起诉决定”。在美国，检察官不被期望对每个案件都进行起诉以达到法律的完美程度，“是否签发指控（以及签发何种指控）可能是刑事司法制度中最大的自由裁量权的行使”①。相反，检察官必须决定所有案件中哪个案件能被起诉，哪个案件应该被起诉。美国检察官根据指控时呈现的事实，来决定是否足以支持任何的刑事指控，并就司法利益和有限的资源在道德约束范围内自由地运用宽恕的不起诉的自由裁量权。

（2）辩诉交易。辩诉交易是以检察官享有起诉的自由裁量权为基础的。在辩诉交易中，检察官可以考察被告人职业、品行、名誉、有无前科等情况决定是否建议实行“辩诉交易”，但除了考虑被告人自身状况外，还多考虑控诉成功率、案件审理的难易程度、所掌握控诉证据证明力程度与证据有无等情况。在辩诉交易中，检察官可降低指控或建议减少刑罚并且在不经陪审团参加审判情况下直接由法官量刑处罚。正如卞建林教授所指出的，在美国，实行辩诉交易的重要原因之一就是检察官在决定是否提起指控上享有很大的自主权。试想，如果检察官不具有撤销控诉或降格指控的权力，符合起诉条件的就必须起诉并且要将诉讼进行到底的话，那么他拿什么去和被告人做交易，凭什么筹码去换取被告人心甘

① ［美］爱伦·豪切斯泰勒·斯黛丽、南希·弗兰克著：《美国刑事法院诉讼程序》，陈卫东、徐美君译，中国人民大学出版社 2002 年版，第 273 页。

情愿地作“有罪答辩”，自认犯罪，俯首听罚？[①]

（3）提起公诉。提起公诉也是检察官行使自由裁量权的一种形式，这一点常常为人们所忽视。正是因为对于某些存在足够犯罪嫌疑并具备起诉条件的案件，检察官在斟酌犯罪的性质、情节、后果以及被告人的悔罪表现等具体情形以后，可以作出不起诉的决定，而对于其他一些存在足够犯罪嫌疑并具备起诉条件的案件，检察官在斟酌犯罪的性质、情节、后果以及被告人的悔罪表现等具体情形以后，也可以作出提起公诉的决定。

（4）起诉变更。在诉讼进展中，如果检察官发现查明的案件事实与其指控的犯罪事实不一致时，应允许检察官作出调整，这是检察官自由裁量权的应有之义。如在采诉因变更制度的日本，如果在诉讼进展过程中，检察官查明存在与起诉书记载的诉因不同的事实，并认为法院不能预料该诉因事实存在时，可以请求变更诉因，即法院接受到检察官的请求时，在不损害公诉事实同一性的范围内，必须允许追加、撤回或变更起诉书中记载的诉因或处罚条款。[②] 尽管英美法系国家原则上不承认诉因变更，但只要不在诉因上另外附加其他罪行，不换成另一种罪来追诉，或者不损害被告人的实质性权利，可以修改诉因记载的内容。即使在不采诉因制度的德国，如果事先告知被告人，给被告人防御的机会，完全可以“变更法律见解”。[③] 在我国，《人民检察院刑事诉讼规则》第351条就起诉变更问题作了明确规定：“在人民法院宣告判决前，人民检察院发现被告人的真实身份或者犯罪事实与起诉书中叙述的身份或指控犯罪事实不符的，可以要求变更起诉；发现遗漏的同案犯罪嫌疑人或者罪行可以一并起诉和审理的，可以要求追加起诉；发现不存在犯罪事实、犯罪事实并非被告人所为或者不应当追究被告人刑事责任的可以要求撤回起诉。”该规则第352条、第353条还就起诉变更的规则和程序作了规定。

3. 起诉裁量：自由裁量的自由与不自由

起诉裁量是指在案件具备法律规定的起诉条件时，法律赋权检察机关在审查起诉时基于自己对案件情况的认识和判断选择起诉或者不起诉的一种诉讼原则，

① 卞建林著：《刑事起诉制度的理论与实践》，中国检察出版社1993年版，第170页。
② ［日］田口守一著：《刑事诉讼法》，刘迪、张凌、穆津译，法律出版社2000年版，第166页。
③ ［日］田口守一著：《刑事诉讼法》，刘迪、张凌、穆津译，法律出版社2000年版，第166页。

又称起诉裁量主义。从其内容上看，起诉裁量也可以称作“不起诉裁量”。根据该原则，对某些依照法律规定既可以提起公诉又可以不提起公诉的案件，检察机关在法律规定的范围内，又不拘泥于法律的一般规定，而是根据案件的具体情况，本着公平、正义的理念，可以提起公诉，也可以作出不起诉决定，从而终止刑事追诉活动。

起诉裁量作为检察官对起诉与否的便宜行事权，是公诉权的内容之一，首先要得到法律的认可。也就是说，检察官的起诉裁量受法律调整，要有明确的法律依据。此即起诉裁量的法治原则。在起诉便宜主义提出之前的大陆法系国家，实行严格的起诉法定主义，没有检察官酌量起诉的空间，从而谈不上起诉裁量问题。起诉便宜主义被立法接受之后，检察官的起诉裁量权也不是任凭检察官随心所欲，而是被限制在法律规定的范围之内。如在日本，其《刑事诉讼法》第248条规定：“根据犯人的性格、年龄及境遇，犯罪的轻重及情节和犯罪后的情况，没有必要追诉时，可以不提起公诉。”据此，检察官在判断是否应当起诉时，至少要考虑三个方面的因素：[①] 一是犯人自身的要素。“性格”包括品行、癖性、习惯、健康状态、前科劣迹、惯犯等，“年龄”包括年轻年老，“境遇”包括家庭环境、职业、人际关系等。二是犯罪事实方面的情况。“罪行轻重”包括法定刑的轻重、受害程度，“犯罪的情况”包括犯罪动机、方法、与被害人的关系等。三是“犯罪后的情况”，包括犯罪嫌疑人有无悔改之意，是否谢罪与恢复损害、有无逃跑与销毁证据、有无对被害人赔偿、达成和解、被害人的受害感情、时间经过、社会形势的变化、法令的更改等。在美国，检察官在决定是否起诉时要考虑的因素包括证据的分量、罪行的性质、被告人的性格以及其他可以采取的补救办法等。

检察官的起诉裁量还受公共利益的限制。换句话说，检察官在行使起诉裁量权时必须考虑是否符合公共利益。检察官作为国家和政府的代理人，在刑事诉讼中代表着公共利益，其诉讼行为当然应把公共利益作为其行为的准则。在行使公诉权时，应当将公共利益作为其起诉裁量的一个标准。如在英国，检察官在审查案件时，除要对证据进行审查外，还要进行“公共利益检验”，即要从公共利益考虑，看被告人是否有必要追究刑事责任，公众是否有兴趣对被告人起诉。但一

① 孙长永：《日本起诉犹豫制度》，载《中外法学》1992年第3期。

个案件同时存在支持和反对起诉的公共利益时，还需要进行权衡。英国《皇家检察官守则》第6.2条规定："在每一个案件中，在具有足以定罪的证据时必须考虑公共利益。对于严重的案件，除非有公共利益的因素趋向于反对控诉，并且远远胜过那些趋向于支持控诉的公共利益，否则通常应当提起诉讼。在特殊案件中，尽管可能存在反对起诉的因素，起诉往往继续进行，这些因素应当提交法庭尤其在判决时加以考虑。"第6.3条规定："皇家检察官应当谨慎和公正地权衡支持和反对起诉的因素。能够对是否起诉产生影响的公共利益因素通常是犯罪行为的严重性或者犯罪人的情况。一些因素可能增强起诉的必要性，而另一些因素会使人感到采取其他办法更为适宜。"该守则第6.4条、第6.5条还详细列举了检察官在决定起诉时需要考虑的支持起诉和反对起诉的公共利益因素。①

在我国，根据刑事诉讼法的规定，检察官的起诉裁量受下列条件的限制：一是适用起诉裁量的对象必须是犯罪嫌疑人的行为已构成犯罪的案件。如果犯罪嫌疑人的行为不构成犯罪，就属于法定不起诉范围，检察机关没有起诉裁量权。二是案件符合起诉条件，即"犯罪嫌疑人的犯罪事实已经查清，证据确实、充分，依法应当追究刑事责任"。如果案件事实不清，证据不足，不符合起诉条件，则属于1996年《刑事诉讼法》第140条第4款规定的疑罪不起诉的范围，检察官亦无裁量权，而是"应当"作出不起诉决定。三是犯罪嫌疑人的犯罪行为必须是"犯罪情节轻微，依照刑法规定不需要判处刑罚或者免除刑罚"。这要求检察官在酌量起诉时，要充分考虑涉嫌犯罪的性质、情节以及犯罪嫌疑人的个人情况。只有符合"犯罪情节轻微，依照刑法规定不需要判处刑罚或者免除刑罚"这一条件时，检察官才有自由裁量的余地。

（二）起诉裁量与正当法律程序

美国学者博登海默指出，一个法律制度若要恰当地完成其职能，就不仅要力求实现正义，而且必须致力于创造秩序。在一个健全的法律制度中，秩序与正义这两个价值一般不会发生冲突，相反，它们往往会在一较高的层面上紧密相连，融洽一致。一个法律制度若不能满足正义的要求，那么从长远的角度来看，它就无力为政治实体提供秩序与和平。但在另一方面，如果没有一个有序的司法执行

① 《皇家检察官守则》第6条，载中国政法大学刑事法律研究中心译：《英国刑事诉讼法（选编）》，中国政法大学出版社2001年版，第544-546页。

制度来确保相同情况获得相同待遇，那么正义也不可能实现。① 而以实现正义为核心的现代正当法律程序在协调秩序和正义方面正发挥着积极作用。

1. 起诉裁量与公共利益

公共利益包含着秩序和安全等方面的价值。秩序是人们的基本需要，“与法律永相伴随的基本价值，便是社会秩序”②。消除因犯罪所引起的混乱，恢复社会秩序，保持社会稳定有序的发展则是刑事诉讼的基本价值目标之一。③ 而在秩序的概念范围内，安全又被置于中心地位，正如霍布斯所言：“人的安全乃是至高无上的法律。”④ 它有助于尽可能持久地稳定和使人们享有其他价值，如生命、财产、自由和平等价值。不过，安全具有一种两面神似的内容。合理的稳定生活状况是必要的，以免杂乱无序使社会四分五裂。然而，稳定性必须常常为调整留出空间。在个人生活和社会生活中，一味强调安全，只会导致停滞，最终还会导致衰败。⑤

正当法律程序除强调法律程序本身要正当，必须符合程序正义的要求以外，还注重法律程序的社会效果，强调法律程序要满足社会正义的要求。从 19 世纪中期以后正当法律程序由一个程序性概念向程序和实体内容兼具的法律原则转变就可以得出这一结论。所谓实质性正当法律程序，是指“要求法院确信法律不仅仅是使法律付诸实施的程序，而且是法律的目的——公正、合理、正义”。尤其是经过 20 世纪 90 年代以来的被称为“反正当法律程序的革命”（the Due Process Conter-revolution）⑥ 的影响，在有关正当法律程序的判断标准上，秩序和安全等公共利益成为正当法律程序所关心的重点。

正当法律程序下的起诉裁量，在恢复因犯罪所破坏的社会秩序，为人们提供

① ［美］E. 博登海默著：《法理学——法哲学及其方法》，邓正来、姬敬武译，华夏出版社 1987 年版，第 302 页。

② ［英］彼得·斯坦、约翰·香德著：《西方社会的法律价值》，王献平译，中国人民大学出版社 1990 年版，第 38 页。

③ 宋英辉著：《刑事诉讼目的论》，中国人民公安大学出版社 1995 年版，第 15 页。

④ ［美］E. 博登海默著：《法理学——法哲学及其方法》，邓正来、姬敬武译，华夏出版社 1987 年版，第 290 页。

⑤ ［美］E. 博登海默著：《法理学——法哲学及其方法》，邓正来、姬敬武译，华夏出版社 1987 年版，第 290-293 页。

⑥ Richard.J. Pierce, Jr. The Due Process Counterrevolution of The 1990s?, Columbia Law Review, 1996, p.1973.

稳定有序的社会环境方面发挥着重要功用，具体表现在对犯罪人的矫治和教育方面。这一点可以从不起诉的社会效果上加以说明。犯罪嫌疑人一旦被“拖进”刑事诉讼，从其被侦查机关确定为嫌疑对象进行审查开始，便处于恐惧、焦虑、不安之中。即使到最后法院判其无罪，他所遭受到的精神痛苦和所花费的财力也是相当巨大的。若最后被定罪并入狱服刑，除了在狱中有可能受到不良的交叉感染之外，出狱后重返社会的障碍对其影响将是深远的。相反，如若对其作出不起诉处理，由于起诉裁量的对象是确有犯罪行为的人，他会直接感受到政府和人民对他的宽容，从而会产生“愧疚”，进而“感恩戴德”，以积极的行动回报社会；同时，由于他可以免受牢狱之苦和避免狱中不良习惯的影响，从而有利于他尽早地融入社会。这些均符合现代“教育刑”和“目的刑”思想的要求。

2. 起诉裁量与个别正义

刑事司法是一个法律规定与案件事实的耦合过程，而法律的正义首先是一般正义，即对所有人的普遍的正义。卢梭曾指出：“法律的对象永远是普遍性的，我的意思是指法律只考虑臣民的共同以及抽象的行为，而绝不考虑个别人的以及个别的行为。”① 但由于法律自身不能克服的缺陷，② 一般正义只能是美国学者罗尔斯所说的“形式的正义”或者“作为规则的正义”（Justice as Regulative），即“法律与制度方面的管理平等地适用于那些属于由它规定的阶层的人们”③。罗尔斯指出，正义的第一个原则就是：“每个人对与其他人所拥有的最广泛的基本自由体系相容的类似自由体系都应有一种平等的权利。”④ 由于每个案件总会有不同的方面，而法律又不可能把每一个具体案件都与其他相似的案件区别开来，并进行规定，因此，法律只能根据带有典型意义的、经常发生的情况将案件进行分类。法律规则中的人的分类、由法律规定其后果的行为的分类，所用的方法，都是从普遍情况中分理出具体的特定因素，这些因素被称为基本事实。法律只关心

---

① ［法］卢梭著：《社会契约论》，何兆武译，商务印书馆2003年版，第46-47页。

② 日本学者松本清张指出：“法律是一视同仁的，它并不承认服刑者主观上痛苦的差别，同样，这是法律客观性的缺陷。”参见［日］松本清张：《尊亲》，载《译林》1993年第4期。

③ ［美］约翰·罗尔斯著：《正义论》，何怀宏、何包钢、廖申白译，中国社会科学出版社1988年版，第58页。

④ ［美］约翰·罗尔斯著：《正义论》，何怀宏、何包钢、廖申白译，中国社会科学出版社1988年版，第60-61页。

基本事实，其他的一切都因与法律规则的适用无关而被置之不理。[①] 虽然法律可以促使一般正义的实现，但它不能够考虑调整对象的具体情况，从而可能演变成被伊壁鸠鲁所称的“恶法”。[②] 为了避免一般正义“堕落”为不正义，法律在实现一般正义时必须考虑个别正义。

如果说立法关注的只是一般正义，那么，司法则必须考虑个别正义。有的学者甚至认为，个别正义被认为是司法的最高追求。[③] 在刑事古典学派时期，由于过于强调罪刑法定，而忽视了刑罚的个别化，从而在犯罪膨胀面前显得软弱无力，最终被关注刑罚实际效果的刑事实证学派所取代。正如美国学者沃尔德所指出的，刑事古典学者的理论注重法律的一般正义，而忽略了个别正义，他们为同等的犯罪行为规定了等级明确的刑罚，而没有考虑到实施犯罪的个人情况，也没有考虑实施犯罪的特殊情节，其结果导致刑法适用中的不公平现象。[④] 因此，司法只有充分考虑个案的情况，根据个案情况适用法律才能最终实现正义。而法律赋予检察官自由裁量权的最主要目的是为了实现个别正义。根据起诉裁量原则，检察官在决定是否起诉时要审查犯罪嫌疑人的性格、年龄及境遇，有无犯罪前科，是偶犯还是惯犯，是初犯还是累犯等；犯罪后有无悔改表现，是积极消除犯罪损害，还是伪造犯罪现场、毁灭证据，或者是栽赃陷害他人等；犯罪的动机、目的，犯罪的性质、情节及其后果；被害人的情况及被害情况，等等。在充分考虑上述因素的基础上，从维护公共利益出发，斟酌对犯罪嫌疑人处刑的必要性，然后决定是否提起公诉。

3. 起诉裁量与程序正义

所谓程序正义，是指法律程序在具体运作过程中所要实现的价值目标，其核心在于“给予每个人以其所得的权益”。一项法律程序本身是否具有程序公正所要求的品质，要看它是否使那些受庭审结果影响的人受到了应得的待遇，而不是仅仅看它能否产生好的裁判结果，也就是说，程序公正强调的是法律程序本身的

---

① ［英］彼得·斯坦、约翰·香德著：《西方社会的法律价值》，王献平译，中国人民大学出版社 1990 年版，第 111-114 页。

② 伊壁鸠鲁曾指出：“在稍微具体地适用法律的时候，它对某些人是不利的、错误的，而对另外一些人也可能是有利的、正确的，法律同样会因条件变为恶法。”转引自吕世伦等著：《西方政治法律思想史》，辽宁人民出版社 1988 年版，第 79 页。

③ 陈兴良著：《刑法的价值构造》，中国人民大学出版社 1998 年版，第 345 页。

④ George B.Vold.Theoretical of Criminology,New York:Oxford University Press(1986),pp.25-26.

公正性，而不是通过法律程序实现裁判结果的公正性。判断程序公正与否，古罗马时代以“自然正义”原则作为衡量标准，近代则主要表现为美国的“正当法律程序”原则。就“自然正义”原则而言，它要求：（1）任何人不得做自己案件的法官；（2）应当听取双方当事人的意见。[①]“正当法律程序”作为西方现代基本的法学理念充分体现了公平、公正、合理等价值目标，美国联邦法院大法官杰克逊甚至认为：“程序的公正和合理是自由的内在本质。”如果有可能，人们宁愿选择通过公正的程序实施一项暴厉的实体法，也不愿意选择通过不公正的程序实施一项较为宽容的实体法。[②] 既然程序正义是法律程序的当然要求，因此，在审查起诉阶段也要将之作为一项重要的法律原则予以贯彻落实。

从各国的立法来看，在赋予检察官起诉裁量权的同时，都在某种程度上保障了基本的程序正义。例如，为了防止“检察官成为自己案件的法官”，保证检察官运用起诉裁量权的正确、合理，英美国家通常通过预审机制由预审法官或治安法院对检察官的起诉裁量权进行监督制约。在德国，对于某些案件，如犯罪行为轻微的案件，对公众利益危害不大且可用某些惩罚性措施替代刑事责任的轻罪案件，法院可以免予刑罚处罚的案件，犯罪嫌疑人有悔罪表现的犯罪案件等，立法要求检察官作出不起诉决定前，必须经法院审查同意。可见，德国采取起诉便宜主义，赋予检察机关一定的起诉裁量权后，为了防止该权力的滥用，将检察机关的某些不起诉权置于法院的审查制约下。在法国，检察官对重罪（可能判处5年以上监禁或死刑的犯罪）决定追诉后，是否正式提起公诉，必须经上诉法院审查庭审查决定。再如，为了保证检察官在起诉裁量时“听取双方当事人的意见”，我国1996年《刑事诉讼法》第139条规定：“人民检察院审查案件，应当讯问犯罪嫌疑人，听取被害人和犯罪嫌疑人、被害人委托的人的意见。”

4. 起诉裁量与诉讼效益

现代法学理论，不仅关注法律程序的公正，而且强调法律程序的效益，随着西方经济分析法学的兴起，法律程序的效益因素日益引起重视，甚至作为一个独立的价值标准来评判法律程序的正当与否。经济分析法学的核心思想是，所有法律活动（包括立法、执法和诉讼等）和全部法律制度都以有效利用自然资源、

① 转引自陈瑞华著：《刑事审判原理论》（第二版），北京大学出版社2003年版，第48-49页。

② Christopher Osakore. The Bill of Rights for the Criminal Defendant in American Law in Human Rights in Criminal Drocedwce by Martinas Nijhoff Publishers, 1982, p.260.

最大限度地增加社会财富为目的。经济分析法学家们主张运用经济学特别是微观经济学的观点和方法分析、评论法律制度及其功能，朝着实现经济效益的目标改革法律制度。[①] 匈牙利学者阿尔培德·欧德也认为："在我们当今的时代里，几乎所有刑事司法程序改革都有两个基本目标：一是发现实施一种迅速、简便和成功程序的新方式和新途径，换言之，使刑事诉讼活动的进行更有效率；二是确保诉讼参与人的权利，这与公正的要求密切相连。"[②] 我国台湾学者陈朴生也曾指出："刑事诉讼法之机能，在维持公共福祉、保障基本人权……唯为寻求事实真相，维持公共福祉，或为保全程序的公正，保障基本人权不计程序之烦琐，进行之迟缓，亦属于个人无益，于国家社会有损。故诉讼经济于诉讼制度之建立实不可忽视。"[③] 因此，正当法律程序本身包含着诉讼效益的概念。

诉讼效益是指刑事诉讼程序的设计和运作应当符合经济效益的要求，确保司法资源的耗费降低到最小限度，同时使最大量的刑事案件尽快地得以处理，并且使司法资源在投入过程中得到合理分配。诉讼效益包括诉讼经济和诉讼效率两方面内容。前者强调诉讼投入的经济性，即诉讼的进行应当尽量节约诉讼资源，避免司法资源的不适当耗费，同时实现诉讼成果的最大化，并且使司法资源在投入过程中得到合理分配；后者注重诉讼程序的快速、及时、高效，在单位时间内使最大量的刑事案件尽快地得以处理。从诉讼经济的角度来看，赋予检察官起诉裁量权，在审查起诉阶段，就能够根据案件情况作出不起诉的决定，从而起诉到法院的案件的数量就会大大减少。这样一来，一方面，能够节约法院的审判经费，且检察院、被告人、被害人也会因案件的中途结束而减少进一步的司法投入，早日脱离诉讼或减少诉累。这对节约诉讼成本具有重要的作用。另一方面，司法资源的有限性决定了国家在进行刑事诉讼时会尽可能地合理配置这些资源，避免对所有的刑事案件平均分配使用司法资源。而检察官起诉裁量权的应用，可以使检察官、法官从一些案件中解脱出来，将从不起诉案件中节约的司法资源投入到更复杂、更严重的刑事案件中去，这有利于司法资源的合理配置。再从诉讼效率的角度来看，"迟到的正义非正义"，由于部分案件在审查起诉阶段就得到了适当

---

① Richard A.Posner.An Economist Approach to Loyal Procedure and Judicial Administration in the Journal of Legal studies 2(1973),pp.399-401.转引自陈瑞华著：《审判原理论》，北京大学出版社 1997 年版，第 36 页。

② Comparative Law Yearbook,vol.9,1985 by Martinas Nijhoff Publishers,Dordrecht,pp.4-5.

③ 陈朴生著：《刑事经济学》，台湾正中书局 1975 年版，第 327 页。

处理，诉讼时间因不再进行审判而被缩短，部分案件的处理所占时间减少，自然而然地提高了诉讼效率。因此，对一些有证据证明确有犯罪的犯罪嫌疑人酌量不予起诉，及时终结案件，符合正当法律程序的要求。

（三）中国化的起诉裁量

与多数国家一样，我国刑事诉讼中提起公诉采起诉法定与起诉裁量相结合的原则，赋予检察机关对部分犯罪的起诉裁量权。不过，无论是在立法上还是在实践中，对于公诉案件的处理，都是以起诉法定为主，规定对构成犯罪应当追究刑事责任的，人民检察院原则上应当提起公诉。

在我国，刑事诉讼法规定的不起诉有三种，而起诉裁量主要表现为酌量不起诉。在这里，首先需要说明的是，“法定不起诉”和“疑罪不起诉”不属于检察官自由裁量权的范围。因为法定不起诉对于检察官而言，并没有自由裁量的余地，只有是符合法律明确规定的不起诉的情形的，检察官必须作出不起诉决定。至于疑罪不起诉，即证据不足的不起诉，尽管我国1996年《刑事诉讼法》第140条第4款规定，对于证据不足，不符合起诉条件的案件，人民检察院“可以”作出不起诉决定，从表面上看，人民检察院对这类案件似乎有酌量起诉的权力，但事实上，这里的“可以”是法律的“误用”。既然不符合起诉条件，检察机关就不能起诉，这是提起公诉的基本要求，检察机关又怎能自由处分呢？根据1996年《刑事诉讼法》第142条第2款的规定，检察官的起诉裁量应当符合下列条件：第一，适用起诉裁量的对象是犯罪嫌疑人的行为已构成犯罪的案件。也就是说，检察官应当有确实、充分的证据证明犯罪嫌疑人的行为已在刑法上构成犯罪。否则，检察机关没有起诉裁量权。第二，案件符合起诉条件。根据1996年《刑事诉讼法》第141条的规定，这其中包括三个条件：一是犯罪嫌疑人的犯罪事实已经查清；二是证据确实、充分；三是依法应当追究刑事责任。否则，属于1996年《刑事诉讼法》第140条第4款规定的疑罪不起诉的范围，检察官亦无裁量权。第三，对于犯罪嫌疑人的犯罪行为的要求必须是“犯罪情节轻微，依照刑法规定不需要判处刑罚或者免除刑罚”。

刑事诉讼法在赋予检察官起诉裁量权的同时，也规定了对此裁量权的制约机制。首先是公安机关对不起诉的制约。1996年《刑事诉讼法》第144条规定：“对于公安机关移送起诉的案件，人民检察院决定不起诉的，应当将不起诉决定书送达公安机关。公安机关认为不起诉的决定有错误的时候，可以要求复议，如果意见不被接受，可以向上一级人民检察院提请复核。”根据这一规定，对于检察官的起诉裁量权，公安机关可以通过要求同级检察院复议和申请上级检察院复核的办法进行约束。不过，实践中多数情况下公安机关的复议、复核并不是因为“认为人民检察院作出的不起诉决定有错误”，而是公安机关通常把不起诉案件数作为一项考核指标进而影响工作成绩。所以，这种状况有待扭转。其次是被害人对不起诉的制约。1996 年《刑事诉讼法》第 145 条规定：“对于有被害人的案件，决定不起诉的，人民检察院应当将不起诉决定书送达被害人。被害人如果不服，可以自收到决定书后七日以内向上一级人民检察院申诉，请求提起公诉。人民检察院应当将复查决定告知被害人。对人民检察院维持不起诉决定的，被害人可以向人民法院起诉。被害人也可以不经申诉，直接向人民法院起诉。人民法院受理案件后，人民检察院应当将有关案件材料移送人民法院。”这就是理论上所说的“公诉转自诉”。这一规定的初衷是试图通过被害人的自诉来补救被害人可能受到的不公正待遇，加强公民对检察官行使起诉裁量权的制约，解决老百姓告状无门的问题。但实践效果并不符合立法者的设想，不仅增加了被害人的诉讼负担，而且使公诉机关的不起诉的效力处于不确定状态。再次是被不起诉人对不起诉的制约。1996 年《刑事诉讼法》第 146 条规定：“人民检察院依照本法第一百四十二条第二款规定作出的不起诉决定，被不起诉人如果不服，可以自收到决定书后七日内向人民检察院申诉。人民检察院应当作出复查决定，并通知被不起诉人，同时抄送公安机关。”立法上赋予被不起诉人申诉权，既是对被告人“有资格由一个依法设立的合格的、独立的和无偏倚的法庭进行公正的和公开的审讯”[①] 的权利的保障，也是对起诉裁量权的一种制约。此外，检察官的起诉裁量权还受来自检察机关系统内部的制约。这主要表现为人民检察院对酌量不起诉的适用在程序上作了严格的规定。如 1999 年《人民检察院刑事诉讼规则》第 289 条规定：“人民检察院对于犯罪情节轻微，依照刑法规定不需要判处刑罚或者免除刑罚的，经检察委员会讨论决定，可以作出不起诉决定。”

从上述我国刑事诉讼法关于起诉裁量的规定来看，中国化的起诉裁量至少存在两个明显缺陷：第一，起诉裁量的适用范围较窄。我国刑事诉讼法把不起诉分为法定不起诉、酌量不起诉、疑罪不起诉三种，唯有酌量不起诉属于起诉裁量的

---

① 参见《公民权利和政治权利国际公约》第 14 条。

范围，对于另外两种不起诉形式检察官无自由裁量权。加之实践中操作的标准过严，起诉裁量只占很小一部分。据统计，在全国各级检察机关审查起诉的案件中，根据起诉裁量原则酌定不起诉的，约占全部不起诉案件的3%，而提起公诉的约占93%，4%为其他情节的不起诉。[①] 第二，被害人自诉权的扩大冲击了起诉裁量的适用。1996年《刑事诉讼法》第145条关于"公诉转自诉"的规定，在对案件作酌定不起诉决定方面，使得被害人足以否定两级检察机关依据公诉权作出的决定，最终使检察官的起诉裁量权化为乌有，既不能体现自由裁量的功能，又不利于节约诉讼成本和司法资源。第三，检察官起诉裁量时在某种意义上"成为了自己案件的法官"。尽管检察官的起诉裁量权受到了来自公安机关、被害人、被不起诉人和检察机关内部的种种制约，但这些制约都具有"滞后性"，在不起诉决定或者提起公诉的决定作出之前，并没有一个有权机关对该决定能够产生实质性影响，而只能等待事后通过其他途径进行救济。这种"事后审查"的做法，不利于及时纠正检察官起诉裁量权的不当使用。

（四）我国起诉裁量的正当化改革

从整体性出发，我国起诉裁量的改革，应当在正当法律程序框架下，本着既要适当借鉴外国先进立法经验，又要符合我国国情的原则，大处着眼、小处着手地进行。具体而言，应当包括以下内容：

1. 扩大酌量不起诉的适用范围

从世界范围来看，英国、美国、日本等实行起诉便宜主义的国家，对检察官起诉裁量权适用的案件范围没有明确的立法限制，即对任何案件均可适用；尽管大陆法系的德国、法国在起诉裁量权适用范围上与我国相似，但从发展趋势来看，德国、法国的司法改革正在寻求逐渐扩大检察官的自由裁量权。[②] 为充分发挥起诉裁量功能，笔者认为，应当大幅度扩大酌量不起诉的适用范围。首先，凡根据犯罪情节，检察官作不起诉处理符合公共利益的，都可以考虑作不起诉处理，终止刑事追诉。其次，就可能判处的刑罚的幅度而言，凡可能判处3年以下有期徒刑、拘役、管制，或者单处罚金、剥夺政治权利、没收财产的犯罪，根据

① 陈光中主编：《中德不起诉制度比较研究》，中国检察出版社2002年版，第125页。

② 吴位锦：《不起诉裁量权：适当扩张加强制约》，载《检察日报》2003年7月10日。

犯罪情节和悔罪表现，不起诉后不致再危害社会的，检察官可以裁量作出不起诉处理。[①] 最后，对过失犯罪，原则上检察官均可以裁量作不起诉处理。

之所以要扩大检察官起诉裁量的适用范围，主要基于两个方面的原因：第一，我国的犯罪绝对数量较大，打击严重刑事犯罪仍然是当前我国刑事司法机关的主要任务。根据最高人民法院和最高人民检察院的工作报告显示，1998 年至 2002 年，全国人民法院共审结一审刑事犯罪案件 283 万件，判处犯罪分子 322 万人，其中，判处 5 年以上有期徒刑、无期徒刑和死刑的犯罪分子 81.9 万人，占 25%。同时，最高人民检察院全年共批准逮捕各类刑事犯罪嫌疑人 3601357 人，提起公诉 3666142 人。因此，对部分较轻的犯罪作出不起诉处理，有利于刑事司法机关主要任务的完成。第二，司法资源严重短缺，司法机关办案经费十分紧张。据笔者了解，2003 年，青海省有 17 个基层法院办案经费不足 5 万元，其中囊欠县、共和县法院不足 1 万元，玉树县法院办案经费为 0。截至 2003 年年底，全省基层法院“两庭建设”负债累计达到 3199 万元，拖欠工资款 77.4 万元，拖欠差旅费 265.44 万元，拖欠医疗费 136.1 万元。由于法院的办案经费缺乏保障，严重影响了法官的工作积极性，不仅制约了法院审判工作的正常进行，而且审判质量和效率也难以保障。因此，实行程序分流，有利于减轻法院的案件压力，将有限的人力、物力集中投入到惩治和预防严重刑事犯罪中，实现司法资源的合理配置。

2. 借鉴辩诉交易制度

辩诉交易作为起诉裁量的一种形式，从诉讼效益的角度来看，大大节省了司法资源，有利于提高效率。并且，从社会的角度来看，辩诉交易也有利于充分发挥当事人作为程序主体的作用，鼓励被告人以合作换取宽大处理，激发当事人自律地设定自己与社会今后关系的努力，并尽量将这种努力反映在程序及其结果中，可以获得较正式审判更为积极的社会效益。[②] 因此，在英美法系国家，辩诉交易是一种十分重要的结案方式。由于辩诉交易与正当法律程序并行不悖，我国

---

① 在日本，“犯罪的轻重”尽管是检察官裁量时必须予以考虑的因素，但并不是决定性因素，只是立法者考虑到利用刑事政策的界限问题而作出的规定。“酌定不起诉的对象原则上是较轻的犯罪，当然在实际操作中对杀人等刑法规定的严重犯罪也实行酌定不起诉。”［日］田口守一著：《刑事诉讼法》，刘迪、张凌、穆津译，法律出版社 2000 年版，第 103 页。

② 宋英辉：《全面认识辩诉交易》，载《人民检察》2002 年第 7 期。

完全可以借鉴这一制度。

3. 增加暂缓起诉的规定

在德国，有一种“起诉保留”制度，即附条件不起诉，又称暂缓起诉，是指以暂时不起诉为条件，检察官在一定期限内视情况决定是否再行起诉。被告人在规定时间内履行了法定义务，则不予起诉。德国《刑事诉讼法》第153条a款还具体规定了被告人可以选择法定义务：（1）作出一定给付，弥补行为造成的损害；（2）向某公共设施或国库交付一笔款项；（3）作出其他公益给付；（4）承担一定数额的赡养义务。[①] 这种暂缓起诉不同于一般的不起诉，是附有一定条件的暂时不启动起诉程序，当被告人在规定时间内履行了法定义务，检察机关则作不起诉处理，否则，仍要追究其刑事责任。从实践来看，绝大多数暂缓起诉的案件，被告人均履行了法定义务，检察机关都作了不起诉处理。该制度扩大了检察官的不起诉斟酌权，有利于有效地追究犯罪、合理地配置资源。鉴于暂缓起诉的社会效果，笔者建议借鉴这一制度，对于未成年人犯罪，为贯彻“教育、感化、挽救”方针，有效地鼓励他们改过自新，可以适用“暂缓起诉”。另外，借鉴我国古代传统的“恤刑”制度，对于年龄在70岁以上的犯罪嫌疑人，也可以考虑适用“暂缓起诉”。

4. 建立起诉裁量的事前审查制度

为了防止“有权力的人滥用权力”，对于检察官在行使起诉裁量权之时就应当进行公开审查。这种事前审查制度应当包括两个方面的内容：一是对检察官决定起诉的案件进行审查，防止不该起诉的犯罪嫌疑人被起诉；二是对检察官决定不起诉或者暂缓起诉的案件进行审查，防止该起诉的犯罪嫌疑人不被起诉。不过，两者在具体程序上应有所区别：对于第一种情况，可以继续适用我国1996年《刑事诉讼法》第139条的规定，凡人民检察院决定起诉的案件，在决定起诉前，应当认真听取被害人和犯罪嫌疑人以及他们委托的人的意见。另外，还要配套制度的改革，其中最重要的就是犯罪嫌疑人的法律援助制度。在这一程序中，犯罪嫌疑人应当获得律师的帮助。因此，与之相关的指定辩护制度、律师取证制度等，都要进行相应的改革。对于第二种情况，其具体的程序设想是建立审前听证制度。凡人民检察院决定不起诉的案件，在决定起诉前，应当申请法院对此进

① 李昌珂译：《德国刑事诉讼法典》，中国政法大学出版社1995年版，第73页。

行审查，审查采公开听证的方式进行。听证由法官主持，在公安机关、人民检察院、被害人及其诉讼代理人、犯罪嫌疑人及其辩护人参与下，经过控辩双方举证、质证，就犯罪嫌疑人的行为是否构成犯罪、构成何种犯罪、是否应当判处刑罚以及判处何种刑罚进行辩论，通过听证最终确定不起诉、暂缓起诉决定的正确与否。如果认定不起诉不正确的，借鉴德国的“强制起诉程序”，签发提起公诉的命令，启动审判程序。实行公开听证制度在诉讼效益方面可能并不比开庭审判更经济，但在社会效果方面则具有明显的优越性。犯罪嫌疑人没有最终被定罪判刑，但他获得了“有资格由一个依法设立的合格的、独立的和无偏倚的法庭进行公正的和公开的审讯”的权利，且符合现代“教育刑”和“目的刑”思想。

5. 完善起诉裁量的制约机制

事前审查制度加强了检察官在行使起诉裁量权之前的程序制约，但实践中肯定还存在起诉裁量适用不当的情况，因此，建立起诉裁量的事后救济是必要的。我国刑事诉讼法已经规定了对人民检察院不起诉的四种制约途径，即公安机关对不起诉的制约、被害人对不起诉的制约、被不起诉人对不起诉的制约以及检察机关系统内部对不起诉的制约。对于公安机关对不起诉的制约这一形式，应当予以保留，但要作进一步的完善，将事后制约改为事前制约，凡人民检察院拟决定不起诉的案件，在作出不起诉决定前，应当主动征询和听取侦查机关的意见。对于被害人对不起诉的制约，笔者建议予以取消。正如前文所指出的，这种“公诉转自诉”的做法，并不能给被害人带来好处，相反，不仅会增加其诉讼负担，而且被害人的利益也得不到保障。根据 1996 年《刑事诉讼法》第 171 条第 2 款的规定，人民法院对“缺乏罪证的自诉案件，如果自诉人提不出补充证据，应当说服自诉人撤回自诉或者裁定驳回”。但被害人缺乏收集证据的权利和能力，导致实践中这类自诉案件往往因证据不足，被法院要求撤诉或者裁定驳回。与其名存实亡，不如干脆取消。对于被不起诉人对不起诉的制约，前文已经提到，主要是完善其法律援助制度。对于检察机关系统内部对不起诉的制约，当务之急就是尽快将之纳入刑事诉讼法。

第九章 正当法律程序与审判程序改革

一、刑事审判原则

刑事审判原则是指用以指导刑事审判活动的基本行为准则。从法律效力的角度来看，刑事审判原则具有普遍适用性，所有的程序参与者在刑事审判过程中都应当遵循，但主要的还是用来约束法官审判或者供法官使用的原则。作为指导刑事审判的行为准则，规范性是刑事审判原则的基本属性之一，而作为一种法律程序规范，刑事审判原则承载着协调、兼顾和整合刑事审判各项程序价值乃至统一程序价值的不同具体要求。它通过为裁判者设定一系列法律义务，使包括被告人在内的各方程序参与者充分而有效的裁判制作过程成为可能，从而确保审判程序符合最低限度公正标准，或为程序公正目标的实现创造良好的外部环境和条件。[①] 因此，刑事审判原则对于保障法官公正审判而言，具有其他具体法律规范不可替代的作用。

在现代法治视野下，刑事审判原则是与正当法律程序联系在一起的。如在美国，《权利法案》（Bill of Rights）中的“正当法律程序”条款已经成了确保被告人获得公正审判的各项诉讼原则，它们包括：获得迅速审判的权利；获得公开审判的权利；获得公正陪审团审判的权利；提出本方证人并与对方证人对质的权利；获得有关控诉内容和理由的通知的权利；以强制程序取得有利于己的证据的权利；获得律师协助的权利；不受双重危险的权利等。[②] 正当法律程序经过长期的发展，逐渐

---

① 陈瑞华著：《刑事审判原理论》（第二版），北京大学出版社 2003 年版，第 113 页。

② Phillip E.Johnson.Cases and Materials on Criminal Procedure, Bill of Rights, West Publishing CO.ST.Paul, MINN., 1988, XXV.

被国际社会广泛认同，经1966年联合国《公民权利和政治权利国际公约》第14条确认以后，正当法律程序正式走向国际社会。作为国际社会普遍遵守的刑事司法基本准则，它对刑事审判的正当化规定了下列具体原则：(1) 独立、公正、公开审判原则；(2) 无罪推定原则；(3) 最低限度程序保障原则，包括知悉指控罪名、准备辩护、联络律师、及时审判、出席受审、辩护和获得法律援助、与证人对质以及获得有利于己的证人出庭作证、获得免费译员帮助、不得强迫自证其罪等；(4) 保障被告人的复审权原则；(5) 误审赔偿原则；(6) 一事不再理原则。结合我国刑事审判程序改革，笔者就审判独立原则、无罪推定原则、不得强迫自证其罪原则和一事不再理原则等进行简要分析。

（一）审判独立原则

审判独立是当事人所享有的一项正当法律程序权利，该原则源于司法独立理念，但作为一项诉讼原则，与司法独立并不能完全等同。司法独立源于法国启蒙思想家孟德斯鸠的三权分立学说，① 后成为西方许多国家普遍尊崇的一项宪法原则。② 1948年联合国《世界人权宣言》第10条规定："人人完全平等地有权由一个独立而无偏倚的法庭进行公正的和公开的审讯，以确定他的权利和义务并判定对他提出的任何刑事指控。"③ 1966年联合国《公民权利和政治权利国际公约》第14条规定："在判定对任何人提出的任何刑事指控或确定他在一件诉讼案中的权利和义务时，人人有资格由一个依法设立的合格的、独立的和无偏倚的法庭进行公正的和公开的审讯。"④ 这两个国际公约的规定都明确要求法庭在刑事审判中须保持"独立"和"无偏倚"，从而司法独立由一个政治原则和宪法原则发展成为一项国际公认的重要的刑事审判原则。

---

① ［法］孟德斯鸠著：《论法的精神》（上册），商务印书馆1961年版，第157页。

② 例如，世界上第一部成文宪法——1787年美国宪法就是在三权分立基础上确立了司法独立原则。该法第3条规定，"合众国的司法权，属于最高法院以及国会随时规定和设立的低级法院。"其后，1791年法国宪法规定，"司法权委托给由人民按时选出的审判官行使之"，"任何情况下，司法权不得由立法议会或国王行使之"。现行法国宪法第64条规定："共和国总统保证司法独立。"在德国，1919年魏玛宪法规定："法官独立，只服从法律。"现行德国基本法第97条规定："法官具有独立性，只服从法律。"1947年日本宪法也规定了司法独立的原则，"司法权属于最高法院及由法律设置的下级法院"，"行政机关不得施行作为终审的审判"，"所有法官依良心独立行使职权，受本宪法及法律的拘束"。1947年意大利宪法也有"法官只服从法律"的规定。参见陈光中、［加］丹尼尔·普瑞方廷主编：《联合国刑事司法准则与中国刑事法制》，法律出版社1998年版，第82页。

③ 樊崇义、夏红编：《正当程序文献资料选编》，中国人民公安大学出版社2004年版，第362页。

④ 樊崇义、夏红编：《正当程序文献资料选编》，中国人民公安大学出版社2004年版，第366页。

为使司法独立规范化，联合国及一些国际性组织还就司法独立问题专门进行国际磋商，并制定了一些有关司法独立的国际性法律文件，具有代表性的有：1982 年国际律师协会第 19 届年会通过的《关于司法独立最低标准的规则》；1983 年联合国在蒙特利尔举行的世界司法独立第一次会议通过的《世界司法独立宣言》；1985 年第七届联合国预防犯罪和罪犯待遇大会通过的《关于司法机关独立的基本原则》；1989 年联合国经社理事会通过的《〈关于司法机关独立的基本原则〉的有效执行程序》等。这些有关司法独立的国际性法律文件规定了司法独立原则的国际性标准，并为该原则的贯彻执行提供了制度性保障。

根据上述国际性法律文件，司法独立原则的基本要求是，从事法庭审判的人员在进行审理活动和制作司法裁判方面拥有独立性和自主性，除服从宪法和法律之外，不受外界任何组织和个人的干预。有的学者据此总结出审判独立原则的三个主要规则：① 第一，审判权的专属性规则，即国家的司法审判权只能由国家的审判机关行使，其他任何机关特别是立法机关和行政机关不得行使国家的审判权。例如，《关于司法机关独立的基本原则》第 1 条明确规定："各国应保证司法机关的独立，并将此项原则正式载入其本国的宪法或法律之中。尊重并遵守司法机关的独立，是各国政府机构及其他机构的职责。"该原则第 3 条规定："司法机关应对所有司法性质问题享有管辖权，并应拥有绝对权威就某一提交其裁决的问题按照法律是否属于其权力范围作出决定。"第二，行使审判权的独立性规则，即法官或者由法官或其他非职业法官组成的审判组织独立行使审判权，不受外界任何机关、团体和个人的干扰、影响和控制。例如，《关于司法机关独立的基本原则》第 2 条规定："司法机关应不偏不倚、以事实为根据并依法律规定来裁决其所受理的案件，而不应有任何约束，也不应为任何直接间接不当影响、怂恿、压力、威胁或干涉所左右，不论其来自何方或出于何种理由。"该原则第 4 条还规定各国政府"不应对司法程序进行任何不适当或无根据的干涉；法院作出的司法裁决也不应加以修改"。第三，行使审判权的合法性规则，即审判机关在行使审判权时，必须服从宪法和法律，也只能服从宪法和法律，这既是审判机关的权力，也是审判机关的义务。如上述《关于司法机关独立的基本原则》第 2 条要求

① 陈光中、［加］丹尼尔·普瑞方廷主编：《联合国刑事司法准则与中国刑事法制》，法律出版社 1998 年版，第 82 页。

司法机关应“以事实为根据并依法律规定来裁决其所受理的案件”的规定。该原则第5条进一步规定：“人人有权接受普通法院或法庭按照业已确立的法律程序的审讯。不应设立不采用业已确立的正当法律程序的法庭来取代应属于普通法院或法庭的管辖权。”① 从联合国刑事司法文件关于司法独立的要求来看，所谓的司法独立，在刑事诉讼中，实质上就是审判独立，或者说更重要的是法官独立。

在我国，审判独立原则主要体现为1996年《刑事诉讼法》第5条的规定，即“人民法院依照法律规定独立行使审判权，人民检察院依照法律规定独立行使检察权，不受行政机关、社会团体和个人的干涉”。按照刑事诉讼法学界的权威解释，我国的审判独立包括以下几层含义：第一，独立行使审判权的主体只能是人民法院。这就意味着一方面法官对一般案件有独立的判决权，另一方面法官没有完全的独立判决权，少数疑难、复杂、重大的案件，由审判委员会决定。② 第二，人民法院“独立”行使审判权是指“不受行政机关、社会团体和个人的干涉”，这表明：首先，人民法院不能独立于党的领导；其次，人民法院不能独立于权力机关——各级人民代表大会。第三，人民法院上下级之间在审判工作上是监督关系，各级人民法院独立行使审判权，上级人民法院对下级人民法院审判工作的监督，主要是通过上诉审、死刑复核、审判监督程序等法定程序实现的。第四，人民法院独立行使审判权必须依照法律规定的程序进行。③

我国刑事诉讼法中的审判独立在以下两个方面还受到不同程度的限制，从而造成审判的独立性的不足：一方面，由于我国法官管理的行政化，法院院长、庭长作为其他法官的行政领导，往往会对其他法官的独立性产生一定的影响；④ 另一方面，由于错案追究制的存在，有些地方法院对之理解有误，认为凡是被上级法院改判的，甚至是发回重审的案件，一律按错案对待，追究有关法官的错案责

---

① 以上《关于司法机关独立的基本原则》有关司法独立的规定，参见程味秋、［加］杨诚、杨宇冠主编：《联合国人权公约和刑事司法文献汇编》，中国法制出版社2000年版，第212页。

② 参见1996年《刑事诉讼法》第149条。

③ 陈光中、严端主编：《中华人民共和国刑事诉讼法释义与应用》，吉林人民出版社1996年版，第9-10页。德国学者沃尔夫甘·许茨将独立而不受干涉分为8个方面：（1）独立于国家和社会间的各种势力；（2）独立于上级官署；（3）独立于政府；（4）独立于议会；（5）独立于政党；（6）独立于新闻舆论；（7）独立于国民时尚与时好；（8）独立于自我偏好、偏见与激情。参见［德］沃尔夫甘·许茨：《司法独立——一个过去和现在的问题》，载《法学译丛》1981年第4期。

④ 陈光中主编：《刑事诉讼法实施问题研究》，中国法制出版社2000年版，第5页。

任。于是，有些法官为了规避错案责任或者推卸责任，即使对于那些事实清楚，证据确实、充分，自己有把握的案件，也要向庭长、院长甚至是上级法院汇报请示。有时上级法院也会对下级法院正在办理的案件进行“具体指导”。

审判独立的本质在于审判权、法院和法官独立，尤其是法官独立，[①] 其核心是裁判者在进行司法裁判过程中，只能服从法律的要求及其良心的命令，而不受任何来自法院内部或者外部的影响、干预或控制。[②] 1997 年 9 月，中国共产党第十五次全国代表大会的报告指出，要“推进司法改革，从制度上保证司法机关依法独立公正地行使审判权和检察权”。2002 年 10 月，中国共产党第十六次全国代表大会的报告再次指出：“从制度上保证审判机关和检察机关依法独立公正地行使审判权和检察权。”以此为契机，笔者建议，首先修改宪法，将司法独立原则作为一项宪法原则确立下来。[③] 其次，将 1996 年《刑事诉讼法》第 5 条修改为：“人民法院依法独立行使审判权。法官审判案件只服从宪法和法律。”此外，为保障审判独立的正常运行和贯彻落实，还要从以下两个方面进一步改革和完善我国的刑事司法体制：一是制定保证审判独立的配套措施；二是正确处理妨碍审判独立的相关问题。

1. 制定保证审判独立的配套措施

第一，法官管理体制问题。从根本上说，我国的法官管理体制采用的是传统的行政管理体制模式，未能体现法官及司法活动的特点和运作规律。不过，这一问题已引起我国最高司法机关的重视。1999 年 10 月 20 日最高人民法院公布的《人民法院五年发展纲要》明确指出：“现行的法官管理体制导致法官整体素质难以适应审判工作专业化需要，难以抵制拜金主义、享乐主义、特权观念等腐朽思想的侵蚀。”“审判工作的行政管理模式，不适应审判工作的特点和规律，严重影响人民法院审判职能作用的充分发挥。”“面对挑战，人民法院不改革没有出路，只有通过改革，逐步建立独立公正审判的机制，才能适应社会主义市场经济发展和民主法制建设的需要。”笔者认为，对于法官管理体制存在的问题，主要是改革法官的行政管理模式，取消法院内部院长、庭长对法官的行政领导体制，确立法院院长与法官之间服

① 关于司法独立的本质，参见易延友著：《刑事诉讼法》，法律出版社 2003 年版，第 46-47 页。

② 陈瑞华著：《看得见的正义》，中国法制出版社 2000 年版，第 129 页。

③ 关于在修宪过程中如何完善司法独立问题，参见马怀德、邓毅：《司法独立与宪法修改》，载《法学》2003 年第 12 期。

务与被服务的关系，使法院院长真正成为法官的“后勤部长”。

第二，法官资质问题。法官的资质主要体现在法官任职的专业和学历两个方面。与国外多数国家的法官任职条件相比，尽管我国对法官的任职条件要求较低，但实践中还远远未能达到这一要求。据1999年的资料显示，当年全国的法官中，学校毕业、军队专业和社会招干人员各占1/3。《法官法》通过的那一年，全国法官中具有高等学校本科学历的仅占5%，研究生学历的占0.25%。[①] 这种状况显然难以满足审判独立的要求。笔者认为，除了进一步提高法官的任职条件外，还要在法官的选任上严格限制，如应注重法官的实践工作经验，上一级法院法官的选任，可以考虑从下一级法院经验丰富的优秀法官或者从业若干年的优秀律师中挑选。

第三，法官待遇问题。法官的待遇低，在审判活动中可能获得的非法利益相较于其合法收入来说诱惑太大，易于影响其廉洁与公正，也会使审判独立受到损害。有的学者称，法院经费受政府的制约，法官有时难以避免“手捧帽子向自己的当事人乞讨”的尴尬。[②] 而高薪则可以养廉，给法官以优厚的工资待遇可以使其抵御外来的物质引诱，保持其独立的地位。[③] 由于我国法官工资水平普遍偏低，实践中有许多法官因抵制不住物质的诱惑而贪赃枉法，导致司法腐败问题的滋生。因此，笔者赞成用适当提高法官工资待遇的办法促进司法独立的制度建设。

第四，身份保障问题。在这一问题上，笔者认为实行法官不可更换制是正确的，即法官在任职期间除非具有法定事由并以法定程序，不得违反其意愿将其撤职、停职、调职或命令其退休。为了保障法官身份，还应当赋予法官一些“特权”，主要包括司法豁免权和拒绝作证权。前者是指法官在执行司法审判职能过程中所实施的行为和发表的言论不受指控或法律追究的权利；后者是指法官对于其在执行审判职能方面的有关事务，享有免予出庭作证的权利。[④]

第五，错案追究问题。为保障法官正确履行审判职责，首先要对什么是错案进行严格解释。凡是因法官的认识能力问题导致的对案件的认定错误，而不是因徇私舞弊、枉法裁判造成的冤假错案，都不能算是错案，更不能以案件被上级法

① 转引自陈光中主编：《刑事诉讼法实施问题研究》，中国法制出版社2000年版，第12页。
② 龙宗智、李常青：《论司法独立与司法受制》，载《法学》1998年第12期。
③ 陈光中主编：《刑事诉讼法实施问题研究》，中国法制出版社2000年版，第13页。
④ 陈光中主编：《刑事诉讼法实施问题研究》，中国法制出版社2000年版，第13页。

院改判或者发回重审作为认定错案的标准。其次要严格规范惩戒法官的程序。对此，笔者认为《关于司法机关独立的基本原则》第 17 条至第 20 条规定的法官惩戒的制约性规则可以作为我国追究法官责任的程序性限制条款。

2. 正确处理妨碍审判独立的相关问题

首先，要处理好审判独立与党的领导的关系问题。法官或其他审判组织独立行使审判权，并不是指司法要“脱离”党的领导，坚持党的领导与审判独立并不矛盾，但关键是要改善党领导司法工作的机制。党对司法工作的领导不是指导或者指挥法官具体的审判工作，而是通过立法将党的意见或者意志体现于司法之中，或者通过选拔或者推荐高素质、高水平、能贯彻党的宗旨的优秀法官从事司法审判活动。

其次，要处理好审判独立与人大对法院的监督关系问题。审判机关接受人大监督是一项宪法制度，但如何实现这一制度，缺少应有的法律规范。实践中出现了多起人大代表在人民法院审理案件过程中进行“个案监督”的事例，产生了许多负面影响。[①] 应当说，审判独立与我国宪法规定的人大对“一府两院”的监督并不矛盾。但一切权力的行使必须有其正当性，而且不能与其承担的国家职能相背离。按照宪法规定，审判职能由人民法院行使，人大主要履行立法职能，人大本身并不能亲自审理案件。因此，人大不能直接干涉法院的审判活动，有的地方组成所谓的“人大监审团”[②] 来监督法院审判活动的做法是不符合宪法基本精神的。

最后，要处理好审判独立与群众监督的关系问题。群众监督在当前主要表现为新闻舆论监督。从司法实践来看，审判独立排斥新闻舆论监督。因为新闻媒体通过对某一案件的强势报道，有时甚至带有极不客观的煽情色彩，在民众中会产生强烈的反响，其对尚未结案的案件所形成的个人看法影响到了审理案件的法官。但新闻舆论监督在一定程度上也有利于人民法院公正审判。对于新闻舆论监督的利弊如何取舍，笔者认为，从提高诉讼民主性的角度考虑，应当容忍新闻舆论监督对审判工作的监督，但为了保障审判的独立性，减少新闻舆论对法官独立审判的消极影响，若法官认为新闻舆论可能会导致“舆论审判”情形的出现时，应赋予其拒绝新闻媒体采访报道的权利。

---

① 《三级法院、四个判决、八年官司、一张废纸》，载《南方周末》1998 年 6 月 5 日。

② 关于“人大监审团”的问题，参见张晖：《人大监审团监督审判》，载《中国商法》1999 年第 11 期。

（二）无罪推定原则

无罪推定（Presumption of Innocence）是被告人的诉讼地位和诉讼权的一项重要正当程序保障。按照英国学者戴维·M. 沃克的解释，它是“普通法国家刑法的一项基本原则，大意是被指控犯罪的人必须被推定为无罪，直到或除非他本人承认，或有无可怀疑的充足证据证明相反时为止。由此有了下列几种结果：如果无证据提出，被告人有权得到释放；举证责任在起诉人一方，他必须反驳无罪推定，以无疑义的充足证据确认被告人犯有被指控的罪行。被告人没有解释其行为的责任，也没有为自己申辩无罪的责任，除非他以不在犯罪现场、当时神志不清或者自卫等为主要辩护理由，在这种情况下，被告人必须提出支持他的申辩的事实证据。但是，在某些情况下，法律规定某些特定行为可由一定事实推定有罪，并赋予被告人申辩无罪的义务。”[①] 在我国刑事诉讼理论中，无罪推定通常是指在刑事诉讼中，任何被怀疑犯罪或者受到刑事指控的人，在未经司法程序最终确认有罪之前，在法律上应推定为无罪，不得被认为有罪的人。[②]

作为一项法律理念，无罪推定的思想渊源最早可追溯到古代罗马法的“有疑，为被告人之利益”的原则，[③] 其基本内容是，对有疑问的案件，应作出有利于被告人的判决。但作为近代司法的一项诉讼原则，一般认为其是由 18 世纪意大利刑法学家贝卡里亚最先提出的。贝卡里亚在《论犯罪与刑罚》一书中指出：“在法官判决之前，一个人是不能被称为罪犯的。只要还不能断定他已经侵犯了给予他公共保护的契约，社会就不能取消对他的公共保护。”“如果犯罪是不肯定的，就不应折磨一个无辜者，因为在法律看来，他的罪行并没有得到证实。”[④] 而在法律上最早确定无罪推定原则的，是 1789 年法国的《人权宣言》。该宣言第 9 条规定：“任何人在未经判罪前均应假定其无罪，如非拘禁不可，法律应规定对他采取严厉措施。”[⑤] 此后，特别是第二次世界大战后，许多欧洲国家纷纷将

① ［英］戴维·M. 沃克著：《牛津法律大辞典》，北京社会与科技发展研究所译，光明日报出版社 1988 年版，第 714 页。

② 宋英辉、陆敏主编：《中华法学大辞典·诉讼法学》（增补本），中国检察出版社 2001 年版，第 149 页。《法学词典》对无罪推定也作了类似的解释，认为无罪推定是有罪推定的对称，刑事被告人在未经法院判决确定为有罪的情况下，应认为他是无罪的。参见《法学词典》，上海辞书出版社 1980 年版，第 66 页。

③ 如果说《尚书·大禹谟》所记载的“与其杀无辜，宁失不经”也可以被解释为无罪推定的话，应当说无罪推定的思想起源于古代中国。

④ ［意］贝卡里亚著：《论犯罪与刑罚》，黄风译，中国大百科全书出版社 1993 年版，第 31 页。

⑤ 转引自《法学词典》，上海辞书出版社 1980 年版，第 67 页。

之上升为宪法原则，如意大利1947年宪法第27条规定：“被告人在最终定罪之前，不得被认为有罪。”在英美法系国家，其证据法中也有关于这一条原则的规定，如美国法律中常说“被证明有罪之前为无罪”，即为无罪推定，其含义是：某人虽然已经被捕并被起诉，但在法庭审判中并不能把他当作一个罪犯对待。关于无罪推定的目的和作用，美国联邦最高法院在1979年发布的“贝尔诉乌尔费史”（Bell V. Wolfish）一案中是这样解释的：“无罪推定”只是刑事案件审判中决定哪一方负有证明责任的原则。根据这一原则，陪审团（或法官）在决定被告人有罪还是无罪时，必须完全根据法庭审判中出示的证据，而不能根据被告人被逮捕、起诉和监禁这一事实本身及由此产生怀疑和推测。① 美国学者罗纳德·伊斯利尔充分肯定了无罪推定原则的诉讼价值，认为它“体现了人人享有的人身自由及人身安全的权利”②。

当前，无罪推定原则已发展成国际社会通行的刑事司法准则，③ 许多国际人权公约和其他联合国法律文件都确认了这一原则。例如，1948年联合国《世界人权宣言》第11条规定：“凡受刑事控告者，在未经获得辩护上所需的一切保证的公开审判而依法证实有罪以前，有权被视为无罪。”④ 1966年联合国《公民权利和政治权利国际公约》第14条第2款规定：“凡受刑事控告者，在未依法证实有罪之前，应有权被视为无罪。”⑤ 1985年联合国《少年司法最低限度标准规则》（《北京规则》）第7条规定了犯罪嫌疑人、被告人在刑事诉讼中享有被“假定无罪”的权利。⑥ 尽管关于无罪推定的表述不尽一致，⑦ 但其本质含义都是一样

---

① 李义冠：《谈中国的罪刑法定与美国的无罪推定》，载《法律与生活》2000年第4期。

② ［美］罗纳德·伊斯利尔著：《刑事诉讼法》，邓正来译，西方出版公司1988年版，第197页。

③ 樊崇义主编：《刑事诉讼法学》（修订版），中国政法大学出版社2002年版，第86页。

④ 樊崇义、夏红编：《正当程序文献资料选编》，中国人民公安大学出版社2004年版，第362页。

⑤ 樊崇义、夏红编：《正当程序文献资料选编》，中国人民公安大学出版社2004年版，第366页。

⑥ 1985年联合国《少年司法最低限度标准规则》（《北京规则》）第7条规定：“在诉讼的各个阶段，应保障基本程序方面的保障措施，诸如假定无罪、指控罪状通知本人的权利、保持沉默的权利、请律师的权利、要求父亲或母亲或监护人在场的权利、与证人对质的权利和向上级机关上诉的权利。”转引自樊崇义、夏红编：《正当程序文献资料选编》，中国人民公安大学出版社2004年版，第384页。

⑦ 关于无罪推定的立法表述，主要有以下几种：（1）1789年法国《人权宣言》的表述；（2）1947年《意大利共和国宪法》的表述；（3）1948年联合国《世界人权宣言》的表述；（4）1979年苏联最高法院全会决议的表述；（5）英国不成文习惯法规则的表述；（6）1982年《加拿大宪法》的表述；（7）1990年《中华人民共和国香港基本法》的表述。参见崔敏著：《中国刑事诉讼法的新发展——刑事诉讼法修改研讨的全面回顾》，中国人民公安大学出版社1996年版，第228-229页。

的。有的学者将之概括为以下三个方面：一是法院在判决犯罪嫌疑人、被告人有罪之前，在法律上应假定其无罪或推定其无罪；二是由控诉被告人犯罪的机关或人员承担证明被告人被指控犯罪的事实之责任；三是由法院依照法定程序对被告人是否犯被指控罪行作最后认定。①

在我国刑事诉讼中，对于被告人有无无罪推定的正当程序保障，学界有不同的看法。《刑事诉讼法》第12条规定："未经人民法院依法判决，对任何人不得确定有罪。"对于这一规定，学界有"无罪推定原则"、"近似无罪推定原则"、"罪从判定原则"、"未经人民法院依法判决不得确定有罪原则"、"确定有罪权由人民法院依法行使原则"等各种说法。② 我国立法机关的权威人士在修改刑事诉讼法的研讨过程中也曾就无罪推定问题明确表示："封建社会采取有罪推定的原则，资产阶级针对有罪推定提出了无罪推定。我们坚决反对有罪推定，但也不是西方国家的那种无罪推定，而是以客观事实为依据。"③ 这一论断最有力的论证是："从我国诉讼实际来看，如果把判决前被侦查、控诉机关追诉的对象假定（推定）为无罪的人，那么为什么要对其实施逮捕、控诉呢？侦查、控诉机关对追诉对象逮捕、控诉，就已经表明不认为（不假定）他无罪了。被逮捕的、被起诉的人虽然与法院判决的罪犯不同，但是他毕竟是由国家司法机关依法将其从清白无辜的状态转化为可能犯罪的嫌疑状态了。此时假定其无罪不是实事求是的态度。"④ 尽管这一论证存在明显的逻辑矛盾，但我国刑事诉讼法学权威教材还是将刑事诉讼法第12条的这一规定界定为"法院统一定罪原则"。⑤ 不过，在此之前，1989年最高人民法院在《关于一审判决宣告无罪公诉案件如何适用法律问题的批复》中明确规定："对于主要事实不清，证据不足，经多次退查后，检察院仍未查清犯罪事实，法院自己调查也无法查证清楚不能认定被告人有罪的，

---

① 文正邦、孙洪坤：《无罪推定的法哲学思考》，载《法商研究》2000年第2期。

② 卢勤忠：《试探无罪推定在中国的确立和贯彻问题》，载《法学》1998年第10期

③ 《法制日报》1996年2月3日，第2版。由全国人大常委会法制工作委员会刑法室编著的《中华人民共和国刑事诉讼法释义》一书中也有类似的表述："我们反对有罪推定，但也不是西方国家的那种无罪推定，而是实事求是地进行侦查，客观地收集有罪或无罪、罪轻或罪重的各种证据，在人民法院作出有罪判决以前，我们不称被告人是罪犯，但也不说他没有罪或者假定他无罪，如果假定他无罪，那么侦查机关对他进行侦查、采取强制措施就没有根据了。因此，我们的原则是实事求是地进行侦查。"参见胡康生、李福成主编：《中华人民共和国刑事诉讼法释义》，法律出版社1996年版，第15页。

④ 张旭著：《新刑事诉讼法学原理》，重庆大学出版社1996年版，第56页。

⑤ 樊崇义主编：《刑事诉讼法学》（修订版），中国政法大学出版社2002年版，第84页。

可在判决书中说明情况后，直接宣告无罪。”1994 年最高人民法院《关于审理刑事案件程序的具体规定》中又规定：“案件的主要事实不清、证据不充分，而又确实无法查证清楚，不能证明被告人有罪的，判决宣告被告人无罪。”这些都体现了疑罪从无的无罪推定原则的精神。

尽管无罪推定原则未能在我国刑事诉讼法中得以完全确立，但引进这一原则的努力还是有目共睹的，主要表现在以下几个方面：第一，区分犯罪嫌疑人与刑事被告人。立法将公诉案件在人民检察院提起公诉之前的追诉对象称作“犯罪嫌疑人”，提起公诉后称作“被告人”，同时删去“人犯”这一明显带有有罪推定色彩、易与罪犯概念相混淆的称谓。[①] 这不仅是一种称谓的变化，同时也蕴含着一种观念和意识的转化。第二，赋予了被刑事追诉者更多的诉讼权利，并为其诉讼权利的实现提供了程序的保障，表现之一就是律师介入刑事诉讼的时间提前到犯罪嫌疑人在被侦查机关第一次讯问后或者被采取强制措施之日，这为侦查阶段犯罪嫌疑人的合法权益提供了程序保障。第三，取消了免予起诉制度，扩大了不起诉范围。根据 1996 年《刑事诉讼法》第 142 条第 1 款的规定，人民检察院对于经过审查起诉的案件，如果认为符合刑事诉讼法第 15 条规定的情形之一的，不管犯罪嫌疑人事实上是否有罪，都必须作出不起诉的决定。第四，明确了证明被告人有罪的责任由控诉方承担。一方面，在公诉案件中，要求人民检察院在提起公诉时，必须是“犯罪嫌疑人的犯罪事实已经查清，证据确实充分”[②]；在法庭审判过程中，公诉人“应当向法庭出示物证，让当事人辨认，对未到庭的证人的证言笔录、鉴定人的鉴定结论、勘验笔录和其他作为证据的文书，应当当庭宣读”[③]。另一方面，对于自诉人提起的自诉案件，也要求“犯罪事实清楚，有足够的证据”。对于“缺乏罪证的自诉案件，如果自诉人提不出补充证据”，人民法院则要求自诉人撤诉，或者裁定驳回。[④] 第五，确定了疑罪从无的原则。根据 1996 年《刑事诉讼法》第 140 条第 4 款的规定，人民检察院对于经过两次退回公安机关补充侦查的案件，如果仍然认为证据不足，不符合起诉条件的，可以作出不起诉的决定。同时，1996 年《刑事诉讼法》第 162 条第 3 项规定，人民法

① 樊崇义主编：《刑事诉讼法学》（修订版），中国政法大学出版社 2002 年版，第 84 页。
② 参见我国 1996 年《刑事诉讼法》第 141 条。
③ 参见我国 1996 年《刑事诉讼法》第 157 条。
④ 参见我国 1996 年《刑事诉讼法》第 171 条。

院对于证据不足，不能认定被告人有罪的，应当作出证据不足、指控的犯罪不能成立的无罪判决。

尽管我国《刑事诉讼法》第 12 条的规定吸收了无罪推定原则的基本精神，但毕竟还不是国际上通行的无罪推定原则，表现之一就是刑事诉讼法没有赋予犯罪嫌疑人、被告人沉默权。无罪推定原则的一个基本要求是控诉方负举证责任，犯罪嫌疑人、被告人没有证明自己无罪的义务，我国刑事诉讼法虽然规定了控诉方的举证责任，但同时又规定了犯罪嫌疑人、被告人的“如实回答”义务。所谓“如实回答”，即如实地供述和辩解。其供述，一般是指承认自己有罪的陈述；其辩解，一般是指说明自己无罪的陈述。对于前者而言，其内容在效果上毫无疑问起到了证明自己有罪的作用。对于后者而言，由于无罪推定要求控诉方负举证责任，被告人在自己的人身清白方面不负有任何责任，亦无须付出任何努力。如果法律强迫公民对自己无罪的事实予以证明，实质上就是强迫其在刑事诉讼中承担证明自己无罪的责任，也就是实行有罪推定。因此，犯罪嫌疑人、被告人的如实陈述义务与无罪推定原则是矛盾的。表现之二是疑罪从无原则贯彻得不彻底。首先，根据 1996 年《刑事诉讼法》第 140 条第 4 款的规定，人民检察院对于经过公安机关两次补充侦查的案件，仍然认为证据不足，不符合起诉条件的，可以作出不起诉的决定。但该条用“可以”一词，意味着在此种情况下即使对犯罪嫌疑人的罪行有怀疑，人民检察院也可以提起公诉。另外，最高人民检察院《人民检察院刑事诉讼规则》第 287 条规定：“人民检察院根据刑事诉讼法第一百四十条第四款规定决定不起诉的，在发现新的证据，符合起诉条件时，可以提起公诉。”这一规定表明，这种存疑不起诉并不是对犯罪嫌疑人作疑罪从无而彻底终结诉讼的处理，而是保留着继续发现新的证据并就同一案件再行起诉的权力。其次，1996 年《刑事诉讼法》第 162 条第 3 项规定的“证据不足、指控的犯罪不能成立的无罪判决”对于此种判决也彻底贯彻疑罪从无原则。根据最高人民法院《关于执行〈中华人民共和国刑事诉讼法〉若干问题的解释》第 118 条第 3 项的规定，对于根据 1996 年《刑事诉讼法》第 162 条第 3 项规定宣告被告人无罪，人民检察院依据新的事实、证据材料重新起诉的，人民法院应当依法受理。据此，人民法院在任何时候都可以对判决无罪的被告人依据人民检察院的重新起诉而再行定罪，从而致使现行无罪判决的效力荡然无存。

如前所述，无罪推定原则已成为现代各国刑事诉讼中的一项重要诉讼原则，它不仅可以使被告方拥有一系列基本程序保障，而且可以确保其免受国家非正当、不合理的追究和定罪，因而构成公民人权保障的屏障，成为防止国家权力滥用的独立因素。既然如此，我们就没有理由拒绝这一公认的“真理”。笔者建议，可以按照联合国《公民权利和政治权利国际公约》第 14 条第 2 款的规定，直接将我国《刑事诉讼法》第 12 条修改为：“凡受刑事控告者，在未依法证实有罪之前，应有权被视为无罪。”然后，为保证无罪推定原则的贯彻实施，还要进行与之相配套的改革，包括确定不得强迫自证其罪原则，赋予犯罪嫌疑人、被告人沉默权；加强控方的举证责任，确立非法证据的排除使用规则；强化法院判决的既判力，有限度地承认一事不再理原则等。

（三）不得强迫自证其罪原则

不得强迫自证其罪，又称为“反对自证其罪的权利”或者“反对自证其罪的特权”，源于英国古老格言——“任何人无义务控告自己”。按照《布莱克法律大辞典》的解释，自证其罪是指“在审判中作为证言或者在审前程序中一个人以此表明自己构成犯罪的行为和声明”；① 不得强迫自证其罪则“要求政府在没有被告人作为反对自己的证人的情况下证明其犯罪，尽管该特权仅仅保护言词证据而不是笔迹和指纹等物证。任何违背其意愿被传唤到证人席的证人都可以求助于这一权利，无论是在审判程序、大陪审团听证程序中，还是在调查前的程序中，但当证人自愿作证时该特权则被放弃”②。据此，就反对自证其罪的权利的主体而言，它包括以下两方面的内容：一是证人作证时，如果其提供的证言可能使其自身陷于被定罪的境地，则有权拒绝作证；二是犯罪嫌疑人、被告人对可能导致自证有罪时，享有拒绝陈述的权利。而在现代诉讼理论上，不得强迫自证其罪一般指的是后者，即犯罪嫌疑人、被告人的反对自证其罪的特权。具体而言，它包括以下几个方面的含义：一是被告人没有义务为追诉方向法庭提出任何可能使自己陷入不利境地的陈述和其他证据，追诉方不得采取任何非人道或有损被告人人格尊严的方法强迫其就某一案件事实作出供述或提供证据；二是被告人有权拒绝回答追诉官员或法官的讯问，有权在讯问过程中始终保持沉默，司法警察、检察官或法官应及时告知犯罪嫌疑人、被告人享有此项权利，法官不得因被告人

① ［美］布莱克编：《布莱克法律大辞典》（英文版），美国西方出版公司 1979 年版，第 1220 页。
② ［美］布莱克编：《布莱克法律大辞典》（英文版），美国西方出版公司 1979 年版，第 1078 页。

沉默而使其处于不利的境地或作出对其不利的裁判；三是犯罪嫌疑人、被告人有权就案件事实作出有利或不利于自己的陈述，但这种陈述须出于真实的意愿，并在意识到其行为后果的情况下作出，法院不得把非出于自愿而是迫于外部强制或压力所作出的陈述作为定案的根据。[①] 另外，不得强迫自证其罪原则仅保护具有言词性或语言交流性的证据，而不适用于一个人的身体构成或者实在证据与物证的来源。[②]

不得强迫自证其罪原则通常被强调为犯罪嫌疑人在审前程序尤其是侦查程序中所享有的一项正当程序权利，但同时它也是审判程序中一项重要的被告人权利的程序保障，这在许多国家的刑事诉讼立法中均有明确规定。例如，英国的法官规则规定，法官在审判时不应对犯罪嫌疑人的沉默发表反对的看法，而是应当提醒陪审团犯罪嫌疑人的沉默不等于有罪，而且每个犯罪嫌疑人都有保持沉默的权利。在美国，联邦宪法第五修正案规定了不得强迫自证其罪的原则，即“任何人不得被强迫在任何刑事诉讼中做反对自己的证人”。尽管美国在司法实践中大量运用辩诉交易来获取被告人的有罪供述，但是他们都未完全放弃反对自证其罪的特权，只是极力消除其不当之处，力图将公平与效率二者完美结合。在他们看来，“反对自证其罪特权是人类在通向文明的斗争中最重要的里程碑之一”。[③] 不得强迫自证其罪的特权在大陆法系国家的刑事诉讼立法中也有所体现。例如，《法国刑事诉讼法典》第 116 条规定：“……预审法官应告知被审查人，未经其本人同意，不得对他进行讯问。此项同意只有当他的律师在场时方可取得……”《德国刑事诉讼法典》第 136 条在“初次讯问”被指控人时规定：“……接着应当告诉他，依法他有就指控进行陈述或者对案件不予陈述的权利……”第 136 条 a 款规定：“（一）对被指控人决定和确定自己意志的自由，不允许用虐待、疲劳战术、伤害身体、服用药物、折磨、欺诈或者催眠等方法予以侵犯。只允许在刑事诉讼法准许的范围内实施强制。禁止以刑事诉讼法不准许的措施相威胁，禁止以法律没有规定的利益相许诺。（二）有损被指控人记忆力、理解力的措施，禁止使用。（三）第一、二款的禁止规定，不顾及被指控人承诺，必须适用。对违

① 宋英辉、吴宏耀：《任何人不受强迫自证其罪原则及其程序保障》，载《中国法学》1999 年第 2 期。

② ［美］乔恩·R. 华尔兹著：《刑事证据大全》，何家弘等译，中国人民公安大学出版社 1993 年版，第 170 页。

③ 熊秋红：《反对自我归罪特权与如实陈述义务》，载《外国法译评》1997 年第 3 期。

反这些禁令所获得的陈述，即使被指控人同意，也不允许使用。"[①] 据此，德国学者赫尔曼指出，在德国刑事诉讼程序中，沉默权即必须告知沉默权体现了不必自我归罪的原则。这个原则是依据《基本法》第 1 条、第 2 条和第 20 条的规定引申出来的。[②] 被认为将两大法系结合最成功的意大利和日本刑事诉讼法典也都有不得强迫自证其罪的规定。例如，《意大利刑事诉讼法典》第 64 条第 2 款规定："不得使用足以影响被讯问者自主回答能力或者改变其记忆和评价事实的能力的方法或技术进行讯问，即使被讯问者表示同意。"第 3 款规定："在开始讯问前……还应当告知被讯问者，他有权不回答提问……"《日本刑事诉讼法》第 311 条第 1 项规定："被告人可以始终沉默或对于各质问拒绝供述。"[③] 另外，值得一提的是，《俄罗斯联邦刑事诉讼法典》第 14 条确定的无罪推定原则明确了犯罪嫌疑人、刑事被告人的沉默权，在刑事诉讼中不负证明自己无罪的义务，不得因其不能证明自己无罪而得出有罪的结论。第 46 条、第 47 条又规定犯罪嫌疑人和刑事被告人在侦查、调查程序中，对向他提起的指控有权拒绝陈述。第 275 条也规定，在法庭调查时，只有当受审人同意进行陈述时，才能开始对他的询问程序。[④]

当前，不得强迫自证其罪原则已发展成一项重要的国际刑事司法准则，联合国有关法律文献及其他国际性公约均对该原则加以了肯认。例如，联合国《公民权利和政治权利国际公约》第 14 条第 3 款规定："在判定对他提出的任何刑事指控时，人人完全平等地有资格享受以下的最低限度的保证：……（庚）不被强迫作不利于他自己的证言或强迫承认犯罪。"[⑤] 联合国《少年司法最低限度标准规则》（《北京规则》）第 7 条、世界刑法学协会第 15 届代表大会《关于刑事诉讼法中的人权问题的决议》第 17 条、《美洲人权公约》第 8 条等，都有关于任何人不受强迫自证其罪原则的规定。根据上述规定，不得强迫自证其罪原则包含以下具体要求：（1）适用的主体范围包括犯罪嫌疑人、被告人和证人等自然人，

---

① 李昌珂译：《德国刑事诉讼法典》，中国政法大学出版社 1995 年版，第 61-62 页。

② 李昌珂译：《德国刑事诉讼法典》，中国政法大学出版社 1995 年版，第 14 页。

③ 宋英辉译：《日本刑事诉讼法》，中国政法大学出版社 2000 年版，第 71 页。

④ 黄道秀译：《俄罗斯联邦刑事诉讼法典》，中国政法大学出版社 2003 年版，第 13 页、第 42 页、第 43 页、第 197 页。

⑤ 樊崇义、夏红编：《正当程序文献资料选编》，中国人民公安大学出版社 2004 年版，第 366 页。

法人、非法人团体和合伙组织不享有这一权利。[①]（2）适用的事实范围是可能导致刑罚或者更重刑罚的事实，既包括直接证明犯罪的事实和间接证明犯罪的事实，也包括能够成为导致发现犯罪的线索的事实，如仅是对财产或者名誉不利的事实则不适用这一规则。（3）反对强迫自证其罪的证据范围既包括口头陈述，也包括实物证据。[②]（4）该规则所禁止的是以暴力、胁迫等方法强行违背被询问者自由意志获取有罪供述和其他证据的行为。（5）被询问者不会因沉默、拒绝提供陈述和其他证据而遭受惩罚或者法律上的不利推测。[③]

从某种意义上说，我国刑事诉讼立法对不得强迫自证其罪也持肯定态度。例如，1996 年《刑事诉讼法》第 43 条明确规定："严禁刑讯逼供和以威胁、引诱、欺骗以及其他非法的方法收集证据。"最高人民法院《关于执行〈中华人民共和国刑事诉讼法〉若干问题的解释》第 61 条规定："严禁以非法的方法收集证据。凡经查证确实属于采用刑讯逼供或者威胁、引诱、欺骗等非法的方法取得的证人证言、被害人陈述、被告人供述，不能作为定案的根据。"最高人民检察院 1998 年发布的《人民检察院刑事诉讼规则》第 140 条也明确规定："严禁刑讯逼供和以威胁、引诱、欺骗以及其他非法的方法获取供述。"第 160 条规定："不得采用羁押、刑讯、威胁、引诱、欺骗以及其他非法方法获取证言。"第 265 条规定："严禁以非法的方法收集证据。以刑讯逼供或者威胁、引诱、欺骗等非法的方法收集的犯罪嫌疑人供述、被害人陈述、证人证言，不能作为指控犯罪的证据。"2001 年 1 月 2 日，最高人民检察院向全国各省、市、自治区的检察院发出通知，要求"各级人民检察院要严格贯彻执行有关法律关于严禁刑讯逼供的规定，明确非法证据排除规则……发现犯罪嫌疑人供述、被害人陈述、证人证言是侦查人员以非法方法收集的，应当坚决予以排除，不能给刑讯逼供等非法取证行为留下余地。"对此，有的学者认为："我国的刑事诉讼制度，包容了沉默权重要内容之

① ［美］乔恩·R. 华尔兹著：《刑事证据大全》，何家弘等译，中国人民公安大学出版社 1993 年版，第 170 页。

② 不过，按照美国学者华尔兹的观点，反对强迫性自我归罪的特权仅仅保护具有言词性或语言交流性的证据。参见［美］乔恩·R. 华尔兹著：《刑事证据大全》，何家弘等译，中国人民公安大学出版社 1993 年版，第 170 页。

③ 陈光中、［加］丹尼尔·普瑞方廷主编：《联合国刑事司法准则与中国刑事法制》，法律出版社 1998 年版，第 272 页。

一的犯罪嫌疑人、被告人对于是否陈述享有不受强迫的权利。"① 但是，我们还应该看到，我国刑事诉讼立法与联合国《公民权利和政治权利国际公约》的规定还有一定的差距。毕竟，犯罪嫌疑人对侦查人员的提问的"如实回答义务"是与犯罪嫌疑人、被告人的"沉默权"格格不入的。从联合国关于不强迫自证其罪的规定中可以得出被告人有沉默权的结论。例如，人权事务委员会在对英国的意见中指出："委员会关切地注意到《1994 年刑事审判与公共秩序法》的条文中……有关可以从刑事被告人的沉默中得出对他不利的推论违反了公约第 14 条的规定，尽管在立法和司法中有不少保障。"② 而我国刑事诉讼法则没有关于沉默权的规定，也没有明确规定不得强迫自证其罪的原则。

如果说在我国刑事诉讼法中规定犯罪嫌疑人、被告人沉默权尚不能被国人接受的话，那么，确立不得强迫自证其罪原则应该是可行的。因为上述我国刑事诉讼立法对强迫公民自证其罪行为是持严厉否定态度的。③ 况且公约不允许成员国对第 14 条规定的公正审理的国际准则进行保留，各国都要确立这一原则。④ 鉴于此，笔者建议，直接将联合国《公民权利和政治权利国际公约》第 14 条第 3 款（庚）项的规定纳入我国刑事诉讼法，规定："任何人在对他提出的任何刑事指控时，不得强迫作不利于他自己的证言或强迫承认犯罪。"不过，由于不得强迫自证其罪原则依赖于正当性程序、对等的诉讼构造、被追诉者具有的主体地位、无罪推定原则、反对偏重自白及禁止拷问等所形成的法环境，⑤ 因此，在确立这一原则的同时，必须为其创造一个能够使其存活和发展的法治环境，建立相应的配套措施，包括反对强迫自证其罪特权的告知制度、自白任意性规则等，修改我国"坦白从宽、抗拒从严"的刑事政策，只规定"坦白从宽"。同时，确立鼓励犯罪嫌疑人、被告人陈述机制，将"坦白从宽"的政策允诺真正落到实处。

（四）一事不再理原则

一事不再理原则是指法院对于任何已经生效的裁判加以处理的案件不得再行审判；对于所有已被生效法律裁判确定有罪或无罪的被告人，法院不得再予审判

① 《沉默权制度应当缓刑》，载《南方周末》1999 年 8 月 20 日，第 5 版。
② 杨宇冠：《论不强迫自证其罪原则》，载《中国法学》2003 年第 1 期。
③ 宋英辉主编：《刑事诉讼原理》，法律出版社 2003 年版，第 106 页。
④ 杨宇冠：《论不强迫自证其罪原则》，载《中国法学》2003 年第 1 期，第 130 页。
⑤ 宋英辉主编：《刑事诉讼原理》，法律出版社 2003 年版，第 103 页。

或科刑。[①] 该原则源于古罗马法中的“一案不二讼”，并与“诉权消耗”（actiocon sumituv）的法理有着深刻的渊源。所谓诉权消耗，是指所有诉权都会因诉讼系属而消耗，对同一诉权或请求权，不允许二次诉讼系属。一旦限制同一诉权或请求权只能有一次诉讼系属，那么即使允许当事人对同一案件提出诉讼请求，被告也可以实施“既决案件的抗辩”（exceptio rei judicatae）或“诉讼系属的抗辩”（exceptio rei in judicatae deductae），使当事人的诉讼请求不至于诉讼系属。不管怎样，对同一案件一旦诉讼系属后，就不能再次就这一案件提出诉讼请求。[②] 一事不再理原则融合了多种价值和功能，如维持判决的终局性或完整性；避免再次审判给被告人带来难堪、损失和折磨；保护被告人保有原审陪审团这项值得珍视的权利；避免多重处罚；保护被无罪开释的被告人等。[③] 根据该原则，不论是有罪判决还是无罪判决，作出产生法律效力的判决后不允许对同一行为再启动新的程序。

关于一事不再理的确切含义，理论上存在狭义说与广义说的分歧。德国学者赫尔曼持狭义说，认为一事不再理就是指“不论是有罪判决还是无罪判决，作出产生法律效力的判决后不允许对同一行为再启动新的程序”。[④] 广义说则认为，“诉讼法上为防对于同一法律关系发生相抵触之裁判，且免虚耗劳费时间，或为维持判决之确定力起见，设有禁止更行起诉之规定，此在学说上谓之一事不再理之原则。析言之：当事人不得就已起诉之案件，于诉讼系属中，更行起诉，此因诉一经提起，即生诉讼系属之效力，该诉讼之原告或被告不得更以他造为被告，就同一诉讼标的，在同一法院或他法院，提起新诉或反诉；诉讼标的于确定之终局判决中经裁判者，除法律另有规定外，当事人不得就该法律关系更行起诉，此种效力称为判决之实质确定力或既判力。以上两种情形，自当事人言之，不得更行起诉，自法院言之，即不得更行受理，故称为一事不再理”。[⑤]

一事不再理原则作为现代刑事诉讼中被告人权利保障的一项基本原则，得到

---

① 陈瑞华著：《刑事审判原理论》，北京大学出版社 1997 年版，第 196 页。

② 张卫平著：《程序公正实现中的冲突与衡平》，成都出版社 1993 年版，第 348-350 页。

③ 姚剑波：《终局性规则下的利益平衡——关于刑事诉讼一事不再理原则的比较研究》，载《比较法研究》2000 年第 4 期。

④ ［德］约阿希姆·赫尔曼著：《〈德国刑事诉讼法典〉中译本引言》，李昌珂译，中国政法大学出版社 1995 年版，第 14 页。

⑤ 何孝元主编：《云五社会科学大辞典·法律学》，台湾商务印书馆 1976 年版，第 1 页。

多数国家的普遍确认，只是在表述上不尽相同。在德国，仍沿用罗马法中一事不再理（ne bis in idem）的格言，在法国则被称为既判力原则，美国的表述是“不受双重危险”（protection against double jeopardy）原则，英国普通法中形成的前经定罪抗辩（plea of autrefois convict）和前经开释抗辩（plea of autrefois acquit）的规则通常被理解为与“不受双重危险”原则具有大致相似的功能。[①] 在立法上，美国宪法修正案第 5 条规定：“受同一犯罪处分的，不得令其受两次生命或身体上的危险。”按照美国联邦最高法院的判例，禁止双重危险原则包括三个方面的含义：一是确保对同一罪行宣告无罪或不得再次起诉；二是确保对同一罪行在判罪以后不得再次起诉；三是确保对同一罪行不得两次处罚。[②]《法国刑事诉讼法典》第 368 条规定：“任何在法律上无罪释放的人，不得再因同一事实而重新被拘押或起诉，即使是以其他罪名系案。”[③]《德国基本法》第 103 条第 3 款及刑事诉讼法典第四编也体现了“一事不再理”的基本原则。在日本，一事不再理原则是与既判力联系在一起的，即裁判是对争议的公权力解决，所以，裁判一旦确定，就同一事项不得再次争议。这个意义上的既判力包括两个方面的含义：一是消极的效果，即就同一事项不得再次争议；二是积极的效果，即在再行发生相同争议的场合，因为已经国家意思决定，应当给予相同解决。[④]《意大利刑事诉讼法典》第 649 条规定：“在被告人被宣告开释或者被判刑，并且有关判决或刑事处罚令成为不可撤销的之后，不得因同一事实再次对该被告人提起刑事诉讼，即便对该事实在罪名、程序或情节上给予不同的认定。”[⑤] 俄罗斯新颁布的刑事诉讼法典也有对于这一原则的规定，如第 27 条规定，“犯罪嫌疑人或刑事被告人已经有产生法律效力的关于该项指控的刑事判决，或者由法院或法官关于终止该项指控的刑事案件的裁定或者裁决的”，或者“犯罪嫌疑人或刑事被告人已经有调查机关、侦查员或检察长关于终止该项指控的刑事案件或不提起刑事案件的决定，而该决定未被撤销的”，均应当终止对犯罪嫌疑人或刑事被告人的刑事

---

① 姚剑波：《终局性规则下的利益平衡——关于刑事诉讼一事不再理原则的比较研究》，载《比较法研究》2000 年第 4 期。

② Osakwe.The Bill of Rights for the Criminal Defendant in American Law, in Human Rights in Criminal Procedure, 1982 by Martinus Nijhoff Publishers, at 260.

③ 余叔通、谢朝华译：《法国刑事诉讼法典》，中国政法大学出版社 1994 年版，第 135 页。

④ 宋英辉主编：《刑事诉讼原理》，法律出版社 2003 年版，第 155-156 页。

⑤ 黄风译：《意大利刑事诉讼法典》，中国政法大学出版社 1994 年版，第 229 页。

追究。此外，该法典第405条、第414条的规定体现了禁止重复追究的精神。[①]一事不再理原则也得到一些国际法律文件的肯定，如联合国《公民权利和政治权利国际公约》第14条第7款规定："任何人已依一国的法律及刑事程序被最后定罪或宣告无罪者，不得就同一罪名再予审判或惩罚。"[②] 1990年联合国《刑事司法协助公约》第4条第1款第4项进一步强调了这一原则，即当协助请求涉及某项在被请求国进行调查或起诉的罪行，或在请求国对该罪行进行起诉将不符合被请求国"一事不再理"的法律时，可以拒绝协助。[③] 1998年罗马外交大会通过并于2002年7月1日生效的《国际刑事法院规约》第20条再次重申："（1）除本规约规定的情况外，本法院如果已经作出某人有罪或无罪的判决，不得就同一行为再行审判该人；（2）已经被本法院判定有罪或无罪的人，不得因该罪行而再由其他法院审判；（3）对于已经由另一法院审判的人，不受本法院审判。"[④] 此外，一些地区性公约或国家之间的刑事司法协助协定，如《欧洲引渡公约》、《关于刑事诉讼移管的欧洲公约》等也有类似的规定。[⑤]

当然，一事不再理不是绝对的。从各国立法来看，许多国家的刑事诉讼立法或者判例在坚持这一原则的同时，都规定了一些例外情形，概括起来，主要有以下两种：一是对被告人有利的再审；二是原裁判存在违法现象的再审。如在英国，以"司法监督"的方式纠正司法过程中的错误。高等法院王座庭根据自己职权或者任何个人申请，以人身保护令或其他特权令对下级法院和司法机构的工作进行监督。在美国，根据双重危险理论，审理即构成一次"危险"。但是，如果出于正义的需要，则在一定条件下应当允许对被告人重新审判。例如，《联邦刑事诉讼规则》第33条规定，根据被告人申请，如果出于公正利益的需要，法庭可以批准对被告人重新审判……以发现新的证据为由申请重新审判只能在作出最终判决后两年内提出。但是，如果在上诉期间，法庭可以允许将案件发回重审。以其他理由申请重审，应当在裁决有罪后7日内，或者在7日内法庭可能确

① 参见《俄罗斯联邦刑事诉讼法典》第27条第1款第4项、第5项，第405条，第414条第3款。黄道秀译：《俄罗斯联邦刑事诉讼法典》，中国政法大学出版社2003年版，第20页、第271页、第278页。

② 樊崇义、夏红编：《正当程序文献资料选编》，中国人民公安大学出版社2004年版，第366页。

③ 王铁崖、田如萱编：《国际法资料选编》，法律出版社1993年版，第295页。

④ 赵永琛编：《国际刑法约章选编》，中国人民公安大学出版社1999年版，第741页。

⑤ 张旭：《关于"一事不再理"原则的再思考》，载《法学评论》2003年第4期。

定的更短时间内提出。[1] 根据双重危险原则，一般不允许控方上诉，但如果被告人贿赂法官或陪审员，控方就可以提出上诉。因为在这类案件中，第一次审判事实上并没有将被告人置于危险境地。另外，出于政策上的考虑，允许控方对这类案件提出上诉也是必要的，否则，将会对被告人贿赂法官或陪审员的行为起到鼓励作用。[2]《法国刑事诉讼法典》第 567 条规定，刑事审查庭的裁定、重罪法庭、轻罪法庭和违警罪法庭的终审判决和裁定，如果违反法律，可以因检察院或者败诉一方根据不同特点向最高法院提出的上诉而撤销。[3] 德国将再审分为不利于被告人的再审和有利于被告人的再审。《德国刑事诉讼法典》第 359 条规定了有利于受有罪判决人的再审，第 362 条规定了不利于受有罪判决人或被告人的再审，但是，提起不利于被告人的再审要受到诸多的限制。凡不利于被告人的再审只限于证据虚假，法官、陪审官犯有与本案有关的违反职务义务的罪行，被宣告无罪的人在法庭上、法庭外作出了值得相信的犯罪行为自白等，而且还要受到犯罪时效的限制。另外，为了被告人的利益提起的再审，法院的判决不允许作对被告人不利的变更，也就是“再审不加刑”原则。[4]《意大利刑事诉讼法典》第 629 条至第 631 条规定，可以提起再审的条件是：在事实、证据、判决依据、文书虚假等方面发生重大变化并对被判刑人有利或者足以证明对被判刑人应开释。[5]

在我国，一事不再理原则没有得到立法的承认，但有的学者根据我国 1996 年《刑事诉讼法》第 10 条规定的“人民法院审判案件，实行两审终审制”以及第 197 条规定的“第二审的判决、裁定和最高人民法院的判决、裁定，都是终审的判决、裁定”中的“终审”字样，认为“我国刑事诉讼已经有一事不再理的萌芽”。[6] 笔者认为，由于一事不再理原则与我国“实事求是”、“有错必纠”的刑事诉讼理念不符，因此，不能从刑事诉讼法的只言片语中得出我国刑事诉讼法肯定一事不再理原则的结论。事实上，一事不再理原则的本质在于禁止对被追诉者的不利益变更和维护法院判决的既判力，而我国刑事诉讼立法在以下几个方面

---

① 卞建林译：《美国联邦刑事诉讼规则和证据规则》，中国政法大学出版社 1996 年版，第 74 页。

② Vikramaditya S. Khanna. Double Jeopardy's Asymmetric Appeal Rights: What Purpose Do They Serve, Boston University Law Review, Vol.82:341, 351(2002).

③ 余叔通、谢朝华译：《法国刑事诉讼法典》，中国政法大学出版社 1997 年版，第 193 页。

④ 李昌珂译：《德国刑事诉讼法典》，中国政法大学出版社 1995 年版，第 132-133 页。

⑤ 黄风译：《意大利刑事诉讼法典》，中国政法大学出版社 1994 年版，第 223-224 页。

⑥ 杨宇冠：《论禁止双重危险原则》，载《北京市政法管理干部学院学报》2000 年第 3 期。

是允许不利益变更和否定法院判决的既判力的：

一是上诉不加刑原则贯彻得不彻底。表现在：一方面，允许检察机关、自诉人抗诉、上诉，并且二审法院在检察机关、自诉人抗诉、上诉的情况下直接加重被告人的刑罚。这既无视所谓的“诉权耗尽”之法理，也与“禁止不利益变更”背道而驰。另一方面，即使不能在二审判决中加重被告人的刑罚，通过审判监督程序或者发回重审或提审也能轻而易举地达到加刑的目的。

二是审判监督程序的启动不考虑被追诉者的利益。表现在：第一，提起审判监督程序的理由不具体。只要原生效判决、裁定“确有错误”，不管该错误是事实上的还是法律上的，也不管是严重错误还是轻微错误，根据法律规定，都可启动审判监督程序。第二，提起审判监督程序的主体不适格。根据1996年《刑事诉讼法》第205条的规定，人民法院有权对本院或者下级法院的生效错误判决、裁定提起审判监督程序。这种做法显然有违“不告不理”的司法理念。第三，提起审判监督程序的时间和次数无限制。除了无罪改判有罪受刑法追诉时效的制约以外，刑事诉讼法允许在任何时候发现判决、裁定有错误的都可以提起审判监督程序，并且对提起审判监督程序的次数未加限制。这就导致随时且反复地追究被追诉者的刑事责任。

三是允许对正确的判决提起审判监督程序。根据最高人民法院《关于执行〈中华人民共和国刑事诉讼法〉若干问题的解释》第117条第3项的规定，对于根据1996年《刑事诉讼法》第162条第3项的规定宣告被告人无罪的，人民检察院可以依据新的事实、证据材料重新起诉，对这种起诉，人民法院应当依法受理。从性质上看，1996年《刑事诉讼法》第162条第3项规定的“证据不足、指控罪名不能成立的无罪判决”无论在事实上还是在法律上都是正确的，因为判决时证据不足，从而在事实上不能认定被告人有罪，所以该判决在事实上没有错误；那么，根据疑罪从无的法律规定，当然要判决被告人无罪，因而该判决在法律上也没有错误。对于这种判决，如果允许人民检察院可以依据新的事实、证据材料重新起诉，并且允许法院对此定罪科刑，就会造成这样一种局面：一个人一旦有犯罪嫌疑，此生便不得安宁。如果再考虑到上述对提起审判监督程序的时间和次数不加限制的情况，这种局面是绝对性的。

针对这种立法状况，有的学者从正当法律程序的角度，呼吁引进一事不再理原则，这样做，一方面，有利于使刑事案件得以定分止争，实现法律实施的确定性和安定性；另一方面，有利于抑制任意行使审判权，防止司法专横，同时使诉讼参与人得到公正对待，节省司法资源。[①] 不过，也有的学者从中西方文化差异的角度论证了当前我国不宜确立一事不再理原则，担心“即使播下一事不再理的种子，恐怕难以结果，即使有收获，恐怕会有南橘北枳之讥”。[②] 笔者认为，这种忧虑是不必要的。中西方文化差异不可否认，但这不能成为我们拒绝一事不再理原则的理由。众所周知，近代“民主”思想是西方的创造，可为什么我们不拒绝民主？“法治”的观念也是西方的发明，为什么党的十五大旗帜鲜明地提倡法治？笔者认为，我国刑事诉讼法完全可以规定一事不再理原则。当然，考虑到我国的司法现实，在确立这一原则的同时，可以设立若干例外情形，如对于因法官徇私而枉法裁判的，不改判将引起重大民愤的，严重危害国家安全、公共安全的，可以启动再审程序。同时，应当区分有利于被告人的再审和不利于被告人的再审，对于有利于被告人的再审，原则上不加限制，只要被告人及其法定代理人提出符合法定理由的请求，都应当启动再审；对于不利于被告人的再审，应当严格限制，包括提起再审主体的限制以及提起再审时间和次数的限制。

二、刑事审判方式

刑事审判方式，又称刑事审判模式，是指刑事审判中控、辩、审三方的诉讼地位和相互关系以及与之相适应的审判程序组合方式。按照西方学者的理论，英美法系国家的刑事审判方式采“对抗式”，大陆法系国家的刑事审判方式为“审问式”，其划分标准有二：一是法律传统，二是发现真实的方式和途径。对抗式程序凭借当事人主导的法庭对抗以发现案件事实，审问式程序则依赖于法官主导的司法调查以了解事实真相。[③]

（一）对抗式审判的正当化调整

所谓对抗式审判，按照美国学者达马斯卡的解释，是指“理论上处于平等地位的对立双方在有权决定争端裁决结果的法庭面前所进行的争斗”。[④] 在这种审

① 陈瑞华著：《刑事审判原理论》，北京大学出版社 1997 年版，第 197-198 页。

② 梁欣：《论一事不再理原则》，载《河北法学》1999 年第 6 期。

③ Jeffrey J.Miller.Plea Bargaining and Its Analogues under the New Italian Criminal Procedure Code and in the United States，22 N.Y.U.J.Int L.L.&Pol.215（1990）.

④ Jenny Mcewan.Evidence and the Adversarial Process，Blackwell Publishers，1992，p.4.

判模式下，刑事审判活动主要围绕控诉方的举证和被告方的反驳进行，法官（陪审团）处于居中裁断的地位。其特色大致可表述为：“沉默的法官，争斗的当事人。”①

对抗式审判最早出现于英格兰和威尔士，其历史可追溯至诺曼公爵对英国征服时期。② 最初的形式是“决斗裁判”（Trail by Battle），后经过几个世纪的演进，尤其是陪审员制度的确立，才逐渐发展成今天这个样子。对抗式审判赖以建立的第一个理念是“公平竞争理论”（the Sporting Theory of Justice）。根据这一理论，国家与被告人个人之间发生的刑事争端应由检察官与被告方通过直接对抗或竞争而解决。第二个理念是建立在一种高度尊重个人主体性基础上的程序正义观念。这种观念有两项基本要素：一是作为司法裁判者的法官须尽量减少对裁判制作过程的控制和介入，保持消极的中立。二是个人有权通过积极、主动和广泛的程序参与来维护自己的权益，有权自行选择和处分自己的前途和命运。③ 这种审判模式既是古老“自然正义”的要求，也是古典自由主义哲学的应有之义。按照“自然正义”的要求，公正的法律程序应符合以下标准：“（1）任何人不能充当有关自己案件的法官；（2）结果中不应包含纠纷解决者个人的利益；（3）纠纷解决者不应有支持或反对某一方的偏见。”④

对抗式审判的核心是通过交叉询问程序由检察官和辩护律师向陪审团证明被告人是否有罪，其基本特征有二：一是法官在诉讼中地位中立，态度消极。这是基于“自然正义”的正当要求。一般情况下，法官不参与收集和调查证据，甚至极少对证人进行询问。但对控辩双方提出的证据的可采性拥有“否决权”。即便如此，基于当事人主义的理念，在诉讼实务中，法官没有主动排除不具关联性证据的义务。只有在一方律师对证据的可采性提出“异议”或者“反对”时，法官才会就该证据是否具有可采性作出裁判。对于一项没有关联性的证据，如果对方律师没有提出异议，或者虽然提出异议，但所依据的排除理由有误，那么，该项没有关联性的证据也将获得可采性。此所谓“治愈的许可性”（Curative Ad-

① 樊崇义主编：《刑事诉讼法学》（修订版），中国政法大学出版社 2002 年版，第 252 页。
② 陈瑞华著：《刑事审判原理论》（第二版），北京大学出版社 2003 年版，第 268 页。
③ 陈瑞华著：《刑事审判原理论》（第二版），北京大学出版社 2003 年版，第 273-274 页。
④ ［美］戈尔丁著：《法律哲学》，齐海滨译，生活·读书·新知三联书店 1987 年版，第 240 页。

missibility）。[①] 之所以要求法官保持自我克制，主要是为了避免出现因法官“下竞技场，其视线容易被冲突的烟尘所遮蔽”的局面。[②] 二是检察官和辩护律师主导着诉讼的进程，控制着证据的提出和事实的调查程序。根据当事人主义奉行的“谁主张，谁举证”的诉讼原则，检察官担负着证明被告人有罪的举证责任，并为此展开诉讼攻击活动，尽管根据无罪推定原则，被告人及其辩护律师无须承担证明被告人无罪的义务，但辩护律师至少承担着检察官的控诉主张及其证据，并提出被告人无罪或者罪轻理由的职责。

随着程序正义观念的发展，对抗式审判也发生了一些变化。如“公平竞争理论”所产生的所谓“控辩双方不得为对方提供供给和防御的武器”的观念，已不再为英美等国所遵守。[③] 到了20世纪70年代，美国的正当程序革命逐渐偃旗息鼓，表现之一就是辩诉交易的合法化。1970年的“布雷迪诉美国”（Brady V. United States）一案中，美国联邦最高法院在判决中正式确认了辩诉交易的合法性。在该案中，联邦最高法院作出了两项重要决定：第一，要接受以辩诉协议为依据作出的认罪答辩，其标准和接受其他认罪答辩的标准一样，即答辩必须是“自愿的”和“理智的”。第二，在辩诉交易案中，决定“自愿”的标准无须遵循自白案件的标准。[④] 辩诉交易被合法化后，迅速被美国绝大部分州广泛采用。据相关资料显示，到1975年，美国就有约90%的重罪案件是通过辩诉交易处理的。[⑤] 此后，美国所有的刑事案件适用辩诉交易率一直维持在这一水平，以至于美国对于辩诉交易很快就像“瘾君子”对于毒品一样，已经到了欲罢不能的地步，辩诉交易成为美国司法实务上“不可避免”的选择。[⑥] 对于控辩双方的辩诉交易，一旦被法官接受，就不再进行正式的开庭审判程序，法官根据控辩双方达成的控辩协议，径行作出判决。表现之二是米兰达规则的非宪法化。在1971年的“哈瑞斯诉纽约州”（Harris V. New York）一案中，判决认为，具有米兰达缺

---

① 刘金友主编：《证据法学（新编）》，中国政法大学出版社2003年版，第26页。

② 刘金友主编：《证据法学（新编）》，中国政法大学出版社2003年版，第21页。

③ 陈瑞华著：《刑事审判原理论》（第二版），北京大学出版社2003年版，第274页。

④ Brady V.United States, 397 U.S.742, 90 S.Ct 1463, 25 L.Ed.2d 747.Supreme Court of the United States, 1970.

⑤ Charles F.Hemphill Jr., Criminal Procedure: the Administration of Justice, Goodyear Publishing Co., Inc., Santa Monica, California 90401., p.199.

⑥ Stephen Schulhofer.Is Plea Bargaining Inevitable, Harvard Law Review, 1037(1984).

陷的陈述可以用来作为弹劾被告人的证言使用。[①] 在 1976 年的“贝克维斯诉美国”（Beckwith V. United States）一案中，美国联邦最高法院通过判决将未被羁押的被告人排除在米兰达规则的保护之外。[②] 此后又于 1984 年的“纽约诉夸尔斯”（New York V. Quarles）一案中确立了“公共安全的例外”，认为“违反米兰达规则并不一定违反宪法”。米兰达规则的适用受到进一步的限制。

与此同时，英国开始兴起的司法改革运动也逐渐将刑事诉讼程序引向加强犯罪控制的轨道上来。在审判方式上，集中表现为为提高诉讼效率和求得实体的真实而适当借鉴了职权主义的某些做法，尤其是法官在法庭上查明案件事实的积极性有所增强。[③] 1972 年，英国刑事法律改革委员会提交的第 11 号报告在证据排除规则和沉默权制度上作了较大调整，该报告指出：“刑事审判的目标是查明被告人是否有罪，那么理想的状态应当是所有的相关证据都可采，只要能够证明涉及有罪或无罪的事实存在或不存在。”[④] 尽管该报告没有被英国政府采纳，但对英国的司法实务产生了重大影响。1994 年，英国《刑事审判与公共秩序法》对刑事审判方式进行了改革，其中最为突出的是对被告人沉默权的限制。1999 年 12 月，奥尔德爵士（Sir Robin Auld）受大法官、内政大臣和总检察长的委托，对各级法院的诉讼程序、证据规则和司法实践展开调查，以确保法院公正地行使司法权，提高法院的办案效率以及与其他机构进行有效协作，保护当事人包括被害人和证人的权益，以此提高公众对法治的信心。2001 年 10 月，奥尔德公布了他的报告：《英格兰和威尔士刑事法院考察报告》（Review of the Criminal Court of England and Wales）。2002 年 7 月，大法官、内政大臣和总检察长共同签署了《对所有人的公正》（Justice for All）政府白皮书，提出了进一步对刑事司法制度改革的三个目标，即对反社会行为、毒品和暴力犯罪采取强硬行动；向有利于被害人的方向重新平衡刑事司法制度；赋予警察和起诉机关将更多的罪犯绳之以法的手段。白皮书特别提出：“白皮书的目的是尽可能明确地向那些实施犯罪的人

---

① Harris V.New York，401 U.S.222（1971）.

② Beckwith V.United States，425 U.S.341（1976）.

③ 龙宗智著：《刑事庭审制度研究》，中国政法大学出版社 2001 年版，第 109 页。

④ 陈光中、郑旭：《追求刑事诉讼价值的平衡——英俄近年刑事司法改革述评》，载《中国刑事法杂志》2003 年第 1 期，第 102 页。

传达这样的信息：刑事司法系统将联合起来，以确保犯罪的侦查、定罪和刑罚。"[①] 英国学者约翰·杰克逊经过总结，认为"在最近的30年内，在具有有限的抗辩特征的英国审判中，对抗辩主义的信心不断受到侵蚀"，并将之归结为以下三个因素："第一，在这期间，英国刑事司法中出现了一系列不公正的司法。第二，对在抗辩式审判中对待证人和被害人的方式感到担忧，对获得证据的整个抗辩模式提出质疑。第三，人们越来越多地要求英国的刑事司法制度高效率、低成本，抗辩式审判被认为是低效率、高成本地解决刑事诉讼的方式，从而成为批评的对象。"[②] 由此可以预见，在将来不久的英国刑事法庭上，可以看到，法官将更多地与检察官合作，共同对付被告人及其辩护律师，刑事审判的职权化色彩将渐趋渐浓。

（二）审问式审判的正当化改革

审问式审判是现代大陆法系各国所采取的刑事审判方式，在审判模式上又称职权主义。在这种审判模式下，审判活动以法官为中心，强调法官在庭审中的主导地位，法官掌握着诉讼的主动权，并担负着查明案件真相的职责。其特色大致可概括为："主动的法官，消极的当事人。"[③]

审问式审判程序脱胎于纠问式程序，最早出现于法国1808年颁布的刑事诉讼法典中，并在19世纪中后期逐渐为欧洲大陆各国所接受和采纳，后世学者称之为"混合程序"（Mixed System）。[④] 在这种程序中，诉讼的第一阶段——预审（Instruction）保留了纠问式程序的许多特征，而在审判阶段，则采纳了控诉式程序（Accusatory Procedure）。[⑤] 与对抗式审判不同，审问式审判被视为一种"对客观事实的司法性调查"活动，其核心是由法官依职权查明案件的事实真相。与对抗式审判相比，这一审判模式的基本特征有二：一是法官主导和控制着证据的提出和调查程序；二是检察官和辩护人在证据提出和事实调查程序中居于次要和辅

---

① Justice for All, Presented to Parliament by the Secretary of State for the Home Department, the Lord Chancellor and the Attorney General by Command of Her Majesty, July 2002., p.11.

② ［英］约翰·杰克逊：《抗辩式审判和法官独审》，载［英］麦高伟、杰弗里·威尔逊主编：《英国刑事司法程序》，姚永吉等译，法律出版社2003年版，第310-311页。

③ 樊崇义主编：《刑事诉讼法学》（修订版），中国政法大学出版社2002年版，第253页。

④ 陈瑞华著：《刑事审判原理论》（第二版），北京大学出版社2003年版，第276页。

⑤ Mireille Delmas-Marty. The Criminal Process and Human Rights: Towards a European Consciousness, Martinus Publishers, 1995, pp.5-9.

助地位，只能发挥有限的作用。[①]

传统的审问式审判程序在第二次世界大战后发生了巨大变化，其基本特征是加强刑事诉讼中的人权保障，从犯罪控制型诉讼转向人权保障型诉讼。德国在战后首先通过了基本法，确立了保护个人自由不受国家任意或过分侵害的基本原则，如基本法第 101 条第 1 款规定了“法定法官原则”，禁止另设特别的法官，以保障被告人不受任何专断的审判。与之相适应，在刑事诉讼法中一个比较大的举措就是废除侦查法官（Juge d’ instruction）。按照德国理论界的观点，对侦查法官制度最终和完全的取消意味着对纠问式程序的进一步抛弃。[②]

法国于战后立即将刑事诉讼法的修改提上议事日程。1953 年，法国成立了以时任联邦最高法院总检察长的安托南贝松为首的刑事诉讼法修改委员会。1958 年，法国颁布了新的刑事诉讼法典，其基本精神是进一步消除纠问式诉讼的残余，强调对个人自由的保障和提高审判效率。新法典的突出特点是强化了犯罪嫌疑人的律师帮助权，加强了审前阶段的辩论性。2000 年 6 月，法国对刑事诉讼法典再次进行修改，明确规定了沉默权，强化了辩护权，进一步强化了审前阶段的对抗性。

日本战前采取的是典型的职权主义模式，战败后，在美国占领军的指导下，将固有的职权主义与美国的当事人主义结合起来，形成了所谓的“混合制”模式。其主要内容包括两个方面：一是为排除法官预断，发挥当事人的庭审作用，实行起诉状一本主义，庭审前即显现出较重的当事人主义色彩；二是庭审证据调查引入抗辩式，实施交叉询问，贯彻辩论原则。改革后的日本刑事诉讼法赋予了被告人沉默权，法官的积极主导作用被大大削弱，控辩双方的意见对庭审调查通常起决定性作用。尤其是交叉询问制度的引进，大大加强了庭审中的对抗式机制。

意大利自战后便着手进行刑事诉讼法的修改工作，于 1955 年通过了改革刑事诉讼程序法案。但由于种种原因，直到 20 世纪 80 年代中期才下定决心制定新的刑事诉讼法典，最终于 1988 年 9 月完成了这项历史性任务。意大利新刑事诉

① 陈瑞华著：《刑事审判原理论》（第二版），北京大学出版社 2003 年版，第 277-280 页。

② Kurt Madlener.The Protection of Human Rights in the Criminal Procedure of the Federal Republic of German, Edited by Jhon A.Andrews, Human Rights in the Criminal Procedure, the Hague: Martinus Nijhoff Publishers, 1982, p.238.

讼法典最大的变革就是引进了英美法系当事人主义的对抗式诉讼制度。就审判方式的改革而言，根据新的刑事诉讼法典，开庭后，先后分别由检察官、民事当事人的律师和被告人的律师作首次陈述，然后按上述顺序由各方的证人作证，本方对自己一方的证人进行主询问，继而由其他两方进行交叉询问。从总体上说，法庭审理以当事人为主展开，从职权主义改为基本上实行对抗制。①

俄罗斯刑事审判方式在传统上接近于大陆法系职权主义模式，主要表现为：在刑事诉讼中，法官不中立，控辩双方诉讼地位不平等，被告方不享有足以对抗追诉机关的强制手段等。2001 年 11 月，俄罗斯联邦国家杜马通过了新的《俄罗斯联邦刑事诉讼法典》，其重要内容之一就是引进了当事人主义的对抗式因素，具体表现在以下几个方面：（1）确立了法院中立、被动的诉讼地位；（2）实行控辩双方辩论制，强化刑事被告人的辩护权；（3）扩大被害人参与刑事诉讼的范围；（4）确立了刑事被告人认罪答辩制度，承认刑事被告人的沉默权。

（三）我国的刑事审判方式

我国 1996 年刑事诉讼法对庭审方式的改革，集中表现为重新配置控辩审职能，改变过去由法官直接调查证据的方式，确立了控辩双方向法庭举证，同时不排除法官调查权的庭审方式。有学者称这种刑事庭审方式是一种特殊类型的庭审方式，它既具备当事人主义诉讼的某些形式特征，又不乏职权主义的技术性因素，同时还带有浓厚的传统社会主义国家审判方式的特征，是我国传统和固有的制度因素、现代职权主义以及当事人主义三大要素糅合的具有中国特色的混合式庭审方式。② 析言之，其内容主要体现在以下几个方面：

1. 庭前实行程序性审查

我国 1996 年《刑事诉讼法》第 150 条规定："人民法院对提起公诉的案件进行审查后，对于起诉书中有明确的指控犯罪事实并且附有证据目录、证人名单和主要证据的复印件或者照片的，应当决定开庭审判。"根据这一规定，学界一般认为，刑事诉讼法将开庭前对案件的实体性审查改为程序性审查，即人民法院对提起公诉的案件，只审查起诉书中有明确的指控犯罪事实并且附有证据目录、证人名单和主要证据复印件或者照片，然后决定是否开庭审判。审查只解决案件是

---

① 程味秋：《〈意大利刑事诉讼法典〉简介》，载黄风译：《意大利刑事诉讼法典》，中国政法大学出版社 1994 年版，第 4-6 页。

② 龙宗智：《论我国刑事庭审方式》，载《中国法学》1998 年第 4 期。

否符合开庭条件，而不是对案件作出实体性认定，因为被告人在实体上是否有罪是法庭审理解决的问题。

2. 加强控方的举证责任

强化控诉方特别是公诉案件中检察机关的举证责任是1996年刑事诉讼法庭审方式改革的另一特点。例如，1996年《刑事诉讼法》第155条规定："公诉人在法庭上宣读起诉书后，被告人、被害人可以就起诉书指控的犯罪进行陈述，公诉人可以讯问被告人。"这就改变了过去由审判员主要讯问被告人的做法。第157条规定"公诉人、辩护人应当向法庭出示物证，让当事人辨认"，从而法庭上对于被告人的讯问、对证人和鉴定人的询问、对书面证据材料的宣读和物证的出示等活动，不再由审判人员包揽，而是主要由控辩双方进行，但审判人员仍然有权对被告人、证人和鉴定人发问，有权决定休庭并在庭外调查核实证据，只不过这种发问和庭外调查仅仅具有补充性，对于案件事实的认定主要是基于控辩双方在法庭上的对抗式举证和辩论，因而庭审过程呈现出控辩双方举证和辩论、法官居中听证和裁判的"外观"。有的学者分析，这可能是实务上称新的庭审方式为"控辩式"的主要原因。①

3. 注重法官的职能作用

我国改革后的庭审方式在加强控辩双方的诉讼职能的同时，也重视审判职能的作用，保持法官在法庭上的主导地位，赋予法院对案件事实的调查权。例如，1996年《刑事诉讼法》第158条规定："法庭审理过程中，合议庭对证据有疑问的，可以宣布休庭，对证据进行调查核实。"另根据1996年《刑事诉讼法》第160条的规定，公诉人、当事人和辩护人、诉讼代理人对证据和案件情况发表意见或者互相辩论时，要经审判长许可方能进行。这就摒弃了当事人主义控辩式诉讼中法官作为"消极仲裁者"的弊端，为法官作出正确裁判提供了必要的补救性法律保障。此外，法官在控辩双方充分发挥作用的基础上主持法庭，讯问被告人，询问证人、鉴定人，调查核实各种证据，有权采取法定措施维护法庭秩序，制止发问与案件无关的问题，等等。

4. 赋予合议庭直接作出判决的权利

1996年《刑事诉讼法》第149条规定："合议庭开庭审理并且评议后，应当

---

① 孙长永：《刑事庭审方式改革出现的问题评析》，载《中国法学》2002年第3期。

作出判决。”据此，对于一般刑事案件，合议庭审理后，可以直接作出判决，而对于疑难、复杂、重大的案件，合议庭认为难以作出决定的，由合议庭提请院长决定提交审判委员会讨论决定。这在一定程度上减少了司法实践中合议庭负责审查案件事实而由院长、庭长等行政领导作出决定的“审而不判”和“判而不审”的不当做法。

5. 扩大被害人参与庭审的力度

1996年《刑事诉讼法》第82条赋予了被害人当事人地位，相应地，扩大了被害人在刑事诉讼中维护自身合法权益的权利及其保障。[①] 表现之一就是法庭审判中，被害人享有讯问被告、询问证人、调查其他证据并要求法庭调取新的证据以及在庭审时发表意见并进行辩论等当事人权利。

6. 加强庭审中的辩护职能

主要表现在三个方面：（1）律师介入诉讼的时间提前，除了侦查阶段犯罪嫌疑人可得到律师的帮助外，公诉案件的辩护人自案件移送审查起诉之日起即可参与诉讼。并且，法庭通知被告人开庭的时间以及委托辩护人的时间也延长至10日以前。（2）扩大了辩护人的权利。辩护律师自人民法院受理案件之日起，可以查阅、摘抄、复制本案所指控的犯罪事实材料，可以同在押的被告人会见和通信；辩护律师有调查收集证据的权利和申请人民检察院、人民法院收集证据的权利；在庭审过程中，辩护人和被告人享有当庭陈述权，向证人、鉴定人发问权，有举证权、质证权及辩论权，有通知新的证人到庭、调取新的物证、申请重新鉴定或勘验的权利。（3）实行法律援助制度。根据1996年《刑事诉讼法》第34条的规定，公诉人出庭公诉的案件，被告人因经济困难或其他原因没有委托辩护人的，人民法院可以指定承担法律援助义务的律师为其提供辩护。被告人是盲、聋、哑人，未成年人或者可能被判处死刑而没有委托辩护人的，人民法院应当指定承担法律援助义务的律师为其提供辩护。

7. 规定证人出庭作证

增强庭审的抗辩性的另一表现就是要求证人出庭作证，为此，1996年《刑事诉讼法》第47条规定：“证人证言必须在法庭上经过公诉人、被害人和被告

---

① 傅宽芝：《落实庭审法律监督举措之管见》，载中国法学会诉讼法学研究会编：《诉讼法理论与实践（1996年卷）》，中国政法大学出版社1997年版，第277-284页。

人、辩护人双方讯问、质证，听取各方证人的证言并且经过查实以后，才能作为定案的根据。”第156条规定了询问证人程序，即“公诉人、当事人和辩护人、诉讼代理人经审判长许可，可以对证人、鉴定人发问”。最高人民法院《关于执行〈中华人民共和国刑事诉讼法〉若干问题的解释》进一步规定了询问证人的程序，即“向证人发问，应当先由提请传唤的一方进行；发问完毕后，对方经审判长准许，也可以发问”。该解释第146条还规定了询问证人的规则，包括发问的内容应当与案件事实有关；不得以诱导方式提问；不得威胁证人；不得损害证人的人格尊严等。

8. 对简单轻微案件实行简易审理方式

1996年《刑事诉讼法》在庭审方式改革方面的亮点之一就是设立了简易程序，对一些简单轻微案件由审判员一人独任审判。对适用简易程序审理的公诉案件，人民检察院可以不派员出席法庭，庭审程序也大大简化。例如，1996年《刑事诉讼法》第177条规定：“适用简易程序审理案件，不受本章第一节关于讯问被告人、询问证人、鉴定人、出示证据、法庭辩论程序规定的限制……”

尽管说1996年《刑事诉讼法》在庭审方式改革方面取得了重大进步，但同时也存在一些问题，[①] 具体如下：

第一，关于庭前审查问题。刑事诉讼法将庭前审查改为程序审，目的在于排除法官预断。但由于刑事诉讼法所规定的案件移送方式并非起诉状一本主义，检察机关在移送证人名单、证据目录的同时，还须移送主要证据的复印件或者照片。并且，根据最高人民法院《关于执行〈中华人民共和国刑事诉讼法〉若干问题的解释》第116条第5项的规定，在开庭前人民检察院应当向人民法院移送附有“拟在法庭上出示的所有证据目录及能够证明指控犯罪行为性质、情节等内容的主要证据复印件或者照片”。这种要求提供“能够证明指控犯罪行为性质、情节等内容”的规定给法官在庭前作某种程度的实体审查提供了条件，从而难以彻底排除法官的预断。

第二，关于“依法隐瞒证据”问题。[②] 1996年《刑事诉讼法》第150条将

---

① 有的学者认为我国的庭审方式的运行效果限于一种“有限理性”，这种“有限理性”突出表现在不彻底的实质化、不完全的平等制、不充分的对抗性、不够规范的操作方式等四个方面。参见龙宗智：《论我国刑事庭审方式》，载《中国法学》1998年第4期。

② 孙长永：《刑事庭审方式改革出现的问题评析》，载《中国法学》2002年第3期。

按照普通程序的起诉方式由“全案移送”改为“复印件移送”，这样，辩护律师能够在开庭前看到并且掌握的证据材料，实际上基本限于检察院移送给法院的“主要证据复印件或者照片”、证据目录和证人名单。至于“主要证据”的范围，根据最高人民法院、最高人民检察院、公安部、国家安全部、司法部、全国人大委员会法制工作委员会《关于刑事诉讼法实施中若干问题的规定》第36条的解释，包括以下三类：（1）起诉书中涉及的各证据种类中的主要证据；（2）多个同种类证据中被确定为“主要证据”的；（3）作为法定量刑情节的自首、立功、累犯、中止、未遂、正当防卫的证据。但该条同时还规定：“人民检察院针对具体案件移送起诉时，‘主要证据’由人民检察院根据以上规定确定。”据此，人民检察院可以自行决定在具体案件中移送的“主要证据”的范围，“合法地”隐瞒有利于或者不利于被告人的其他证据。1998年《人民检察院刑事诉讼规则》第283条虽然进一步明确了“主要证据”的含义，将它界定为“对认定犯罪构成要件的事实起主要作用，对案件定罪量刑有重要影响的证据”，但又规定：“人民检察院针对具体案件移送起诉时，‘主要证据’的范围由办案人员根据本条规定的范围和各个证据在具体案件中的实际证明作用加以确定。”“对于主要证据为书证、证人证言笔录、被害人陈述笔录、被告人供述与辩解笔录或者勘验、检查笔录的，可以只复印其中与证明被告人构成犯罪有关的部分，鉴定书可以只复印鉴定结论部分。”这里不仅把“隐瞒”证据的主体由“人民检察院”改为具体负责审查起诉的“办案人员”，而且对书面证据需要“隐瞒”的范围作了明确的规定。

第三，关于被告人的诉讼地位问题。被告人作为当事人，刑事诉讼法赋予了他以辩护权为核心的一系列诉讼权利，并以此与控诉方进行诉讼对抗，在这一意义上，被告人在诉讼中是诉讼主体。但刑事诉讼法又允许公诉人强制讯问被告人，如1996年《刑事诉讼法》第155条规定：“公诉人在法庭上宣读起诉书后，被告人、被害人可以就起诉书指控的犯罪进行陈述，公诉人可以讯问被告人。被害人、附带民事诉讼的原告人和辩护人、诉讼代理人，经审判长许可，可以向被告人发问。审判人员可以讯问被告人。”根据1996年《刑事诉讼法》第93条的规定，在侦查阶段，犯罪嫌疑人对侦查人员的提问应当如实回答，那么，在庭审中，被告人对公诉人的讯问当然也应当如实回答，因为法律未赋予被告人保持沉默的权利。因此，被告人作为讯问调查的对象，在这一意义上又成为诉讼客体。①

第四，关于被害人的当事人诉讼地位问题。刑事诉讼法赋予被害人当事人诉讼地位的直接后果就是使两造对抗、法官听讼的“三方组合”的传统结构因被害人作为诉讼一方的介入而为之改变。先不说这是否真的有利于对被害人个体利益的保护，但一个不争的事实是增加了被害人的负担，包括出庭的负担和举证的负担，因为作为诉讼一方的当事人，就应当出庭；作为控方的当事人，当然应负举证责任。

第五，关于“判审分离”问题。刑事诉讼法加强合议庭的独立性并没有从根本上解决“判审分离”的问题。1996 年《刑事诉讼法》第 149 条关于“对于疑难、复杂、重大的案件，合议庭认为难以作出决定的，由合议庭提请院长决定提交审判委员会讨论决定”的规定，为合议庭交审判委员会讨论决定案件提供了法律依据。

第六，关于庭审监督问题。1996 年《刑事诉讼法》第 169 条规定：“人民检察院发现人民法院审理案件违反法律规定的诉讼程序，有权向人民法院提出纠正意见。”对于这一规定，尽管有不同的认识，② 但根据 1998 年最高人民法院、最高人民检察院、公安部、国家安全部、司法部、全国人大委员会法制工作委员会《关于刑事诉讼法实施中若干问题的规定》第 43 条的规定，人民检察院的庭审监督应该是“事后监督”，即“人民检察院对违反法定程序的庭审活动提出纠正意见，应当由人民检察院在庭审后提出”，显露出立法在这一问题上的冲突。

第七，关于“庭后阅卷”问题。1998 年最高人民法院、最高人民检察院、公安部、国家安全部、司法部、全国人大委员会法制工作委员会《关于刑事诉讼法实施中若干问题的规定》第 42 条规定：“人民检察院对于在法庭上出示、宣读、播放的证据材料应当当庭移交人民法院，确实无法当庭移交的，应当在休庭后三日内移交。对于在法庭上出示、宣读、播放未到庭证人的证言的，如果该证

① 龙宗智：《论我国刑事庭审方式》，载《中国法学》1998 年第 4 期。

② 检察系统的同志认为，这一修正并未要求出庭检察官发现法院违反法定程序只能在庭后进行监督。参见张穹主编：《人民检察院刑事诉讼理论与实务》，法律出版社 1997 年版，第 384 页。而全国人大常委会立法委则认为，检察院对法院审判进行法律监督，是指检察院作为一个法律监督机关的整体职能，有权对法院的审判活动进行监督。公诉人在履行公诉职能时，发现庭审有违反法定程序的情况，应当把情况向检察院有关领导汇报后，以检察院的名义，向法院提出纠正意见。参见全国人大法工委刑法室编：《中华人民共和国刑事诉讼法释义》，法律出版社 1996 年版，第 197 页。

人提供过不同的证言，人民检察院应当将该证人的全部证言在休庭后三日内移交。”最高人民法院《关于执行〈中华人民共和国刑事诉讼法〉若干问题的解释》第151条、第152条和《人民检察院刑事诉讼规则》第356条也有类似规定。根据这些规定，立法仍允许人民检察院在法庭审理结束后移交证据材料，甚至包括未经法庭质证和辩论的证据材料，从而导致合议庭实质上的“庭后阅卷”，致使法庭审判过程重新流于形式。

（四）正当法律程序下的刑事审判方式改革

庭审方式的改革是刑事诉讼法再修改的一个重要课题，至于如何改，有的学者提出了以下思路：首先，对庭审制度改革的各个环节进行反思，对其中不适当的制度加以调整和纠正；其次，以扩大控辩双方的有效参与、削弱法官的调查取证权为核心，建立必要的配套制度；再次，将审判方式改革扩大为整个刑事诉讼制度的改革，重新构建刑事诉讼的整体构造和审判前程序；最后，按照司法活动的普遍规律，重新构建我国的司法制度。① 这一改革思路具有宏观指导意义，但具体如何完善我国的刑事庭审方式，笔者建议重点从以下几个方面着手：

1. 实行起诉状一本主义，排除法官预断

实行起诉状一本主义能够切断审判与侦查的联系，使侦查对审判的影响降到最小程度，并使控辩双方在法庭上能达到实质对等。但也有学者担心，这种方式可能产生法庭审判多次中断的弊端，因此主张卷宗移送方式。② 笔者认为，这一担心是有道理的，但是，对于这种方式可能产生的弊端，可以通过制度设计将之降到最低限度，如建立庭前听证程序、确立集中审理原则、加强控方的举证责任等。另外，还可以通过提高法官素质、培养法官驾驭庭审的能力减少这方面的消极影响。

2. 建立庭前证据展示制度

庭前证据展示的重要功能之一就是使控辩双方（尤其是辩方）了解对方的证据情况，以便为庭审做准备。由于辩方的取证能力存在先天的缺陷，其辩护职能的实现较多地依赖对控方的证据的了解，目前的“复印件移送方式”使得辩护人的阅卷权难以实现，如果实行起诉状一本主义，辩护人更无法通过到法院阅

① 陈瑞华著：《刑事诉讼的前沿问题》，中国人民大学出版社2000年版，第399页。

② 宋英辉：《关于刑事诉讼法再修改的几点思考（下）》，载《检察日报》2003年11月7日。

卷来了解控方的证据情况，为此，有必要建立证据展示制度，以保障辩护职能的充分实现。

3. 取消公诉人强制讯问被告人程序

控辩平等是程序公正的基本要求之一，公诉人强制讯问被告人程序不仅意味着承认纠问式诉讼的存在，而且给人一种公然维护控辩诉讼地位不平等的形象。因此，如果根据案件情况确有必要讯问被告人的，应当由审判长讯问被告人。如果被告人表示不愿意回答提问的，应当通过询问被害人、证人、鉴定人或宣读书面证据材料、出示物证等方法解决有关问题。与此相适应，当然也应取消被害人及其诉讼代理人向被告人发问的程序。刑事诉讼法应规定被告人享有与指控自己的证人（包括被害人）对质的权利。

4. 建立交叉询问程序

交叉询问被一些英美法学者誉为发现真实的最重要的法律装置，同时也是使诉讼体现出对抗性质的最重要的法律机制。[①] 与此相适应，应当规范证人（包括鉴定人）出庭规则、询问证人规则。内容详见本章第三节。

5. 保留法官有限的庭外调查权

法官中立是程序公正的基本要求，但这并不意味着法官必须绝对的消极。在司法改革过程中，有的学者提出，应当取消法官的庭外调查权，以保证法官的中立性。笔者认为，取消法官的庭外调查权比较现实，并且法官的庭外调查权与法官的中立性并不矛盾：一方面，法官的庭外调查权并不意味着负举证责任，法官不具有帮助控方证明被告人有罪的职责，也不负帮助被告人证明无罪的义务，法官庭外调查证据的目的在于尽量使其判决建立在事实的基础上，保证公正判决。另一方面，通过一定的程序设计能够保证法官在庭外调查证据时的中立诉讼地位，如法官庭外调查证据必须是控辩双方都在场的情况下方可进行。另外，法官庭外调查证据必须基于控辩双方或者一方的请求方可进行。换句话说，法官不应主动进行庭外调查证据。

6. 完善简易程序

规范被告人认罪案件的庭审方式，实现刑事一审程序的繁简分流，提高诉讼效率。内容详见本章第四节。

---

① 龙宗智著：《刑事审判制度研究》，中国政法大学出版社2001年版，第290页。

三、交叉询问规则

交叉询问（Cross Examination）作为法庭审理过程中一项重要的证人询问方式，通常是指公诉人与辩护人根据一定的询问规则，分别对自己和对方当事人提出的证人进行询问，从而在削弱对方证人可信度中引导出有利于自己一方的证据。交叉询问的目的是试图削弱对方证人证言的真实性、准确性或者可信性。在英美国家，交叉询问通常是与直接询问（Direct Examination，又译为“直诘”）相对应的一个词，是指“案件双方当事人的诉务律师所拥有的、询问对方证人的权利”①。在美国，其是通过联邦宪法第六修正案规定的对质条款而得到保障的一项权利。② 交叉询问被视为抗辩式诉讼体系中最重要的手段。有的学者认为它“毫无疑问是迄今为止人类发明的、用以发现真理的最伟大的法律发动机”③。在我国诉讼理论上，一般将之作为一种专门的制度来理解，以相关的一系列询问规则和理念为基础。④

（一）英美化的交叉询问规则

1. 交叉询问的基本程序

英美国家的交叉询问程序一般从主询问开始，然后再进行反询问，接着进行再主询问和再反询问。在通常情况下，对证人的询问范围由主询问一方设定，反询问一方一般不得超出主询问的范围，因此，交叉询问中的提问顺序对于控辩双方而言均具有重要意义。

一般情况下，控辩双方对证人的提问按以下程序进行：（1）举证方的主询问（Examination-in-Chief）。请求传唤证人的一方对该证人首先进行询问，这被称为“主询问”，或称“直接询问”（Direct Examination）。主询问以举证方的开庭陈述为基础，其意义在于为举证方的诉讼主张正面提供证据事实的支持。控辩双方都必须

---

① ［英］麦高伟、杰弗里·威尔逊主编：《英国刑事司法程序》，姚永吉等译，法律出版社2003年版，第291页。

② ［美］彼德·G. 伦斯特洛姆编：《美国法律词典》，贺卫方等译，中国政法大学出版社1998年版，第153页。

③ ［英］麦高伟、杰弗里·威尔逊主编：《英国刑事司法程序》，姚永吉等译，法律出版社2003年版，第291页。

④ 龙宗智：《论我国刑事审判中的交叉询问制度》，载《中国法学》2000年第4期；张卫平：《交叉询问制：魅力与异境的尴尬》，载《中外法学》2001年第2期。

通过主询问来证明自己的诉讼主张。(2)对方的反询问(Cross Examination)。在主询问结束后，对方当事人可以针对证人在主询问时陈述的内容或与此相关的事项对该证人进行反询问。反询问有两个目的：第一，暴露对方证人的证词矛盾、错误或不实之处，以降低其证据的价值，或者证明这个证人是不可靠的。第二，使对方证人承认某些有利本方的事实。(3)举证方的再主询问(Re-examination)。反询问结束后，举证方可再次询问，使证人对其在反询问时回答的问题进行解释和补充，以维护和恢复主询问时证词的证明能力，抵消反询问的不利影响。同时，对反询问中引出的新的事项进行探究。再主询问还有一个作用——补充信息，即对主询问时注意不够，而反询问时未涉及的事项进行询问，但通常需经法庭酌定许可。(4)对方的再反询问(Recross Examination)。再主询问结束后，对方当事人可以针对证人在再主询问时陈述的事项进行再反询问，而且对于其他事项，经法庭酌定许可，也可以进行询问。(5)举证方结束询问。交叉询问通常由举证方结束询问。这种询问相当于一次再主询问。①

以上对证人的提问程序通常能够按部就班地顺利进行，但有时实践中也会遇到这样的情况，即双方当事人同时提请传唤同一证人，或者法官依职权传唤证人时，应由谁进行主询问的问题。英美等多数国家认为，“如果双方提请传唤证人的证明事项相同，那么由对该事项负举证责任的一方进行主询问；如果提请传唤证人的证明事项不同，就由审判长依诉讼指挥权确定应由谁进行主询问，在特殊情况下，法官也可允许进行反询问的一方在反询问时突破主询问的范围而就其希望证明的事项进行主询问”②。

2. 交叉询问的主要规则

(1)诱导性询问规则。所谓诱导性询问(Leading Question)，又称“暗示询问”，依《布莱克法律大辞典》的定义，系指示证人如何回答或将问题的答案嵌入问话的询问方式。③ 按照我国台湾学者陈朴生的解释，是指询问者为了获得某一回答而在所提问题中添加暗示被询问者如何回答问题的内容，或者将需要被询

---

① 龙宗智：《论我国刑事审判中的交叉询问制度》，载《中国法学》2000年第4期。

② 转引自樊崇义主编：《刑事诉讼法实施问题与对策研究》，中国人民公安大学出版社2001年版，第467页。

③ Black's Law Dictionary, 5th ed. p.800.

问人作证的有争议的事实假定为业已存在的事实加以提问而进行的提问。[①] 在英美证据法中，证人属控辩双方当事人诉讼主张的支持者，分为友性证人（Friendly Witness）和敌性证人（Hostile Witness）。对于友性证人的提问，一般较易配合主询问人的问话而作答，且多数在庭前已经接受过举证方的询问，甚至有的已经受到检察官或律师的训导，一般情况下提供的证言在举证方的预料之中。因此，英美证据法禁止主询问人进行诱导询问。例如，《美国联邦证据规则》第611条（c）款规定："在对证人进行直接询问时，除非为展开证人作证所必需，否则不能提出诱导性问题。"[②] 在反询问中，一般不禁止进行诱导性询问，主要基于三个理由：一是反询问的对象没有迎合询问人作答的倾向；二是反询问主要是质疑主询问所建立的主题事实，以诱导方式询问最能切中要害；三是诱导询问方式具有刺激记忆、唤醒回忆的功能。[③]

一般而言，凡足以使证人遵循主询问人的建议而作答的问话，尤以证人首度被询问的事项，进行主询问人预作假设性之答案，均属诱导询问。[④] 从形式上看，凡是能够以"是"或者"不是"、"对"或者"不对"等选择性答案来回答的提问，通常是诱导性提问。但在判断是否属诱导性提问时，应当从内容上来判断，即判断提问中是否包含提示性信息。[⑤]

英美证据法在主询问中禁止进行诱导询问，但这一传统规则正在弱化，例外的情况不断增加。例外情况主要有：在涉及与案件核心问题无直接关系的预备性、入门性、过渡性事务时；当证人作出意外回答时；在对理解能力有限的证人，如智力低下的人或孩子进行主询问时；对于那些显然可以启发其记忆的证人；对专家证人；对于明确为有敌意的证人等。[⑥] 此外，在下列情况下，也允许进行诱导性询问：无争议的事实，包括证人的姓名、住址、职业等；对人和物的同一辨认；为反驳先前的某一证人的证言而向后一证人提出的问题；当主询问已

---

① 陈朴生著：《刑事证据法》，台湾三民书局1979年版，第397-398页。

② 卞建林译：《美国联邦刑事诉讼规则和证据规则》，中国政法大学出版社1996年版，第115页。

③ 陈健民：《美国刑事诉讼中交叉询问的规则与技巧》，载《法学》2004年第4期。

④ H.Graham.Federal Rules of Evidence, p.198.

⑤ 转引自樊崇义主编：《刑事诉讼法实施问题与对策研究》，中国人民公安大学出版社2001年版，第476页。

⑥ 龙宗智：《论我国刑事审判中的交叉询问制度》，载《中国法学》2000年第4期。

经测试和消耗了证人的记忆力之后，可以对证人进行提示。①

（2）弹劾证人可信性规则。在主询问程序中，禁止质疑证人的可信性。其原因是当事人一方申请传唤的证人不仅可提供证据，而且所提供的证据应足以信赖，所以应该不存在可信性弹劾的问题。然而，证人的证言有时会损及主询问人的利益，而主询问程序中也可以申请传唤对方当事人或敌性证人进行询问，并常以弹劾其可信性为目的，如果不允许主询问人弹劾证人的可信性，显然有违证据检验的目的。② 目前，美国对禁止弹劾证人的可信性规则已大大放宽。例如，《美国联邦证据规则》第607条规定："关于证人的诚信问题，任何一方当事人，包括传唤该证人作证的当事人，都可以提出质疑。"③ 不过，对于证人证言出乎主询问人意料或损及主询问人利益的，弹劾应局限在证言的可信性上。正如我国台湾学者陈佑治所言："唯容许主诘问人弹劾敌对性证人，固无可议，但若均允许主诘问人弹劾证人或证言，亦非允洽。"④

在反询问程序中，则允许攻击证人在审判中证言的可信性。究其原因，无非在于证人的陈述反复无常，其审判中证言的可信性即有可疑，其内容涉及证人的能力，偏见、利害关系或动机，矛盾事实，判罪前科，以及不诚实性格特征与作为等。⑤

（二）交叉询问规则的正当程序价值

1. 交叉询问规则的程序正当性

交叉询问被英美等国视为公民宪法权利的一种设置，首先体现了程序正义的法律价值。这种权利即如美国宪法第六修正案所规定的："在一切刑事诉讼中，被告人享有下列权利：……同原告证人对质，以强制程序取得对其有利的证人……"⑥所谓对质，按照美国学者的解释，是指"在刑事法律中，使证人面对被告人，以便后者可以对证据提出任何反对意见，或由证人对被告人的情况予以证明。宪法中规定的质证权利，不仅是指被告人可以看见证人，更重要的是指可

---

① 刘金友主编：《证据法学（新编）》，中国政法大学出版社2003年版，第23页。

② 陈健民：《美国刑事诉讼中交叉询问的规则与技巧》，载台湾《法学》2004年第4期。

③ 卞建林译：《美国联邦刑事诉讼规则和证据规则》，中国政法大学出版社1996年版，第112页。

④ 陈佑治：《交互诘问之理论与实务》，载《月旦法学》第73期，第97页。

⑤ 陈健民：《美国刑事诉讼中交叉询问的规则与技巧》，载《法学》2004年第4期。

⑥ Phillip E.Johnson.Cases and Materials on Criminal Procedure, Bill of Rights, West Publishing CO.ST.Paul, MINN., 1988, XXV.

以进行交叉询问的宪法特权。实际上，质证权的重点，就是交叉询问的权利”①。作为被告人的一项正当法律程序权利，在审判过程中，被告人有权面对面地与反对他的证人对质，以便其辩护律师可以对这些证人进行交叉询问。

（1）交叉询问体现了被告人的主体地位。英美国家的交叉询问规则以被告人拥有与反对自己的证人对质的宪法权利为前提，因此，交叉询问的对象主要是对方证人（包括专家证人）和敌性证人。尽管被告人也有可能成为被询问的对象，但必须以被告人主动放弃沉默权为前提。换句话说，除非被告人主动放弃沉默权，被告人只能是交叉询问的主体，而不是询问的客体。在审判中，被告人完全可以像公诉人那样对控方的证人提问并要求其诚实地回答。

（2）交叉询问体现了诉讼的平等性与手段的对等性。首先，交叉询问意味着被告人及其辩护律师与控诉检察官有着平等的提问机会。对于控方证人，被告人及其辩护律师可以完全按照法定的程序提问。其次，交叉询问的规则对控辩双方而言是平等的，无论是控诉方还是辩护方，在主询问和交叉询问程序中都要遵循共同的规则。此外，规则允许被告人及其辩护律师可以动用诱导询问、迂回询问、重复询问等策略，来获取对自己有利的证据，从而增强本方的防御能力，削弱对方的攻击能力，从而最大限度地实现控辩双方的力量平衡。

（3）交叉询问体现了控审分离原则。英美国家的交叉询问规则与其当事人主义的诉讼结构是紧密相连的，交叉询问的正常进行要求法官从控辩双方之间超脱出来，保持公允持平的心态，对控辩双方的攻守对抗进行评判，同时维护控辩双方的攻守对抗的秩序，以防止检控方以强凌弱的程序畸形出现。

2. 交叉询问规则的实体正当性

交叉询问规则体现出程序正当性，但它没有满足于这种程序和形式的公正，而是在维护正当程序的前提下，通过有效手段，去发现事实真相，从而体现了实体正当性，成为实体权益保护的重要基础。美国著名的证据法学家威格摩尔（Wigmore）指出：“交叉询问是发现事实真相的最有效装置。”② 按照威格摩尔的观点，发现真实的最佳方法，是由相争之两造各自调查系争事实，各自分别收集

① 转引自樊崇义主编：《刑事诉讼法实施问题与对策研究》，中国人民公安大学出版社 2001 年版，第 484 页。

② 转引自樊崇义主编：《刑事诉讼法实施问题与对策研究》，中国人民公安大学出版社 2001 年版，第 482 页。

证据，找出证人，并对证人探究出证言，而审判者则居于消极、被动的地位，于审判时，仅需静听两造所提出的证据与证人的证言，不必亲自调查事实。因为根据诉讼的性质，需传唤何人为证人及如何对其进行询问当事人最清楚；同时，如何识破证人所供述之虚伪与否，则以对方当事人最清楚。由于当事人对审判之结果具有切身之利害关系，故由当事人自己来推敲证据、询问证人，必然尽其所能而为详尽之推敲、询问，这对发现真实最为有益。并且，在刑事诉讼中，为使被告人服判，对证人证言的真伪，也是由被告人来推敲最为妥当。① 这就印证了英国著名法官戴维林男爵（Lord Devlin）的一句名言："两个带有偏见的寻找者从田地的两端开始寻找，他们漏掉的东西要比一个公正无私的寻找者从地中间开始寻找所漏掉的东西要少得多。"②

交叉询问对发现事实真相的最突出作用在于揭露不实的证言。交叉询问首先有利于促使控辩双方确保证人出庭作证。由于证人被看作控辩双方诉讼主张的支持者，因此，控辩双方具有敦促证人出庭的积极性。否则，交叉询问无法展开。其次，正是由于证人被看作控辩双方诉讼主张的支持者，实践中不可避免地存在收买证人的情况，从而在当事人主义诉讼结构下，证人虚假陈述的可能性很大。而交叉询问促使证人出庭接受质证则有利于暴露证人的虚假证言。因为在交叉询问规则中，证人接受本方的主询问后，还要接受对方的反询问。而在反询问中，证人要接受对方的诱导询问、迂回询问、重复询问等考验。在进行交叉询问时，律师通常会以不着边际的钓鱼式期待（Fishing Expedition）询问，从中寻找有利线索。经过反询问，证人的品格、偏见、观察力、记忆力以及与案件和当事人的关系受到极其苛刻、挑剔和富有挑战性的审查。通常情况下，那些片面的、虚伪的证言会在这几乎近于吹毛求疵的盘诘面前露出破绽，或者至少会对证人虚伪陈述的意图产生强大的精神压力，从而在相当程度上得到抑制。

（三）交叉询问规则与我国的刑事诉讼

1996 年刑事诉讼法修改的最大特点之一就是引进了英美法系的对抗制因素，集中体现在交叉询问规则的确立方面。尽管有的学者认为我国的交叉询问由于没有引进一些具体的细节制度，因此我国的交叉询问制度只是一种"形似"的制

---

① 转引自黄东熊：《对质与交互询问》，载台湾《中兴法学》1986 年第 22 期。

② ［英］迈克·麦考韦利著：《对抗制的价值和审前刑事诉讼程序》，载英国法律文化委员会编：《英国法律周专辑》，法律出版社 1999 年版，第 138 页。

度，而非“神似”。[①] 但不管怎么说，交叉询问规则总体上是得到我国立法肯认的。

1. 我国交叉询问规则立法状况概览

我国的交叉询问规则在立法上主要体现在1996年《刑事诉讼法》第155条和第156条的规定中，如第155条规定：“公诉人在法庭上宣读起诉书后，被告人、被害人可以就起诉书指控的犯罪进行陈述，公诉人可以讯问被告人。被害人、附带民事诉讼的原告人和辩护人、诉讼代理人，经审判长许可，可以向被告人发问。审判人员可以讯问被告人。”第156条规定：“证人作证，审判人员应当告知他要如实地提供证言和有意作伪证或者隐匿罪证要负的法律责任。公诉人、当事人和辩护人、诉讼代理人经审判长许可，可以对证人、鉴定人发问。审判长认为发问的内容与案件无关的时候，应当制止。审判人员可以询问证人、鉴定人。”此外，最高人民法院《关于执行〈中华人民共和国刑事诉讼法〉若干问题的解释》第132条至第146条还分别就询问的主题、对象、顺序和规则作了补充性规定。如第143条规定：“向证人发问，应当先由提请传唤的一方进行；发问完毕后，对方经审判长准许，也可以发问。”第146条规定：“询问证人应当遵循以下规则：（1）发问的内容应当与案件的事实相关；（2）不得以诱导方式提问；（3）不得威胁证人；（4）不得损害证人的人格尊严。”

从立法上看，我国的交叉询问规则主要包括以下内容：（1）调查被告人、被害人，应先由他们陈述案情，然后控辩双方可以对其进行发问。审判人员认为有必要时可以发问。（2）在调查被告人、被害人以后，首先由控诉方举证，然后由辩护方举证。证人、鉴定人除由审判庭根据需要传唤的以外，可分为控诉方要求传唤的和辩护方要求传唤的。（3）调查证人、鉴定人，应当首先由审判长核实其身份及与案件的关系，告知法律责任并让其在保证书上签字。在这一开始程序结束后，即先由传唤证人的一方询问，然后经审判长许可再由对方询问。审判人员认为必要时，可以询问证人、鉴定人。[②]（4）询问证人、鉴定人应当遵循一些特定的规则要求，如发问的内容应当与案件的事实相关、不得以诱导方式提问、不得威胁证人、不得损害证人的人格尊严等。

---

① 龙宗智：《论我国刑事审判中的交叉询问制度》，载《中国法学》2000年第4期。

② 龙宗智：《论我国刑事审判中的交叉询问制度》，载《中国法学》2000年第4期。

2. 我国的交叉询问规则与英美交叉询问规则的差异

从上述规定可以看出，我国的交叉询问规则还不能称作典型的、严格意义上的交叉询问，与英美交叉询问规则相比，至少存在以下差异：

（1）法官在交叉询问中的地位不同。在英美交叉询问规则中，虽然交叉询问由法官主持，但法官消极、中立，不会主动进行询问，更不会遇有疑问时在庭外调查证据。我国交叉询问规则在强调面对双方进行主询问的同时，并没有忽视法官的作用，法官仍承担着查明案情的责任。法官有询问证人、鉴定人的职权，甚至可以讯问被告人，而且没有严格限制法官询问的时机，只要“认为有必要时”，均可询问。

（2）被告人在交叉询问中的地位不同。在英美交叉询问规则中，被告人处于询问主体地位，交叉询问的对象主要是证人，包括专家证人（即鉴定人）和被害人（在英美法中，被害人属控方证人）。只有当被告人自愿放弃沉默权并愿意出庭作证时，才可以对其进行询问。而我国的交叉询问的对象除了证人、鉴定人以外，被告人也是主要的询问对象，且交叉询问开始后，首先是对被告人的询问。

（3）被害人在交叉询问中的地位不同。在英美交叉询问规则中，被害人作为控方证人，处于被询问地位。而我国刑事诉讼中的被害人被当事人化后，庭审中，在法律上享有与公诉人、被告人同等的诉讼权利和手段，这使得被害人在交叉询问中作为询问主体而参与其中，进而使交叉询问在公诉人、被害人及诉讼代理人、被告人及辩护人三方之间展开。

（4）事实的裁断者不同。在英美国家刑事审判中，尽管存在法官审判的情况，但在正式程序中，陪审团审判是其普通程序中的主要审理方式。在陪审团审判中，陪审团负责定罪，法官负责量刑。由于对案件事实的认定是由外行的陪审员作出的，控辩双方“倾诉”的对象实际上是陪审员，而不是法官。控辩双方为了胜诉，必须竭尽全力举证、质证，尽量争取在庭审中的主动地位和发挥主导作用，以说服这些掌握案件命运的外行人。在我国，不存在英美式陪审团，法庭审理由专业法官主持，负责对案件事实认定和法律的适用，因此，控辩双方必须说服法官相信其主张的事实成立。

（5）证人分类不同。在英美证据规则中，证人分为控方证人和辩方证人，凡能够提供有利于控方的证言的，是控方证人；凡能够提供有利于辩方的证言的，是辩方证人。控方证人由控方申请法庭传唤，并由控方通知其出庭作证；辩方证人由辩方申请法庭传唤，并由辩方通知其出庭作证。而在我国刑事诉讼中，尽管在理论上证人也分控方证人和辩方证人，但不论是控方证人还是辩方证人，都必须如实作证，不管其所了解的案件情况对控方有利还是对辩方有利，且在开庭前，均由法庭通知其出庭作证。

（6）证言的提出规则不同。在英美交叉询问中，证人提出证言时不能进行连续的陈述，只能用简明的语言来回答连续提出的问题，以便诉讼的另一方能够及时地对不当询问提出异议。而在我国刑事诉讼中，证人在法庭上提供证言，公诉人应当首先要求证人就其所了解的与案件有关的事实进行连贯陈述。证人连贯陈述后，公诉人经审判长许可，可以对证人发问。证人不能连贯陈述的，公诉人也可以直接发问。①

（7）对是否允许诱导式询问的规定不同。一般来说，在英美交叉询问中，主询问是被禁止进行诱导性询问的，其意义在于保证证言的客观可靠性，防止受询问人的主观影响。而在反询问中，不禁止进行诱导性询问。在我国的交叉询问中，无论是主询问还是反询问，均不得以诱导方式提问。

3. 我国交叉询问规则的限制条件

任何事物都有其生存的环境，我国的交叉询问规则之所以没有发展成英美式交叉询问规则，主要是由于我国特定的诉讼环境造成的。概括起来，主要有以下几个方面：

（1）寻求客观真实的理念。长期以来，我国刑事诉讼在“可知论”思想的指导下，理论上坚持“客观真实说”，实践中追求实质合理，认为“查明案件的客观真实”是诉讼证明的任务，这不仅是十分必要的，而且也是“完全可能的”，② 从而强调案件的处理要“以事实为根据”，进而要求将法院的判决建立在客观事实基础之上。而英美式交叉询问规则追求的是案件的“法律上的真实”，而非“客观真实”或者“绝对真实”。“法律上的真实”所追求的是一种在充分保障控辩双方充分举证的基础上对案件认识的一种相对真实，这与我国的客观真实的理念是难以调和的。

① 参见《人民检察院刑事诉讼规则》第338条。

② 樊崇义：《客观真实管见——兼论刑事诉讼证明标准》，载《中国法学》2000年第1期。

（2）非对抗式庭审方式。1996年刑事诉讼法对庭审方式的改革，集中表现为重新配置控辩审职能，改变过去由法官直接调查证据的方式，确立了控辩双方向法庭举证，同时不排除法官调查权的庭审方式。有学者称这种刑事庭审方式是一种特殊类型的庭审方式，它既具备当事人主义诉讼的某些形式特征，又不乏职能主义的技术性因素，同时带有浓厚的传统社会主义国家审判方式的特征，从而是我国传统和固有的制度因素、现代职权主义以及当事人主义三大要素糅合的具有中国特色的混合式庭审方式。[①] 而英美式交叉询问规则是建立在对抗制的当事人主义诉讼模式基础之上的。在这种模式下，控辩双方在诉讼地位平等、诉讼手段对等的基础上，就争议的问题展开攻防活动，法官只负责主持法庭辩论，不主动调查证据，在有陪审团审判的案件中，法官不负责对事实的认定，从而为交叉询问这种充分体现控辩双方对抗的诉讼机制提供了广阔的空间。

（3）证据展示制度的缺乏。英美式交叉询问的顺利进行离不开庭前的证据展示。英美式交叉询问的精髓在于通过控辩双方的攻防活动发现事实真相，而控辩双方的这种攻防必须具有针对性，否则，交叉询问就会失去实质意义。因此，法院在进行询问之初，首须厘清争点（Issues），使两造集中在争点询问，才能获得完美询问的功效。[②] 证据展示在此方面则发挥着重要作用。在法庭审判前，通过证据展示，双方当事人互相了解对方掌握的证据情况，为法庭审判做准备，由于双方当事人在审判前已经对对方的证据了如指掌，有的甚至已达成共识，不仅有利于法庭对抗的实质化，在对抗辩论中查明案件事实真相，而且可以减少法庭上证据调查的烦琐程序，尽量避免诉讼拖延，节约诉讼资源。而我国刑事诉讼立法却无证据展示之规定，尽管在审查起诉阶段辩护律师可以阅卷，但只限于“本案的诉讼文书、技术性鉴定材料”；案件起诉到法院后，尽管辩护律师可以查阅“本案所指控的犯罪事实的材料”，但也都是经检察机关筛选过的“证据目录、证人名单和主要证据的复印件或者照片”。而对于控方来说，支持公诉的检察官则对辩护律师掌握的证据材料一无所知。在这种情况下，庭审中的控辩对抗好似两个盲人“空拆招”，至多也是“见招拆招”，遇有难破解之招数，要么申请退回补充侦查，要么休庭进行庭外调查，从而难以收到交叉询问规则预设之功效。

---

① 龙宗智：《论我国刑事庭审方式》，载《中国法学》1998年第4期。

② 陈佑治：《交互诘问之理论与实务》，载台湾《月旦法学》第73期，第111页。

（4）证人不出庭。毫无疑问，证人出庭是交叉询问赖以进行的基础和前提。为确保证人出庭，英美国家规定了一整套保障制度，包括强制证人出庭作证制度、证人保护制度、证人补偿制度、排除传闻规则等。而在我国刑事诉讼中，证人通常不出庭。据相关资料显示，全国约90%的案件证人是不出庭的，只是宣读证人证言。比如，在上海，刑事案件证人出庭率为5%左右。[①] 证人不出庭，交叉询问如何进行？

（5）刑事辩护率低。英美式交叉询问之所以能发挥其几近“完美”的作用，与其发达的律师制度不无关系。加之辩护律师的高水准素质和辩护技巧，交叉询问的功能能够得到淋漓尽致的展现。而在我国，基于风险考虑及经济方面的原因，律师通常不愿意代理刑事案件。根据《中国人权年鉴》统计的数字，1998年全国刑事案件中，犯罪嫌疑人在侦查阶段获得律师帮助的比率为不到1‰。另根据《中国法律年鉴》统计的数字，1999年全国刑事案件中，有律师辩护的被告人占全部被告人的比例不到60%。[②] 在没有律师参与的情况下，让经过法律专业培训并具有诉讼经验的公诉人与近乎法盲的被告人对垒，犹如看泰森与“林妹妹”拳击比赛一样，无论规则如何公平，也难以体现“公平竞赛”精神，更谈不上实质公正。

4. 交叉询问规则在我国刑事诉讼中的命运

毫无疑问，对于英美人发明的这项法律装置，如果对其进行适当规制和约束，对于验证证言的真实性、可靠性、准确性和可信性而言，应当说是一个不错的诉讼规则。但这项“发现真理的最伟大的法律发动机”的有效运转需要一些维持其正常运转的“配套零件”，如直接言词原则、对抗式庭审方式、陪审团制度、证据展示制度、证人出庭制度、律师制度，等等。在英美人组装这一法律“装置”时，其“配套零件”都已事先准备好了。所以，英美式交叉询问规则能够发挥其预设的效用。而这项“装置”漂洋过海被运到我国时，“主机”拿过来了，却发现一些配套的“零部件”没有一并购进，甚至连“燃料”也没有。于是，人们只好推着乃至架着这台笨重的“法律机器”往前挪动，当实在忍无可忍时，干脆把它扔在一边，另求他法。接着诸如“普通程序简易审”、“辩诉交

① 陈光中：《关于刑事证据立法的若干问题》，载《南京大学法学评论》2000年春季号。

② 易延友：《辩诉交易应当缓行》，载《法学》2003年第12期。

易”等轻便快捷的“小单车”陆续上市了。

不过，我们不必着急，也不用灰心，任何事物都有其发生、发展乃至发达的过程，目前虽然交叉询问规则在我国没能发挥其应有的功效，但随着庭审对抗制因素的引进、证据展示制度的构建、证人不出庭问题的解决、辩护制度的完善，加之直接言词原则的确立及书证中心主义的削弱，交叉询问规则也会成为我国刑事诉讼中“发现真理的最伟大的法律发动机”，或者至少是“发现真理的较伟大的法律发动机”。

四、简易程序

简易程序（Summary Proceeding or Summary Procedure），依照《布莱克法律大辞典》的解释，仅相对于普通程序（Ordinary Proceeding）而言，泛指不经检察官起诉、陪审团定罪或者普通法正常程序所要求的其他程序，法官直接以迅速、简单的方式处理争议，解决案件，作出裁判的任何诉讼程序。① 有的学者将简易程序理解为正当程序的简易化，并认为“正当程序理念下，为了真正做到保障被告人等诉讼参与人的人权，发现事实真相，立法需要对许多方面的诉讼程序和各种规则作出严密细致的规定，包括刑事诉讼中各个阶段的程序规则，被告人等诉讼参与人权利的保障性规定及义务性规定，司法机关权力的规定，证据规则，等等。这样，正当的法律程序必然显得复杂甚至烦琐”。② 笔者认为，这不仅是对简易程序的重大误解，也是对正当法律程序的不当认识。首先，简易程序是与普通程序相对应的一种审判程序，其适用的案件性质、特点决定了简易程序自身的正当性，它的产生和存续是正当程序的要求，而绝不是对正当程序的亵渎；其次，正当程序作为一种理念，可能会发生变化，但不应被“简易化”，也不能被“简易化”，否则，就不可能成为正当程序了。至于有些程序可能是复杂的，甚至是烦琐的，但这正是正当程序的要求。

（一）简易程序的正当程序价值

1. 简易程序的实质正当性

（1）简易程序对诉讼成本的节约。波斯纳（Richard A. Posner）曾言：“正

① 王国枢、项振华：《中外刑事诉讼简易程序及比较》，载《中国法学》1999 年第 3 期。
② 陈卫东、李洪江：《正当程序的简易化与简易程序的正当化》，载《法学研究》1998 年第 2 期。

义的第二种意义，简单地说，就是效益。”① 刑事诉讼的进行，需要国家投入大量的司法资源，也需要当事人付出相应的诉讼成本。但国家每年能够实际投入的司法资源毕竟是有限的，当事人投入诉讼的精力和财力也是受限制的。在犯罪率居高不下、刑事案件不断增多、刑事诉讼的任务越来越重的情况下，司法资源的有限性与快速处理日益增长的刑事案件的矛盾决定了简易程序的产生。也正是由于简易程序的产生，在一些比较轻微、简单的案件处理上，国家避免了不必要的资源耗费。

（2）简易程序对诉讼效率的提升。“迟来的正义为非正义”这一古老的法律格言深刻揭示了诉讼拖延与迟缓会带来许多严重的消极后果。简易程序的适用，可以有效地简化庭审环节，减少重复劳动，缩短庭审时间，提高诉讼效率，从而避免了诉讼拖延与迟缓，进而防止了人们对“公正裁判结果”的不公正“错觉”。正是由于这种“错觉”的存在，无论是被告人还是被害人，都会感觉没有受到应有的足够而充分的尊重，没有得到公正的待遇。

（3）简易程序与司法资源的合理配置。从各国的立法来看，简易程序或者其他速决程序都有其特定的适用范围，多是事实清楚、案情简单、性质轻微的案件，或者被告人承认有罪没有争议的案件，以及只处罚金刑的案件等。这样，简易程序的适用，有利于司法机关集中精力和司法资源办理重大、疑难、复杂的案件，显然能使司法资源得到合理配置。

（4）简易程序与程序分流。简易程序只适用于那些简单、轻微刑事案件，对于其他严重、复杂或特殊案件，则按普通程序审理，甚至可能要适用更为复杂的程序。如《法国刑事诉讼法典》在“特别程序”一章中规定了关于经济、金融方面的犯罪，恐怖犯罪，毒品犯罪，介绍卖淫嫖娼方面的犯罪和法人犯罪等几类犯罪的侦查、起诉和审判程序，以更加审慎地处理这些案件。② 因此，根据案件具体情况，恰当地进行繁简分流，该适用普通程序的适用普通程序，该适用简易程序的适用简易程序，该适用更为复杂程序的适用更为复杂程序，这正是正当程序的内在要求。③

---

① Richard A.Posner.The Economics of Justice,Little Brown Publishing Co.,1972,p.1.

② 余叔通、谢朝华译：《法国刑事诉讼法典》，中国政法大学出版社 1997 年版，第 13-16 页。

③ 陈卫东、李洪江：《正当程序的简易化与简易程序的正当化》，载《法学研究》1998 年第 2 期。

2. 简易程序的形式正当性

（1）简易程序与程序法定。法律程序的形式正当性首先是指程序法定，而程序法定首先是立法上的程序法定。从实定法的角度来看，凡实行简易程序审判的国家，立法上均明确规定了简易程序的适用范围和适用程序。如英国，适用简易程序定罪量刑的案件其最高刑不得超过6个月，罚金不能超过400英镑；在法国，简易程序适用于违警罪；日本则规定，简易程序的适用范围为5000日元以下罚金及罚款、缓刑及附加处分；[①] 在德国，简易程序只能适用于可对被告人判处罚金、没收驾驶执照等刑罚的轻微案件；[②] 在我国台湾地区，简易程序适用于"刑法"第61条各罪，即最高本刑为3年以下有期徒刑、拘役或专科罚金之罪。[③]

（2）简易程序与被告人的主体性。在简易程序中，被告人的当事人诉讼地位不可动摇，在实行简易程序审判的国家，多通过一定的方式体现被告人的主体性，其突出表现为赋予被告人对是否适用简易程序的选择权。如英美法系国家的辩诉交易和大陆法系国家的处罚令程序在适用上都是以被告人自愿选择为前提条件的。因为只有在是否适用简易程序时被告人能够自由地选择，在自愿的情况下同意选择适用简易程序，才能使被告人的权利得到充分保障，其合法权益得到有效的保护。

（3）简易程序与权利对价。简易程序的适用是以被告人放弃一定的诉讼权利为代价的，虽然在适用这一程序时充分尊重了他的意愿，但对他放弃的诉讼权利为国家节约司法资源的"高尚"行为不应当无动于衷。因此，为奖赏被告人的这一"高尚"行为，多数国家给予被告人得到减轻处罚的机会。如在意大利，适用简易审判程序和辩诉交易程序的案件，刑罚均可减轻1/3。

（4）简易程序与被告人权利保障。1989年10月在维也纳召开的第十四届国际刑法学协会代表大会在其决议中对各国立法部门提出了以下建议："对简单的案件，可以采取也应当采取简易程序；但是应确保被告人享有获知被控内容和有罪证据的权利，享有获得法庭审判的权利，包括提供证据的权利和聘请律师为其

---

① 陈光中、严端主编：《刑事诉讼法修改建议稿与论证》，中国方正出版社1995年版，第310页。

② 陈瑞华著：《刑事审判原理论》，北京大学出版社2003年版，第342页。

③ 陈朴生著：《刑事诉讼法实务》，台湾海天印刷厂有限公司1981年版，第456-457页。

辩护的权利。”[①] 据此，在简易程序审理中，被告人仍然获得诸如无罪推定、不被强迫自证其罪、获知被控罪名、获得律师帮助、不被陷入双重危险境地等权利保障。因此，简易程序并没有超越正当程序理念下的最低公正标准。

(二) 我国简易程序的正当性缺失

1. 简易程序的国际化

(1) 英国的简易审判程序。简易程序最早为英国所采用，始于1848—1849年间，当时仅适用于轻微犯罪。[②] 现在英国治安法院依照简易审判程序审理的案件包括以下四种：①只能由治安法院管辖的简易罪；②既可由刑事法院管辖，又可由治安法院管辖的混合罪；③可以按简易程序审理的可诉罪，决定权在法院，但必须取得被告人的同意；④可以以正式程序审理的简易罪。[③]

近年来，英国绝大多数的刑事案件是由治安法院按照简易程序审理的。根据英国内政部统计资料表明，现在英国按简易审判程序审理的案件，在一些治安法院高达96%。[④]

(2) 美国的司法官审理轻微犯罪程序和辩诉交易程序。在美国，除普通程序之外，还有两种形式的简易程序，即司法官审理轻微犯罪程序和辩诉交易程序。按照《美国司法官审理轻微犯罪程序规则》的规定，对于《美国模范刑法典》规定的轻罪、微罪案件以及此类案件的申诉案件，经被告人的书面同意，由司法官或者地区法院法官进行简单审理并立即裁判，此所谓司法官审理轻微犯罪程序。辩诉交易是另一种特殊的简易程序。在刑事诉讼中，检察官和被告人的辩护律师可以协商达成协议，由被告人对检察官所指控的犯罪或者较所指控犯罪为轻的犯罪，或者与所指控犯罪相关联的犯罪，作出有罪答辩，而由检察官向法官提议撤销其他指控，或者建议法官给被告人一项特定的判决，或者同意在被告人请求一项特定判决时不予以反对，或者同意一具体判决是对该案的恰当处理，此所谓辩诉交易。但控辩双方的辩诉交易对法官没有当然的拘束力，不过，法官一经接受辩诉协议，便可不经开庭审判而按协议径行判决。在1970年“布雷迪诉美国”(Brady V. United States) 一案中，美国联邦最高法院在判决中正式确认了

① 转引自陈瑞华著：《刑事审判原理论》(第二版)，北京大学出版社2003年版，第342页。

② 参见《牛津法律大辞典》，光明日报出版社1988年版，第866页。

③ 程味秋主编：《外国刑事诉讼法概论》，中国政法大学出版社1994年版，第28页。

④ Gordon C.Barclay.The Criminal Justice System in England and Wales,1995,p.6.

辩诉交易的合法性，随后迅速被美国绝大部分州广泛采用。据相关资料显示，到1975年，美国就有约90%的重罪案件是通过辩诉交易处理的。① 此后，美国所有的刑事案件适用辩诉交易率一直维持在这一水平。

（3）德国的处罚令程序，保安处分程序，简易程序，没收、扣押财产程序和对法人、社会团体处以罚款程序。在德国，对于轻罪，检察院可以舍弃提起公诉，进而舍弃开庭审理程序，而是申请由法官签发处罚令予以处理。法官在处罚令中认定被告人有罪，确定对他的处罚。处罚令程序在德国司法实践中扮演着一个重要角色，为整个刑事程序的一半左右，是以处罚令程序来处理的。② 根据保安处分程序，如果被告人无责任能力或者无受审能力而不进行刑事诉讼时，检察官可以向法院提出申请，由法院判处矫正及保安处分。德国的“简易程序”是一种狭义的简易程序，专指在由刑事法官或者陪审法庭审理的程序中，对于案情简单或者证据清楚且可能判处1年以下监禁或者剥夺驾驶权的处罚、适宜立即审理的案件，经检察官的申请，刑事法官或者陪审法庭进行简单审理并立即判决的诉讼程序。此外，《德国刑事诉讼法典》还规定了没收、扣押财产程序和对法人、社会团体处以罚款程序两种特别程序，与普通审判程序相比，这两种特别程序均具有简单、即时、速决的特征，也应属于简易程序的范围。③

（4）法国的简易审判程序和综合性罚金诉讼程序。法国的简易程序是在1972年1月增设的，包括简易审判程序和综合性罚金诉讼程序两种。前者适用于违警罪，包括累犯在内。选定简易程序的检察院应将案卷移送给违警罪法院。法院不经审理，也不必说明理由，便可宣布释放被告人或者判处罚金。如果法院认为需要进行对辩，或者认为最终可能处以罚金以外的刑罚，应当将案卷送还检察院，按照普通程序进行追诉。综合性罚金诉讼程序则适用于违反公路交通规则等违警罪，只判处罚金，在缴纳综合性罚金以后免除公诉，但不适用于累犯。④

（5）日本的略式程序和简易公审程序。日本的简易程序主要体现为对轻微

① Charles F.Hemphill Jr., Criminal Procedure: The Administration of Justice, Goodyear Publishing Co., Inc., Santa Monica, California 90401., p.199.

② ［德］约阿希姆·赫尔曼：《〈德国刑事诉讼法典〉中译本引言》，载李昌珂译：《德国刑事诉讼法典》，中国政法大学出版社1995年版，第10页。

③ 王国枢、项振华：《中外刑事诉讼简易程序及比较》，载《中国法学》1999年第3期。

④ 参见《法国刑事诉讼法典》第三编第二章“简易审判程序”和第二章（附）“综合性罚金诉讼程序”。余叔通、谢朝华译：《法国刑事诉讼法典》，中国政法大学出版社1997年版，第174-177页。

犯罪处理的略式程序和对自白案件适用的简易公审程序。所谓略式程序，是指简易法院根据检察官的请求对于所管辖的轻微案件（相当罚金以下刑罚的犯罪和极一般的财产犯罪）不开庭审理的制度，即简易法院只进行非公开的书面审理，根据检察官提出的材料判处小额（现为50万日元以下罚金或罚款）财产刑。从日本法院实际办理刑事案件的数量来看，每年有90%以上的案件是按略式程序处理的。除上述轻微犯罪以外，被告人认罪伏法或没有争议时，可以适用简易公审程序，即被告人在审理开始时可以承认或否定被指控的罪状，陈述起诉状记载的有罪部分的事实，法院在此基础上听取检察官、被告人、辩护人的意见并作出判决。但可能判处死刑、无期徒刑或1年以上短期惩役、禁锢的重罪，不适用该程序。对公诉事实没有争议的案件，原则上不受传闻证据原则限制，同时也可简化证据调查程序。①

（6）意大利的简易审判程序、依当事人的要求适用刑罚程序、快速审判程序、立即审判程序和处罚令程序。意大利的简易程序是指《意大利刑事诉讼法典》第六编规定的五种特别程序：一是简易审判程序，即对除可能判处无期徒刑案件外的所有刑事案件，被告人为获取刑罚的减轻，征得检察官的同意后，可以向法官提出适用该程序的申请，法官接受申请后仅根据侦查案卷就可以对案件作出迅速的判决的简易程序。二是依当事人的要求适用刑罚程序，又称“意大利式辩诉交易程序”，是指在宣布开始第一审法庭审理之前，未提出适用简易审判程序申请的被告人和检察官可以要求法官按照其双方协议的刑罚种类和标准适用替代性刑罚或者减轻财产刑、监禁刑，法官即可以判决的形式确认双方协议。三是快速审判程序，即对被告人在犯罪时被当场逮捕，且逮捕获得认可，检察官认为应当予以追诉的案件，或者逮捕虽未获得认可但被告人和检察官同意适用该程序的案件，或者被告人在讯问中作出认罪答辩的案件，被告人经检察官的提交或者传唤，应当接受法官的立即审判而不要求适用简易审判程序，或者依当事人的要求适用刑罚程序的简易程序。四是立即审判程序，即对证据清楚的刑事案件，检察官在将被告人登记犯罪消息后的90日内，经预先询问被告人，检察官或者放弃参加初步庭审权利的被告人均可以要求法官立即审理并判决的简易程序。五是

① ［日］田宫裕：《刑事程序的简易化》，载西原春夫主编：《日本刑事法的形成与特色》，中国法律出版社、日本成文堂1997年版，第407、409、417、418页。

处罚令程序，即由负责初期侦查的法官依照检察官的请求，就公诉案件中检察官认为只应当适用财产刑的案件，或者替代监禁刑而科处财产刑的案件，无须经过侦查或者审判而直接发布处罚令的程序。从实质上看，处罚令是法官根据公诉人的建议而发布的独立适用财产刑的命令。适用这种程序，确定的罚金数额可减少 50%。①

（7）俄罗斯的刑事被告人认罪答辩审理程序。2002 年 7 月开始生效的《俄罗斯刑事诉讼法典》第 40 章规定了在刑事被告人同意对他提出的指控时作出法院判决的特别程序，即刑事被告人认罪答辩审理程序。适用这一程序应当具备以下条件：刑事被告人所承认的犯罪应适用的刑罚是依法不超过 5 年剥夺自由；刑事被告人认罪并提出申请；国家公诉人或自诉人同意。经法院确认，刑事被告人同意对他提出的指控作出判决并且符合法定的条件和程序，法院有权径行判决。如果刑事被告人提出的申请不符合上述条件，则转化为一般程序审理。②

从各国刑事诉讼的发展来看，刑事审判程序越来越多样化，简易程序及其体现的价值观念被越来越多的国家接受。1989 年 10 月在维也纳召开的第 14 届国际刑法协会代表大会在其决议中对各国立法部门提出建议：“对简单的案件，可以采取也应当采取简易程序。”③ 这种倡议很快被许多国家接受，这不仅是因为这种倡议本身的合理性，更重要的是各国的刑事司法现实决定了各国的刑事司法程序必须在公正与效率之间进行协调和取舍。因此，可以说，简易程序的国际化是刑事诉讼自身规律发展的结果。

2. 我国简易程序内容提要

（1）简易程序的适用范围。从简易程序适用的审判程序上看，简易程序只适用于初次审判程序，即第一审程序；从简易程序适用的法院等级上看，简易程序只适用于基层人民法院；从简易程序适用的案件范围上看，简易程序只适用于部分简单轻微刑事案件，如对依法可能判处 3 年以下有期徒刑、拘役、管制、判处罚金的公诉案件，告诉才处理的案件，被害人起诉的有证据证明的轻微刑事案件等（1996 年《刑事诉讼法》第 174 条）。下列案件则不适用简易程序：公诉案

① 程味秋：《〈意大利刑事诉讼法典〉简介》，载黄风译：《意大利刑事诉讼法典》，中国政法大学出版社 1994 年版，第 6-9 页。

② 黄道秀译：《俄罗斯联邦刑事诉讼法典》，中国政法大学出版社 2003 年版，第 216-218 页。

③ 转引自陈瑞华著：《刑事审判原理论》（第二版），北京大学出版社 2003 年版，第 342 页。

件的被告人对于起诉指控的犯罪事实予以否认的；比较复杂的共同犯罪案件；被告人是盲、聋、哑人的；辩护人作无罪辩护的等（最高人民法院《关于执行〈中华人民共和国刑事诉讼法〉若干问题的解释》第222条）。

（2）简易程序的启动。公诉案件适用简易程序须经人民检察院建议或者同意，但是否采纳检察机关的建议，要由人民法院决定。而自诉案件则由法院决定是否适用简易程序。对于检察院未建议适用简易程序的案件，法院在审查起诉的过程中，认为可以适用简易程序的，可由审判员提出适用简易程序的书面意见，报经庭长批准后，再向检察院提出建议，经检察院同意后，即可适用简易程序审理。

（3）简易程序的审判。适用简易程序审理时，实行独任制，由审判员一人独任审判。检察院可以不派员出席法庭，辩护人也可以不出庭。法庭调查、法庭辩论程序大大简化，不受普通程序中讯问被告人、询问证人、鉴定人、出示证据、法庭辩论程序规定的限制。对于检察院不派员出庭的公诉案件，被告人可以就起诉书所指控的犯罪事实进行陈述和辩护。自诉案件宣读起诉书后，经审判长许可，被告人及其辩护人可以同自诉人及其诉讼代理人互相辩论。

（4）简易程序的转换。适用简易程序的案件，如果在审理过程中发现有不宜适用简易程序审理的新情况，如公诉案件被告人的行为不构成犯罪的；公诉案件被告人应当判处3年以上有期徒刑的；被告人当庭翻供不认罪的；事实不清或证据不充分的等，审判员应当及时中止审理，并报经庭长批准后，及时将简易程序转换为普通程序，其审理期限仍自立案之日起计算，改变前的诉讼行为仍然有效。

3. 我国简易程序的正当性缺失

（1）被告人对适用简易程序没有选择权。凡设立简易程序的国家大都规定要征得被告人的同意方能适用。如英国和美国的辩诉交易或简易程序，是在检察官与被告人及其辩护人充分协商下，提议适用并由法官审查决定；德国的处刑命令式简易程序是先由检察官向法院提出申请，法官对书面申请及卷宗材料审查后决定发布处刑命令，被告人可以接受该处刑命令，也可以拒绝接受，如被告人拒绝，则转入普通程序。在我国简易程序中，无论是公诉案件还是自诉案件都无须征得被告人同意。公诉案件适用简易程序由检察院提议经法院同意，或者由法院提议经检察院同意才能适用。而自诉案件则由法院决定是否适用简易程序。由于简易程序的适用意味着被告人将失去一些在普通程序中所享有的诉讼权利，如果不征求被告人的意思，就等于检、法两院可以合伙以法律的名义堂而皇之地剥夺被告人的“有资格由一个依法设立的合格的、独立的和无偏倚的法庭进行公正的和公开的审讯”的法定权利，被告人的主体性地位荡然无存。

（2）审判程序的结构性缺损。人民法院适用简易程序审理刑事案件，以开庭审理方式进行，根据诉讼理论，庭审中以控、辩、裁三角关系为审判程序构造。① 但1996年《刑事诉讼法》第175条规定：“适用简易程序审理的公诉案件，人民检察院可以不派员出席法庭。”虽然这是一个任意性法律规范，公诉人可以出庭也可以不出庭，但任意性法律规范通常具有导向性。在公诉人不出庭的简易程序庭审中，控诉主体及控诉职能缺失，这便意味着控、辩、审三方的基本格局变成了裁判者与被裁判者之间面对面的直接对峙与对抗，审判程序构造遭到破坏。在一定程度上，法官的角色中又加入了控诉方性质，法官不得不在裁判者与控诉者角色之间徘徊，经常处于角色冲突和矛盾当中，诉讼地位极其尴尬。另外，被告人和其辩护律师在法庭上无法就案件事实和证据与公诉方展开辩论，其各项辩护活动也由于控方的缺失而失去了针对性，法庭审理的直观效果和说服力大打折扣。这不仅有违控审分离的基本法理，而且在形式上也难以保证审判的最低公正和被告人的最低公正待遇。

（3）被告人不能得到有效的律师帮助。在英美辩诉交易程序中，被告人与检察官的辩诉谈判都是通过其辩护律师进行的。在德国，《德国刑事诉讼法典》第418条第4款明确规定：“预计要判处剥夺自由至少6个月的时候，对尚无辩护人的被控人要为他在地方法院进行的简易程序指定辩护人。”② 律师参与简易程序，被告人的利益能够得到律师的有效帮助。在我国，被告人的律师帮助权被大打折扣，如最高人民法院《关于执行〈中华人民共和国刑事诉讼法〉若干问题的解释》第223条规定：“适用简易程序审理的案件，送达起诉书至开庭审判的时间，不受刑事诉讼法第一百五十一条第（二）项规定的限制。”也就是说，起诉书送达后可以随时开庭，而不必给被告人和其辩护人准备辩护的时间。第226条甚至规定：“适用简易程序审理的案件，被告人委托辩护人的，辩护人可以不出庭……”这些规定

① 李心鉴著：《刑事诉讼构造论》，中国政法大学出版社1992年版，第252页。

② 李昌珂译：《德国刑事诉讼法典》，中国政法大学出版社1995年版，第158页。

都使被告人在简易程序中的合法权益难以得到法律保障。简易程序只是程序的简化，而不是权利的简化，尤其不是被告人辩护权的简化。

（三）简易程序正当化的改革

简易程序就其所适用的案件性质而言，程序简化具有法律上的正当性。但简易程序只是程序的简化，而不是权利的简化，且即使是程序的简化，也不是一切从简。它只是对一些根据案情不需反复质证、认证的环节进行必要的简化。1994年9月10日里约热内卢世界刑法学协会第十五届代表大会《关于刑事诉讼中的人权问题的决议》重申了在简易程序中确保被告人获得最低限度的程序保障的观点，第23条规定："立法机关应该规定实行简易审判的条件，并且规定保障被告人与司法机关合作的自愿性质的方法，例如由律师进行帮助等。"因此，我国刑事简易程序正当化改革的出路应当是在保证程序最低限度的公正、保障被告人基本权利的前提下实现诉讼效益。

由于简易程序的适用会直接导致被告人的诉讼权利和实体权利（即获得无罪判决的机会）受到较大的限制甚至被凭空剥夺，这涉及刑事诉讼中人权保障的基本问题，因此，其程序设计必须符合一些最低限度的程序公正标准，以使被告人受到最基本的公正待遇。对此，有的学者提出以下四个简易程序的最低公正标准：一是简易程序的举行必须建立在被告人自愿选择的前提下；二是在简易程序中应尽量确保被告人获得律师帮助权；三是在被告人明确提出要求的情况下，为其防御提供基本的程序保障；四是被告人应有"翻悔"的自由。[①] 应当说，这四项公正的标准并不高，但能否作为我国刑事简易程序最低公正标准还有待进一步探讨。如被告人的"翻悔"自由，如果说在英美的辩诉交易程序和德国的处罚令程序中还算合理，那么运用到我国刑事简易程序中就不太合适了。因为按照上述第一项标准，适用简易程序是被告人自愿选择的，判决结束后，如果允许其因"翻悔"而转入普通程序，设立简易程序岂不增加诉讼成本？况且，适用简易程序的判决并非终审判决，被告人完全可以通过上诉予以救济，又何必再转入普通程序呢？笔者认为，简易程序的适用虽然是被告人自愿选择的结果，但必须为其提供最基本的权利保障，而这种最基本的权利保障应当是国际刑事司法准则的最低限度保障，即《公民权利和政治权利国际公约》第14条所规定的权利保障。

① 陈瑞华著：《刑事诉讼的前沿问题》，中国人民大学出版社2000年版，第416-417页。

当然，被告人可以基于自己的意愿，选择放弃某项或者某几项权利。

具体而言，我国刑事简易程序正当化改革应包括以下内容：

（1）赋予被告人适用简易程序的自愿选择权。正如有的学者所说的，简易程序是一种会使被告人诉讼权利受到限制，并可能导致被告人受到有罪判决的特殊程序。对于这种很明显会使自己受到不利对待的程序，被告人如果不具有最起码的自由选择权，就会被迫承受一种不利于自己的诉讼程序。这种情况一旦发生，不论诉讼结果如何，被告人一般都很难对诉讼程序及其结果表示真正的信服和尊重。[①] 此外，赋予被告人适用简易程序的自愿选择权也符合现代权利制约权力的刑事司法理念，通过权利制约权力，有利于防止权力的滥用，防止造成对权利的侵害。令人欣慰的是，《人民检察院刑事诉讼规则》第312条对被告人适用简易程序的自愿选择权已有所体现，根据该条第5项的规定，“被告人要求适用普通程序的”，人民检察院应当不建议或者不同意适用简易程序。但这只限于公诉案件，且这只是检察机关的单方面解释，并没有纳入刑事诉讼法。

（2）取消法院的简易程序启动权。司法的被动性是现代刑事诉讼的基本理念，否则，“法官下场参与争斗，将会被争斗的尘埃所遮蔽”。因此，法院的中立、被动地位是其公正判决的重要保障，法院不应当主动启动审判程序，包括简易程序。当然，立法应赋予法院对适用简易程序的审查权。换句话说，控辩双方适用简易程序的动议，对法院没有当然的拘束力。控辩双方达成合意后向法院提出适用简易程序申请的，法院有权基于公正的考虑就适用简易程序的程序要件和实体要件进行审查；对于不符合适用简易程序条件的，或者适用简易程序可能对被告人造成不当损害的，可以决定按照普通程序审理。

（3）关于公诉案件被害人的权利保障问题。有的学者提出，应赋予公诉案件被害人简易程序选择权的主体地位，公诉案件简易程序启动应由检察院、被告人、被害人三方合意，然后向法院申请。[②] 笔者认为，虽然刑事诉讼法赋予了被害人当事人地位，加强被害人的权益保障也是世界各国刑事诉讼发展的趋势，但在公诉案件中，基于追诉权国家垄断原则，不应赋予也无须赋予被害人简易程序的选择权。首先，在检察院认为应当适用简易程序而被害人认为不应当适用简易

① 陈瑞华著：《刑事诉讼的前沿问题》，中国人民大学出版社2000年版，第416页。

② 樊崇义等著：《刑事诉讼法修改专题研究报告》，中国人民公安大学出版社2004年版，第513-515页。

程序的情况下，如果赋予被害人否决权，就等于否定了检察院的起诉权；其次，在检察院认为不应当适用简易程序而被害人认为应当适用简易程序的情况下，如果赋予被害人启动权，就难以保证适用简易程序的正确性，这不仅否定了检察院的起诉权，也否定了检察院的监督权。但不论怎样，如果赋予被害人简易程序的选择权，其结果就可能造成被害人的自诉权侵占检察院的公诉权，最终造成对公诉制度的破坏。这不符合现代诉讼制度发展的方向。

（4）关于被告人的权利保障问题。国家适用简易程序节约司法资源的同时，应当为被告人提供最低限度的程序保障。就我国简易程序的正当化改革而言，最重要的是规范适用简易程序的开庭审理程序。英美的辩诉交易程序和德国的处罚令程序没有开庭审理的形式，法官根据控辩双方达成的协议或者根据检察官的申请，不经审理而径行作出判决，这在我国短时间内是难以接受的。在今后较长的一段时间内，我国的简易程序至少要有个开庭审理的形式，在开庭审理时，法院应保障被告人的获得律师帮助权、申请回避权、提供证据权、要求传唤证人的权利、进行庭审辩论的权利、进行最后陈述的权利、提起上诉的权利以及《公民权利和政治权利国际公约》第 14 条规定的所有权利。这是简易程序正当化的实质内容。

（5）关于减让刑罚的问题。在美国辩诉交易程序中，如果被告人作有罪答辩，放弃获得对抗式审判的权利，可以换取检察官撤销对他的部分指控或者降格指控，或者一个降低量刑的建议；在意大利简易审判程序和辩诉交易程序中，对被告人所判刑罚均可减轻 1/3；在俄罗斯，对于刑事被告人的认罪答辩，规定法院判决的刑罚不得超过所实施犯罪法定最重刑种最高刑期或数额的 2/3。因此，为鼓励被告人选择简易程序，立法应明确规定适用简易程序相对于普通程序的优待条件，包括减让刑罚的具体幅度和适用缓刑。另外，应当强调的是，这种优待条件必须具有确定性，一旦选择了简易程序审理，法院在判决中必须给予被告人应得的“好处”，不得言而无信。

（四）关于普通程序简易化审理问题

1. 问题的提出

所谓普通程序简易审[①]，是指在现有刑事诉讼法的框架内，对某些适用普通

---

① 普通程序简易审，又称“普通程序简易化审理方式”、“普通程序快速审理”、“被告人自白案件审理”、“普通程序简易化操作”、“被告人认罪案件简化庭审方式”、“被告人认罪案件简化庭审方式”等。参见龙宗智：《论刑事案件普通程序简易审》，载《人民检察》2001 年第 11 期。

程序的刑事案件，在被告人作有罪答辩的前提下，在事实清楚、证据充分的基础上，采取简化部分审理程序，快速审结案件的一种新的法庭审理方式。[①] 这种审理方式是北京市海淀区人民检察院于 1999 年推出的，经过一段时间的尝试，改革取得了重大成效。对 60 余件适用简易化庭审的案件进行一般性的追踪调查，证明改革后的庭审方式比过去平均节省了至少一半或更多的时间，一些原来需要 1 个工作日甚至 2 个工作日才能审结的案件，现在不到 2 个小时就能够审结，最快的庭审调查仅需 10-20 分钟，当庭判决率也有所上升。试行简易化审理方式的 60 余件案件，法院均及时作出有罪判决，检、法两院在案件事实、证据的认定及法律的适用方面基本一致，被告人均未就判决提出上诉，被害人也未提出抗诉申请，控、辩、审三方基本满意。[②]

尽管这种审理方式曾引起广泛争议，但由于该审理方式具有“省时”、“省力”、“省钱”等好处，还是被地方法院广为接受并在实践中进一步推行。如浙江省义乌市检察院，山东省寿光市法院，江苏省淮安市淮阴区法院，云南省云县检察院、罗平县法院等地方检察院、法院于 2000 年至 2002 年先后在实践中试行这一审理方式。2003 年，普通程序简易审方式终于得到最高司法机关的承认，最高人民法院、最高人民检察院、司法部联合出台了《关于适用普通程序审理“被告人认罪案件”的若干意见（试行）》（以下简称《意见》），并于 2003 年 3 月 14 日起在全国范围内试行，这表明“普通程序简易审”在一定程度上取得了“合法”地位。

2. 普通程序简易化审理方式内容概要

根据该意见，普通程序简易化审理方式主要包括以下内容：

（1）普通程序简易审的适用范围。根据《意见》第 1 条的规定，对于被告人对被指控的基本犯罪事实无异议，并自愿认罪的第一审公诉案件，可适用普通程序简易审程序审理；对于指控被告人犯数罪的案件，对被告人认罪的部分，也可以适用普通程序简易审程序审理。但对于下列案件，《意见》明确规定不适用普通程序简易审程序审理：①被告人系盲、聋、哑人的；②可能判处死刑的；③外国人犯罪的；④有重大社会影响的；⑤被告人认罪但经审查认为可能不构成

① 李玲等：《刑事案件普通程序简易化审理探索》，载《人民检察》2000 年第 10 期。

② 海检研：《节约司法资源、提高诉讼效率——普通程序简易化审理的构想与实践》，载《检察日报》2000 年 7 月 12 日，第 3 版。

犯罪的；⑥共同犯罪案件中，有的被告人不认罪或者不同意适用本意见审理的；⑦其他不宜适用本意见审理的案件。

（2）普通程序简易审的提起。根据《意见》第3条的规定，人民检察院认为符合适用本意见审理的案件，可以在提起公诉时书面建议人民法院适用本意见审理。对于人民检察院没有建议适用本意见审理的公诉案件，人民法院经审查认为可以适用本意见审理的，应当征求人民检察院、被告人及辩护人的意见。人民检察院、被告人及辩护人同意的，适用本意见审理。另外，根据《意见》第7条的规定，只有在被告人自愿认罪并同意适用普通程序简易审程序进行审理的，人民法院才能适用普通程序简易审程序审理。可见，普通程序简易审的提起由人民检察院或者人民法院建议或提议，征得被告人及其辩护人的同意后方可进行。需要强调的是，普通程序简易审的启动必须征得被告人及其辩护人的同意，这与1996年《刑事诉讼法》第174条第1项关于简易程序适用的条件是不同的。

（3）普通程序简易审的审理程序。人民法院在决定适用本意见审理案件前，应当向被告人讲明有关法律规定、认罪和适用本意见审理可能导致的法律后果，确认被告人自愿同意适用本意见审理。决定适用普通程序简易审程序审理的，应当书面通知人民检察院、被告人及辩护人。适用普通程序简易审程序审理的案件，人民法院在开庭前可以阅卷。开庭时，合议庭应当在公诉人宣读起诉书后，询问被告人对被指控的犯罪事实及罪名的意见，核实其是否自愿认罪和同意适用本意见进行审理，是否知悉认罪可能导致的法律后果。对于被告人自愿认罪并同意适用本意见进行审理的，可以对具体审理方式作如下简化：①被告人可以不再就起诉书指控的犯罪事实进行供述。②公诉人、辩护人、审判人员对被告人的讯问、发问可以简化或者省略。③控辩双方对无异议的证据，可以仅就证据的名称及所证明的事项作出说明。合议庭经确认公诉人、被告人、辩护人无异议的，可以当庭予以认证。但对于合议庭认为有必要调查核实的证据，控辩双方有异议的证据，或者控方、辩方要求出示、宣读的证据，应当出示、宣读，并进行质证。④控辩双方主要围绕确定罪名、量刑及其他有争议的问题进行辩论。对适用普通程序简易审程序审理的案件，人民法院对自愿认罪的被告人，酌情予以从轻处罚，并一般应当庭宣判。

（4）普通程序简易审的转换。适用普通程序简易审程序审理的案件，在法庭审理过程中，发现有不符合适用普通程序简易审程序审理情形的，如被告人的行为不构成犯罪的；事实不清、证据不足的；被告人当庭翻供，对起诉书指控的犯罪事实予以否认的等，人民法院应当决定中止审理，并按照公诉案件的第一审普通程序重新审理。转为普通程序审理的案件，人民法院应当作出书面决定，指定重新审判的日期，并书面通知公诉人、当事人和其他诉讼参与人，审理期限应当从决定转为普通程序之日起计算。

3. 普通程序简易审存在的问题

（1）法律依据问题。尽管有学者认为，普通程序简易审有其法律依据，[①] 但毕竟刑事诉讼法只规定了普通程序和简易程序两种审理程序。作为司法机关，其主要职责应是严格司法，不能擅自超越法律。普通程序简易审在实践中的推行，实质上是在法律之外司法的行为。

（2）证据展示问题。适用普通程序简易审的前提是被告人认罪，并且这种认罪必须出于自愿。但被告人认罪的结果很可能是对其定罪判刑，被告人在这一点上应当是清楚的。一般情况下，被告人是不愿意承认自己有罪的。不过，如果控诉方掌握了被告人有罪的确凿证据，并使被告人在庭前充分了解，有时能够促使被告人自愿认罪。否则，被告人就会拒不认罪。因此，证据展示制度的确立就显得很有必要了。遗憾的是，我国 1996 年刑事诉讼法没有关于证据展示的规定，尽管有些检察机关已在实践中探索并试行证据展示，但由于缺乏法律上的依据，或者试行本身存在问题，这一制度还有待于从立法上系统地加以规范。《意见》对于控辩双方在庭前能否相互了解对方的证据以及如何相互了解对方的证据却没有规定。

（3）案卷移送问题。根据 1996 年《刑事诉讼法》第 150 条和 1998 年《人民检察院刑事诉讼规则》第 282 条的规定，按照第一审普通程序审理的案件，人民检察院提起公诉时除移送起诉书外，应同时向人民法院移送本案的证据目录、证人名单和主要证据的复印件或者照片。另外，根据 1998 年《人民检察院刑事诉讼规则》第 311 条和最高人民法院《关于执行〈中华人民共和国刑事诉讼法〉若干问题的解释》第 217 条的规定，适用简易程序审理的案件，人民检察院在起诉时应当随案移送全案卷宗和证据材料。《意见》只是简单地规定“对于决定适用本意见审理的案件，人民法院在开庭前可以阅卷”，但对于人民法院阅什么卷、

---

① 龙宗智：《论刑事案件普通程序简易审》，载《人民检察》2001 年第 11 期。

是全卷还是部分案卷，《意见》没有明确规定，致使实践中无以为据。[①]

（4）分案处理还是合并审理问题。《意见》第1条规定："被告人对被指控的基本犯罪事实无异议，并自愿认罪的第一审公诉案件，一般适用本意见审理。对于指控被告人犯数罪的案件，对被告人认罪的部分，可以适用本意见审理。"根据这一规定，对于被告人犯数罪而只承认部分犯罪的案件，对被告人认罪的部分，可适用普通程序简易审方式审理，对于被告人未认罪的犯罪部分，仍按普通程序审理。但这两个程序是分案处理还是合并审理？如果是合并审理，一次庭审怎能适用两种程序？如果是分案处理，势必要另行确定开庭的日期，并通知人民检察院、当事人和其他诉讼参与人，然后还要做好开庭准备等工作，这对普通程序而言是必要的，如果"另行处理"的是简易审程序，这样做有必要吗？由于适用普通程序简易审的开庭时间较短，有的庭审调查用10–20分钟就已完成，[②]等对被告人未认罪的部分审理结束，随后审理被告人认罪的部分岂不更快捷有效？

（5）律师帮助问题。普通程序简易审是以被告人认罪的自愿行为前提的，而保证这种自愿性是建立在被告人对犯罪事实和性质以及控诉方掌握的证据有正确认识的基础上的。由于被告人在刑事诉讼中所处的地位以及对法律的陌生，从而对其认罪性质和法律后果的认识不可避免地会产生一些偏差甚至误解，容易导致盲目认罪或者拒不认罪。这时，律师的帮助就显得十分必要了。《意见》规定人民法院认为可以适用普通程序简易审方式审理的案件，应当征求"被告人及辩护人的意见"。根据这一规定，似乎能够得出这样的结论：适用普通程序简易审方式审理的案件，必须有辩护人参加。但如果被告人不委托辩护人，应该怎么办？如果被告人坚决拒绝人民法院为其指定辩护人，又该怎么办？

（6）程序的提起问题。适用普通程序简易审涉及被告人实体性权力和程序性权利的处分，尤其是要简化或者省略一些被告人的诉讼权利，《意见》规定由

① 有的学者认为，普通程序简易审要求开庭前公诉机关只向人民法院移送起诉书、证据目录、证人名单及主要证据的复印件或者照片。参见余经林、宗淼：《关于刑事普通程序简易化审理方式的思考——兼评简易程序》，载《安徽大学学报》（哲学社会科学版）2003年第3期。这一说法可能依据的是北京市海淀区人民检察院制定的普通程序简易化审理方式规则，从《意见》的规定中得不出这一结论。

② 海检研：《节约司法资源、提高诉讼效率——普通程序简易化审理的构想与实践》，载《检察日报》2000年7月12日，第3版。

人民检察院或者人民法院建议或提议，在征得被告人及其辩护人的同意后适用，事实上等于人民检察院或者人民法院要求被告人放弃他的一些诉讼权利，人民检察院、人民法院这种劝说被告人放弃诉讼权利的做法是否妥当有待探讨。

（7）庭审“走过场”问题。《意见》第6条规定：“对于决定适用本意见审理的案件，人民法院在开庭前可以阅卷。”这里的“阅卷”是阅全卷还是阅起诉书、证据目录、证人名单和主要证据的复印件或者照片？据笔者理解，应当是阅全卷。这就不可避免地又会回到“先定后审”的老路上去，并且，如果庭审调查能在10-20分钟完成，[①] 新的庭审“走过场”在所难免。

（8）认罪对价问题。综观世界各国立法，被告人认罪答辩总能够为其换取一定的好处。《意见》第9条只规定“人民法院对自愿认罪的被告人，酌情予以从轻处罚”，但是否从轻处罚还要由法官根据案件具体情况酌定。可见，被告人并不能从其认罪中直接得到好处。这样势必起不到鼓励被告人自愿、主动认罪的作用。

4. 进一步完善普通程序简易审的建议

笔者认为，首先要解决普通程序简易审的法律依据问题。根据我国现行法律体制，基层司法机关是没有创设法律的职权的，最高人民法院和最高人民检察院虽然可以进行司法解释，并且其司法解释属于有权解释，具有法律上的效力，但一个不可更改的原则是：司法解释不能与基本法律相抵触，否则无效。刑事诉讼法是基本法律，只规定了普通程序和简易程序两种审理程序，最高人民法院、最高人民检察院和司法部的《意见》推出普通程序简易化审理方式与刑事诉讼法的规定不符，事实上不具有法律效力。笔者认为，正确的做法应当是完善《意见》，并尽快将该意见纳入刑事诉讼法。

就如何完善《意见》而言，笔者认为，应当从以下几个方面着手：

（1）在证据展示问题上，建议在修改刑事诉讼法时，完善这一制度并将其与普通程序简易审一起规定在刑事诉讼法中。

（2）关于案卷移送问题，应增加规定：人民检察院提起公诉时除移送起诉书外，应同时向人民法院移送本案的证据目录、证人名单和主要证据的复印件或

---

① 海检研：《节约司法资源、提高诉讼效率——普通程序简易化审理的构想与实践》，载《检察日报》2000年7月12日，第3版。

者照片。

(3) 关于分案处理还是合并审理问题。笔者认为，对于指控被告人犯数罪而被告人只承认部分犯罪的案件，应当合并审理，不宜搞程序分流。

(4) 关于律师帮助问题。适用普通程序简易审的案件，应当有律师参加，凡被告人未委托律师作辩护人的，人民法院应当为其指定承担法律援助义务的律师担任被告人的辩护人，如果被告人坚决拒绝人民法院为其指定的辩护人的，应转为普通程序审理。

(5) 关于程序的提起问题。既然适用普通程序简易审涉及被告人实体性权利和程序性权利处分，是否适用该程序就不应当由人民检察院或者人民法院建议或提议，而应当改为由被告人提出申请，再由法院审查是否符合适用普通程序简易审的条件，然后决定是否适用普通程序简易审。因为法院是被告人权利保护的最后一道屏障。

(6) 庭审“走过场”问题。普通程序简易审本身是一种缺乏对抗机制的程序，庭审“走过场”在所难免，但凡涉及处分被告人实体性权利和程序性权利的程序，在庭审时应征求被告人及其辩护人的意见，否则，不应当简化或者省略。

(7) 认罪对价问题。建议借鉴《俄罗斯联邦刑事诉讼法典》的做法，明确规定适用普通程序简易审的案件，被告人应当从轻处罚的幅度，如所判刑罚不得超过被告人所实施犯罪应判法定刑种之刑期或数额的2/3。

五、上诉审程序

上诉审程序，即第二审程序，是指在法定期限内，第二审法院根据上诉人的上诉或者检察机关的抗诉，就第一审尚未生效的判决、裁定所认定的事实和适用的法律以及一审程序的合法性进行审查，并依法作出处理的一种程序。在性质上，上诉审程序是一种救济程序，是对一审判决所涉利害关系人权益的一种补救措施。从诉讼的及时终结性考虑，法院判决作出后，应当发生既判力，但为了保证判决的公正性以及维护当事人的正当权益，应当给予救济的机会。当然，在不同诉讼制度下，它所发挥的功用是有差异的。

(一) 被告人的请求复审权

《公民权利和政治权利国际公约》（以下简称《公约》）第14条第5款规

定：“凡被判定有罪者，应有权由一个较高级法庭对其定罪及刑罚依法进行复审。”这就是有关被告人的请求复审权的国际刑事司法准则。就该条款所保障的范围，联合国人权事务委员会指出：“保障条款不仅限于最严重的犯法行为，就此而论，目前尚未获得关于上诉程序的足够资料，尤其是关于下述问题的资料：上诉的程序特别是向复审法庭上诉的可能、复审法庭的权力、对一项判决进行上诉需要符合哪些要求、复审法院在处理一件诉讼案件时如何做到以第 14 条第 1 款规定所设的公正和公开的审讯。”① 据此，《公约》第 14 条第 5 款所保障的不仅是对正式的严重犯罪（Crime）应当给予被告人上诉的权利，而且对于被定轻罪者或者被确定犯有违法行为的人也要给予上诉或复审的权利。②

根据《公约》第 14 条第 5 款的规定，有的学者认为，请求复审权至少包括以下内容：第一，请求对犯罪构成的事实要件进行复审；第二，请求对适用的刑种和处罚的量刑进行复审，看是否罪罚相当；第三，请求对刑罚执行方法是否适当进行复审，看是否体现了刑罚的目的性；第四，请求对证据的质量及其可采性进行复审，审查据以定罪和处罚的证据是否符合本国的证据原则和制度规则；第五，请求对诉讼程序的合法性进行复审，程序不公正也可能导致原判决的撤销；第六，对侦查、起诉和审判主体的管辖权限进行复审，特别是对原审法官的审判管辖权进行复审。③

上述内容只是对请求复审的对象作了概括性总结，除此之外，《公约》第 14 条第 5 款的规定还应当包含以下内容：

第一，请求复审权的主体是“被判定有罪者”。首先，这里的“有罪”，包括重罪和轻罪，以及一些不太严重的违法行为。因为在有的国家的刑法中，犯罪的概念和构成只有定性因素，并没有定量因素，如盗窃，只要是秘密地非法占有他人财产，即构成盗窃，而不论占有他人财产数量或者价值的多少。当然，对于情节特别轻微、没有造成严重后果或者具有其他从轻或免除刑罚处罚情节的犯罪行为，有可能不予刑事追究。其次，这里的“有罪”必须是一审法院通过正式

① 人权事务委员会第 13 号一般性意见第 17 段。转引自杨宇冠著：《人权法——〈公民权利和政治权利国际公约〉研究》，中国人民公安大学出版社 2003 年版，第 315 页。

② 杨宇冠著：《人权法——〈公民权利和政治权利国际公约〉研究》，中国人民公安大学出版社 2003 年版，第 315 页。

③ 周士敏：《刑事被告人的请求复审权》，载陈光中主编：《公民权利和政治权利国际公约批注和实施问题研究》，中国法制出版社 2002 年版，第 318 页。

裁判“判定”的。

这里还需要解决这样一个问题，即如果被告人被法院因证据不足而判无罪，而他认为自己根本就没有犯罪，这时他能否请求复审？从字面意思上看，无论是“事实上的无罪”还是“证据上的无罪”，都不属于“被判定有罪者”，因而不属于《公约》第14条第5款所保障的范围。但从实质上看，“事实上的无罪”与“证据上的无罪”还是有根本的区别的。“证据上的无罪”并没有肯认被告人的清白，如果被告人认为自己是清白的，应当给予他为自己的清白讨一个说法的机会。因此，从权利救济的角度来看，被判定“证据上的无罪”的被告人应有权请求复审。

第二，有权复审的主体是“较高级法庭”。这首先表明，复审法庭（或者法院）必须在级别上比一审法院要高，即复审法庭（或者法院）须是一审法院的上级法庭（或者法院）。作这样的规定主要是考虑到复审由级别较高的法庭（或者法院）进行既是对被告人申诉权的尊重，也有利于树立司法权威。但需要解决的一个问题是，这里的“较高级法庭”是否必须是一审法院的“上一级”法庭（或者法院）？从字面意思上看，《公约》并没有作这样的限制，被告人可以越级上诉。有的国家确实也允许被告人越级上诉，但多数国家的复审法庭（或者法院）通常是一审法院的“上一级”法庭（或者法院）。由于一审法院的“上一级”法庭（或者法院）也是“较高级法庭”，因此，并不违反《公约》第14条第5款的规定。

第三，《公约》第14条第5款所规定的“复审”是对“定罪及刑罚”的复审，但就“定罪”而言，既涉及事实认定问题，也涉及法律适用问题，那么这种“复审”是否包括对事实的复审问题还有待研究。事实上，在不同的国家，二审法院复审的内容是有明显区别的。如在美国，上诉审一般不进行事实审，而是进行法律审。因此，上诉人不得对事实问题作出的裁决提出异议，只能就法官适用法律上的错误包括实体法和程序法方面的错误提出上诉，并且，上诉人要在上诉状中述明请求撤销或纠正原判决的理由和适用的法律。[①] 而在德国，根据《德国刑事诉讼法典》第323条的规定，“第二审程序乃为不服判决时所提起者，

① 卞建林译：《美国联邦刑事诉讼规则和证据规则——“美国刑事诉讼简介”》，中国政法大学出版社1998年版，第15-16页。

其亦为事实及法律问题之审核”。①

对于被告人的请求复审权，我国刑事诉讼法给予了充分保障。根据1996年《刑事诉讼法》第180条的规定，被告人及其法定代理人只要不服地方各级人民法院第一审判决、裁定，均有权用书状或者口头向上一级人民法院上诉，并规定：“对被告人的上诉权，不得以任何借口加以剥夺。”最高人民法院《关于执行〈中华人民共和国刑事诉讼法〉若干问题的解释》第232条进一步明确规定：“地方各级人民法院在宣告第一审判决、裁定时，应当明确告知被告人、自诉人、附带民事诉讼的当事人和他们的法定代理人，如果不服判决或者裁定，有权在法定期限内以书状或者口头形式向上一级人民法院提出上诉……”第233条至第237条还规定了被告人提起上诉和人民法院处理上诉案件的具体程序。据此可以认为，刑事诉讼立法关于被告人上诉权的规定是全面的、完整的，也是可行的，表现在以下几个方面：其一，刑事诉讼立法对被告人上诉的实质性条件未作任何限制性规定。只要被告人不服地方各级人民法院第一审判决、裁定即可要求进行第二审，并且必然引起第二审程序。这与人民检察院抗诉必须基于“本级人民法院第一审的判决、裁定确有错误”的要求相比显然宽松得多。其二，被告人上诉的方式灵活。被告人可以选择书状方式提出，也可以选择口头方式提出，并且，书状上诉与口头上诉具有同等的效力，人民法院都应当受理。而对于人民检察院的抗诉，刑事诉讼立法明确要求必须采用书状方式，即“提出抗诉书”。其三，被告人上诉的程序便宜。被告人可以通过原审人民法院提出上诉，也可以直接向二审人民法院提出上诉。而人民检察院的抗诉只能通过原审人民法院提出。其四，被告人上诉不会给被告人带来不良影响。根据1996年《刑事诉讼法》第190条关于“上诉不加刑”的规定，被告人不必担心因为上诉而会加重其刑罚，从而可以毫无顾虑地行使上诉权。

（二）赋予被害人上诉权的正当性

从《公民权利和政治权利国际公约》第14条第5款的规定来看，请求复审权并不是被害人的权利，但在我国，被害人被当事人化以后，加强被害人的权利保障成为刑事诉讼法改革的又一重要课题。1996年刑事诉讼法的修改赋予了被

① ［德］克劳思·罗科信著：《刑事诉讼法》（第24版），吴丽琪译，法律出版社2003年版，第487-488页。

害人申请抗诉权，即“被害人及其法定代理人不服地方各级人民法院第一审的判决的，自收到判决书后五日以内，有权请求人民检察院提出抗诉。人民检察院自收到被害人及其法定代理人的请求后五日以内，应当作出是否抗诉的决定并且答复请求人”。但这种申请抗诉权由于在内容和形式上的诸多弊端，并不能充分维护被害人的合法权益。

第一，人民检察院代表国家行使检察权，并不是被害人的代表，尽管兼具维护被害人的权益职责，但其立足点是维护国家、集体的整体利益，当被害人个人利益与国家、集体的整体利益不一致时，人民检察院更多的是考虑国家、集体的整体利益。就对被害人请求抗诉而言，人民检察院在作出是否提起抗诉的决定时，考虑更多的是是否符合“公共利益”，而不是出于维护被害人个人利益的目的。既然被害人申请抗诉，就意味着至少在被害人看来其合法权益没有得到应有的保护，而对这部分案件，如果人民检察院不提出抗诉，就会损害被害人的权益。

第二，被害人申请抗诉并不具有启动二审程序的效力。根据 1996 年《刑事诉讼法》第 181 条的规定，检察机关的抗诉必须是经审查认为判决“确有错误”。尽管这里规定的“确有错误”是指“抗诉机关有一定根据的‘认识’，而不是有确实、充分根据的判定”,[①] 但既然是“确有错误”，那就不是可能有错误，也不是一般的失误，这与刑事诉讼法规定的上诉的理由——“不服地方各级人民法院第一审的判决、裁定”是明显不同的。因此，当检察机关抗诉工作不力时，便直接影响到错误判决的及时纠正，从而影响对被害人权益的有效保护。尽管有人认为，对于被害人的申请抗诉，即便是没有提出具体的理由，只要声明不服一审判决并请求抗诉，检察机关也必须审查和答复，但是这也很难实现引起二审审判的要求。[②]

第三，从形式上看，被害人的申请抗诉权对被害人权利的保护也是不完整的。从 1996 年《刑事诉讼法》第 182 条的规定来看，被害人及其法定代理人只能对不服地方各级人民法院第一审的判决有权申请抗诉，而对地方各级人民法院第一审的裁定则无权申请抗诉，在这种情况下，被害人就失去了权利救济的机

① 陈光中主编：《刑事诉讼法学（新编）》，中国政法大学出版社 1996 年版，第 390 页。
② 陈光中主编：《刑事诉讼法学（新编）》，中国政法大学出版社 1996 年版，第 391 页。

会。当然，从理论上讲，被害人及其法定代理人还可以申诉，通过申诉启动审判监督程序，但实际上其可能性与申请抗诉相比同样是渺茫的。

“无救济则无权利”，刑事诉讼中的人权保障，仅仅理解为对犯罪嫌疑人和被告人的保护是不全面的。它应当还有另一方面的含义，即对被害人权利的保护。[①] 一般来说，人对自己的利益是最关心的。为了保障被害人的权利，就应当让被害人充分参与到刑事诉讼程序中。因为被害人是与刑事诉讼过程和诉讼结果有直接利害关系的人，只有让被害人充分参与到刑事诉讼程序中并对诉讼结果产生直接影响，才能体现程序公正的“参与性”标准，才能使被害人通过自己的诉讼行为保护自己的实体权利和程序权利。被害人参与刑事诉讼并对裁决结论的产生施加影响，可使其作为人的尊严和道德主体地位得到维护并且产生受尊敬的感觉。因为他在一法律程序中并没有仅仅被视为实现他人或社会利益的工具，而是享有实体权利并拥有为维护这些权利而抗争的法律主体。[②] 正如有的学者所指出的，参与是保护自己权利的最好手段。[③] 相反，如果剥夺被害人的上诉权，正如英国学者斯宾塞所指出的，即使在第一审法院从轻发落被告人，也使被害人丧失了基本的异议权，对这样的程序待遇，他不能不感到愤怒。其后果是灾难性的。他们自然的报复希望破灭，他们对法律保护无辜和惩罚犯罪的信念被证明无价值。再者，一个不满的被害人很少打算去报告另一次犯罪。如果他把他的不幸经历，告诉他的朋友和亲属，那么，就不只是一个人，而是一批人对刑事司法的信念被动摇和破坏。更糟的是，被害人或者他的朋友和亲戚可能自己执行“法律”和进行对等报复。[④]

鉴于此，笔者建议在修改刑事诉讼法时增加规定被害人的上诉权，具体办法是：在 1996 年《刑事诉讼法》第 182 条申请抗诉权之下增设第 2 款，规定：“人民检察院不提出抗诉的，被害人及其法定代理人在收到不抗诉决定书五日内可以向上一级人民法院提出上诉，也可以不经申请抗诉直接向上一级人民法院提出上诉。被害人及其法定代理人不服地方各级人民法院第一审裁定的，有权用书状或

---

① 徐益初：《刑事诉讼与人权保障》，载《法学研究》1996 年第 5 期。

② 陈瑞华：《程序正义的理论基础》，载《中国法学》2000 年第 3 期。

③ 汪建成：《论程序公正与刑罚效果》，载《政法论坛》2001 年第 1 期。

④ ［英］J·R. 斯宾塞著：《我们需要起诉人对判决的上诉吗》，郭家汗译，载《外国法学译丛》1988 年第 4 期。

者口头形式直接向上一级人民法院提出上诉。被害人的诉讼代理人和近亲属，经被害人同意，可以提出上诉。”相应地，第186条增设第2款，规定：“对于被害人及其法定代理人提出上诉的案件，第二审人民法院应在开庭十日前通知被害人及其法定代理人、诉讼代理人查阅案卷。”第188条也增设第2款，规定：“对于被害人及其法定代理人提出上诉的案件，人民检察院应当派员出庭。”

（三）上诉审程序的正当化改造

1. 对上诉的审查

对于上诉或者抗诉案件，根据我国1996年《刑事诉讼法》第186条的规定，第二审人民法院应当就第一审判决认定的事实和适用法律进行全面审查，不受上诉或者抗诉范围的限制。此即我国刑事二审的全面审查原则，体现了我国刑事诉讼一贯坚持的实事求是、有错必纠的指导思想，也体现了以事实为根据、以法律为准绳的基本原则和对人民高度负责的精神，在价值取向上追求实体真实。因此，有的学者指出，“客观上，全面审查比部分审查更能发现一审裁判的错误，更能发现案件的客观真实情况，有利于保证二审裁判的正确性，从而完成二审监督、把关、纠错、救济的任务”。①

尽管全面审查原则在二审纠错功能和保证二审裁判正确性上具有不可替代的作用，但从程序公正和诉讼效率的角度来看，它的正当性还是值得商榷的。

（1）全面审查有违不告不理原则。不告不理原则在内容上包括两个方面：一是只有当起诉机关提起诉讼后，审判机关才能进行审判活动，未经起诉的刑事案件，法院不得审理。换句话说，没有告诉或控告，便没有刑事诉讼。二是审判受起诉范围的限制，即要求起诉的对象和事实与审判的对象和事实具有同一性。从横向关系来看，根据起诉不可分原则，起诉的效力及于单一事实的全部，检察机关对单一事实的一部分起诉，法院可以对单一事实的全部行使审判权。从纵向关系来看，根据同一性原则，审判的事实必须与起诉的事实保持一致，不能超出起诉的范围。尽管起诉后案件事实可能发生变化，但审判只能限于起诉的事实。② 而全面审查则超出上诉或者抗诉范围的事项，二审法院也要审查并予以处理，很明显，犯了不告也理的错误。

---

① 樊崇义主编：《刑事诉讼法学》，中国政法大学出版社1998年版，第391页。

② 姜伟：《论公诉程序意义》，载《人民检察》2002年第2期。

（2）全面审查有违第二审程序的诉讼功能。在刑事诉讼程序体系中，第二审程序是作为第一审未生效判决、裁定的救济程序而存在的，其诉讼功能主要在于救济功能，包括事实救济（即事实的认定）和法律救济（即统一适用法律）。既然第二审程序的诉讼功能在于救济，对于上诉或者抗诉没有要求第二审法院审理的部分，则不存在需要救济的问题。① 既然无须救济，第二审法院就不必予以救济。

（3）全面审查与裁判者的中立性身份相矛盾。裁判者的中立性，是指作为裁判者的法官既不应与纠纷本身有某种牵连，也不能把自己的个人价值、情感等因素带进裁判之中，并且不能因外界因素的干扰而对纠纷双方有所偏向。而第二审中法官的全面审查，事实上使得法官成为诉的提出者，其中立地位很难得到保障，其裁决结果的权威性和公正性也将因此而受到质疑。

（4）全面审查原则有违程序的安定性。② 法院裁判一经作出，如果当事人不上诉、检察机关不抗诉，过了法定上诉、抗诉期限，就要发生法律效力，也就是说，对于没有争议的裁判，该案件就告终结，程序也已处于安定状态。而全面审查则意味着二审法院对没有争议的裁判进行审理，这不但动摇了司法裁判的权威性和严肃性，也使受原裁判拘束的双方的诉讼地位不确定，从而破坏了程序的安定。

（5）全面审查原则有违诉讼的经济性。尽管说司法的最高追求是公正，但迄今为止还没有哪一个国家的司法活动是只追求公正而不顾及效率的。贝勒斯把诉讼活动看作是一种投入与产出的经济行为，他指出："程序法总的规范的目的是，实现经济与道德错误成本加上直接成本再减去程序利益所得的总额最小化。"③ 全面审查虽然有可能降低错误成本，但多余的审查显然不符合诉讼的经济性要求。并且，对争端双方没有异议的部分不予审查，即使存在错误的可能，但其道德成本却是低的。④

---

① 陈光中主编：《刑事诉讼法实施问题研究》，中国法制出版社 2000 年版，第 259 页。

② 所谓"程序安定"，是指诉讼应依法定的时间先后和空间结构展开并作出终局决定，从而使诉讼保持有条不紊的稳定状态。程序的安定性一般包括以下几个基本要素：（1）程序的有序性；（2）程序的不可逆性；（3）程序的终结性；（4）程序的法定性。参见陈卫东、李奋飞：《刑事二审"全面审查原则"的理性反思》，载《中国人民大学学报》2001 年第 2 期。

③ ［美］迈克尔・D. 贝勒斯著：《法律的原则——一个规范的分析》，张文显译，中国大百科全书出版社 1996 年版，第 34 页。

④ 陈卫东、李奋飞：《刑事二审"全面审查原则"的理性反思》，载《中国人民大学学报》2001 年第 2 期。

既然全面审查原则与程序公正的要求相矛盾，就有必要对这一原则进行正当化改造。当然，在实体公正与程序公正发生冲突和矛盾时，我们不可能只考虑一方面而完全舍弃另一方面。尤其是在我国审判程序尚未达到法治化程度以及法律特别强调法院的判决必须忠于案件事实真相的司法环境中，主张废除全面审查原则是不现实的，正如有的学者所述："由于我们的一审法庭审理程序以及证据规则不健全，一审判决书的说理部分也不完全能够反映一审法院的心证形成过程，加之刑事诉讼法对上诉理由缺乏明确的规定，当事人由于种种原因也不一定能够在上诉中提出切中要害的理由。在这种情况下，如果二审法院放弃全面审查原则，把二审的范围限制在上诉、抗诉的范围内，不仅不利于保障当事人的诉讼权利，而且很可能导致二审形式化甚至错判。可以说，在一审的庭审程序'实质化'以前，二审实行全面审查原则仍然是不可或缺的补救手段，即使因此而不得不'重复劳动'，也是为保证案件实质公正所必需的代价。"①

基于这种考虑，笔者认为，对上诉的审查正当化改造的出路应当是实行"有限审查+必要审查"原则，即"第二审人民法院受理上诉、抗诉案件后，应当就第一审判决认定的事实和适用法律进行全面审查，不受上诉或者抗诉范围的限制。第二审人民法院审查后，如果认为上诉或者抗诉范围以外第一审判决认定的事实和适用法律有错误的，应当在审查后 3 日以内告知上诉人或者提起抗诉的人民检察院。上诉人或者提起抗诉的人民检察院被告知后，如果不追加上诉或者抗诉的，第二审人民法院就上诉或者抗诉范围进行审理"。

2. 上诉程序的审理

1996 年《刑事诉讼法》第 187 条第 1 款规定："第二审人民法院对上诉案件，应当组成合议庭，开庭审理。合议庭经过阅卷，讯问被告人，听取其他当事人、辩护人、诉讼代理人的意见，对事实清楚的，可以不开庭审理。对人民检察院抗诉的案件，第二审人民法院应当开庭审理。"根据这一规定，学界一般将第二审程序的审判方式分为开庭审理和调查询问两种，其中，以开庭审理为原则，以阅卷并调查询问的不开庭审理方式为例外；对判决的上诉不允许单纯的"书面审"。② 笔者认为，这种审判方式至少存在以下几个方面的问题：

① 陈光中主编：《刑事诉讼法实施问题研究》，中国法制出版社 2000 年版，第 260 页。

② 陈光中主编：《刑事诉讼法学（新编）》，中国政法大学出版 1996 年版，第 396 页。

（1）调查询问是否是一种审理方式值得怀疑。根据1996年《刑事诉讼法》第187条第1款的规定，对于上诉案件，第二审法院审前应当首先经历以下程序："合议庭经过阅卷，讯问被告人，听取其他当事人、辩护人、诉讼代理人的意见。"这就是所谓的"调查询问"。从其功能上看，它的作用在于确定上诉案件是否属于"事实清楚"的情形，以便第二审法院选择是否开庭审理。因此，在本质上它属于分流程序。正如有的学者所指出的："学理界将上述分流程序作为此类案件的审理程序实际上是一种误解。"[①]

（2）1996年《刑事诉讼法》第187条第1款并没有对所谓"事实清楚"的上诉案件规定任何审理程序。[②] 由于调查询问只是一个分流程序，而不能作为独立的审理方式，所有上诉案件只有经调查询问后才能确定该案件是否属"事实清楚"的情形。对于事实不清的，根据立法精神，显然应当开庭审理；对于事实清楚的，立法只规定了"可以不开庭审理"，至于如何审理，刑事诉讼法没作进一步规定。

（3）1996年《刑事诉讼法》第187条第1款为第二审法院对上诉案件普遍适用不开庭审理提供了法律依据。根据该款的规定，只要第二审法院调查询问后，认为上诉案件"事实清楚"的，即可不开庭审理。从司法实践来看，被告人多是以一审法院判刑较重或者畸重或者侦查、审判程序违法为由提出上诉，而针对事实问题提出的上诉案件则较少。换句话说，上诉案件多是事实清楚的案件。这样一来，"绝大多数法院却以不公开的书面审理为原则，以开庭审理为例外"[③] 也就不足为奇了。

（4）1996年《刑事诉讼法》第187条第1款的规定违背公正原则。该款规定对上诉案件不开庭审理，即第二审法院未经控辩双方言词辩论，仅以合议庭单方面调查询问的结果确认案件事实，进而作出二审裁判，既违反言词辩论、法官中立等程序公正的基本要求，也不利于第二审法院在控辩双方对抗中纠正一审法院裁判的错误，难以保证案件实体处理的正确性。[④]

---

① 樊崇义主编：《刑事诉讼法实施问题与对策研究》，中国人民公安大学出版社2001年版，第566页。

② 樊崇义主编：《刑事诉讼法实施问题与对策研究》，中国人民公安大学出版社2001年版，第566页。

③ 陈卫东主编：《刑事诉讼法实施问题调研报告》，中国方正出版社2001年版，第196页。

④ 陈光中主编：《刑事诉讼法实施问题研究》，中国法制出版社2000年版，第255页。

（5）对于上诉案件不开庭审理，不利于保障被告人的诉讼权利。在刑事诉讼中，控辩双方不仅诉讼地位应当平等，而且所享有的诉讼权利也应当大体对等，即所谓“手段对等”原则。事实上，由于被告人在刑事诉讼中所处的特殊的诉讼地位，其本身就是无可争议的弱者，不可能与强大的拥有国家雄厚资源（尽管不是所有国家资源，当然也不可能是所有国家资源）的侦控机关对抗。因此，立法在政策上本应当向被告人一方倾斜，赋予被告人更多的对抗侦控机关的诉讼权利和机会。但1996年《刑事诉讼法》第187条第1款的规定却恰恰相反：对于人民检察院提出的抗诉案件，第二审法院必须一律开庭审理；而对于被告人提出的上诉案件，第二审法院则可以有条件地不开庭审理。由于开庭审理更有利于被告人充分行使辩护权，因此，第二审法院不开庭，其结果将是被告人诉讼权利的剥夺和胜诉机会的丧失。

既然1996年《刑事诉讼法》第187条第1款存在这样多的问题，改革这一审判方式就成为完善刑事二审程序的又一重要内容。考虑到二审案件复杂多样的现实，如果适用统一的审理程序，则不利于司法资源的合理配置，尤其是在当前司法资源短缺的情况下更是如此。对此，笔者主张设置多元化的刑事第二审程序审理方式。具体而言，建议将1996年《刑事诉讼法》第187条第1款修改为：“第二审人民法院对上诉、抗诉案件，应当组成合议庭进行审查。合议庭经过阅卷，讯问被告人，听取其他当事人、辩护人、诉讼代理人的意见，认为案情重大、复杂的，按照普通程序开庭审理；案情简单轻微的，按照简易化方式开庭审理。对于明显不符合法定开庭条件的上诉、抗诉案件，第二审人民法院可以不经开庭径行裁定驳回上诉或者抗诉。”

对于这一修改建议，有以下几点需要说明：

（1）第二审法院决定开庭审理前，仍应有一个程序性的审查程序，即“调查询问式”的分流程序。该程序在性质上属程序性的，在功能上起程序分流作用。换句话说，第二审法院审查的目的在于确定是否将案件开庭审理以及按照何种程序予以审理，而不是从实体上对案件作出处理。

（2）与一审程序相对应，二审程序也分普通程序和简易程序两种。关于刑事二审案件简易化审理方式问题，在适用范围的确定上，应注意二审程序的救济功能；在程序选用上，应尊重被告人的意见；在庭审程序上，应避免流于形式，等等。有的学者主张，应根据第一审法院的不同，设置繁简不等的第二审程序：

对于基层法院判决不服的第二审案件，可采用复审制模式；对于中级法院一审判决不服的第二审案件，则可以采用事后审查制模式。[①] 笔者认为，不能用一审法院的审级高低来决定二审法院的审理方式，尽管在一般情况下级别高的法院所管辖的一审案件较重大、复杂，但有时基层法院也会审判疑难、复杂案件。因此，笔者主张以二审案件的复杂情况来确定是适用普通程序还是适用简易程序。

（3）无论是适用普通程序还是适用简易程序，第二审法院审理上诉、抗诉案件都应当组成合议庭开庭审理。

（4）是适用普通程序还是适用简易程序仅以二审案件的复杂情况为标准，而不问该案件是上诉案件还是抗诉案件，也不问该案件是对一审判决不服的或确有错误的案件还是对一审裁定不服或确有错误的案件。

（5）所谓“明显不符合法定开庭条件的上诉、抗诉案件”，主要是指那些已过上诉期限的案件、不属于本法院管辖的案件、上诉人不适格（如被告人的近亲属、辩护人未经被告人同意而上诉）的案件、检察机关提出的没有附任何抗诉理由的案件，等等。对于这类案件，第二审人民法院无须开庭审理，也无权开庭审理，从而应当裁定驳回上诉或者抗诉。

（四）关于上诉不加刑问题

所谓上诉不加刑，是指第二审人民法院审判被告人或者他的法定代理人、辩护人、近亲属上诉的案件，不得加重被告人的刑罚，但人民检察院提出抗诉或者自诉人提出上诉的，不受此限（1996 年《刑事诉讼法》第 190 条）。从本质上看，上诉不加刑旨在禁止上诉审法院作出不利于被告人的变更处罚，其中既包括禁止在量刑幅度上的不利变更，也包括禁止在罪名、刑种以及刑罚执行方法方面的不利变更。

我国刑事司法一贯坚持“实事求是、有错必纠”的方针，那么为什么还要在刑事诉讼法中明确规定上诉不加刑原则呢？为此，学界经过长期探索，形成了不同的学说，这为上诉不加刑原则的存在提供了理论依据，其中影响较大的有“不告不理说”、“利益权衡说”、“诉讼民主化——控辩平衡——上诉不加刑”等。[②] 虽然上诉不加刑原则有其存在的理论基础，刑事立法也将其作为一项重要

---

① 樊崇义主编：《刑事诉讼法实施问题与对策研究》，中国人民公安大学出版社 2001 年版，第 559 页。

② 甄贞主编：《刑事诉讼法学研究综述》，法律出版社 2002 年版，第 502-504 页。

的诉讼原则规定了下来，但无论是在立法上还是在理论上和实践中都存在一些问题，这些问题不解决，上诉不加刑的人权保障就难以发挥其应有的功能。

1. 人民检察院或者自诉人能否为被告人的利益提出抗诉或者上诉；如果人民检察院或者自诉人为被告人的利益提出了抗诉或者上诉，是否适用上诉不加刑原则

对于第一个问题，理论上多持肯定态度。第一，我国立法秉承大陆法系国家“客观义务”的传统，宪法赋予人民检察院司法机关的地位，刑事诉讼法要求检察人员履行“客观义务”，如1996年《刑事诉讼法》第43条规定，检察人员必须依照法定程序，收集能够证实犯罪嫌疑人、被告人有罪或者无罪、犯罪情节轻重的各种证据。既然人民检察院承担“客观义务”，如果一审判决定罪和量刑过重，人民检察院当然可以也应当提出抗诉。第二，自诉案件主要涉及公民个人的利益，有些自诉案件则是发生在家庭成员之间，被害人与加害人之间“犹存隐忍之和”，[①] 如暴力干涉婚姻自由案，加害人多是被害人的父母、兄弟，被害人最大的愿望是干涉者不再干涉其婚姻自由，但有的不一定非要诉诸法律，也不一定希望其亲属受到法律制裁，更不愿意看到其亲属受到不公正的刑罚。因此，一旦自诉案件的被告人被判处过重的刑罚，作为被害人的自诉人可能会出于维护被告人的利益而提出上诉。

对于第二个问题，理论上存有严重分歧，概括起来有三种观点：[②] 第一种观点认为，为了被告人的利益，即使人民检察院抗诉或者自诉人提出上诉，二审法院审理时也不受上诉不加刑原则的限制；[③] 第二种观点认为，检察院或者自诉人为了被告人的利益提出抗诉或者上诉时，应受上诉不加刑原则的限制，不得加重被告人的刑罚；[④] 第三种观点认为，检察院为被告人的利益提出抗诉的，不应受上诉不加刑原则的限制，可以加重被告人的刑罚，而对于自诉人为被告人的利益提出上诉的，则受上诉不加刑原则的限制，不应加重被告人的刑罚。[⑤] 但主流的观点对此则持肯定态度，认为人民检察院对处刑过重的案件或者为了被告人的利

① 樊崇义主编：《刑事诉讼法学》（修订版），中国政法大学出版社2002年版，第295页。

② 对于这一问题理论争议的详细情况，参见甄贞主编：《刑事诉讼法学研究综述》，法律出版社2002版，第504-506页。

③ 赵汝琨主编：《新刑事诉讼法通论》，警官教育出版社1996年版，第316页。

④ 陈林林：《论上诉不加刑》，载《法学研究》1998年第4期。

⑤ 陈卫东主编：《刑事二审程序论》，中国方正出版社1997年版，第80页。

益提出抗诉时，第二审的判决也不应加重被告人的刑罚，[①] 或者说，其判决不宜将被告人置于更不利的诉讼境地。[②]

2. 对于被告人一方提出的上诉案件，二审法院能否改变管辖加重被告人的刑罚

如对于基层人民法院判处的有期徒刑案件，被告人提出了上诉，经中级人民法院审查，认为应判无期徒刑或死刑的，中级人民法院能否以管辖错误为由，撤销原判，改由中级人民法院作为第一审重新审判？对于这一问题，学界有两种不同意见：一种观点认为，对于被告人提出的案件，在人民检察院没有提出抗诉的情况下，应适用 1996 年《刑事诉讼法》第 190 条的规定，二审人民法院审理时，不得加重被告人的刑罚。改由中级人民法院作为一审重新审理，实际上加重了被告人的刑罚，违反了上诉不加刑原则。另一种观点认为，根据刑事诉讼法关于级别管辖的规定，可能判处无期徒刑、死刑的普通刑事案件，应由中级人民法院管辖，基层人民法院无管辖权。在中级人民法院没有把属于自己管辖的第一审案件交由基层人民法院审判时，基层人民法院擅自审判，违反了有关管辖的规定，撤销原判是正确的。因为撤销原判后还要按第一审程序重新审判，不是二审改判的问题，所以不适用上诉不加刑原则。[③] 如果从刑事诉讼法的规定来看，第二种观点显然是正确的，但正如第一种观点所担心的，这样做的一个最大弊端就是"实际上加重了被告人的刑罚"，这与上诉不加刑原则的基本精神是相左的。

3. 发回重审的案件是否应受到上诉不加刑原则的制约

对于被告人提出上诉的案件，第二审人民法院以原判决事实不清或证据不足，撤销原判决，发回原审法院重新审判，第一审人民法院重新审理时，是否仍然受上诉不加刑原则的限制问题，学界有两种观点：

一种观点认为，对于发回重审案件，一审判决可以加刑。如有的学者指出："上诉不加刑原则只适用于二审法院直接改判的案件，不适用于发回重审的案件。"[④] 有的学者认为，发回重审案件"当然不受上诉不加刑原则的限制"，但

---

① 陈光中主编：《刑事诉讼法学》，北京大学出版社 1996 年版，第 402 页。

② 樊崇义主编：《刑事诉讼法实施问题与对策研究》，中国人民公安大学出版社 2001 年版，第 574 页。

③ 陈光中、徐益初主编：《中国刑事诉讼程序研究》，法律出版社 1993 年版，第 286 页。

④ 陈光中主编：《刑事诉讼法实施问题研究》，中国法制出版社 2000 年版，第 263 页。

“仅仅是为达到加重被告人刑罚采用的一种策略手段，也不可取。因为这样做，同样没有法律根据，并会带来不良后果”。[①] 又如，上诉不加刑是指第二审人民法院直接改判时不得加重原判刑罚，不适用于发回重审的案件。对于发回重审的案件，原审法院应该依照第一审程序重新审理，查清事实、补充证据后，以事实为根据、以法律为准绳，该加刑的加刑，该减刑的减刑，甚至可以免予刑事处罚或宣告无罪。对于原判事实清楚，证据确实、充分，只是量刑偏轻的案件，二审法院不能发回重审。[②] 还有的学者认为，对于发现新的犯罪事实的案件，原审法院可以不受上诉不加刑的限制。但是，上述情况必须是“确属原判事实不清或证据不足以及真的发现了新的犯罪事实，在重审时加刑不属违背上诉不加刑原则”[③]。

另一种观点认为，发回重审案件不可以加刑。如有的学者认为，如果发回重审的案件可以加重被告人的刑罚，实际上是以变相加刑的方式否定上诉不加刑原则。其理由是：此时，第一审法院若对被告人加刑，按刑事诉讼法的规定并不违法。但这种情况与那种明显的违法重审，对上诉不加刑的损害结果是相同的。因为，为了变相加刑而发回重审的理由，与其是相同的。任何变相加刑的做法，都不仅会破坏上诉不加刑原则，而且必然导致被告人上诉权的不敢行使和二审终审制的落空，结果若不是有弊无利，至少也是弊大于利。[④]

从我国的司法现实来看，“实事求是、有错必纠”不可能在短时期内被抛弃。因此，对于发回重审的案件是否应受到上诉不加刑原则的制约问题，比较可行的方案是以一审重审后的案件事实有无变化作为是否加重原判刑罚的标准：如果重审后认定的犯罪事实超出了原判认定的犯罪事实范围，如发现了未被追诉的遗漏罪行，可以加重被告人的刑罚；如果重审后认定的犯罪事实与原判认定的犯罪事实相比并无变化，就不应该加重被告人的刑罚。

六、死刑复核程序

死刑复核程序是对于死刑的判决和裁定进行复审核准的一种特殊程序，包括

---

① 王国枢主编：《刑事诉讼法概论》，北京大学出版社 1981 年版，第 251 页。

② 陈光中、徐静村主编：《刑事诉讼法学》，中国政法大学出版社 1999 年版，第 387 页。

③ 王国枢主编：《刑事诉讼法学（新编本）》，北京大学出版社 1998 年版，第 347 页。

④ 樊崇义主编：《刑事诉讼法学研究综述与评价》，中国政法大学出版社 1991 年版，第 511–513 页。

对判处死刑立即执行案件的复核程序和对判处死刑缓期2年执行案件的复核程序。该程序源于隋唐以来的“复奏”制度，并为我国所独有。这一程序对于严格控制死刑数量、统一死刑适用标准、贯彻“少杀慎杀”政策曾起到过非常重大的作用。但是，在相当长的一段时间内，由于有关死刑复核程序立法的粗疏纰漏，导致实践中存在诸多问题，从而难以发挥其应有的作用。从当前司法改革的进程及趋势来看，死刑复核程序的改革势在必行，但如何改革，尚待探讨。本书从死刑的正当性出发，站在正当法律程序的角度，分析我国死刑复核程序中的非正当性程序，并就此提出我国死刑复核程序正当化出路之方案，以期能对完善我国诉讼制度有所裨益。

（一）死刑的正当性

死刑（Death Penalty），即生命刑，又称“极刑”，对这一古老的“最残忍、不人道与堕落的并且侵犯生命权”[①] 而又不乏生命力的刑罚，其正当性直到近世才引起人们的关注。尽管有人认为死刑废除论前有古人后有来者，[②] 甚至认为在古罗马共和国的最后100年，实际上废止了死刑，[③] 但真正吹起废除死刑号角的当推被誉为“近代刑法之父”的意大利刑法学家切萨雷·贝卡里亚（Cesare Beccaria）。

在贝卡里亚以前，尽管生命权被视为自然的权利，甚至将之神圣化，但都不否认死刑存在的正当性。如洛克从社会契约论的角度，认为生命权是不可剥夺的。“因为一个人既然没有创造自己生命的能力，就不能用契约或通过同意把自己交由任何人奴役，或置身于别人的绝对的、任意的权利之下，任其夺去生命……凡是不能剥夺他人生命的人，就不能把支配自己生命的权力给予别人。”[④] 但是，洛克并不因此而绝对否定国家对人的生命的剥夺的正当性。他认为：“在自然状态中，人人都有处决一个杀人犯的权利，以杀一儆百来制止他人犯同样的无法补偿的损害行为，同时也是为了保障人们不受罪犯的侵犯，这个罪犯既已灭绝理性——上帝赐给人类的共同准则——以他对另一个人所施加的不义暴力和残杀而向全人类宣战，因

① 1977年，大赦国际发表了《斯德哥尔摩宣言》，开宗明义地宣告：“死刑是最残忍、不人道与堕落的刑罚，并且侵犯生命权。”

② 邱兴隆：《从信仰到人权——死刑废止论的起源》，载《法学评论》2002年第5期。

③ ［日］团藤重光著：《死刑废止论》，日本有斐阁1992年版，第136页。

④ ［英］洛克著：《政府论（下篇）》，叶启芳、瞿菊农译，商务印书馆1997年版，第17页。

而可以当作狮子或老虎加以毁灭，当作全人类不能与之共处和不能有安全保障的一种野兽加以毁灭。”① 正是从生命权可以丧失的这样一个命题中，洛克推出了处决杀人者的正当性：“诚然，当一个人由于过错，做了理应处决的行为而丧失了生命权的时候，他把生命丧失给谁，谁就可以（当他已掌握他时）从缓夺去他的生命，利用他来为自己服役。”②

卢梭也认为生命权是不可剥夺的，但同时认为生命权不具有绝对性。生命权是人人所平等地享有的，正由于每个人都拥有不可剥夺的生命权，一个人的生命权的保全以他人不侵犯其生命权为前提。因此，人与人之间的生命权是互相依存的，只有人人都尊重他人的生命权，自身的生命权才有可能不受他人侵犯。这样，人在享有生命权的同时，又拥有不侵犯他人生命权的义务。而人一旦违背这种义务而剥夺他人的生命，他自身的生命权也就不复存在了。对罪犯处以死刑，“正是为了不至于成为凶手的牺牲品，所以人们才同意，假如自己做了凶手的话，自己也得死”。对罪犯处以死刑，“这与其说是把他当作公民，不如说是把他当作敌人”。③ 卢梭同样从社会契约论的角度，认为对罪犯处以死刑，是“把他当作公约的破坏者而流放出境，或者是当作一个公共敌人而处以死刑”④。

洛克与卢梭基于自然权利学说而为死刑作了有力的辩护，从生命权的不可侵犯性中推出了死刑的正当性。贝卡里亚则基于自然权利学说论证了国家不拥有为剥夺任何人的生命而设立与运用死刑的权力，且死刑既非必要的，也非正当的。首先，贝卡里亚认为，国家以“合法方式”处死公民是国家权力滥用的表现。他诘问道：“人们可以凭借怎样的权利来杀死自己的同类呢？这当然不是造就君权和法律的那种权利。君权和法律，它们仅仅是一份份少量私人自由的总和，它们代表的是作为个人结合体的普遍意志。然而，有谁愿意把对自己的生死予夺大权奉予别人操纵呢？每个人在对自己作出最小的牺牲时，怎么会把冠于一切财富之首的生命也搭进去呢？如果这是事实的话，它同人无权自杀的原则怎么协调呢？要是把这种权利交给他人或者交给整个社会，他岂不本来就应该有这种权利

① ［英］洛克著：《政府论（下篇）》，叶启芳、瞿菊农译，商务印书馆 1997 年版，第 9 页。
② ［英］洛克著：《政府论（下篇）》，叶启芳、瞿菊农译，商务印书馆 1997 年版，第 17 页。
③ ［法］卢梭著：《社会契约论》，何兆武译，商务印书馆 2003 年版，第 42-43 页。
④ ［法］卢梭著：《社会契约论》，何兆武译，商务印书馆 2003 年版，第 43 页。

吗?"[①] 贝卡里亚还从以下几个方面说明了死刑是不必要的：一是死刑会引起人们对受刑者的怜悯。"在大部分人的眼里，死刑已变成了一场表演，而且，某些人对它怀有一种愤愤不平的怜悯感。占据观众思想的，主要是这两种感情，而不是法律所希望唤起的那种健康的畏惧感。当怜悯感开始在人们心中超越了其他情感时，立法者似乎就应该对刑罚的强度作出限制。"[②] 二是死刑起不到遏制犯罪的作用，用死刑来向人们证明法律的严峻是没有益处的。"酷刑的场面给予人们的常常是一副铁石心肠，而不是教人悔过。"[③] 三是死刑制度造成了"法律禁止杀人"与"国家合法杀人"的矛盾，并且死刑败坏社会道德。既然国家的法律规定杀人是严重的罪行，也应以身作则，不去杀人，但"体现公共意志的法律憎恶并惩罚谋杀人的行为，而自己却在做这种事情；它阻止公民去做杀人犯，却安排一个公共的杀人犯"[④]。

对于贝卡里亚废除死刑的思想，康德很不以为然。他从报应主义出发，认为死刑这种惩罚方式找不到任何其他方式来进行换算，因为，一经换算，那个司法正义的天平就永远失去了平衡。因此，"杀人者必须处死，在这里，没有什么法律的替换品能够用来满足正义的原则"[⑤]。为说明死刑的必要性，康德甚至假定，在某个海岛上有一个公民社会，经过它所有成员的同意，决定解散他们曾经通过契约而建立起来的社会，从此彼此分开散居到世界各地，不再重新组建社会。在这种情况下，对监狱里最后一个故意杀人犯，也要对其执行死刑以后，方可执行他们已经达成的解散社会的决定。[⑥] 按照康德的思想，死刑制度的废除只有在社会生活不存在的情况下才是可能的。

继康德之后，黑格尔也认为贝卡里亚以社会契约论作为反对死刑的理由难以成立。在黑格尔看来，"国家根本不是一个契约，保护和保证作为单个人的个人生命财产也未必就是国家实体性的本质，反之，国家是比个人更高的东西，它甚

① ［意］贝卡里亚著：《论犯罪与刑罚》，黄风译，中国大百科全书出版社1993年版，第45页。

② ［意］贝卡里亚著：《论犯罪与刑罚》，黄风译，中国大百科全书出版社1993年版，第47页。

③ ［意］贝卡里亚著：《论犯罪与刑罚》，黄风译，中国大百科全书出版社1993年版，第49页。

④ ［意］贝卡里亚著：《论犯罪与刑罚》，黄风译，中国大百科全书出版社1993年版，第49页。

⑤ ［德］康德著：《法的形而上学原理——权利的科学》，沈叔平译，商务印书馆1991年版，第166页。

⑥ ［德］康德著：《法的形而上学原理——权利的科学》，沈叔平译，商务印书馆1991年版，第166页。

至有权对这种生命财产本身提出要求，并要求为国牺牲"[1]，当然也就有权剥夺犯罪者的生命。黑格尔从"等价报应"的观点出发，认为对杀人者而言，其行为侵犯的不再只是人的定在的某一方面，而是生命这一人的定在的整个范围。因此，根据等价报应的要求，对杀人者所处的刑罚就不能仅仅存在于一般价值之中，而只能在于剥夺他的生命。因为，在这种情况下，报应只能采取同态的形式，才能真正体现出等价的要求。[2]

尽管贝卡里亚的废除死刑思想没有被立即接受，但其影响是深远的，自此之后，有关死刑的保留与废除的争论就一直未停止过。如意大利著名犯罪学家菲利就明确宣称自己是一个"诚服的死刑废除论者"。[3] 美国学者基于人权理念而主张废除死刑，所援引的是美国宪法第八修正案对"残忍与异常的刑罚"的禁止。主张死刑属于"残忍与异常的刑罚"者，以死刑违宪为由，认为它侵犯了犯罪人的基本人权，进而主张废除死刑。[4] 但死刑保留论者则认为，第十五修正案规定的任何人都不应被"不经法律的正当程序而剥夺生命、自由或财产"暗示着在经过"法律的正当程序"，人们可以被"剥夺生命、自由或财产"，即死刑是一种合法的刑罚，[5] 从而反推出了经过正当法律程序而剥夺生命的正当性。

有关死刑的保留与废除的争论并未局限在理论上。1948 年《世界人权宣言》规定，"人人有权享有生命、自由与人身安全"，"任何人不得承受酷刑或者残忍、不人道或侮辱性的刑罚"。首先，死刑以剥夺犯罪人的生命为内容，因而构成对犯罪人的基本人权的侵犯。其次，死刑是一种残忍的刑罚。在大赦国际看来，"死刑的残忍性是显而易见的。与酷刑一样，一种处决对一个已经被政府当局弄得无助的人构成一种极度的肉体与精神上的痛苦"[6]。《关于废除死刑的〈公民权利和政治权利国际公约〉第二任择议定书》则旗帜鲜明地宣称，"废除死刑有助于提高人的尊严和促进人权的持续发展"，"废除死刑的所有措施应视为是

---

① ［德］黑格尔著：《法哲学原理》，范扬、张企泰译，商务印书馆 1961 年版，第 103 页。

② ［德］黑格尔著：《法哲学原理》，范扬、张企泰译，商务印书馆 1961 年版，第 104 页。

③ ［意］菲利著：《犯罪社会学》，郭建安译，中国人民公安大学出版社 1990 年版，第 166 页。

④ Ernest van den Haagand John P.Conrad.the Death Penalty: a Debate, New York and London: Plenum Press, 1983, p.164.

⑤ Ernest van den Haagand John P.Conrad.the Death Penalty: a Debate, New York and London: Plenum Press, 1983, p.157.

⑥ Amnesty International USA.When the State Kills…the Death Penalty: a Human Rights Issue, 1989, p.2.

在生命权方面的进步”。根据大赦国际 1987 年 5 月在意大利锡拉库扎召开的死刑问题国际研讨会提供的数字，当时在法律上废除死刑的国家已达 48 个，这一数字还不包括实际上不适用死刑的国家。1989 年 12 月 15 日，第 44 届联合国大会，以 59 票赞成、26 票反对、48 票弃权，通过了废止死刑的国际公约。据相关资料显示，到 20 世纪末，世界上没有死刑及不处死刑的国家已达 85 个，在全球 180 个国家中占 47%。①

上述有关死刑的保留与废除的争论以及国际范围内的废止死刑运动对我国的刑法理论产生了重大影响，学界于 20 世纪 90 年代便已展开是否废除死刑的大讨论。主流的观点认为，死刑应当废除，但现在不能废除。确切地说，在中国，从长远来看，应当废除死刑，但当前中国还不具备废除死刑的现实条件。从物质文明程度上来说，中国尚是一个发展中国家，在物质条件落后的情况下，生命价值同样保持在一个与物质条件相对应的较低水平上，缺乏经济发达社会对于犯罪所具有的容忍性。并且当一个社会的物质文明程度没有发展到一定水平，当权者是不可舍弃死刑这一刑罚方法的。从精神文明程度上来说，在一个精神文明程度较低的社会，报应观念越强烈，对于死刑的认同感就越强。而只有当精神文明程度发展到一定水平，超越报应的刑罚人道主义思想才具有存在的社会土壤。目前，我国的精神文明程度还处在一个较低的水平上，废除死刑还缺乏广泛的社会认同。因此，从物质文明与精神文明两个方面来说，我国目前尚不具备废除死刑的条件。② 笔者赞同这一观点，同时认为，只有当人们把自由看得比生命更可贵的时候，才可能从根本上废除死刑。

虽然不能废除死刑，但考虑到死刑的残酷性以及适用错误的不可挽回性，限制死刑还是完全应当的。从总体上看，对死刑适用的限制可分为立法限制和司法限制两大方面。在立法方面，主要是限制死刑的适用范围。根据《公民权利和政治权利国际公约》第 2 条的规定，判处死刑只能是作为对最严重的罪行的惩罚，而联合国经社理事会在有关文件中，将这里的“最严重的罪行”解释为类似于谋杀这样的严重危及人身的犯罪。因此，对非暴力的经济犯罪、妨害风化犯罪等死刑条款应予以削减。在司法方面，应当严格遵守法定程序，特别注重适用死刑

① 转引自陈兴良著：《刑法适用总论（下卷）》，法律出版社 1999 年版，第 140 页。

② 陈兴良：《死刑存废之应然与实然》，载《法学》2003 年第 4 期。

程序公正问题。在办理死刑案件过程中，从侦查、审查起诉、一审、二审、死刑复核直到行刑等各个环节，确保案件的公正审理。在这里，我们只讨论死刑复核程序的正当化问题。

（二）死刑核准权的归属及其正当性

1. 死刑核准权归属之变迁

（1）由“分”到“统”。1950 年召开的第一届全国政法会议上规定，一般死刑案件由省以上人民法院核准执行，重大案件送请上级人民法院核准执行。在 1950 年 7 月 20 日经政务院会议通过的《人民法院组织通则》和 1950 年 7 月 23 日由政务院和最高人民法院联合发布的《关于镇压反革命活动的指示》中，对中华人民共和国成立初期判处死刑的批准权限均规定为：县（市）人民法庭（分庭）判处死刑的，由省人民政府或者省人民政府特令指定的行政公署批准；大行政区直辖市人民法庭（分庭）判处死刑的，由大行政区人民政府（军政委员会）批准；中央直辖市判处死刑的，由最高人民法院院长批准。

1954 年 9 月 20 日经第一届全国人民代表大会第一次会议通过的《人民法院组织法》第 11 条规定：“中级人民法院和高级人民法院对于死刑案件的终审判决和裁定，如果当事人不服，可以申请上一级人民法院复核。基层人民法院对于死刑案件的判决和裁定，如果当事人不上诉、不申请复核，应当报请高级人民法院核准后执行。”根据这一规定，死刑案件的核准权分别由最高人民法院和高级人民法院行使。

1956 年 9 月，中国共产党第八次全国代表大会决定指出：“除少数罪大恶极、引起人民公愤的罪犯不能不判处死刑以外，其余罪犯一律免予处死……需要处死的案件，应当一律归最高人民法院判决或核准。”根据中央的这一决定，1957 年 7 月 15 日，第一届全国人民代表大会第二次会议作出相应的决定，今后的一切死刑案件，都由最高人民法院判决或者核准。

1958 年 9 月，最高人民法院发出通知，规定各地判处死刑缓期 2 年执行的案件一律不再报送最高人民法院复核。这是我国第一次对判处死刑立即执行的核准权和对判处死刑缓期 2 年执行的核准权分别由最高人民法院和高级人民法院行使的立法。

（2）由“统”到“分”。“文革”时期，死刑案件核准权下放给各省、市、自治区革命委员会行使。

（3）再由“分”到“统”。1979年7月1日，第五届全国人民代表大会第二次会议通过的《刑法》、《刑事诉讼法》和《人民法院组织法》均明确规定死刑由最高人民法院核准。如1979年《刑法》第43条规定：“死刑除依法由最高人民法院判决的以外，都应当报请最高人民法院核准。”1979年《刑事诉讼法》第144条规定：“死刑由最高人民法院核准。”1979年《人民法院组织法》第13条规定：“死刑案件由最高人民法院判决或者核准。”

（4）再由“统”到“分”。1980年2月12日，第五届全国人大常委会第十三次会议批准在1980年内对现行的杀人、强奸、抢劫、放火等犯有严重罪行应当判处死刑的案件，最高人民法院可以授权省、自治区、直辖市高级人民法院核准。

1981年6月10日，第五届全国人大常委会第十九次会议通过了《关于死刑案件核准权问题的决定》，规定在1981年到1983年内，对犯有杀人、抢劫、强奸、爆炸、放火、投毒、决水和破坏交通、电力等设备的罪行，由高级人民法院终审判处死刑的，或者中级人民法院一审判处死刑后被告人不上诉、经高级人民法院核准的，以及由高级人民法院一审判处死刑，被告人不上诉的，都不必报最高人民法院核准。

1983年9月2日，第六届全国人大常委会第二次会议通过了《关于修改〈中华人民共和国人民法院组织法〉的决定》，规定死刑案件除由最高人民法院判决的以外，应当报请最高人民法院核准。同时规定，对杀人、强奸、抢劫、爆炸以及其他严重危害公共安全和社会治安判处死刑的案件的核准权，最高人民法院在必要的时候，得授权省、自治区、直辖市的高级人民法院行使。

1991年6月6日，最高人民法院决定将云南省的毒品犯罪死刑案件的核准权授权给云南省高级人民法院行使。

1993年8月18日，最高人民法院决定将广东省的毒品犯罪死刑案件的核准权授权给广东省高级人民法院行使。

（5）再由“分”到“统”。1996年3月17日和1997年3月14日修改刑事诉讼法和刑法时再次重申死刑由最高人民法院核准。如1996年《刑事诉讼法》第199条规定：“死刑由最高人民法院核准。”1997年《刑法》第48条第2款规定：“死刑除依法由最高人民法院判决的以外，都应当报请最高人民法院核准。死刑缓期执行的，可以由高级人民法院判决或者批准。”

（6）再由“统”到“分”。就在1996年刑事诉讼法通过的第二天，即1996年3月18日，最高人民法院决定将广西、四川、甘肃的走私、贩卖、运输、制造毒品等犯罪死刑案件的核准权（最高人民法院判决的和涉外的毒品犯罪死刑案件除外），依法分别授权由广西壮族自治区、四川省、甘肃省高级人民法院行使。

1997年9月26日，最高人民法院发出《关于授权高级人民法院和解放军军事法院核准部分死刑案件的通知》，继续授权高级人民法院和解放军军事法院核准部分死刑案件。

2. 死刑核准权下放的正当性

死刑核准权归属由“分”到“统”，再由“统”到“分”，反反复复，变化“无常”，并不是某些人的激情创作，而是有它的内在原因，分有分的道理，统有统的根据。首先，让我们看一看死刑核准权分散行使的正当性问题。

（1）死刑核准权分散行使符合我国现实国情和司法实际的需要。贝卡里亚曾言：“惩罚犯罪的刑法越是迅速和及时，就越公正和有益。”“说它比较公正是因为：它减轻了捉摸不定给犯人带来的无益而残酷的折磨……”“我说刑罚的及时性是比较有益的，是因为：犯罪与刑罚之间的时间隔得越短，在人们心中，犯罪与刑罚这两个概念的联系就越突出、越持续，因而，人们就很自然地把犯罪看作起因，把刑罚看作不可缺少的必然后果。”[①] 我国地域辽阔，最高人民法院同各级人民法院之间，空间跨度大，距离遥远，上报复核和核准后发回所需时间长，少则十几天，多则数十天。如果说死刑的保留是必要的话，那么，让死刑犯站在死亡的深渊边沿发抖十几天，乃至数十天，则是不必要的。这不仅给死刑犯增加了不必要的痛苦，有违刑罚的人道化，而且容易使人们产生这样一种感觉，即对死刑犯所判死刑与其所犯罪行并没有必然的联系，反而会增加人们对他的怜悯，既起不到刑罚报应之目的，也起不到死刑威慑之效应。

（2）死刑核准权分散行使是罪刑均衡的要求。罪刑均衡的基本含义体现在“罪当其罚、罚当其罪”这一古老的法律公式里，追求罪刑之间的价值（质与量）上的对称关系，是人类天生追求对等性的本能，也是最原始、最朴素的公正表现形式，其基本价值蕴含就在于公正。[②] 按照罪刑均衡的要求，刑罚不仅要与

① ［意］贝卡里亚著：《论犯罪与刑罚》，黄风译，中国大百科全书出版社1993年版，第56-57页。
② 陈兴良：《罪刑均衡的价值蕴含》，载《法律科学》1996年第4期。

罪犯所犯罪行之轻重即犯罪行为的社会危害性相一致，也要与犯罪人之人身危险性相一致，前者强调刑罚的一般化，后者注重刑罚的个别化。任何犯罪均是在特定的时空和环境（包括自然环境和人文环境）下形成的，时空的不同，环境的变化，犯罪的性质及其危害后果也会随之而改变。同是抢劫，抢劫对象不同，环境不同，如在灾区抢劫救济款物与在工厂抢劫一般产品，其危害后果各异，所体现的犯罪人的人身危险性迥异，最终所判刑罚当然不同，一个可能判处死刑，另一个也许只判处 3 年有期徒刑。我国地域辽阔，同一种犯罪行为由于其所处地域环境不同，所造成的客观危害不同，在量刑上应区别对待。因此，死刑核准权分散行使有利于落实刑罚个别化。

（3）死刑核准权分散行使有利于减轻最高法院的案件处理压力。我国人口众多，同某些国家相比，我国刑事犯罪率较低，但犯罪的绝对人数并不少。正常情况下，犯罪分子被判处死刑的人数较少，最高人民法院行使死刑核准权较妥当。但在集中打击犯罪活动时，被判处死刑的罪犯数量相对增加，如果这些案件都由最高人民法院复核，则不利于从重从快打击犯罪。① 这一说法相对保守，并没有考虑到我国犯罪概念中的定量因素。事实上，国外大部分犯罪，在我国通常作为一般违法行为来对待，因而我国“刑事犯罪率”并不比国外低，加上我国人口基数较大，即使在正常情况下，被判处死刑的人数也不会少。据有关专家预测，如果将下放的死刑案件的核准权收回，最高人民法院至少要增加 500 名专职复核死刑的法官。② 从 20 多年的审判实践来看，死刑核准权下放是有利的，主要表现为减轻了最高人民法院的负担，节省了办案的时间和费用。特别是在“严打”期间，死刑核准权的下放有利于及时打击严重的现行刑事犯罪，对于威慑犯罪、保护人民、维护社会治安起到了比较重要的作用。③

3. 死刑核准权收回的正当性

死刑核准权收回的正当性主要体现在其与死刑核准权下放的非正当性之比较所表现出的优越性上。

---

① 陈光中、严端主编：《中华人民共和国刑事诉讼法修改建议稿与论证》，中国方正出版社 1999 年版，第 342 页。

② 李佑标：《关于死刑复核程序若干问题的研究》，载陈光中、徐静村主编：《诉讼法理论与实践》（2004 年卷），中山大学出版社 2005 年版，第 418 页。

③ 孙应征、陈卫东、李贵方：《死刑复核权面面观》，载中国普法网。

（1）死刑核准权的收回有利于减少死刑的数量。但死刑核准权的下放有可能导致个别地区在掌握和适用死刑标准时出现随意性，降低适用死刑的规格，放松对适用死刑的应有控制，导致死刑的适用过多。特别是在“从重从快”要求的影响下，这种倾向尤为明显。对于这一弊端，早就有学者指出，“近几年，某些地区实际适用死刑偏多，个别地区甚至出现错杀，原因固然有很多，但与死刑核准权长期下放不无关系”①。

（2）死刑案件由最高人民法院核准，便于统一掌握死刑的标准。将大部分死刑案件的核准权下放到高级人民法院和解放军军事法院行使，难免会造成适用死刑标准掌握不统一。例如，毒品犯罪案件，走私、制造、贩卖、运输毒品，刑法规定满50克就可判处死刑，在上海，不满400克不判处死刑；在甘肃，满100克就判处死刑；② 而在湖北，现在一般掌握在200克或者300克。又如，贪污受贿案件，在广东、深圳发生的几起案件，贪污受贿一两千万元都没有判处死刑，而在其他一些地区，贪污三五百万元就可能判处死刑。过去盗窃案件可判处死刑的时候，湖北达到3万元就可以判处死刑，而有些省份达1万多元，就判处死刑了。③ 死刑量刑标准的不统一势必影响法制的统一。

（3）死刑核准权的收回能够有效防止司法地方化，避免死刑案件的审理和判决遭受地方的影响和压力。在我国，地方各级法院是按照行政区划设置的，因此，有时候司法判决很难避免地带有浓厚的地方色彩，死刑核准权的下放，使死刑案件也不可避免地受到地方领导干部的干预。因为法院院长、庭长均由地方人大任命或者组织部考核任命，在行使权力时不得不考虑地方党政领导的意见。特别是对于当地有重大影响，或者当地党政领导出于某种考虑，如维护社会稳定、促进经济发展、开展某项政治文化活动、平息民愤等，往往会就某些案件的处理作出指示，乃至具体的处理意见。有的法院甚至主动向当地政法委、党委汇报情况，请求指示和处理意见；有的法院虽然有独立审判的意识，但由于扛不住当地政法委、党委的压力，而不得不屈从其指示或意见。这对判决的公正性和权威性都是不利的。

---

① 沈德咏：《关于死刑复核程序的几个问题》，载陈光中主编：《刑事诉讼法学五十年》，警官教育出版社1999年版，第302页。

② 周道鸾：《试论死刑复核程序的完善》，载《人民司法》2004年第8期。

③ 孙应征、陈卫东、李贵方：《死刑复核权面面观》，载中国普法网。

（三）死刑复核程序的非正当性运作

1. 死刑复核程序的虚置化

（1）形式上的虚置化。死刑复核程序形式上的虚置化主要表现为死刑复核程序与二审程序的合二为一。这是当前死刑复核程序存在的最突出问题之一。死刑复核程序是死刑案件的必经程序。但是，在审判实践中，授权由高级人民法院核准死刑立即执行的案件。实际做法是：中级人民法院判处死刑的第一审案件，在法定期限内被告人不上诉、人民检察院不抗诉的，即报请高级人民法院复核；中级人民法院判处死刑的第一审案件，在法定期限内被告人提出上诉或者人民检察院提出抗诉的，高级人民法院经审理作出的驳回上诉（或者抗诉）、维持原判（死刑）的二审判决书或裁定书中通常表述为："根据最高人民法院依法授权高级人民法院核准部分死刑案件的规定，本裁定即为核准死刑的裁定。"这样一来，高级人民法院就不再另行组成合议庭，按照死刑复核程序进行复核，从而将二审程序与死刑复核程序合二为一。这种做法，对于司法实践部门来说，有利于简化程序，提高办案效率，但这一做法，使同一审判组织集二审审判权和死刑核准权于一体，使死刑复核程序难以起到救济的作用，实际上等于取消了死刑复核程序。

（2）实质上的虚置化。即使死刑复核程序与二审程序相分离，但由于死刑复核审与二审由同一法院内的审判组织负责审理，受同一审判委员会的领导，而当前所有的死刑案件都要经审判委员会讨论决定，因为死刑案件属审判委员会讨论的疑难重大案件范围。在这种情况下，二审审理结束后被判处死刑的案件，马上交予同一法院其他审判组织复核，最后还得回到审判委员会，由于受思维定式的影响，同一审判委员会不可能在极短的时间内否定自己先前的决定。这样一来，案件经另一复核庭进行复核仍然会使复核程序流于形式。

2. 死刑复核程序的行政化

（1）死刑复核程序启动的行政化。我国死刑复核程序采用的是自动报核、自动适用的原则，即对案件作出一审死刑判决的法院，在上诉期间内，若当事人不上诉，人民检察院不抗诉，或者作出二审死刑裁判的法院，在裁判宣布之后，必须依法将案件主动报请拥有死刑核准权的法院进行核准。这种自行启动的做法，与一审、二审程序的启动相比，更具有行政色彩，缺乏诉讼特征，同时也不符合法院的消极、中立诉讼地位和不告不理原则的要求。一方面，有忽略诉讼当事人的诉讼权利之嫌；另一方面，也加大了行使死刑核准权法院的工作量，既不符合诉讼公正的要求，也不利于提高死刑案件的诉讼效率。① 正如有的学者所指出的，现行的死刑复核程序在启动方面所具有的行政化倾向，大体上没有超出中国古代实行的死刑核准制度的套路和框架。只不过过去是由下级官员将死刑裁决直接上报中央审判机构甚至皇帝审批或核准，而现在是由下级法院报请上级法院予以核准。②

（2）死刑复核程序审核的行政化。我国死刑复核程序审核的行政化表现之一就是审核的单方性。审判人员在进行死刑复核时既无须进一步听取控诉方的意见，也无须听取辩护方的陈述；既无须讯问被告人，也无须传唤证人、鉴定人等出庭作证。最高人民法院在 1992 年 1 月 27 日《关于律师参与第二审和死刑复核诉讼活动的几个问题的电话答复》中明确规定："死刑复核程序是一种不同于第一审和第二审的特殊程序。在死刑复核程序中，律师可否参加诉讼活动的问题，法律没有规定，因此不能按照第一审、第二审程序中关于律师参加诉讼的有关规定办理。"也就是说，在死刑复核过程中，辩护方是无权参与的。表现之二是审核的书面性。审判人员在进行死刑复核时只需对案件的诉讼文书以及有关证据材料进行书面审查，既无须传唤证人、鉴定人等出庭作证，也无须进行任何庭外调查。表现之三是审核的秘密性。审判人员在进行死刑复核时既无须公开审理，也无须开庭审理，甚至三名审判人员是否必须一起阅卷并进行评议，法律以及有关司法解释都未作出规定。③

（四）死刑复核程序正当化的出路

对于我国死刑复核程序存在的问题，学界提出过种种应对方案。有的学者提出，可以考虑在最高人民法院设立专门的死刑复核机构，集中一批得力的审判人员，甚至也可以从各高级人民法院选派一批业务素质高的死刑复核人员到最高人民法院，专事死刑复核工作；也有学者提出，鉴于现实需要，可以考虑由最高人民法院按照全国各大行政区划，设立数个巡回复核庭，定期或不定期巡回复核死

① 樊崇义主编：《刑事诉讼法实施问题与对策研究》，中国人民公安大学出版社 2001 年版，第 582 页。

② 陈瑞华著：《刑事诉讼前沿问题》，中国人民大学出版社 2000 年版，第 456-457 页。

③ 陈永生：《对我国死刑复核程序之检讨——以中国古代及国外的死刑救济制度为视角》，载《比较法研究》2004 年第 4 期。

刑案件，还可以考虑在各大区、大型城市和案件高发省派驻常设法庭，负责所辖区域的死刑复核；还有的学者甚至提出，取消死刑复核程序，对死刑案件进行三审终审制。这些方案应当说均有道理，但是否可行有待进一步论证和考察。不过，不论采取何种方案，我国死刑复核程序正当化的根本出路应当是实行死刑复核程序的诉讼化。

死刑复核程序的诉讼化即指将死刑复核由现在的行政性报核程序改为诉讼性审判程序。具体内容包括：

一是改法院主动报核为被动受理审核，即死刑复核程序的启动应由被告人提起上诉或者检察院提起抗诉的方式进行。也就是说，如果被告人不提起上诉，检察院也不提起抗诉，就不再进行死刑复核。从本质上说，死刑复核程序是一种救济程序，如果被告人不提起上诉，检察院也不提起抗诉，就意味着不存在救济的需求，此时启动死刑复核程序“师出无名”。另外，改法院主动报核为被动受理审核不仅是司法权被动性的当然要求，而且有利于集中人力、物力重点处理那些被告人提起上诉的亟待给予救济的案件，既能够保证这些案件处理的质量，也有利于司法资源的合理配置。

二是改全面审核为有限审核，即死刑复核的范围由现在的全面审核改为就被告人上诉或者检察院抗诉的范围进行审核。与上述第一项内容相联系，鉴于死刑复核程序的救济性和司法权的被动性，死刑复核的范围应限于被告人上诉或者检察院抗诉的范围。

三是将死刑复核程序的审核由现在的单方的、书面的、秘密的审核方式改为控辩双方同时到场的开庭审理方式。死刑复核程序的单方的、书面的、秘密的审核方式，不仅容易造成法院内部的“暗箱操作”，影响程序的公正性，[①] 而且连基本的诉讼形式都没有，从而造成刑事诉讼基本构造的严重缺失。因此，死刑复核程序的审核方式必须要有一个开庭审理的形式，法官在进行死刑复核时，控辩双方应同时到场，可就事实的认定、证据的采用，罪名的界定、刑罚的适用等问题展开辩论，必要时可传唤证人、鉴定人等出庭作证。法官在听取控辩双方意见的基础上，依法予以核准死刑、改判或者发回重审。

四是保障死刑复核程序的辩护权。对于可能判处死刑的案件，刑事诉讼法已

---

① 陈瑞华著：《刑事诉讼前沿问题》，中国人民大学出版社 2000 年版，第 467 页。

明确规定必须有辩护人参加，对于被告人没有委托辩护人的，人民法院要为其指定承担法律援助义务的律师为其进行辩护。这在一审、二审程序中至少在形式上是不成问题的，但在死刑复核程序中，在最终决定被告人生死存亡的最关键时刻，却没有辩护人帮助，这在情理上是难以说得过去的。因此，为保障被告人的辩护权得以充分行使，凡死刑复核案件，必须有辩护人参加（甚至可以考虑必须由律师来充当被告人的辩护人），被告人没有委托辩护人的，人民法院必须为其指定承担法律援助义务的律师担任其辩护人，且法官在进行死刑复核时，辩护人必须到场为被告人提供辩护。

五是规定死刑复核的期限。诉讼程序需有诉讼期限，死刑复核也应当有期限。考虑到死刑案件的特殊性，死刑复核的期限应以 1 个月为宜。

七、再审程序

再审程序，即对生效裁判的纠错程序，通常被视为“非常救济程序”。① 其在不同的国家有不同的名谓，法国称之为“申请复审程序”或“为维护法律的利益而上诉”，日本称之为“非常上告程序”，罗马尼亚称之为“特殊的上诉程序”，前南斯拉夫称之为“特别复议要求程序”，俄罗斯称之为“发生法律效力的刑事判决、裁定和决定的重审”。② 而我国则称之为审判监督程序，是指人民法院、人民检察院对已经发生法律效力的判决和裁定，发现在认定事实或者适用法律上确有错误时，依法提出并由人民法院对案件重新进行审判的一种诉讼程序。从维护法院判决的稳定性、权威性角度考虑，判决一经生效，就不允许随意变更。然而，由于实际情况的复杂性，对某些已经生效的刑事裁判重审与法律的目的和任务并不相悖。这种“特别救济”一方面能够弥补司法的重大失误（错误），从根本上有助于树立司法权威；另一方面，对于那些亟须权利救济的被告人来说，穷尽一切救济手段后，有利于其认罪服判。当然，再审程序犹如一把“双刃剑”，若使用不当，国家与个人则两受其害。因此，必须对其进行科学规范，尽量消除其破坏判决既判力的消极影响，同时充分发挥其纠错救济的积极功能。

---

① 陈瑞华：《刑事再审程序研究》，载《政法论坛》2000 年第 6 期。

② 樊崇义等著：《刑事诉讼法修改专题研究报告》，中国人民公安大学出版社 2004 年版，第 596 页。

（一）再审的正当性与非正当性

1. 再审的正当性

（1）再审存续的正当性。刑事审判是法官在控辩双方及其他诉讼参与人的参加下，依照法定的权限和程序，对于依法向其提出的诉讼请求的案件进行审理和裁决的诉讼活动。在这一活动中，由于法官的思维视角、深度及广度的限制，以及法官的主观偏好、情感取向等因素的影响，加之查明证据的技术力量、技术手段的有限与犯罪手段的狡猾等原因，不可避免地会造成法官对案件真相认识的偏差甚至错误。① 因此，基于人的理性能力的有限性，错误裁判的存在是具有必然性的。在我国，法官审理案件还受执法环境、条件的限制，法官队伍素质未能普遍提高到相当理想的程度，各项审判质量受到怀疑，最大限度地维护裁判既判力的时机远未到来，因此，加强审判监督工作，规范和完善再审程序十分必要。

那么，如何对待和处理这些错误裁判呢？西方国家有不同的做法，一方面，在不同程度上实行“一事不再理”原则（大陆法系国家），或曰“禁止双重危险”原则（英美法系国家），并把它作为被告人的一项诉讼权利，乃至宪法性权利，以维护被告人的利益和法院裁判的稳定性；另一方面，设立了以被告人申请为主，旨在保障被告人权利的再审程序，或者在诉讼之外采取其他补救办法，以纠正生效的错误判决。例如，法国有申请再审和申请复审两种再审程序，前者为被告人而设立，只限于为被告人的利益提起；后者为维护法律的统一适用而设立，由总检察长提起。德国再审程序的提起则不受限于为被判决人的利益，对被判决人不利的再审也可提起。英国和美国没有再审程序的概念，但从保护被告人的利益出发，被告人可以向最高法院申请人身保护令、调卷令等，使案件得以重新审查。② 在我国，则通过审判监督程序对生效的错误裁判进行重新审理。

（2）再审程序的实体真实发现之功能。实体真实主义是再审程序的理论基础。刑事诉讼的产生源于国家追诉犯罪的需要，其目的在于通过惩罚犯罪以维护统治秩序。有罪必罚意味着尽其所能查清案件事实，即使案件的处理结果已经发生法律效力，但一经发现错误，就可推翻生效判决，重新作出处理决定，且对这种推翻原判的做法不作时间与次数的限制。实体真实主义以准确地实现惩罚犯罪

① 徐静村主编：《刑事诉讼法学》，法律出版社 1999 年版，第 309 页。

② 樊崇义主编：《刑事诉讼法学》（修订版），中国政法大学出版社 2002 年版，第 326 页。

为目的，实体真实主义在刑事司法程序中自然表现为再审程序的许可发动性。一般认为，我国的再审程序是专为纠正已经发生法律效力的判决、裁定而设置的一种特殊补救程序。只要在认定事实和适用法律上确有错误，不论是漏罪还是判刑过轻，都要重新审理，并且不受时间限制，从而达到不枉不纵的目的。不枉不纵是我国刑事诉讼中体现出的对实体公正的追求。① 按照我国的主流诉讼理论，设立再审程序的最终目的，就是要贯彻“实事求是”的原则，最大限度地满足刑事诉讼对实体真实的追求，最大限度地实现刑事诉讼法的任务。

从客观上讲，再审程序确实具有实体真实发现的功能。从认识论的角度来看，刑事诉讼是诉讼主体（包括法官、检察官和当事人）对诉讼客体（即案件事实）不断深入认识的渐进过程。从立案、侦查到起诉、审判，是对案件事实的认识从无知到有知、从知之甚少到知之甚多，直到查清案件事实的过程。在这一过程中，如前所述，因主客观方面因素的影响，先前的裁判可能是错误的，通过再审程序，诉讼主体对案件材料、证据重新审查、检视，去伪存真，尤其是在两审终审之后，可能会出现一些新的，并且是重要的、可能推翻现有案件判决的证据。通过这些新证据，可能发现案件的本来面目。多一道工序，便多一层保障。通过再审程序，可以把一些假象过滤掉，或者弥补法官在先前诉讼程序中的疏漏。

（3）再审程序对错误裁判的纠错功能。再审程序作为错误生效裁判的救济程序，适用的前提是原生效裁判“确有错误”。如果裁判有错误，可能冤枉好人，也可能放纵犯罪分子；如果不能有效地加以纠正，则会破坏法制的严肃性。依据再审程序纠正错误的裁判，使无辜者免受追究，使有罪者受到应有的惩罚，这正是实事求是原则的根本要求和体现。所以，即使判决、裁定已经发生法律效力，但一经发现有错误，不论是在认定事实上还是在适用法律上，也不论是对原被告人有利的还是不利的，都要通过审判监督程序重新审理加以纠正，从而使无辜者得到平反昭雪，使轻纵的犯罪得到应有的惩罚。② 正如有的学者所言：“如果确实有错，就没有理由去维护这种错误的判决和裁定的稳定性，而应当按照‘有错必纠’的原则和法定程序及时加以纠正。”③

---

① 陈卫东著：《刑事审判监督程序研究》，法律出版社 2001 年版，第 56-60 页。

② 陈光中主编：《刑事诉讼法（新编）》，中国政法大学出版社 1996 年版，第 420 页。

③ 樊崇义主编：《刑事诉讼法学》（修订版），中国政法大学出版社 2002 年版，第 325 页。

设置再审程序的初衷是纠正错误裁判，那么，再审程序究竟能否纠正错误裁判呢？这就要看再审程序制度设计本身的科学性了。一般而言，再审程序还是能够纠正错误裁判的，包括对上述案件事实的重新认识，以及纠正法律适用方面的错误。只不过，科学合理的再审程序在纠正错误裁判方面发挥的作用能够得到充分发挥，而合理性欠佳乃至不科学的再审程序，在纠正错误裁判方面可能起不到应有的作用。

（4）再审程序的人权保障之功能。有关再审程序的正当价值，人们往往从其纠错的功能方面进行考虑，事实上，它还具有重要的人权保障价值。对于被判有罪的被告人来说，再审程序为其提供了又一次证明自己清白或者罪轻的机会。也就是说，再审程序的设立，在客观上为被告人“穷尽一切救济手段”提供了法律上的程序保障。从世界各国的普遍做法来看，对于被告人有利的再审通常是不作限制的；而对于不利于被告人的再审，除少数国家不作限制外，多数国家则是给予严格限制的。

2. 再审的非正当性

（1）再审会对法律关系的稳定构成破坏。《公民权利和政治权利国际公约》第 14 条第 7 款规定：“任何人已依一国的法律及刑事程序被最后定罪或宣告无罪者，不得就同一罪名再予审判或者惩罚。”这就是所谓的“一事不再理”，也称为“禁止双重危险”原则。该原则的基本含义是指对被追究者的同一行为，一旦作出具有法律效力的确定判决，不得再次启动新的刑事诉讼程序，即对同一行为不得再次进行审理和处罚。强调维护确定判决的既判力，也强调任何人不得因同一行为而遭受两次不利，其根本意义在于保护被追究者的合法权益，防止国家权力的滥用。之所以禁止这样做，对于法院来说，是基于公正和方便这两种想法。[①] 审判制度毕竟应当尊重自身的法庭判决，不管罪行性质而使一个人受到无休止的追诉是不适当的。[②] 维持刑事判决的既判力也是由程序本身的属性决定的。程序应当是稳定、固化的，经过程序认定的事实关系和法律关系，都被一一贴上封条，成为无可动摇的真正的过去，一切程序参加者都受自己的陈述与判断

① ［美］享普希尔著：《美国刑事诉讼——司法审判》（中译本），中国政法大学研究生院教务处 1984 年编印。

② 陈光中、徐静村主编：《刑事诉讼法学》，中国政法大学出版社 1999 年版，第 525-526 页。

的约束，法院的判决最典型地体现了由程序所产生出来的既定力与自缚性。[①]

程序正义的原理要求程序应具有终结性，即审判程序应具有“定分止争”的效力。刑事审判的目的是确定被告人的刑事责任问题，最终解决个人之间或个人与国家之间的利益冲突。如果程序不具有终结性，那么实际上就意味着此项冲突并没有得以解决，这不仅使诉讼当事人因程序的反复启动，其生活和利益始终处于不安定的状态之中，而且使国家裁判权丧失了应有的公权性和权威性。要解决国家与个人之间的争议，我们只能做到安排一种对国家与个人都有约束力的争议解决程序。尽管这种程序所产生的结论有可能违背实体正义的要求，但是由于它保证了裁判结果的稳定性，便使社会公众对法院的权威性产生信赖。

但是，允许再审意味着允许对“裁判的既判力原则”的否定，一方面，它动摇了司法裁判所具有的确定性。一个法律纠纷的解决，应当只能有一个明确的裁判，且裁判一经生效，就应当维持其稳定性，而不应被随意撤销、变更或废止。再审程序一经提起，便意味着原生效判决在很大程度上可能被否定，而原生效判决一旦被否定，其所确定的法律关系随即遭到破坏。另一方面，它否定了“程序的安定性”。一般而言，“如果一种争端程序总是因同一事项而被反复启动，它是不能成为程序的。”[②] 在我国，由于对再审的审级未作限制，一个经过再审的生效裁判还可能经过若干个再审程序，这种再审使得裁判的终局性在制度设计上即不存在，这使得司法裁判的不确定性大大增强。而一个法律效力难以确定的裁判是无所谓既判力的，其后果是司法裁判所确立的权利义务关系不能顺利得以实现，社会关系的稳定性受到影响。

因此，无论是从法院判决的稳定性方面还是从法的安定性方面来说，反复就某一已决案件启动重新审判程序，不可避免地会造成法院权威性的降低，并使被告人长期或者不断地陷入讼累，其命运和前途始终处于待判定和不确定的状态。[③]

（2）再审是对司法资源的浪费。波纳斯曾言：“正义的第二种意义，简单地说，就是效益。”[④] 为实现诉讼效益，我国台湾学者陈朴生曾提出了两项原则：一为不“过剩”，即减少不必要的程序；二为不“重复”，即已经起诉的同一案

---

① 季卫东著：《法治秩序的建构》，中国政法大学出版社 1999 年版，第 19 页。

② 陈瑞华：《通过法律实现正义》，载《北大法律评论》第 1 卷第 1 期，第 191 页。

③ 陈瑞华：《刑事再审程序研究》，载《政法论坛》2000 年第 6 期。

④ Richard A.Posner.The Economics of Justice,Little Brown Publishing Co.,1972,p.1.

件在同一法院或不同法院又起诉者，应“谕知不受理之判决，以终结其诉讼关系”。[①] 但再审程序的启动却在某种程度上明目张胆地浪费着司法资源，至少造成司法资源配置的不合理。在我国，刑事案件经过一审和二审的审理，无论是在事实、证据还是在法律适用方面都进行了全面审查。而再审程序一经启动，既可能从一审程序开始，也可能从二审程序开始，在这两种情形下都必须就事实、证据和法律适用问题进行开庭审理，审理后作出的裁判，仍属于未确定的裁判，当事人不服的，还可以提起再审程序，再审则又必须对事实、证据、法律适用问题进行全面审理。这种程序设置上的重叠导致司法工作的重复和司法资源的浪费，显然是不合理的。[②]

（3）再审客观上侵蚀着法院的权威。古罗马法学家乌尔比安在《论尤里亚和帕比亚法》中提出，“已决案被视为真理”。[③] 与其他争端解决方式相比，审判是法院以国家名义对有关各方业已发生的权利、义务争执作出最终权威性解决的活动。[④] 所谓“最终解决”，是指刑事案件一旦被提交法院审判，法院不仅要提出一项裁决，而且这一裁决对被告人的刑事责任的确定须具有最后的约束力：控辩双方一般不得再向法院提出重新审判的要求，其他任何机构也不得再受理这一案件，更不得就该案件再作出新的裁决或决定。所谓“权威性解决”，是指法院的裁判一旦生效，就会对控辩双方乃至整个社会具有法律约束力；控辩双方对于法院就被告人刑事责任问题所作的判定一般必须服从和遵守，而不论他们从心理上对这一裁决是否满意，也不论这一裁决是否对自己一方有利；裁决的内容尽管一般对其他公民没有直接影响，但他们仍应尊重和维护该判决的权威性，并有义务确保该判决得以顺利进行。[⑤] 因此，作为解决刑事冲突的最权威手段，刑事判决应得到尊重。而再审程序的随意启动给人们一种视法院判决如同儿戏一样的感觉，久而久之，人们不再给法院判决应有的尊重，法院的权威自然消失，诉讼的功能荡然无存。

---

① 陈朴生著：《刑事经济学》，台湾正中书局 1975 年版，第 386 页。

② 陈国庆、王莉：《试论我国再审程序之改革》，载《人民检察》2003 年第 11 期。

③ ［意］桑德罗·斯奇巴尼选编：《民法大全选择·司法管辖权、审判、诉讼》，黄风译，中国政法大学出版社 1992 年版，第 66 页。

④ 陈瑞华著：《刑事审判原理论》（第二版），北京大学出版社 2003 年版，第 1-2 页。

⑤ 陈瑞华著：《刑事审判原理论》（第二版），北京大学出版社 2003 年版，第 13 页。

（4）再审增加无辜者被定罪的可能性。就被告人而言，即使他是一个彻底的无辜者，但如果允许控诉方不受限制地开启审判程序，任何一个刑事案件在法院作出生效裁判后都可能一而再、再而三地成为再审的对象，被告人不得不长期忍受国家审判权的发动，这不仅会使他遭受不断的尴尬、损失和折磨，迫使他生活在持续的焦虑不安的状态中，而且极有可能被定罪。因为允许就同一事实对同一被告人重复审理，反复调查，被告人在与强大的国家公诉机关的对抗过程中，意志逐渐被消磨，精神也有可能被拖垮，其诉讼弱势越来越明显，最后甚至会因不堪诉累而放弃讨还公道。

（二）我国再审程序的非正当性运作

1. 法院自行启动再审程序的非正当性

我国再审程序非正当性运作的第一个表现就是法院自行启动再审程序。根据我国1996年《刑事诉讼法》第205条的规定，法院对再审程序的启动主要有三种情况：一是各级法院院长对于本院业已发生法律效力的判决或裁定，发现确有错误，必须提交本院审判委员会处理；二是最高法院对于全国各级法院业已发生法律效力的判决或裁定，发现确有错误，可以提审，也就是直接将某一由下级法院作出生效裁判的案件，提升至本院进行重新审判，或者指令某一下级法院进行再审；三是上级法院发现下级法院的生效裁判确有错误，可以直接提审或者指令下级法院再审。这种把法院作为提起再审主体的做法，直接违背了现代诉讼的一个基本法理，即“不告不理”原则。因为“从性质上说，司法权自身不是主动的，要想使它行动，就得推动它。向它告发一个犯罪案件，它就惩罚犯罪的人；请它纠正一个非法行为，它就加以纠正；让它审查一项法案，它就予以解释。但是，它不能自己去追捕罪犯、调查非法行为和纠察事实”①。富勒对此也曾形象地指出：“法院就像出了故障的闹钟，它们只在有人摇动时才能工作。”② 因此，法院进行审判活动都必须以“诉”的存在和提出为前提条件，而法院在控辩双方未提出再审申请的情况下自行提起再审，使得法院在再审案件中自诉自审，“造成了角色的错位，是典型的控审不分、不告而理，严重违背了不告不理、控

① ［法］托克维尔著：《论美国的民主》（上卷），董果良译，商务印书馆1991年版，第110页。

② Lon L.fuller.The Forms and Limits of Adjudication，in American Court System，1978 by W.H.Freman & Company.转引自陈瑞华著：《刑事审判原理论》（第二版），北京大学出版社2003年版，第9页。

审分离的诉讼原则”。[①]

此外，法院自行就生效裁判开始再审程序，失去了其应有的中立、被动地位，使再审活动缺乏最低限度程序公正的保障。这既是我国再审制度的最大特点，也是我国再审制度最大的缺点。[②] 法院自行启动再审程序，在某种程度上使“法院成为了自己案件的法官”，难以作为一个中立的裁判者在国家和被告人之间保持平衡，这至少在形式上使法院的裁判结果不符合公正的要求，更何况法院自行提起再审已经说明法院确信原裁判“确有错误”，这种在案件尚未审理之前所形成的预断已经预示着案件的命运，使庭审难免流于形式。

2. 启动再审程序的随意性

我国启动再审程序的随意性表现有二：一是刑事再审没有区分有利于被告人的再审和不利于被告人的再审，从而不论什么样的案件，只要法院或检察院认为存在错误，也不论是什么样的错误，均可提起再审。二是刑事诉讼法未对提起再审程序的期限和次数作出规定。法院或检察院一旦认为某个生效裁判在认定事实或适用法律上存在错误，就可随时随地地提起再审。有的学者指出，为了“实现刑事诉讼任务，再审被构建成可由检察机关和法院自行提起的‘审判监督程序’，使得任何生效裁判在认定事实和适用法律方面的错误，都可以随时得到纠正”[③]。应当说，程序本身具有限制恣意的功能，但“在程序限制恣意的同时，另一种形态的恣意却因这种程序而产生，这实在是法律中一种极具讽刺意味的辩证现象”[④]。

3. 启动再审程序理由的不确定性

生效裁判“确有错误”是1996年《刑事诉讼法》第205条规定的法院或检察院提起再审的法定理由。但何为“确有错误”？其内涵具有极大的不确定性和模糊性。有的学者将再审的理由理解为1996年《刑事诉讼法》第204条的规定，即“（1）有新的证据证明原判决、裁定认定的事实确有错误的；（2）据以定罪量刑的证据不确实、不充分或者证明案件事实的主要证据之间存在矛盾的；（3）原判决、裁定适用法律确有错误的；（4）审判人员在审理该案件的时候，有贪污受贿、徇私

① 范培根、范小华：《刑事再审程序之改革与重构》，载《法律适用》2001年第11期。

② 苏彩霞：《从〈公民权利和政治权利国际公约〉看我国刑事再审程序改革》，载《环球法律评论》2004年春季号。

③ 陈瑞华：《刑事再审程序研究》，载《政法论坛》2000年第6期。

④ 季卫东著：《法治秩序的建构》，中国政法大学出版社1999年版，第62页。

舞弊、枉法裁判行为的”。这一理解过于狭隘，且与刑事诉讼法的规定明显不符。因为上述四项规定只不过是当事人及其法定代理人再审申诉的法定理由，如果遇有原审人民法院审理是违反公开审判的规定、违反回避制度、剥夺或限制了当事人的法定诉讼权利可能影响公正审判、审判组织的组成不合法等情形的，难道就不能提起再审吗？当然可以。按照通常的理解，这种错误既可以是事实认定和证据采纳方面的错误，也可以是适用刑法和量刑方面的错误，还可以是在遵守法律程序方面的错误。同时，这种错误既可以是有利于原审被告人的错误，也可以是不利于原审被告人的错误。这种就再审理由所作的极为宽泛的规定，显然使法院、检察机关启动再审程序变得更加容易，也更加具有随意性。①

4. 申诉的制度性缺失

1996 年《刑事诉讼法》第 203 条规定：“当事人及其法定代理人、近亲属，对已经发生法律效力的判决、裁定，可以向人民法院或者人民检察院提出申诉。”由于这一关于申诉的规定过于简单化、笼统化，司法机关在申诉问题的处理上带有很强的行政性而使得申诉难以起到程序救济的作用。首先，申诉只是提起再审程序的一个材料来源，其性质与一般意义上的“来信”、“来访”并无实质上的区别，其效力是不确定的，突出表现为不能直接引起再审程序。其次，刑事诉讼法只规定了当事人及其法定代理人、近亲属可以申诉，但没有规定提出申诉的期限，也没有次数的限制。这一方面容易造成“滥诉”，另一方面容易造成对申诉的忽视。再次，申诉的理由主要是实体性问题，而一些重要的程序性问题，如违反公开审判原则、违反回避制度、审判组织的组成不合法等，没有纳入申诉的理由范围。这种“重实体、轻程序”的立法容易造成对当事人诉讼权利的忽视和侵犯。最后，对司法机关处理申诉，既没有处理的时限规定，也没有处理的程序性规定，“实践中，有许多环节是按非诉讼的方式运作的”②。

5. 再审案件管辖的非正当性

根据 1996 年《刑事诉讼法》第 203 条和第 206 条的规定，当事人申请再审的案件可由原审人民法院管辖，也可由原审人民法院的上级人民法院管辖；人民法院和人民检察院提起再审的案件，原审人民法院及其上级人民法院乃至最高人

① 陈瑞华：《刑事再审程序研究》，载《政法论坛》2000 年第 6 期。

② 陈光中主编：《刑事诉讼法实施问题研究》，中国法制出版社 2000 年版，第 286 页。

民法院都有权进行审理。而把原审法院作为再审法院则存在明显的不合理性，因为再审是重新审查原审裁判，并可能推翻原审裁判，原审法院与主审法官一般会因此受到或多或少的消极评价。正如有的学者所言，把原审法院作为再审法院就好比病人充当自己的医生，达不到预期的效果，尤其是当原审法官有贪污受贿、徇私舞弊、枉法裁判行为时，再审更易流于形式。[①] 此外，由于国家赔偿制度与错案追究制度的实施，原审法院为推卸责任，通常不愿意“打自己的耳光”而坚持原来的错误，从而使再审的纠错功能大打折扣。

6. 对不利于被告人再审的时效性缺失

从各国刑事诉讼法来看，由于多是禁止对不利于被告人的再审，因此，从维护被判决人权利的角度出发，很少对刑事再审的发起期限加以限定。而在允许对不利于被告人的再审的国家，为了保障被判决人的合法权益，许多国家对不利于被告人的再审作了一定的限制，如《奥地利刑事诉讼法》规定，对有利于被告人的再审请求，在被告人死亡后亦可提出；对不利于被告人的再审请求，只有在该行为尚未丧失追诉时效时方可提出。我国没有区分有利于被告人的再审和不利于被告人的再审，对再审提起的时效亦无限制。这样一来，一个人一旦被怀疑犯罪，甚至被定罪，乃至刑罚执行完毕，其身份一直处于不确定状态，随时都有可能被重新审判，这就像悬在已被定罪乃至判处刑罚的人头上的一把“达摩克利斯之剑”，随时都可能砍下来，严重影响了他们的正常生活。

（三）再审程序的正当化改造

1. 关于一事不再理原则的引进问题

一事不再理原则是《公民权利和政治权利国际公约》第 14 条第 7 款规定的刑事诉讼中被告人权利保障的一项基本原则，其正当法律程序价值以及引进这一原则的理由在前面“刑事审判原则”之“一事不再理原则”中已经论述，在此重申：我国刑事诉讼法完全可以在设立若干例外的情形下，明确规定这一原则。

2. 取消法院启动再审程序的权力

在任何一个现代法治国家，有关再审的申请都应由检察机构和原审被告人（即原来的控辩双方）向法院提出，而法院则在再审过程中充当权威的裁判者。在任何情况下，法院都不能在控辩双方未曾提出再审申请的情况下，自行就某一

① 徐美君、李奋飞：《刑事再审程序的理性思考》，载《法学》2000 年第 10 期。

生效判决或裁定发动再审程序。[1] 由于法院主动启动再审程序违背了“不告不理”、“控审分离”的原则，造成审判者和控诉者的角色混淆，且背离了程序公正应当具备的中立性要求，作为裁判者的法院无法在争讼双方之间保持一种超然的、不偏不倚的地位，因此，取消1996年刑事诉讼法关于最高法院、上级法院、原审法院可以自行、主动发动再审的规定已得到绝大多数学者的认同。

3. 规范申诉制度

在完善申诉制度问题上，首先，应将申诉设计成一种诉权，赋予其直接启动再审的效力。但为了防止滥诉和司法资源的浪费，笔者主张，将再审立案程序与再审审理程序分离，凡当事人及其法定代理人、近亲属提起的申诉案件，均应当立案，立案后经初步审查认为符合再审条件的，决定开庭审理；不符合再审条件的，裁定驳回申诉。其次，对不利于被告人的申诉时间和次数加以限制。对不利于被告人的申诉时间限定在作出生效裁判后的2年之内提出较为适宜，超过申诉期限提出的，不予受理；对不利于被告人的申诉次数以2次为限。最后，对于申诉的处理，法院内设专门法庭以开庭审理并作出裁定的方式，解决该申诉能否引起再审程序的问题，从而使申诉问题处理程序诉讼化。

4. 明确区分有利于被告人的再审与不利于被告人的再审

尽管多数国家不允许不利于被告人的再审，但从我国的诉讼现实来看，禁止对不利于被告人的再审还难以为国人所接受。笔者主张保留对被告人不利的再审，但刑事诉讼法应当将有利于被告人的再审与不利于被告人的再审区别对待。借鉴德国的立法经验，对于有利于被告人的再审，一般不作时效和次数的限制。只要再审申诉权人具有法定的理由，就可以随时就某一已决案件提出再审。但是，对于那些不利于被告人的再审，在启动时则要在时效和申请次数方面加以限制。

5. 重新规范再审理由

再审的理由应当根据再审是否有利于被告人来确定。具体而言，不利于被告人的再审，其理由应给予严格限制，一般限于原审法官、陪审员在制作原审裁判时有徇私舞弊、枉法裁判或者其他职务上犯罪行为的，原审案件的主要证人、鉴定人有严重伪证行为的，作为原审裁判主要依据的书证、物证被发现属于伪造或变造的。对于有利于被告人的再审，除可以依据上述理由外，有的学者提出，还

① 陈瑞华：《刑事再审程序研究》，载《政法论坛》2000年第6期。

可以考虑规定以下理由：有新的事实和新的证据证明原审裁判不成立，原审被告人应被改判为无罪、轻罪或者处罚从轻的；原裁判所依据的其他裁判，业已通过再审得到变更的。[①] 笔者认为还应当坚持“实体与程序并重”的原则，如原审人民法院审理是违反公开审判的规定、违反回避制度、剥夺或限制了当事人的法定诉讼权利可能影响公正审判、审判组织的组成不合法等情形的，均应当作为再审的理由。

6. 重新确定再审案件的管辖

由于原审法院审理再审案件难以发挥再审程序的纠错功能，故再审案件应由原审法院的上级法院受理。因为除最高人民法院审理的案件外，由上级法院负责再审案件的审判，可以防止原审法院因“护短”而产生的不公正。

7. 再审程序的时效和次数

为了在刑事再审程序中体现刑法中的追诉时效原则，保护被告人的特殊权益，在启动的时间限制上，借鉴国外立法的相关规定，对于有利于被告人的再审，提起再审的时间和次数原则上不受限制；对于不利于被告人的再审，借鉴刑法中追诉时效的规定，应限制在生效裁判作出后 2 年内提出为宜，对于超过诉讼时效的，不应启动再审程序；对于提起再审的次数，可考虑以 2 次为限。

8. 关于是否确立再审不加刑的问题

所谓再审不加刑，是指法院对生效判决进行再审终结时，如果再审是为被告人的利益而提起的，则不得在原判刑罚的基础上加重被告人的刑罚。有的国家通过这一原则为被告人提供强有力的程序保障。例如，《德国刑事诉讼法典》第 373 条第 2 款规定：“仅由受有罪判决人，或为了他的利益由检察院或者他的法定代理人提起再审的时候，对于原判决在法律对行为的处分种类、刑度方面，不允许作不利于受有罪判决人的变更。”[②] 这一原则对于被告人消除顾虑、大胆请求再审、维护其合法权益具有重要作用，故有的学者呼吁我国刑事生效裁判再审应当确立这一原则。[③] 笔者赞同这一观点，并认为，再审不加刑应与上诉不加刑保持一致，仅限于被告人一方提请的再审案件，对于被害人申请的再审和人民检察院提起的再审，则不受再审不加刑的限制。

---

① 陈瑞华：《刑事再审程序研究》，载《政法论坛》2000 年第 6 期。

② 李昌珂译：《德国刑事诉讼法典》，中国政法大学出版社 1995 年版，第 136 页。

③ 徐静村主编：《刑事诉讼法学》，法律出版社 1999 年版，第 333 页。